"一带一路"民间文化探源工程

邱运华 总主编

寻梦家园

——闯关东文化的溯源与民间文化生态调研文集

张士闪 主编

学苑出版社

图书在版编目（CIP）数据

寻梦家园：闯关东文化的溯源与民间文化生态调研文集／张士闪主编．－－北京：学苑出版社，2020.3
ISBN 978-7-5077-5915-0

Ⅰ．①寻…　Ⅱ．①张…　Ⅲ．①地方文化－福建－文集　Ⅳ．① G127.57-53

中国版本图书馆 CIP 数据核字（2020）第 043357 号

责任编辑：	杨　雷
编　　辑：	陈柯宇
印制总监：	张　翔
出版发行：	学苑出版社
社　　址：	北京市丰台区南方庄 2 号院 1 号楼
邮政编码：	100079
网　　址：	www.book001.com
电子信箱：	xueyuanpress@163.com
联系电话：	010-67601101（销售部）、010-67603091（总编室）
印 刷 厂：	北京建宏印刷有限公司
开本尺寸：	880×1230　1/32
印　　张：	15.75
字　　数：	400 千字
版　　次：	2020 年 3 月第 1 版
印　　次：	2020 年 3 月第 1 次印刷
定　　价：	60.00 元

"一带一路"民间文化探源工程编委会

总 主 编　邱运华
副总主编　吕　军
执行总主编　王锦强
编　　委　孔宏图　张礼敏　程　溪
　　　　　张慧霖　覃　奕
本书主编　张士闪
执行主编　朱振华

序
开通大道，走向世界

"一带一路"这个新鲜词汇在新世纪最初几年开始发出耀眼的光芒，成了中国式发展道路"世界不同民族和不同国家文明互通互鉴"理念的代名词。"丝绸之路"——德国地理学家李希霍芬在地理学著作里提出的术语，获得了从未有过的崇高荣誉。尽管中国学术界对李希霍芬本人并不太在意这个术语感到失望，不过，在我看来，李希霍芬的关注重点无疑更有历史意义和学术价值。李希霍芬是自然地理学家，他总体来说不太注重人文和社会地理因素而偏重于自然地理，但这一学术倾向并不妨碍他在《中国》（1877年第一卷）一书中叙述大量的人文和社会元素与自然地理之间的关系。他把《汉书》、马里努斯、托勒密简要点及的中亚大道，把贯穿中国新疆、中亚、西亚阿拉伯世界腹地的道路，用"丝绸之路"这一术语表达出来。尽管他更多地使用"交通""道路"这样的术语，而不是诗意性的"丝绸"，甚至"丝绸贸易"这样的术语。现在想来，李希霍芬看重的"交通""道路"，未必离开得了人与社会。我以为，"交通"和"道路"更为精确地表达出地理学家李希霍芬的真实意图。

"丝绸之路"在本质上是古代中国走向西部世界的一条通衢大道。当然，这样性质的大道不仅仅只此一条。

古代中国走向世界的道路有很多条，每一条都充满艰难与神秘。但是，中华民族祖先血液里留存着探险冒险的基因，他们走向国外未知领域的勇气巨大无边。在西部的戈壁、沙漠阻挡不了他们向外的雄心，北部的无边草原、沙漠和森林也不能阻挡他们。张库大道从张家口经由包头可以直达乌兰巴托（旧称"库伦"），有人认为：张库大道作为贸易之途，大约在汉代已经开始，出现茶的贸易，大约不晚于宋元时代。东北部从辽宁省和吉林省之交的腹地——开原往东，明代设有辽东镇25卫，皆设置有交通驿站，沿着驿路，每15—30千米建有一座驿站、递运所、铺、亭、路台等，形成交通传递系统。东北亚所谓"丝绸之路"，并不像通往西域的丝绸之路那样，沿途扬起阵阵烟尘，来来往往的中西商贾带着满载货物的驼队、马帮，构成一幅十分壮观的瀚海行旅图，而是通过设关互市、贡赏等形式，把明朝内地的彩缎等物运往东北边陲，与各民族进行交易。在古代，正是靠这条交通要道，把内地的丝绸、茶叶等商品运往东北亚地区，把古老的长江、黄河流域文化与东北亚文化联系起来，使这一地区在明代显得生机盎然。2017年，中国民间文艺家协会组织了一批专家沿着这条道路一直走到黑龙江与乌苏里江交汇口，进行了一次系统的民间文艺考察调研活动。

　　西北和东北的道路仅仅是古代中国走向世界各地的一部分，在西南部和南部还有多条通向域外的交通道路。例如商业化程度很高的"茶马古道"。有若干条"茶马古道"从中国西南各地通向东南亚和南亚，而在西藏边陲的阿里地区，原古格王朝所在地，就发现了用丝绸绘就的古代唐卡。中国民间文艺家协会唐卡调查组在阿里地区山里的科迦寺发现两幅传统唐卡，一幅背面边沿有"浙江杭州织局益昌"的字样，另有一幅唐卡有中国内地吉祥童子图案。可以想见，自古以来，中国内地商贸、文化与西部边陲之地的长久交往。

　　在通往世界的道路中，特别应该提到的是海上"丝绸之路"。当然，海上"丝绸之路"更是一个比喻。著名历史文化专家常任侠先生把先秦时期徐福的故事视为海上丝绸之路的最早起源之一，他在《海上丝路与文化交流》里，叙述了中国通过海上丝路与古日本、古印度、东南亚诸国的物产、宗教、香料、珍禽奇兽、武术、舞蹈、饮食、装饰、文学、艺术等方面的相互交流；郑和七下西洋更是海上丝绸之路谈论的重点内容。2017年11月，中国学者与来自亚洲、非洲、欧洲等地的学者一起会集科伦坡城，召开了"国际儒学论坛：科伦坡国际学术讨论会"，主题是"海上丝绸之路的历史交往与亚非欧文明互学互鉴"。会议上，埃塞俄比亚学者把中国与非洲的交往追溯到公元前2世纪的西汉时期，斯里兰卡卡凯拉尼亚大学学者阿玛勒赛格尔（Amarasakara）通过总结斯里兰卡境内有关中国的考古发现情况，如古都博隆纳鲁瓦山寺中国晋代高僧法显故居遗址、古代中国钱币、古代中国陶瓷瓷片等，证实了中国古代与斯里兰卡地区存在着经贸、文化、宗教的交流情况。澳门大学学者汤开建则就耶稣会士传入澳门的欧洲图书，结合16世纪末中国境内的第一座西式图书馆——圣保禄学院图书馆藏书的相关史料，详细考证了明清之际欧洲图书传入澳门的情况，认为中国大陆的西学东渐在很大程度上与此相关。

2017年是中国民间文学的"丝路文化年"。中国民间文艺家协会主持的"一带一路"民间文化探源工程，针对"一带一路"沿线民间文化资源进行系统梳理和选点研究，先后开展了福建海上丝绸之路重要节点代表性民间文化考察活动；以冼夫人传说为核心议题对南海（广东茂名博贺）开渔节以及海上丝绸之路与岭南文化进行了调查研讨；围绕"阿凡提类型故事"主题展开了新疆民间民族文化调研；"重拾黑水魂——黑龙江丝绸之路"沿着明朝亦失哈将军走过的水路梳理了"鹰路"文化历史脉络；召开了探索"丝绸之源"的嫘祖文化调研座谈会；展开了贵州"南方丝绸之路与夜郎古国"民间文化生态考察调研等活动。这个系列民间文化探源，力求立足当代、关照历史、面向未来，致力于通过新经验、新启示、新方法、新途径来提振民族文化、地域文化的精气神，得到专家学者以及所在地民间文艺工作者的高度认同与积极配合。上述调研成果及今后开展的系列考察活动成果，都将以调研文集形式陆续出版。

鲁迅先生有句名言："世上本无路，走的人多了，便成了路。"这句话反过来说更具当下价值：世上原有的路，若是没有人走，便无所谓路了。中国古人踏出了迈向世界各地的通衢大道，在上下几千年的历史长河中，通过中外商贾、政治家和平民百姓的来往，成为政治、经济、文化、宗教等交换、交流、交往的大道。古人常把"道路""大道"哲学式理解为通向真理的路径。而我们当代人自谓"世界公民"，切莫冷落了这些"大道"，使之荒漠了；自中国通往世界各地的大道，中国人要继续走下去，也欢迎世界各地的人们继续走进来。在这个意义上，重拾"一带一路"上的民间文艺，重温"一带一路"上世界各地民间文化交流交往历史，具有重大的现实意义。

是为序。

邱运华

2018年4月13日于北京万芳园

前　言

皑皑长白山，莽莽黑土地。在传统意义上，山海关以东这片广袤的大地被泛称为"关外"或"关东"。明末清初，以黑龙江地区为代表的东北地区，长期处于"荒服者不至"的状态。其北部为中俄界河黑龙江和"小兴安岭"；东端为高峻挺拔的中朝界山长白山——松花江、鸭绿江与图们江均发源于此；西端则是雄浑辽阔的"大兴安岭"；南部为险峻的燕山与浩渺的渤海。因此，在漫长的帝制时期，中央王朝对关东地区一贯采用"树其酋长，使自镇抚"的方式进行羁縻统治。鸦片战争前后，中国社会遭遇"数千年未有之大变局"，此后受人口繁衍、自然灾害、战争动乱等原因的困扰，大批深陷生存危机的华北乡民或走旱路，或寻水路，纷纷从山东、河北等地闯荡到东北大地谋求土地和口粮。在这股移民大潮中，至少有几千万来自山东、河北等地的民众先后在地域辽阔、物产丰富的关东大地留下了告别故土、寻找家园的足迹，所谓"富走南，穷进京，死逼梁山闯关东"。有少数民众甚或闯荡到了俄罗斯西伯利亚和远东地区等，背井离乡，异域谋生。作为中国近代移民史上规模最大、历时最长、迁徙人数最多的人口大迁徙活动，"闯关东"乃是在特殊历史条件下华北乡民为了求生存、求发展而对于"安土重迁"传统观念的持续冲刷，也是中国人千百年来自力更生、奋发图强等民族精神的集中体现。"闯关东"的人口大迁徙活动，对中国华北、东北地区近现代社会的发展，特别是民族民间文化的深度融合，发生了难以估量的巨大影响。

感谢中国民间文艺家协会的鼎力支持和"'一带一路'民间文化探源工程——'闯关东'文化的溯源与民间文化生态考察调研活动"启动。我们田野考察团队从2019年4月下旬，先赴胶东半岛，再赴东三省，十二天一路走来收获甚丰。此次考察活动，重点关注与闯关东有关的民间文学现象，并特别聚焦"秃尾巴老李"等民间故事传说，并将之与人口迁徙史和生存史联系起来加以分析。

具体说来，田野调查团队由山东、辽宁、吉林、黑龙江等四省专家组成，沿着当年先民们"闯关东"的经典路线，从山东省的济南市、潍坊市、青岛市、威海市出发，走村串乡，一路奔波，重新找寻"闯关东"的文化痕迹。在山东，我们探访了以"雹神传说""秃尾巴老李传说""柳毅传说"为脉络的文化源流痕迹，捕捉到了"闯关东"的口头叙事、文献典藏、集体记忆和社会事实之间的联系。东北之行尤其让人兴奋的，江帆、曹保明等先生都是知名民俗学家，他们精心安排的东北村落之旅，让我们的考察行程紧凑而充实：例如，我们来到了辽河入海口——盘锦市大洼区二界沟镇,在满院的船锚、铁链、石碇之间,听刘则亭先生讲述了"古渔雁民间故事";在盘锦市荣兴镇"稻作人家"民俗村,考察了20世纪三四十年代中、日、韩三国普通百姓同村相处的生活历史——即使在特殊的政治格局与战争态势下,发生于民间的生活融合与文化交流依然进行,这为当今"一带一路"沿线区域日常生活共同体、文化共同体的相互融合构建不无启发。在吉林省四平市梨树县蔡家镇,考察调研了当地柳条边遗址、工匠文化园和关东农耕博物馆;哈尔滨市老道外中华巴洛克历史文化街区、中央大街、索菲亚教堂,以及牡丹江市岭东村、放牛沟村、红岩村等地,闯关东文化习俗依稀可辨,收获甚丰。我们相信,在上述村落、城镇日常生活的背后,有着中国民间文化的深厚根系,联系着中国社会发展的深沉脉搏。

呈现在读者面前的这本小书,就是与会学者参与田野查过程中的基于实地考察的感受与理解。这是一本"跨年代""跨地域""跨视域"的文化读物,也是我们回溯历史、反思当下、面向未来的一部"线索民俗志"。田野归来,山东大学儒学高等研究院民俗学研究所、山东省民俗学会秘书处多位青年学者在朱振华秘书长的组织下,还精心搜集、整理了沿途与"闯关东"文化有关的碑铭、契约、家谱、手抄本、地方史料等资料,使得这本调研文集在感性观察和理性思考之外,增添了一份民间文献和集体记忆的支撑。

一路走来一路情。作为"一带一路"民间文化探源工程的重要组成部分,"闯关东"文化的溯源与民间文化生态考察调研受到了各方面的关注和支持。除中国民间文艺家协会主要负责同志的倾力支持外，辽宁省民间文艺家协会、吉林省民间文艺家协会、黑龙江省民间文艺家协会、山东省民间文艺家协会，以及各市地兄弟协会、学会、非遗传承人、有关媒体等共同为这次调研活动顺利、圆满完成付出了巨大的心血和努力。据此，希望这本小书在向"闯关东"的先民们致以深深敬意的同时，也能够向所有关注、关心"闯关东"文化的读者和朋友们呈交出一份虽显稚拙但却真诚鲜活的田野报告。

目 录

学术研讨

浅议"闯关东文化"   朱文光 张万林 / 002

从三首歌谣看闯关东   张 徐 / 014

"闯关东"与黑龙江农耕文化的发展   黄德烈 / 030

"一带一路"文化行走
    ——从"秃尾巴老李"民间故事看民间文学保护与传播
       孙亚强 / 041

跨乡土的语境流动
    ——闯关东的民艺   鲁 汉 / 053

牡丹江区域闯关东简述   刘伟波 / 071

民间传说

"秃尾巴老李"闯关东
    ——以考察潍坊地区鼋神信仰为例   张宝辉 / 080

层累的"地方"
　　——以秃尾巴老李传说的在地化为例　　马光亭 / 113

从求雨灵验看民间传说的传承动力
　　——以即墨天井山秃尾巴老李传说为例　　杨言妮 / 145

封神之路
　　——李左车从名将到雹神的演变历程　　伊金龙 / 157

传说的融合与在地化考析
　　——以山东安丘雹泉村雹神传说为例　　李璐佳 / 170

田野报告

辽河口古渔雁文化　　江　帆 / 186

"闯关东"文化的溯源与民间文化生态考察调研活动
　　纪行　　王丕琢 / 202

辽泽之间的绿林豪客
　　——略论东北地域文化的隐秘一角　　隋　丽 / 239

闯关东年画调研记忆　　曹保明 / 270

闯关东年画的对外传播　　龚葆华 / 290

区域文化性格与传承人群体的孕育
　　——闯关东文化溯源辽宁盘锦站考察随感　　詹　娜 / 301

东辽河畔话农耕　　王志清 / 309

地方文献

山东青岛即墨小龙山调查资料	/ 324
山东潍坊马宿村调查资料	/ 402
山东青岛红岛街道青云宫调查资料	/ 410
山东安丘雹泉村调查资料	/ 421
山东地区的"秃尾巴老李"传说	/ 422

学术研讨

浅议"闯关东文化"

朱文光　张万林[1]

一、述说闯关东

（一）闯关东的概念

关东，即关外，泛指东北三省广大区域。关里关外的叫法，是闯关东的人们的习惯叫法。山海关以里的中原大地叫关里，山海关向北出关就叫关外。闯关东是指在清朝后期以及民国时期，大批中原、两淮区域的老百姓由于自然灾害、战乱清廷动员移民实边等原因，被迫或主动跨过山海关以及渡过渤海，到东北地区闯荡，垦荒和定居的过程。"闯关东"的概念有广义与狭义之分：广义上指，历史上凡是山海关以内地区的民众出山海关到东北三省谋生，都可称之为"闯关东"；狭义

---

[1] 朱文光，宁安市文联主席，中国民俗学会会员，黑龙江省作协会员。张万林，著名儿童文学作家，作家、剧作家，出版多部小说以及戏剧电影作品。

上指,"闯关东"仅指从清代顺治年间到民国初年,山东、河北、山西、河南等地的百姓去东北三省谋生的历史,即人们通常所说的"闯关东"。从已知的史料来看,山东人闯关东陆路线一般是从喜峰口、山海关进入东北。一路步行,用脚丈量土地,这是中国人最传统和踏实的赶路方式。海路则是从蓬莱、烟台等地经大连、旅顺进入东北三省,根据海流和风向,海路可以更迅速、省时省力到达目的地。

(二)闯关东的渊源

从元末明初开始,中原地区战乱、水旱蝗疫等灾害连年不断,民众生活十分艰难。据记载,元朝至正元年到二十六年(1341—1366年),水、旱灾山东竟发生20多次,河北十几次,两淮地区十多次。明朝洪武年间,中原地区"禾不入地,人相食"。朝廷无力救济,人口大量外流,山东、河北、河南、山西、陕西的人口流入内蒙古,便成为历史上的走西口,往东北走的便成为闯关东。这种情况,一直延续下来,到了清朝。人们常说的"闯关东",指的是从清朝顺治年间到民国初年,山东、河北、山西、河南等地的百姓去东北三省谋生的历史。1646—1667年,23年间"鲁民移民东北者甚多",许多地区因移民而"地利大辟,户益繁息"。关内各地"闯关东"人数列前三位的分别是山东、河北、河南。一般认为,闯关东的人口在3000万左右,而在闯关东的人群中,山东人占80%左右。据不完全统计,自清初至民国,闯关东的山东人达2500万人,高峰时,一年便有上百万人。此为"闯关东"的来历。

（三）闯关东的方式

一是官方移民。清廷有计划、有组织地从山东、河北人口密集的地方往东北移民，建立官庄；文献记载，1646年（顺治三年），清政府首批有组织地往东北移民，从河北永平府临邑县往东北移民一百多户。其中带头人李云清带领移民到宁古塔建立官庄，在东京城的土台子一带落脚，并被授县令官职。《辽东招民开垦条例》规定"招至百者，文授知县，武授守备"。顺治十年（1653年），从山东往宁古塔移民400多户建立官庄。顺治十一年（1654年），又往宁古塔移民48户，落脚在海林一带。

二是被迫逃荒。对连年灾害、无法生活、破产、挨饿的关里人来讲，东北富庶的土地、丰富的资源这种吸引力是无法抗拒的，成千上万的关里人不顾禁令，冒着被抓、被惩罚、甚至生命的危险"闯"入东北。来到宁古塔的张氏家族便是其中典型，他们于1674年从山东济南府历城县张庄逃荒到宁古塔、海林西、马场、万丈沟一带。来时有兄弟三人，在马场、万丈沟落脚。宁古塔衙署划给他们大片荒地，他们垦荒种田，年年上缴朝廷"公粮"，充实官府仓库，距今已经300多年。张氏家族繁衍几百户，海林境内的马河、万丈沟、冒山、十梁子，沙兰的和盛村，三陵的八家子，以及海浪镇的海浪村、岔路村、三林村的张氏姓都是张氏后代。

三是发配罪犯。清朝初年开始，朝廷把犯罪的人往苦寒的东北移民发配。顺治十五年（1658年），因丁酉科举案牵连的江南方成钺、张明普、伍城礼、姚其章、吴兰友、庄元堡、钱威、吴兆骞等八人携带家中老幼、仆人等上百人被发配到宁古塔旧城，从事艰苦的劳动。自此开始，朝迁不断地把所谓犯罪之人发配到宁古塔。顺治十二年（1655年），清政府又把彭长庚、许尔安集团当作罪犯流放到宁古塔建立官庄，罪犯基本上全沦为奴隶，在官庄里从事艰苦的劳动。清南方沿海一带，"反清复明"运动失败之后，清廷又把"反清复明"的民众都发配到宁古塔。当年从福建厦门一带发配而来的有四大户姓氏，即陈姓、芦姓、柳姓、林姓。这四户的家长都是"反清复明"的头头。四大户来到宁古塔，陈姓落脚在宁古塔城北，陈家屯、陈家岭一带。芦姓，分南芦家、北芦家，南芦家在宁安的石岩镇民主村，老名叫芦家屯，北芦家在海林市。柳家在宁安的茂盛村、庆城村、太平村。林家落户在渤海的连花村。还有民户落脚在宁安镇的双桥子、程家，东京城的大小朱家村。

四是采参避祸。清朝的初期，一些山东人到东北来挖人参，被称为参民，大部分集中在辽南和吉林。有一个时期，东北被清王朝列为禁地，不让关里人进入，还设置了"柳条边"，以阻挡关里人来到关外，但也没能挡住，人们仍然偷越柳条边跑到东北。有些人在关里闯了祸或犯了罪，被朝廷通缉，为逃避官府的追逃便偷偷地逃往东北，来到了宁古塔，隐居下来。

二、闯关东的影响

虽然关里人闯关东的原因和方式不同，有些是名不正言不顺，但也是开发了东北，为东北发展繁荣立了大功。他们的到来，为东北的苦寒之地带来了中原文化，带来了先进生活技术，没有他们的到来，就没有东北的今天。闯关东对东北社会、经济、百姓生活带来很大影响。

第一，为东北开发做出巨大的贡献。闯关东的山东人是开垦东北的主力军，他们在白山黑水间垦荒、放山、淘金。

不管是前期闯关东的，被流放到官庄、荒地的人们，还是后期私自闯关东谋生的（朝廷没允许但默许）的人们，他们对开发东北的贡献都是巨大的。一是正是有了闯关东的人们，无边无际的荒地才被开垦成肥沃的耕地。二是他们带来了良种、先进的农业生产方式和技术，使东北变成中国的粮仓。三是他们带来了商品经济的理念，再加之俄罗斯修筑中东铁路，从而发展了东北的初期的商贸业和手工业及电灯公司、电力面粉加工业（俗称火磨）。

第二，促进了民族团结和民俗融合。闯关东的人吃苦耐劳、勤俭持家，短期内就能"致富发家"，大大影响和带动了本地人发家致富。宁安市马河乡的薛氏家族，就是在民国初从山东省费县闯关东来的。当初是老太爷带着三个儿子闯关东，不出三年，家里就有几十亩地和车马牛，进入了"中农"的行列。满、汉通婚，促进了民族融合和民族团结。闯关东的人许多是单身汉（俗称跑腿子），东北满族姑娘吃苦耐劳。性情开朗，闯关东来的单身汉自然喜欢，满族汉族通婚现象就普遍了。正如民谣所说："到了宁古塔，来了一个回去俩；到了宁古塔，不想回老家，不想家为什么，想念东北的大脚丫；两个不能动：跑腿子的行李，大姑娘的腰。"为了生存，虽被人们说三道四的"招大行李"（满族女人家招跑腿子）、"拉帮套"（跑腿子到满族女人家）的现象也普遍存在（盘岭村清末是个有30多户小村，"招大行李""拉帮套"的家庭就有10多户）。宁古塔本地居民大多是满族人，他们善良、宽容、大度，不歧视闯关东的人，热情接待。赶上饭时就吃饭，没有其他去处就在自己家睡觉、干活。正是宁古塔的这种善良、宽容、大度的态度，才使得闯关东的人特别是那些"跑腿子"在这里落脚。他们与当地的满族人、鄂伦春人很快地结为朋友，共同推动了东北地区的民族融合，继承并发扬了东北地区的民风民俗，使东北地区形成了多民族大融合、大团结、大发展的局面。"闯关东"人们的到来，也造成东北人民食物的变化，原本东北的满族人的主要食品除渔猎食物外，还有本地出产的糜子磨成面，浸泡、发酵后做的黏食，即黏豆包（黏团子）、黏耗子等。山东人带来了白面大馒头及年节蒸干粮的饮食习俗，其中具代表性的是棒子（玉米）面大煎饼（山东人煎饼卷大葱习惯也被东北人接受）、大饼子（又称锅贴）。

  第三，促进了地域文化民俗的融合。闯关东的人们来到宁古塔后，对本地文化民俗也产生了重要影响。流人和流民（闯关东人）来到东北，也带来音乐、戏曲和医学等文化知识。东北大秧歌和二人转，就是在河北地方戏大口落子的基础上创立并发展而来的。今天，宁安市江南乡的大秧歌《大浪花》（大腊花）就是这样发展来的表演形式。过大年祭祖祭灶、贴对联福字和窗花的习俗在东北也得到传播。原本宁古塔满族家族祭天祭祖有"野祭"（杨氏鹰神祭）、"家祭"（祭祖先），但没有展示家谱的环节，只是在闯关东的人来到宁古塔后，本地的满族人也学着修家谱，而且有满汉两种文字书写的家谱。宁古塔较大的村屯几乎都有"关帝庙"。武圣关公的"义"，在民间被推崇到极致，尊崇为"帝"。关公的"义"也成为人们遵从的道德准则。闯关东的人大多数只身来到宁古塔，无依无靠。讲义气，使他们找到伙伴，结成盟友，互相帮助，战胜困难。于是，一些富裕起来的闯关东的人们、家族，或出资或集资修造关帝庙，弘扬关公的"义"，作为自己的精神寄托和规范自己行为的准则。这种文化习俗也影响到了满族和其他民族，满族人骁勇彪悍，更讲义气，所以满族人也信奉了关公，另外，一些行业把关公视为鼻祖，更助推了关公的形象。关帝庙便在各村屯建立起来，香火日盛。此外，佛教、道教、儒家思想随着闯关东的人们到来，也进入本地人的精神世界。由于闯关东的人们思想解放，加之本地满族人宽容、大度、包容，儒、释、道三教居于一处庙宇的情形，也比较普遍。于是，庙会这种集宗教、民俗、商贸活动等于一体文化现象，也越来越兴盛。最初，庙会上有些销售香料纸马等敬香用的物品和食品，后来庙会上又有了小贩卖农产品及其他商品，还有了卖艺和杂耍表演。拜庙、购物、看戏成为人们赶庙会的主要内容。庙会后来发展为宁古塔商贸及文化传播的重要节庆活动。宁安的西阁大庙和渤海大庙庙会最盛，革命先烈马骏就多次在庙会上宣传马列主义和反帝反封建思想。闯关东也具有盲目性、自发性、抱团性的鲜明特点，闯关东的人们也相继建立了自己的组织,以解决生活中的难题,山东会馆、山西会馆、直隶会馆(河北)等陆续建立起来,宁安今天还有山东会馆旧址(山东会馆负责料理山东的丧事,附近有山东人义地,即墓地)。宁安山东会馆曾是革命旧址,中共临时宁安中心县委曾在这里秘密办公。

三、"闯关东"与"一带一路"(中东铁路)

中东铁路,又称中长铁路,虽然是沙俄侵略中国战略工程,后来被日寇侵占,但从客观上看,中东铁路是"一带一路"的延伸,连接起亚欧大陆,也沟通了欧洲和远东的联系,实现了"五通"。欧洲文明的经济模式、生产管理方式及习俗通过中东铁路传入我国东北,促进了我国东北的开发,宁古塔手工业、原始的工业基础也是在这个时期发展起来的,东北丰富的农产品、矿产品也流向祖国内地和亚欧各地。

中东铁路是沙俄主持、设计、修建的,参与到这项工程中的人员有俄罗斯、中国、日本、朝鲜、蒙古等五国人。闯关东与中东铁路的相关联主要体现在三个方面:

一是为修筑中东铁路提供了充足的劳动力。中国人是主要的筑路工人,而中国人中大多数是闯关东的山东人。山东人吃苦耐劳,又有一定劳动技能,成为修筑中东铁路的主力军。

二是提供了物资供应。中东铁路修筑之后,引进了先进的理念和生产技术,宁古塔地区的烧锅(酒坊,以前关东的酒都是米酒,中东铁路修筑之后才有蒸馏酒)、火磨(电力面粉加工业)、木材加工坊、油坊、皮铺、成衣铺、柳编作坊、电灯公司等手工业和原始工业陆续发展起来,如南北火磨、义发源烧锅、史家油坊等。俄罗斯的蔬菜"不留克"落户在宁古塔,成为本地人冬季的主要咸菜(俗称咸菜疙瘩)。

三是林业、采矿业发展起来。大量的闯关东的山东人成为伐木工人和矿工(主要是金矿和煤矿),抗日救国军首领王德林就是当中的一员。海参崴、黑河、宁安、东宁、穆棱等地都有金矿、煤矿,吃苦耐劳的山东人自然就成了挖矿的主要劳动力。

四、弘扬"闯关东"精神

闯关东是中国历史上一段悲壮豪迈又充满血泪的历史,是中华民族不断与各种矛盾抗争的几千年奋进历史的一个缩影。在这场求生存、图发展的历史进程中,一代代历经磨难的闯关东人不仅将他们辛勤的汗水洒落在了黑水白山,而且将他们开拓创新、吃苦耐劳、坚韧不拔的性格刻在了关东黑土地上,锻造了令人感佩的闯关东精神。

闯关东精神就是敢为人先、勇于创新的精神。即在艰苦的自然条件和残酷的生存环境面前,闯关东人所迸发出来的一种超前的意识、坚定的信念、顽强的勇气,敢于与命运进行抗争,敢于冒险、敢于尝试、敢于探索、敢于创新的伟大精神。为了求取生存,获得发展,谋求自己生存的一席之地,他们不等不靠,不安于现状,不听天由命坐以待毙,而是开拓探索,敢为人先,勇于同命运进行抗争。不管路途多么遥远,不管环境如何险恶，他们都能想尽种种办法，冲破清政府的封禁，通过"泛海"和冒险"闯关"进入东北，向艰险的地方闯，向有希望的地方闯，向未知的地方闯。

闯关东精神就是一往无前、百折不挠的精神。即为了求得生存与发展，实现美好人生追求，所体现出来的无畏于任何阻力、无畏于生死存亡，自强不息，不屈不挠，奋发有为，在生死间挣扎、在挫折中奋进、在逆境中崛起，敢于置之死地而后生的拼搏精神。闯关东的人们将他们人生命运作为赌注押在了关东大地这片天涯洪荒。吃尽苦头不掉泪，撞到南墙不回头；脚到之处，就是安家之地；人到哪里，都能落地生根。正是有了这种百折不回、一往无前、不达目的誓不罢休的精神，闯关东人才能在苦难与险境面前没有退缩，也没有绝望，而是执着顽强地去拼搏奋斗，战胜了一个又一个来自自然界和社会的巨大困难，不断地开创生存与发展新局面，不断地从一个目标走向另一个目标。

闯关东精神就是自强不息、艰苦创业的精神。即在闯关东的历史过程中，闯关东人在各种千难万险中所迸发出来的吃苦耐劳、不畏艰难、自强不息、挑战自然、勇于开拓的艰苦创业精神。闯关东人历尽千辛万苦，变榛莽为良田，初步将松花江流域、牡丹江流域、辽河流域等开发成为农作物产区，为后来东北的农业发展打下了坚实的基础。

闯关东精神就是兼容并包、合作共享的精神。"闯关东"是"一带一路"的延伸，虽然是百姓自发的被动行为，但作为古丝绸之路的一部分，连接亚欧，是欧洲连接远东的重要通道，与"一带一路"有效对接，加强了政策沟通、道路联通、贸易畅通、货币流通、民心相通，体现出了古丝绸之路兼容并包、共享成果的精神。"闯关东"形成了中国关内外的命运共同体，"一带一路"构建促成了世界人类命运共同体，相互包容、积极合作，共享一切资源和文明成果。

闯关东精神就是团结友爱、民族和谐共济的精神。"闯关东"和"一带一路"，是你中有我，我中有你；相互促进，相辅相成；命运一体，共同提升。"闯关东"路线作为"一带一路"国内商路的一条重要支线，联通关内外数省，团结了汉族和满族、蒙古族、赫哲族、鄂伦春族等多个民族，做到了民心相通、民族团结、民族融合，相互扶助，和谐友爱，共同发展，承载了相应的经济、文化、社会发展的促进功能。究其意义，深远而重大。

闯关东精神就是爱国爱家、敢于抗争的民族精神。"闯关东"的人群中就有当年参加过义和团的团民，他们的身上体现出反侵略反压迫的革命精神、斗争精神和反抗精神，电视剧《闯关东》里男主角朱开山就是他们的缩影。东北抗日救国军总司令王德林就是当年闯关东大军中的一员，他当过伐木工人，后来加入了东北军，升为营长。九一八事变后，王德林将东北军老三营改编为东北抗日救国军，首先举起抗日义旗，抗击日寇。东北抗日联军四军军长李延禄、七军军长陈荣久、一路军三方面军总指挥陈翰章、抗联一军一师师长李荆璞、少年抗日英雄姜墨林、击毙日寇中将的抗日英雄张祥、抗日红枪会首领王汝起、将日寇引进我军伏击圈的英雄猎人陈文起等都是

"闯关东"人的后代,他们爱国反侵略的革命精神、斗争精神,鼓舞东北人民坚持了14年艰苦卓绝、可歌可泣的抗日斗争,取得最后的胜利。

对于先前那个时代来说,闯关东不仅是人口的一次迁移,更是艰苦的岁月中人民奋斗的征程,保卫了边疆,巩固了国防。闯关东精神是中华民族生生不息,建设开发家园的精神丰碑。时空在变,不变的是闯关东的拓荒精神和闯荡情怀。新时代,坚持以习近平新时代中国特色社会主义思想为指针,奋斗新时代、开启新征程、实现新作为、展现新气象,更需要当年的闯关东精神。"闯关东"是中国历史上最大的移民运动之一,对于华北和东北社会产生了广泛而深远的影响。我们研究"闯关东",探析移民原因、移民过程、移民形式与路线、移民来源和分布,与"一带一路"的关系,以及"闯关东"的历史作用和影响,不仅是在探讨"闯关东"在中国移民史上的学术意义,更重要的目的是实现大东北全面全方位振兴,实现中华民族伟大复兴的中国梦!

从三首歌谣看闯关东

张　徐[1]

2019年四五月间，有幸参加中国民间文艺家协会主办的"一带一路"民间文化探源工程——闯关东文化溯源与民间文化生态考察调研活动。该活动自山东省起，经辽宁、吉林至黑龙江省止，共分四省站段。我忝列吉林省专家凑数人员，仅参加了吉林站和黑龙江站的部分考察调研活动。知悉较晚，参与半程，见闻也少，难以从宏观上把控，只能从一孔之见上陈述点观感思考。虽然自己期望能"小中见大"，也未可知，权当抛砖引玉，为"一带一路"民间文化探源工程中的闯关东文化溯源项目略添助力。

闯关东的历史与文化有广义和狭义之分。广义的闯关东的历史悠久漫长，可上溯到炎黄二帝、夏商周，历经中国各朝代；狭义的闯关东的历史，基本是指明末清初至民国末年及新

---

[1] 张徐，编审，国际民间叙事研究会会员（ISFNR），中国民协理事，吉林省民俗学会副理事长。

中国之初这一段时期。本文所述"闯关东"的民间文化溯源基本属于"狭义的"范畴，所述的部分民间文化生态则延伸到改革开放以后，直至"新时代"的当下。

第一首歌谣，《一枝花捎书》概括了"闯关东"地理路线图。

由于清代对东北地区施行的"保护"性封禁政策，导致东北地区田地荒芜、人口稀少，有边缺防。直至鸦片战争后，在西方帝国主义列强环伺鲸吞、边疆危机四伏的历史背景下，不得不开放柳条边封禁，移民招垦，放荒实边。加之据历史记载，当时关内山东、河北、河南、山西等省份连年闹水旱虫灾荒，故而许多生活困苦无着的灾民加入到了闯关东的行列。历史上闯关东基本分为陆路和水路两条路线。当年，担担儿、挑挑儿、推车、背包袱的闯关东大军人数众多，留下了许多凄惨的背井离乡，到东北开荒斩草创业的故事、传说与歌谣、谚语，其中一首产生于清末民初的长篇叙事歌谣《跑关东》具有一定的历史文献与现实文创开发价值。

早在民国初年，社会上民间就有《一枝花捎书》小唱本的流传。据二人转专家苏景春考证，该民间唱本脱胎于清末的大鼓词唱本。已逝的东北师大音乐学院教授郑世臣先生在20世纪60年代初向著名歌手、二人转老艺人程喜发学来的《跑关东》民歌共分上下两首，上一首名为《王会川跑关东》，讲述山东青州府王会川（一说王宝川）家因生活无着，被迫撇家舍业一人独自闯关东谋生活，计有唱词50段；下一首为《一枝花捎书》，讲述其妻一枝花在家奉老携幼，艰难苦挨时光，到了万般无奈之时，托付乡亲给王会川捎去告急家书。因不知道王会川具体在关东何处落脚,所以唱词中有一系列当年闯关东必经之路和落脚点的代表性地址名称。现引录相关唱词如下。

盼半年到一载没有音信,眼看着又到了三月长天。
隔壁子张大叔关东山去,奴有心写封信捎去那边。
研研墨搞搞笔无处下手,闻听说关东城地面太宽。
八里堡、红墙子两搭交界,老君屯、中前所一路相连。
享林站、到前所二十多里,中后所、砚台河就在眼前。
坡后所、七里坡宁远不远,有连山、有塔山高桥相连。
锦州府、义州城不通大路,有靠山、并松山紧紧相连。
大凌河、小凌河秃老婆店,十三站、吕阳驿广宁平山。
中安堡、阳岔河九里山镇,半拉门、新民屯巨流河宽。
孤家子、老边上一条去路,老大房、大石桥舍船起早。
转弯桥、塔弯街离城不远,走不远,只眼前到了奉天。
有金州和复州熊岳搭界,有海城共盖州牛庄相连。
有沈阳、本西湖辽阳所管,有岫岩、凤凰城一溜边关。
天津厂、大街上买卖不少,龙王庙、码头街好多人烟。
田花台、段家营一片大海,有新城和铁岭又到开原。
威远堡、远望着卡路不远,上下的、八里道说不周全。
棉花街、到叶赫六十多里,赫尔苏、小孤山方大孤山。
伊马站、双阳河一天就到,饮马河到通路一溜相连。
往东说、地面宽想得不全,又不知我儿父落在哪边。
大曾门、伊通河安官立县,船厂街到卡伦哈达门关。
孤榆树、拉林河三岔河站,有新城到卜奎一溜边关。
哈什哈、山旮旯常出人命,红旗街、宁古塔高立旁边。

又不知你是打鱼是把蚕养,又不知放木头买卖庄田。
这些个大地名全都想到,也不知我儿父流落在哪边。
一枝花正为难心中发躁,想起来去年间那句谎言。

以上所引用的大段民歌,其中所唱的众多地名,就是早期闯关东难民的行走路线和落脚点。如果用历史地理传播理论进行分析,这正是一幅闯关东文化与故事传说的原生态发生地及流传开来的路线的文艺史志图标。既是我们今天研究闯关东历史路线的索引,也是开发两条主要的闯关东文化旅游景观带路线图(《一枝花捎书》全文见附录)。

第二首歌谣,《老把头》是闯关东放山挖参人的保护神和精神家园。

《尔雅·释地》有云:"山无大小,皆有神灵。"所谓神灵,是人格化的超自然存在,通俗地讲,神灵是各行各业人们敬畏的那些做人做事的准则。历史上长白山作为几个朝代的肇迹兴盛的神圣之地,皇家多次在此封禅。但在长白山区的广大民间却广泛虔诚地信奉一位由凡人升仙的"神",那就是"山神老把头"。据传说,老把头是一位明末清初的姓孙的山东汉子,闯关东进山挖参的过程中为寻找走失的拜把子兄弟张禄,导致自己也因病饿,困死在深山里的河道路边。后来进山挖参、放排、狩猎打围、采摘等所有吃山利禄行业的从业者均感其仗义、仁厚、守信、贤孝、勇毅的精神而奉其为山神老把头。几乎一时间,长白山区流传出一首家喻户晓的歌谣,名叫《老把头》,几句歌谣中说:"家住莱阳本姓孙,翻山过海来挖参。路上丢了干兄弟，顺着古河往上寻。三天吃了个蛐蛐蛄，不找到兄弟不甘心。"

这首歌谣民间流传的版本有六七种，均大同小异，讲述的都是山东莱阳孙把头在长白山里挖参，寻兄遇难留下血书绝命诗的故事。

山东莱阳姓孙的把头在长白山放山挖参成神的事迹，不仅在民间广为流传信奉，在东北和山东的部分史志上也有零星记载。如吉林的《抚松县志》中记载："三月十六，点灯以后，拜祭把头，把头保佑。"山东《莱阳市志》也载录了孙把头的传说事迹。

虽然凡人孙把头为友情和道义而在饥病交迫中死去，但一位山神爷却永远活在了东北大地和闯关东人们的心中，并成为数百年来所有吃山利禄这碗饭的，尤其是放山挖参行帮的最主要供奉俗信。过去（包括现在）放山挖参的一帮人在山里选好山片、压好"抢子"（住的窝棚）后，一般先要在"抢子"东边搭一个"老爷符"。搭成，简单的就是三块。别看外壳简陋，却是放山人的至高无上的精神圣地。

逃避灾荒求活路的闯关东人在创造物质生活的同时，也在创造着故事、传说、歌谣等文化产品，同时还产生了理论信仰层面的精神价值观，那就是影响了一代又一代的放山人的挖参习俗和老把头信奉。如今，放山挖参习俗和人参文化已经成为重要的非物质文化遗产。在吉林省的通化、白山地区，不少地方还有老把头坟、老把头庙的遗存。其中最大的一处老把头庙在抚松县，每年放山时都有祭祀活动。在抚松县的野山参保护基地兴隆乡青年村，不仅有小的老把头府遗存，还在村里建了一座闯关东龙脉文化博物馆，收藏有大量闯关东移民和当地居民融合后所形成的农耕文明、放山挖参习俗的民俗文物资料。假如，我们进一步深入挖掘其中老把头中的贤孝、守信、勇毅等的优秀价值观，将其有机地融入现代人参产业大链条中，在种植、加工、制药、卫生保健等系列行业，一定能使"人参产品"在造福"一带一路"沿线国家和人民的同时，也能传播出优秀的闯关东老把头信奉文化。像海洋文化信奉妈祖一样，闯关东的长白山文化信奉老把头，这也应该是向世界讲好中国故事的题中应有之义。

第三首歌谣，《磨刀河》中隐现的闯关东"流人"独特的文化贡献。

此次考察调研活动在黑龙江省的结束地点是牡丹江市的几处清代流人与近现代历史上闯关东人的定居代表地方村镇。牡丹江市及其所辖宁安、穆棱、东宁、海林等地即清代宁古塔之地，既是边防要塞，又是清初关内流人戍边当差的流放苦寒之所，也还是清末民初中华人民共和国之初几代闯关东人的目的地。此地与闯关东文化的历史渊源颇深，现当代遗存蕴藏量也比较丰富厚重。

在前往兴源镇和吴大澂纪念馆的路上，经过磨刀石镇，乍一见此地名，不由脑子一激灵，心头一震，吃惊的原因是过去在阅读有关宁古塔的清代古籍中看到过相关记载，但一直悬疑，没有考证清晰（下文再述及此事）。

等到吴大澂纪念馆参观时，见展窗内有一幅大照片，是吴大澂题字的上马石，从照片上石材的颜色及层次肌理和刷丝纹样，肉眼粗略鉴定应该是松花石的一个品种。连续见到这些地名和清末松花石照片，我便有意识地与同行的牡丹江市当地学者交流磨刀石镇地名的来历，并向当地老乡采风问俗。初步得知，当地有条河，是牡丹江右岸的一级支流，上游发源于老爷岭大顶子西坡，叫"盘道沟"，下游叫"铁岭河"，经磨刀石处的一段河，当地人称为"磨刀河"或"南大河"，因此河出产磨刀石，镇名也由此而得。受访的老乡还随口说出一首当地的民间短歌谣："磨刀石，昂威赫，能砥刀剑能研墨。"

由于时间短暂，无法深入细致地采风调查，就这点有限的收获，我内心就窃喜不已，深感弥足珍贵了。

现在，咱们回过头来再说清代的古籍《宁古塔纪略》，该书是吴桭辰编撰著述的，是以其父吴兆骞因受顺治十四年（1657年）科场案牵连流放宁古塔生活二十余年的亲身经历写成。其中有一段特别记载："近混同江（按：即牡丹江入松花江处），江中出石砮，相传松脂入水，千年所化，有纹理如木质，绀碧色，坚过于铁，土人用以砺刀，名为'昂威赫'，即古肃慎氏所贡楛矢石砮是也。予父携归示诸亲友，王阮亭载之《池北偶谈》中。水中产五色石，如玛瑙，用以取火绝佳。"

吴兆骞作为朝廷重犯流放宁古塔数十年，后蒙康熙圣恩放归的大文人学者、边塞诗人，为什么放着人参、鹿茸、灵芝这些关东三宝不携归，偏偏携归一块土人叫作"昂威赫"的砥砺锋刃的磨刀石，还昭示亲友，宝物共赏呢？用今天的眼光分析，这其中有一明一暗两大原因。能明说的原因，这种砥石就是周朝时，东北肃慎人所进贡的"楛矢石砮"。此典故在《孔子世家》中经圣人演绎一段关于东北肃慎人及其方物贡品的最早记载，也是一代圣人孔夫子给东北地方、人们和物产所做的广告宣传，可以算作典籍记录的最早的"闯关东文化"。不能说或在清代当时不敢明说，暗含的原因，前文中讲到的磨刀石与砥石、砺刀石，是吴兆骞在宁古塔流放生活时所经历见到的同一种石材。而在当时的政治文化形势下，这种民间称之为"昂威赫（满族语即砥石）"的砺刀石已经由康熙帝亲自命名为松花石，是肩负着祖宗肇兴之地护佑江山使命的神圣之石。康熙皇帝首次知道松花石是1677年派内大臣武默纳到东北祭长白山后，从长白山松花江所带回皇宫的一块砥石（磨刀石）。康熙隆重拜过这块圣石，除封为松花石之外，还命造办处琢成清宫御砚，即国宝松花砚，并亲自御制《制砚说》一文，收入实录。这一期间，正在宁古塔流放的吴兆骞，虽是戴罪之身的流犯，但因他本是名流文人，也颇受宁古塔将军的优待，曾参与了对内大臣武默纳拜祭长白山的接待、宴请，并作一篇《长白山赋》以歌盛世。因此，吴兆骞对砥石、砺刃石、松花石、御制松花砚等的来龙去脉在心里是了然知晓的。也正因如此，他在蒙恩放归之时，才特意携回"昂威赫"石。因松花石、松花砚已成贡品、御用圣物，所以，只能暗指，不能明言。

关于松花石和松花砚，在清朝康熙一代已被皇家定位宫廷御用，民间不得染指，所以有关产地、采石矿坑等都极其保密，披上了神秘色彩。但随着清末的国力衰弱，只加工宫内存料，长时间不开采新料（一说怕破坏龙脉），致使清朝灭亡之后，产地和矿坑长期失传。中华人民共和国成立以后，故宫博物院也曾几次安排人员查访寻找，但均无结果，为此，故宫博物院还专门拨给依兰县文管所一方清代乾隆御制的松花砚"寒寺钟声"，以便用于在此地区寻访鉴定。

时间转到1979年时，由清末移民时，从山东到东北来的闯关东后人李崇元，当时在吉林省地质队宝石分队担任技术队长，受命寻找出口工艺品所需的玉石和松花石。李崇元很快于当年底在吉林省浑江（今天的白山市）找到与故宫博物院所藏松花砚石材经地质鉴定一致的松花石露头矿脉。虽然长春玉雕厂雕刻出松花砚石材失传以来的第一方松花砚，通化工艺美术厂也很快恢复了松花砚的雕刻生产，但终究不是清代开掘的原矿老坑。李崇元又沿松花江顺流而下，一路考察到黑龙江省的同江、抚远，虽然在找矿上一无所获，但在依兰县文管所，李崇元偶然见到了那方早已被文博人员忘却了的"寒寺钟声"乾隆御制松花砚。可惜，当时李崇元没有沿牡丹江逆流而上溯源考察。若有此行，可能早在四十年前就能确认一处清代松花石的原产地。

以上从现在的文化生态到历史典籍追述，说了这么多，就是想说明牡丹江（宁古塔）的闯关东文化流人曾在著述中明确记述的物产中的"砥石"（昂威赫），即清宫御用松花砚的石材松花石。而松花砚作为清朝御用国宝，除奖赏功勋重臣之外，也曾多次赏赐给外国朝贡的使臣，史籍记载中就有曾赏赐给日本、韩国、暹罗等国使臣。自1979年，松花石被重新发现以后，恢复雕刻的松花砚也曾作为国礼多次赠送给外国元首。可以说，从历史到现在，松花石和松花砚，一直充当着"一带一路"文化、文明交流中的重要珍品。这其中蕴含着多代闯关东人的特殊贡献。

虽然从地名来历的传说、展示的历史文物图片和古籍中的明确记载等方面的表征，初步认定牡丹江市磨刀石镇流域的河滩、河床及山中可能出产松花石，但仍需进一步地进行科学考察和地址鉴定。若能确实认定，则会挖掘出具有深厚历史文化积淀底蕴的文创精品。也正是此次"闯关东"文化溯源与文化生态考察调研活动对"一带一路"民间文化探源工程的历史与现实创造性继承、转化与应用的意义所在。

综合以上对与闯关东历史地理文化密切相关的三首民间歌谣所做的粗浅阐释解读，笔者力求能在"一带一路"新视角下，用微观放大的小窗口，与时俱进，努力寻找创造性转化与创新性继承发展的有机结合点。目的虽好，但因管中窥豹、言浅意薄，若有顾此失彼、偏颇不当之处，敬请方家教正。

附录：《中国歌谣集成·吉林卷》（中国ISBN中心出版，2005年）中收录的《一枝花捎书》全文。

一枝花捎书

长春市、通化市

正月里是新年奴好心酸，我儿父上关东不见回还。
盼半年到一载没有音信，眼看着又到了三月长天。
隔壁子张大叔关东山去，奴有心写封信捎去那边。

研研墨搞搞笔无处下手，闻听说关东城地面太宽。
八里堡、红墙子两搭交界，老君屯、中前所一路相连。
享林站、到前所二十多里，中后所、砚台河就在眼前。
坡后所、七里坡宁远不远，有连山、有塔山高桥相连。
锦州府、义州城不通大路，有靠山、并松山紧紧相连。
大凌河、小凌河秃老婆店，十三站、吕阳驿广宁平山。
中安堡、阳岔河九里山镇，半拉门、新民屯巨流河宽。
孤家子、老边上一条去路，老大房、大石桥舍船起早。
转弯桥、塔弯街离城不远，走不远、只眼前到了奉天。
有金州和复州熊岳搭界，三九天冻得奴十指可怜。
有隔壁和对门都来劝我，王大嫂你咋不另嫁夫男？
奴有心把人嫁享福去了，岂舍得从小儿并头相连。
上无兄下无弟将谁依靠？一无吃、二无穿家中贫寒。
有人情和来往谁与你去，老的老、小的小多么可怜。
小孩子两三岁不离左右，我不能去改嫁另找夫男。
贼强人见书信应当想想，你把那家中事扔在一边。
二双亲年迈老不定早晚，妻年幼儿又小叫苦连天。
虽奴家是块铁拈钉多少，千斤担叫奴担怎样为难？
有海城共盖州牛庄相连。
有沈阳、本西湖辽阳所管，有岫岩、凤凰城一溜边关。
天津厂、大街上买卖不少，龙王庙、码头街好多人烟。
田花台、段家营一片大海，有新城和铁岭又到开原。
威远堡、远望着卡路不远，上下的、八里道说不周全。
棉花街、到叶赫六十多里，赫尔苏、小孤山方大孤山。
伊马站、双阳河一天就到，饮马河到通路一溜相连。

往东说、地面宽想得不全,又不知我儿父落在哪边。
大曾门、伊通河安官立县,船厂街到卡伦哈达门关。
孤榆树、拉林河三岔河站,有新城到卜奎一溜边关。
哈什哈、山旮旯常出人命;红旗街、宁古塔高立旁边。
又不知你是打鱼是把蚕养,又不知放木头买卖庄田。
这些个大地名全都想到,也不知我儿父流落在哪边。
一枝花正为难心中发躁,想起来去年间那句谎言。
在关东曾有人见他一面,六月里穿皮袄甚是天寒。
也有人曾问过哪乡居住,强人他说居住在辽阳东山。
小佳人提笔管才把书写,不由得泪珠儿滚下腮边。
有正月和二月纺棉织布,裁两扣坏两扣受尽艰难。
有三月和四月拾柴挖菜,给人家种棉花晒得可怜。
有五月和六月地下捡麦,三伏天热得我湿透衣衫。
有七月和八月上场打谷,摘豆角、捡棉花苦受熬煎。
有九月和十月推碾子拉磨,挣一升和两碗孝顺老年。
十一月到腊月锥帮纳底,依我说你不算八宝罗汉,是匹夫无义徒不孝之男。

奴有心重重地写上几句,又怕那捎书人说奴不贤。
将书信写完了深深一拜,尊了声捎书人多加美言。
奴有心请请你少酒无菜,你知道我家里过日甚难。
这是那钱五百交与你手,酒不醉饭不饱吃袋香烟。
捎书人闻此言躬身施礼,王大嫂你不必费心一番。
我大哥在关东无书无信,无买卖无庄田你哪有钱?
你只管在家中宽心放下,这宗事交与我能办周全。
我要是在关东不回家转,我家里你弟妹和我一般。

我若是在关东见他一面，家里事我替你细说一番。
捎书人忙告别拱手去了，小佳人回绣房泪珠不干。
拉住了亲生儿放声悲痛，你爹爹上关东不想家园。
你久后长成人去找你父，才算是我的儿娘的心肝。
妈妈我受尽了千难万苦，书带去可知道哪日交还。
保佑着捎书人早把关过，这半月休下雨莫要变天。
早到那关东城见他一面，叫强人见书字知奴可怜。
父母想妻子盼昼夜挂念，又无柴又无米苦不可言。
强人你拍良心自思自想，撇一家老和幼在外贪欢。
无银钱无音信放心不下，千思思万想想奴好心酸。
真可恨上关东无踪无影，奴在家盼丈夫眼泪哭干！
甚伤感甚烦恼精神恍惚，扑在床扶绣枕愁网又添。
昏沉沉睡蒙眬南柯一梦，梦见了我的夫转回家园。
从外来行李重东西不少，进门来见公婆连连叩安。
他又问奴贤德孝顺父母，爹娘说能耐守苦受贫寒。
未见面奴心中话有多少，是怎的见了面反倒无言，
忙得奴先烧茶然后做饭，酒已暖饭已熟忙把茶端。
一家人老和幼叙话已毕，不多时天色晚日落西山。
点上灯夫妻俩灯下对坐，叙离情说寒苦彼此心酸。
说罢了以往话才要入睡，小儿哭惊醒了好梦一番。
这佳人愣怔怔思量梦景，好叫奴又是喜又是心烦。
但能够有此梦倒还罢了，倘若是有岔事叫奴怎担？
一枝花说不尽千辛万苦，讲不全道不尽冷热熬煎。
耐贫寒守志气一心无二，不觉得春秋过到了冬天。
孝双亲敬公婆抚养幼子，冷又饿饥苦受万般艰难。

一时间灯花爆可有喜事，喜鹊儿喳喳叫是何因缘？
且不言一枝花家中之事，自说那捎书人行路多天。
日出行日落歇并非一日，也有阴也有晴下雨风天。
走了些沟岗坎不平道路，过了些盘山道曲曲弯弯。
住了些大小店将将就就，遇了些回家人面带喜欢。
一边走一边问访查去处，逢人问遇人提打听根源。
那一日将将的有了音信，听人说发了财住在东山。
有地名有去处可以去找，受人托忠人事自己一般。
急奔到本溪湖寻到住处，猛抬头见一人貌像会川。
走上前忙拉住说你可好，王会川说兄弟怎到这边。
拉住那捎书人进到铺内，先装烟斟上茶急把话谈。
说客套叙温寒又言家事，将书信亲手交拿去细观。
王掌柜即吩咐快整酒饭，一霎时酒菜热齐往上端。
酒喝足饭吃饱告辞要走，不叫走留住宿盘桓几天。
到晚上各自眠暂且不表，王会川有心事闷坐灯前。
拆书念从头看眼泪如雨，看一行唉不断腹内痛酸。
不见书不见信这还尤可，见了书见了信心如油煎。
想主意打算盘思量一夜，主意定要还家只待明天。
打发那捎书人告辞去了，王会川心暗想怎么回转。
与财东和伙计商量已定，称几锭好银子外带盘缠。
择吉日要起身伙计齐送，在马上一举手奔了阳关。
心中急嫌马慢加鞭急走，恨不得身生翅飞到家园。
在路上行走了一个多月，那一日过来了山海一关。
心暗喜面带欢扬扬得意，盘算着家不远不过几天。
且不言王会川刻下就到，再表那一枝花自语自言。

公婆老儿又小可靠哪个，我一个女流家哪里有钱？
老天爷保佑着儿父得转，生意好多得利早把家还。
小佳人在房中正然思念，猛听得敲门户下炕去观。
欠身行款金莲往外行走，问一声是哪个有何事端？
王会川说了声是我还家，急速地快开门我是会川。
小佳人忙上前将门开放，见儿父止不住一阵心酸。
夫见妻不由得也是难过，搬行李接过马合家喜欢。
见二老问声好急忙叩首，父和母又是喜又是心酸。
有小儿问她娘这是哪个，一枝花说吾儿你快问安。
你的父他今日回家来了，从今后咱一家不受贫寒。
一家人叙别情各言苦处，说不尽道不尽话怎有完。
父母问我的儿挣钱多少？会川说银子钱拿家若干。
众亲友来望看一齐道喜，喝几盅烧黄酒大家闲谈。
真好手能忍耐一去几载，有亲友告别去要过新年。
淘黄米做豆腐又把面磨，扫房子挂天灯又贴对联。
蒸馒头包饺子把供礼献，供神仙点高香齐祝平安。
放罢了三声炮惊天动地，焚纸码叩了头大谢苍天。
一家人老和少坐在一处，你一杯我一盏庆贺团圆。

口述者：郑世臣　采录者：张徐

1985年5月采录于长春

附记：据郑世臣说，此歌是他在1960年向著名歌手、二人转老艺人程喜发学来的《跑关东》民歌。当时只注重曲谱，未能写定歌词，所以采录在这里的歌词，可能与原唱词及其他整理本有出入。

《跑关东》共有两首，上一首名为《王会川跑关东》，讲述清时山东青州府王会川家生活无着，被迫撇家舍业一人独自闯关东谋生活，有50段歌词。这是第二首120段唱词。都有两段曲谱，反复咏唱。

"闯关东"与黑龙江农耕文化的发展

黄德烈[1]

一、"闯关东"与"闯关东文化"

历史上，黑龙江长期是游牧和渔猎民族活跃的地区，历史上统称北方游牧民族地区，农业发展一直比较落后。尽管在某几个历史时期有一定规模的垦殖活动，但生产力水平极为低下。满族从这里兴起，逐渐迁徙至东北南部的辽宁并在辽宁壮大，之后攻入关建立清王朝。

清初年，清朝统治者为了维护"龙兴之地"，对东北实行封禁政策，修筑"柳条边"，划定旗界和民界，禁止旗民混居，又下令禁止关内流民出关出口。清朝的封禁政策限制了关内移民的大量流入，阻碍了东北土地的开发，使东北地区尤其是黑龙江地区处于封闭、原始、荒芜状态，正如史料记载黑龙江流域"自呼伦贝尔越瑷珲兴东辖境，皆与俄境毗连，弥望榛

---

[1] 黄德烈，牡丹江大学中文系教授。

芜，无人过问"[1]。

关东，是指山海关以东地区。在历史上，为抵御北方游牧民族的入侵，历朝都有修筑长城，山海关作为长城起点上的关城，界定着关外和中原大地的分际。所谓"闯关东"是指从清朝到民国数百年间，背井离乡的关内百姓（主要是农民），不顾朝廷禁令，开始兴起了"闯关东"。实际上，百姓进入关外在清朝历史的某些时期，也有开禁甚至动员百姓移民关外的现象，但是"闯关东"作为一种社会学名词，已被人们普遍接受并运用，且成为民间习惯用语，而且也是作为一种移民习俗而被广泛接受了。

"闯关东"，是中国的移民壮举，是一种社会历史移民现象，有自发的客观因素，有内在的政治、经济因素。"山东人闯关东实质上是贫苦农民在死亡线上自发的不可遏止的悲壮的谋求生存的运动。"日本人小越平隆1899年在《满洲旅行记》中记载了当年真实的历史画面：

> 由奉天入兴京，道上见夫拥独轮车者，妇女坐其上，有小儿哭者眠者，夫从后推，弟自前挽，老媪拄杖，少女相依，踉跄道上，丈夫骂其少妇，老母唤其子女。队队总进通化、怀仁、海龙城、朝阳镇，前后相望也。由奉天至吉林之日，旅途所共寝者皆山东移民……

文化是什么？广义的文化指的是人类在社会历史发展过程

---

[1] 张伯英《黑龙江志稿·经政志》，卷八。

中所创造的物质和精神财富的总和，它包括物质文化、制度文化和心理文化三个方面。狭义的文化是指一个国家、一个民族或一个地区的历史、地理、风土人情、传统习俗、生活方式、文学艺术、行为规范、思维方式、价值观念等人们普遍的社会习惯。

人是文化、信息的载体，人的流动实际上就是文化的流动。所谓"闯关东文化"就应该是指关内百姓将上述普遍性的社会观念与习俗带入关外的一种文化现象。实际上也是关内文化向关外地区大规模转移的一种文化现象。

"闯关东文化"从某方面意义来说，其主要成分应该是齐鲁文化，我们从当年记载的史料来看：

表1　1941年东北移民人口各省人数

山东省	742,000人	71%
河北省	176,000人	17%
河南省	116,000人	11%
其他地区	10,000人	1%

此表中的数据是1941年东北移民人口各省人数比例。[1]

从人口数量来说，山东移民占绝对优势，从文化习俗来说，河北、山西移民与山东的文化渊源极深。对山东移民在东北来说，他们"聚族而居，其语言风俗一如旧贯"。他们几乎很少去适应当地的社会风俗、宗教信仰，使用当地的语言文字等。

---

[1] 数据来源《近代东北移民史略》。

二、"闯关东"对黑龙江农耕文化的影响

农耕文化是指由农民在长期农业生产中形成的一种风俗文化，以为农业服务和农民自身娱乐为中心的一种文明形态。它有自己独特而丰富的文化内容和特征，但主体包括语言，戏剧，民歌，风俗及各类祭祀活动等，是中国存在最为广泛的文化类型。历史上黑龙江流域长期处于渔猎文明（含游牧）阶段。黑龙江流域的农耕虽然也有比较发达的时期，但由于战乱和民族迁徙，尤其是清朝入关后，整个东北处于土地荒芜、农业残破的局面。黑龙江农耕文化水平尤其低下。而"闯关东"移民的到来，对黑龙江的农耕文化的进步与发展起到了非常重要的作用。

第一，开发地力，扩大耕地面积。

闯关东移民的到来首要的生存就是获取粮食——种地，有力地促进了黑龙江的土地开发。据统计，在清末，仅1857年，黑龙江仅双城堡就新开荒地4万垧。整个黑龙江地区自1857年奏开蒙古尔山荒地120万垧。1904年，呼兰地区经历年放垦，已陆续垦成熟地112万垧。到1910年，黑龙江地区已放荒687.5万垧，既垦地亦达211万垧。

民国时期持续的大规模移民，同样是伴随着土地的快速开发、耕地面积的不断扩大。20世纪20年代前后，关内军阀连年混战，自然灾害频繁，而同期的东北，社会比较安定，关内迁来之移民"络绎于途，势如泉涌，南满铁路以及吉长铁路搭载之旅客数目，剧烈增长，殊为空前未有之现象"。据满铁庶务

部调查课统计，1923—1929年关内人民移赴东北者约500余万人。其中，1927年移民人数剧增，突破百万人，这种状况一直持续了三年之久。

此时期的关内移民绝大多数进入东北北部的北满地区，即黑龙江地区。1924—1931年，松花江下游地方（包括木兰、通河、汤原、依兰、桦川、富锦、方正、勃利等县）耕地面积由86.2万公顷增至118万公顷。近入20年代，桦川县城及佳木斯镇一带"已户口蕃臻，地辟过半矣"，就是边远的永丰区，亦有居民400户，男女5200余人，垦成熟地6000多垧。永丰区孟家岗一带，原有垦户87家，1927—1928年新来垦户300家，用洋犁开垦土地3万垧左右，"兴盛之殊为意料所不及"。[1]据统计，黑龙江省新开发的垦殖面积已达211万垧。

土地的不断垦殖和耕地面积的不断扩大促进了农业生产的发展，使得粮食产量的不断提高。据资料记载1924—1930年，东北粮食产量由1200余万吨增加到1500余万吨，1925年人均占有粮食679.6公斤。一些地区形成农产品专业化生产区域，如大豆主要集中于中东路东部、东路西部、松花江下游地区和哈尔滨至公主岭的平原地带，有些县大豆种植比例高达40%—60%，每年还向国内外市场提供大量的商品粮及其他农副产品，有力地促进了农业商品经济的发展。例如绥中粮食盛产，有谚云："填不满的山海关，拉不败的中后所（即绥中县）。"每年输出粮食5万石，花生5万斤，豆饼7万块。黑龙江

---

[1]　《1927年之移民与东省铁路》，《东省经济月刊》第3卷第3期。

地区每年向市场提供大量的商品粮，粮食的商品率迅速提高，与之相适应的工商业也获得了相应发展。

第二，改良了农耕方式，丰富了农作品种。

据史料记载，闯关东移民到来之前，黑龙江的齐齐哈尔（卜魁）"四面数十里，皆寒沙，少耕作。城中数万人……耕种，岁易其地，待雨乃播，不雨则终。不破土，故饥岁恒多。雨后，相水坎处，携妇子牛羊以往，毡庐孤立，播种辄去，不复顾。逮秋复来，草莠杂获，计一亩所得，不及民田之半"。[1]黑龙江牡丹江地区（宁古塔）的农业的耕作方式，也是比较原始的"火田法"，"一岁锄之犹荒也，再岁则熟，三四岁则腴，六七岁则弃之而别锄"，收获量每大垧约只在一、二石左右。而粮食及蔬菜种类亦极少。[2]

而山东等地的传统农业地区，由于农耕文化的发达，在农业生产中已形成了一整套比较完备的农耕方式。耕与种是两个主要环节。因此，犁铧（耕地用具）与耧（播种用具）成为农业的主要生产工具，在华北农村是普遍使用的。移民把先进的生产工具带到了黑龙江，一改过去火烧、锄挖的原始方式，使耕作效能大大提高，土地的肥力也得以增加，犁耕的土地经过深翻，还可以防治病虫害，使得土地的粮食产量大大增加。农民们还根据黑龙江气候雨水少，黑土土壤松细的特点，发明耩，以便于把土地进行一种垄沟耕作，有利于黑土保墒和铲蹚，以提高农作物的产量和质量。

---

[1] （清）方式济《龙沙纪略》。
[2] （清）方拱乾《绝域纪略·土地》。

移民到来之前，黑龙江因为不是传统的农业文明区域，对农业文明的认识非常模糊，加上与关内的交流较少，所以种植的粮食及蔬菜种类非常有限。

而移民到来，随之带来的农作物种子和他们先进的农耕技术，使农作物种类丰富繁多，据记载：除传统的高粱、大豆、粟、小麦外，还新种有玉米、马铃薯等高产农作物，并且迅速推广开来，水稻亦有大面积种植。其他如秫（也称黏谷子）、黍（本地人叫大黄米）、稷（本地人称糜子）、荞麦亦多有种植，蔬菜水果的品种也有增加。

第三，推动了农耕经济的繁荣。

随农业的发达兴盛，黑龙江地区以粮豆加工品为主，带动了农耕经济的繁荣。其显著标志是粮栈业在东北地区商贸活动中发挥着中枢作用。1910年，东北29个城镇就开设有大小粮栈449处。[1]而各地杂货店、大车店、火磨、油房、烧锅、酱园等也往往兼营粮食贸易。东北金融机构都通过所控制的粮栈在一定范围内垄断了粮食贸易。各地的钱庄、银炉等也都参与粮食贸易活动。因此，以粮食交易为中心的东北商业资本一时呈现出极其繁盛的景象。丰富的农产品除了以初级产品形式进入市场以外，还为粮食加工业提供了充足的原料，尤其以豆类、小麦、高粱等品种粮食直接转化为当地工业原料的数量所占比重更高，大约为50%。经当地的磨坊、油坊、烧锅提炼后，再投入市场，成为更高层次的商品。东黑龙江特产大豆因为品质

---

[1] 于春英、衣保中《近代东北农业历史的变迁》，吉林大学出版社2009年。

好、产量高，因此使得黑龙江当时的榨油业成了地方一大农产品工业的主要产业。另外酿酒业也非常发达。

我们知道酿酒业必须随着粮食产量的增长，才可以形成，酿酒业的快速发展，说明了粮食产量的增加，而大量的大规模的烧锅的建立，不仅是供自己饮用，而是走向了商品化，到市场上去流通和交换。从粮食转化为制酒业说明粮食的富裕，从另一个角度也证明农业的丰收和生产力水平的提高。农耕生产水平的提高，粮食高产，因此才有剩余的粮食，而转化剩余粮食，制酒就是首选的内容，试想如果连肚子都填不饱，哪还有粮食来制酒呢？

据资料记载，哈尔滨的"田家烧锅"就是哈尔滨市制酒业的主要发祥者之一。其"田家烧锅"的第六代传人王久滨年近七旬，他至今还保存有"田家烧锅"的大量资料。据哈尔滨香坊区文化馆馆长王春恩介绍，根据《香坊区志》记载，当年"田家烧锅"有瓦房32所，设有账房、车间等。可见规模不小。生产的白酒主要用高粱酿造而成，醇香可口，远近闻名，畅销哈尔滨、呼兰、阿城、双城等地，当时是东北地区一大业主。

当时烧锅（即酒作坊）遍地开花，几乎较大的市镇、村屯都有。在牡丹江的宁安，就有许多由烧锅而命名的地名，如：原范家乡福荣村的毛子烧锅，江南乡的东升烧锅（孟家烧锅，又称福兴源），宁西还有赵家烧锅，牡丹江边上依兰岗村的晋源永，东京城的永兴泉（渤海镇）、永衡东西烧锅、公益烧锅（酒业）、大兴源（烧锅），沙兰镇的镇兴源、连家烧锅、颜家烧锅、三陵乡的胡家烧锅、泉眼头的兴隆泉。宁安镇内就更多了，规模较大的有义发源（北门外）、和源永（北门外）、大德永（东门外）、元和盛（东门外）等。宁安一时间成了酒乡。

传统的黑龙江原住民对粮食精加工没有概念，主要是随"闯关东"移民的大量来到，粮食精加工才有了快速发展，如以小麦和豆类为原料的面粉加工业和粉条加工业。在嫩江流域、松花江流域地区盛产小麦、土豆的地区，民间磨坊、粉坊星罗棋布，其加工设备以旧式石碾为主，以家畜为动力，每年加工的小麦量、制粉量相当可观。

第四，传播农耕物态文化与非物态文化。

在农耕文化的产生和发展进程中，除通过了解自然条件而产生的天文、历法、气象等物态知识外，如农历节令、气候节气、农业谚语等非物态人文知识以及农具、肥料、育种、水利工程、精耕细作技术等与农事活动相关的农业技术知识也必然产生和发展。同时还有属于农耕文化的另一种非物态形态知识——民间文化。民间文化（包括民间信仰、民间风俗等）是中国文化重要组成部分，是中国老百姓情感的载体。人们生产劳动过后，就自然要想搞些娱乐活动，缓解疲劳，放松精神，更重要的是人们在一起能进行思想交流。于是中国人最集中表达思想情感的民俗活动，年就产生了。年是农耕文化的产物。古人讲，五谷熟曰年。庄稼人春播，夏耘，秋获，冬藏，把农作物生长周期的一个轮回叫作年。上古的每个朝代对年的叫法各有不同，据《尔雅·释天》记载："夏曰岁，商曰祀，周曰年，唐虞曰载。"郭璞注："年，取禾一熟。"《穀梁传》讲得更具体，"五谷皆熟为有年"，"五谷大熟为大有年"。沿袭下来，人们就在过年的时候拱手作揖，弹冠相庆：恭喜您过一个风调雨顺、五谷丰登的大有年。

我们知道，"闯关东"移民是以山东人为其主体的，他们把山东优秀的民俗带到黑龙江，因为其民俗文化的优秀，当地人也就反过来随俗，满族人也同汉人一样过春节、过清明节、过端午节和中秋节。以过为例。我们今天在黑龙江所沿袭的过年内容，基本就是山东人过年的内容。如儿歌唱的：

> 小孩小孩你别馋，过了腊八就是年，腊八甜粥喝几天，沥沥拉拉二十三，二十三糖瓜粘，二十四扫房间，二十五冻豆腐，二十六去买肉，二十七宰肥鸡，二十八白面发，二十九蒸馒头，三十晚上熬一宿，大年初一满街走，正月十五看红灯，二月花朝看龙头。

春节内容很多，简单地说有：祭灶、扫尘、贴春联、门神年画"福"字，除夕夜吃年夜饭（团年饭）、祭祖、守岁、给红包（压岁钱）；放爆竹、拜年，初二回娘家、初五接财神、初六送穷等。在山东诸多的地方志中，对过年内容的记载甚多。如道光十二年（1832年）《巨野县志》记载：过年五更早起必食水角（水饺），谓之扁食。《单县县志》《寿光县志》《泰安县志》《滋阳县志》都有关于过年内容的详细记载，与黑龙江的过年内容可以相互印证，几乎一模一样。再山东有谚语：初五吃顿面，一亩打一担。正月初五，要破五，吃水饺。二月二，龙抬头，吃面条，蒸馒头。威海等地篾糕，叫"篾龙蛋"，吃面条叫吃"龙须面"。山东各地有吃炒豆的习俗，至今黑龙江也有这样的习俗。当然由于山东境内各地过年内容有些少许不同，在传播到黑龙江各地时，也是随各居住点人的家乡来源不同而稍有不同。

如果说过年内容还有少许差别的话，那么端午节则几乎完全相同，端午节山东全境都吃粽子和鸡蛋，主食多为甜食，而且喜欢包枣为馅。这些都随山东移民而使得黑龙江大地有了这样丰富的民间节庆内容。

流传至今的民间婚丧礼仪、节日庆典、集市庙市等民俗文化是我国传统农耕文化的重要部分。这些内容也多随移民的来到而成了黑龙江土地上最有农耕色彩的生活内容，限于篇幅，就不一一举例。

"闯关东"移民一方面固守自己的文化价值体系，同时不排斥不同元素与风格的文化，并且进行碰撞融合，交错并行；在创业中尊重对手，包容异己，又内含着强烈的自我观念和群体开拓意识，这种特质至今还深刻影响着黑龙江人。在改革开放的时代，这种精神特质正需要被继承和发扬，作为有着众多闯关东后代的黑龙江大地，没有理由不把"闯关东"移民精神运用到今天的创业时代，崛起的时代。为黑龙江、山东两地的共同发展，共同进步而再创辉煌。

"一带一路"文化行走

——从"秃尾巴老李"民间故事看民间文学保护与传播

孙亚强[1]

一、"一带一路"文化探源

(一)闯关东文化探源考察概况

由中国民间文艺家协会主办的"一带一路"民间文化探源工程——闯关东文化的溯源与民间文化生态考察调研活动,于2019年4月29日至5月1日,在黑龙江站的哈尔滨、牡丹江几处移民文化集聚地进行考察和相关座谈。谈到黑龙江的文化无疑与移民历史离不开的,因此这一行的调研活动强烈地冲击着民俗学者们对闯关东文化的敏感神经,也进一步加深了对后移民文

---

[1] 孙亚强,黑龙江省非物质文化遗产保护学会会长、研究员。

化时代的了解和研究热情，尤其是习近平主席倡导的"一带一路"伟大工程，文化工作也要有参与意识。作为黑龙江文化主体部分的中原传统文化就是通过移民将之传播于此，当下我们应当如何协带着优秀传统文化行走于"一带一路"。

（二）"一带一路"精神与优秀传统文化

"一带一路"民间文化探源工程——闯关东文化的溯源与民间文化生态考察黑龙江站的调研活动。时值第二届"一带一路"国际合作高峰论坛在北京成功举行之际，论坛提出了共建"一带一路"，民心相通，行稳致远，开创美好未来的主旨。文化工作是各国的民心工程，以"一带一路"为契机讲好中国故事，这是文化工作其中重要的一项内容。

本次考察活动以大众喜闻乐见的民间文学为切入点，从山东往北的移民轨迹文化圈有广泛传播的"秃尾巴老李"等故事。以传说作为切入点，在这个区域流传广泛，可谓家喻户晓，并延伸到其他学科领域。作为民间文学的"秃尾巴老李"故事，是我们在"一带一路"工程建设过程中讲好"中国故事"的典型范例。

（三）闯关东移民文化行走

闯关东文化探源工作组首先将哈尔滨中华巴洛克街区（原哈尔滨"老道外地区"）作为考察切入点。19世纪末随着闯关东的移民洪流，山东移民傅宝山、傅宝善兄弟到此落户，开大车店，兼行医为生，由此集聚人气，使原仅有几户人家的小渔村，不断吸引越来越多的闯关东人来此定居。松花江畔变得热闹起来，"傅家店"也成了这里人们口口相称的地名，因此开启了哈尔滨道外区百年老街的历史之源。考察工作组还来到牡丹江市爱民区三道关镇放牛村，原来这里整村几乎都是闯关东的梁山移民，现在还有很多老人操着一口纯正的山东口音。随后来到穆棱市兴源镇爱国将领垦荒大员吴大澂纪念馆进行考察。

经过调研得知，前两个案例是民间自发形成的闯关东现象，在19世纪初被学界称为"流民"，即各地饥荒农民突破清政府封禁偷渡出关，不断流入黑龙江地区以求生存；而后一个案例是19世纪中叶清政府为了抗击沙俄对中国领土的蚕食，从移民实边的角度出发，在吉林、黑龙江推进了垦荒政策，这一时期的闯关东移民的性质是"垦民"。

二、闯关东文化探源

（一）移民文化的历史背景

在黑龙江的移民历中的"流民"和"垦民"很难用准确的时间一刀切划分，但关于"垦民"却有一段明确记载，即光绪六年（1880年）吴大澂授三品卿衔，随同吉林将军铭安来宁古塔办理边防事务，管辖今吉林省延边地区和黑龙江省牡丹江、鸡西、七台河三市各县。吴大澂在三岔口首设招垦局，接着派人员去山东招收移民，一次招来近千户山东贫民，计有四五千人。接着又在穆棱上城子（今兴源镇）设穆棱河招垦区，再招山东移民垦边。为使移民安家落户，开垦种地，下令拨银两资助每户移民盖房、购置耕牛耕具，使移民顺利垦荒，安居乐业。这些举措竟然引动了中国近代史上最大规模的移民潮——此后不久，山东、河北、山西、河南等地的大批贫苦农民纷纷"闯关东、求活路"。到1911年，黑龙江人口已达到300多万人，除其自然增长外，应当有二百余万人是关内北方各省的移民。[1]

晚清以来发生在山东半岛、辽东半岛等地区之间的"闯关东"现象，构成了中国近代史上，乃至世界史上规模最大、时间最长、迁徙人数最多的移民潮。究其原因是晚清政府的严重腐败，经济落后，还有旱灾、风灾、虫灾、水灾等自然灾害连年不断，严重波及直（直隶）、鲁、豫等省，造成社会资源枯竭，自然生态链遭到严重的破坏，到处"十室九空，少壮皆逃亡"，另外还有西方列强不断侵略中国，更使得民不聊生。[2]

（二）闯关东移民潮对黑龙江文化的影响

黑龙江地处祖国东北边疆，历史上是一个以少数民族聚居为主的区域。当时黑龙江处于极具落后的原始氏族社会后期，闯关东形成的移民潮，处成了民族大融合，把中原先进生产生活的技术和经验与世居民族交流，很快提高了世居人们的生活质量，尤其是汉族语言文化的传播，逐渐改变了世居民族的思

---

[1] 《黑龙江移民概要》。
[2] 《黑龙江移民概要》。

想观念和审美观,大大推动了社会发展进程。因此,闯关东文化对黑龙江地区的政治、经济、社会、文化等方面都产生了重大而深刻的影响。

以汉族文化的输入为例。当时在中原民间口语盛传的《三国演义》《西厢记》《聊斋志异》等历史故事,和本次调研的主题"秃尾巴老李"民间传说,随着移民流,很快地在东北地区传承开来;还有在"关内"极为流行的"莲花落""皮影戏",也被移民带入黑龙江,与当地的民歌秧歌结合、演变并最终成了曲艺类的"二人转",以及黑龙江皮影戏等。这些文化艺术不仅丰富了黑龙江广大民众的业余生活,同时也提高了民众的文明程度,加快了社会的发展步伐。

(三)闯关东文化与"秃尾巴老李"传说

民间文学又称口头文学,主要以口耳相传的方式产生并流传与民间。其形式丰富多样,有神话、传说、民间故事、歌谣等,有来自民间的独特审美特性。它丰富着我们的精神生活,是传统音乐、美术、曲艺、戏剧、习俗的重要土壤,民间文学的传承是父子口传、邻里相授的传承方式传承。秃尾巴老李传说,源于山东,又随着闯关东移民热潮,沿着闯关东的路径,在辽宁、吉林和黑龙江普遍流传,是我们国家众多的、较有影响的民间故事之一。由于传承广泛,各地的版本略有不同。

在康熙《文登县志》中记载:文登有一位郭姓农妇在田地里干活,口渴去山下小河取水,因为困极打盹被"被龙戏",三年后生下一个怪物,即一条小黑龙。小黑龙落地就能腾云驾雾,来去无踪,但每天都要回到母亲身边吃奶,非常恋母。农妇的丈夫老李,对此非常恼火。一天,趁小黑龙来吃奶的时候,挥起铁锹向小黑龙砍去。小黑龙躲闪不及,被砍掉了尾巴,负痛逃到了东北黑龙江。黑龙江原为一条白龙镇守,名曰白龙江。白龙兴风作浪,残害百姓,弄得人心惶惶。善良的黑龙见状非常气愤,便厮杀在一起,直杀得天昏地暗。当地百姓恨透了小白龙,看二龙大战,黑龙上来,百姓就扔馒头,看白龙上来,就扔石子,二龙鏖战了三天三夜,最后黑龙终于战胜了白龙。后来黑龙便应天命,司守黑龙江,黑龙江也因此得名,从此黑龙江风调雨顺。

黑龙江省级非物质文化名录中就有三个关于秃尾巴老李的故事,即《秃尾巴老李传说》《镜泊湖传说》《扎龙的传说》。其中《秃尾巴老李传说》几乎是完整的原型故事内容:传说黑龙生于山东李姓人家,因出生时尾巴被父亲割断,为恢复龙体在萨哈江潜居。黑龙同情人间疾苦,保护沿江五谷丰收,和两岸人民血肉相连,备受人民赞颂。白龙仰仗兵多势众祸害人间,企图加害黑龙,独霸萨哈江,黑龙与白龙进行生死搏斗。在沿江人民的支援下,黑龙战胜白龙,换得两岸的幸福和安宁。为感谢和纪念黑龙,人们将萨哈江改称黑龙江。这一个版本是融入了黑龙江的地理文化内容,但主线都是行善除恶,保一方平安。

"秃尾巴老李"形象生动,内容简单,在生产条件落后,自然灾害频发的旧社会,体现了平民百姓对幸福生活的期盼与寄托普世价值观。因此,以"秃尾巴老李"故事为代表的闯关东文学在辽宁、吉林、黑龙江广为流传,并逐渐被戏剧、曲艺等艺术形式改变和移植。

三、闯关东文化之相融共生

(一)民间文学与姊妹艺术的融合

民俗文化是古今一切文学艺术的底蕴。因此艺术的殿堂是古今民俗文化积淀与升华形成的。随着闯关东移民大量涌入,流传在山东、河北、河南等地各类脍炙人口的民间艺术,伴随着民间艺人踏荒的脚步也来到了东北,如"皮影戏""莲花落""山东快书""河南坠子""西河大鼓"等。

民间文学"秃尾巴老李"的故事,虽然只是个小小的传说,却反映了中国的核心价值观,体现了自由、平等、和谐等的主题。"秃尾巴老李"的故事因此在北部省份广为流传,并被其他艺术采纳与融合。如皮影戏优秀剧目《秃尾巴老李》,自搬上舞台就熠熠生辉。

黑龙江皮影戏,已经有200多年历史。其形成是闯关东的山东移民、河北移民带来了影箱,于黑龙江落地、生根、开花、结果,成为很有影响、民众喜闻乐见的艺术形式之一。龙江皮影戏"秃尾巴老李"是以优秀的同名民间文学为素材创作而形成的优秀剧目。[1]

---

[1] 《黑龙江省志·艺术志》。

（二）皮影戏与《秃尾巴老李》

由黑龙江省民间艺术团皮影队创作的经典剧目《秃尾巴老李》，1959年首演于哈尔滨市。该剧是以闯关东民间文学"秃尾巴老李"原型故事创作的，整个剧目基本遵循了民间流传"秃尾巴老李"的完整故事，按照皮影戏的表现方式稍加艺术提炼而成。

1959年，该剧是晋京向中华人民共和国成立十周年的献礼。演出获得巨大成功，得到了中央领导、文化部和首都观众的热烈欢迎。《人民日报》《光明日报》《北京晚报》等媒体争相报道，给予盛赞，《人民画报》刊登了《秃尾巴老李》的大量彩色剧照。《人民中国》外文期刊，更是以17国文字介绍了黑龙江皮影艺术。该剧分别于1960年1月、1981年11月晋京参加第二届和第四届全国木偶戏皮影戏观摩演出大会，并均获得骄人成绩。随后按照文化部（现文化和旅游部）的要求开始在全国巡回演出，先后赴长春、济南、开封、唐山、郑州、上海、南京、苏州、武汉等城市公演。《秃尾巴老李》剧组还先后出访了韩国、法国、日本、俄罗斯等国家。

《秃尾巴老李》皮影戏，是一个由口述的民间故事，移植到综合艺术皮影戏的成功案例，是民间文学与皮影戏的完美结合。从表演艺术形式角度出发，是由一人口述讲演的形式，转换成了有形象、音乐、舞蹈等综合性的舞台艺术。通过唱、念、做、打的表现形式将民间文学故事更生动、更形象、更赋予情感地表现出来。

"秃尾巴老李"传说故事和皮影戏都是随着移民到了黑龙江,作为民间文学在该地区得到了传承和发展,并相融共生。

四、闯关东文化与"一带一路"民心相通

(一)"秃尾巴老李"故事与传统文化精神

"秃尾巴老李"故事,是典型闯关东民间文学的代表。笔者深知闯关东移民历史对沿途文化影响深厚,但此前还未从民间文学角度来考量和研究闯关东的历史。经过此次考察,印证了正是由于闯关东的大量移民,才使该故事在山东、辽宁、吉林和黑龙江广为传承。由中国民间文艺家协会主办的"一带一路"民间文化探源工程——闯关东文化的溯源与民间文化生态考察调研活动,前期对"秃尾巴老李"故事的社会、历史、文化背景进行了案头研究。

该故事,从它的体量上来说文字不多,内容也不很复杂,从其内容上来说是一个有血有肉,生动形象的民间传说。但这样的民间故事、传说在中国文学史上应当是不胜枚举,为什么该故事如此受欢迎,且不断传承,并被其他艺术形式所采纳。

首先,这个故事的主人公小龙被父亲砍断尾巴后,一跃从山东飞到了黑龙江,没了尾巴的龙可以形象地比喻旧生命的死亡和新生命的诞生。一往直前,正契合了闯关东时期的大量流民离乡背井的苦楚与开拓进取的勇气。同时,山东亦有海洋文化特质,所以出现了以"龙"为核心的主人公形象,带有浓厚

的地域色彩；其次，秃尾巴小黑龙来到了萨哈江，又与白龙进行生死搏斗，在沿江人民的支援下，黑龙战胜白龙，保一方平安。这也正是反映闯关东移民来到了极寒疾苦的黑龙江拓荒、谋生、创业、安居的发展史，也是一代代东北移民的艰苦的奋斗历程缩影；再次，故事表述了小黑龙非常恋母，知道母亲去世后经常飞回家乡探望，有时还帮助家乡去除灾害等内容，体现了传统孝文化的传承等内容。山东是儒家文化的发祥地，孝文化又是儒家文化的核心内容，因此小小的故事，彰显了大文化内容，"秃尾巴老李"故事与中国的历史、民族、社会、习俗和民族精神极其吻合，反映了中国人民核心价值观的大主题。所以该故事才得以广泛流传。

调研组探寻闯关东精神的文化渊源，梳理"闯关东"口头文学的传承脉络，研讨民间文化多样化保护理念，可以促进优秀民间文学的有效利用与发展。

（二）全球化与多元文化

自改革开放以来，我们国家的社会、经济、文化、人民生活都发生了翻天覆地的变化。以文化为例，人们的娱乐活动由以中国传统的戏曲、戏剧、各类说唱艺术等为主，逐渐发展到更多样的动漫剧、电视剧、网络文化等，丰富多彩，琳琅满目。这些形式的确给当下的民众提供了多样选择的娱乐休闲平台，观赏数其不尽和取之不竭的内容；方式多样化，可观赏、可参与、可自行制作等。然而我们真正地去观察和思考，这些内容有一部分是来自于国外，或受外来文化影响的内容在传播。其中不乏有些西方文化打着文化多样性的旗号却宣传与我们不同的价值观产品，或一些消极思想内容的娱乐活动，我们欢迎多样化，但不欢迎消极和负面的内容。

中华民族五千年文明，遍地都是优秀的传统文化，恰恰这些优秀的传统文化并没有得到很好的宣传与传播。像"秃尾巴老李"这样优秀的民间传说和皮影戏等，应当多方举措宣传和传播。这次闯关东文化的溯源与民间文化生态考察调研活动，也发现了一些在保护传统文化方面的不足之处，如在有的调查点的山东老乡对什么是"秃尾巴老李"已不知晓，由此可见这些年我们在挖掘和保护民间艺术方面已经有了欠账。通过这次调研为切入点，从中央到地方的各级政府以及学界和社会等均产生了共识，即更大限度地梳理口头文学传承脉络，很好地研究民间文化多样性的保护，促进优秀民间文学的发展和传播，这是文学界当务之急的工作，同时也呼吁社会各界共同参与保护与宣传行动。

（三）"一带一路"与民心相通

习近平主席倡导的"一带一路"伟大构想，是站在全球一体化，构建人类命运共同体的高度，关注未来发展与合作方向。近两年国际形势发生了重大变化，西方发达国家开始走保护道路，不让像中国这样的新兴发展中国家融入发达国家俱乐部，阻碍我们为世界发展发挥智慧和动力，他们只想输出，不想有输入。我们国家倡导的"一带一路"行动中的主旨是各国民众和文化平等互利。作为文化工作者，在这一千载难逢的伟大工程中，一定不能成为旁观者，要积极参与。通过这次闯关东文化的溯源与民间文化生态考察调研活动为契机，更多地挖掘和保护优秀的民间传统文学。

当前中国已经是世界第二大经济体，闯关东的移民精神在当下正好契合了"一带一路"伟大工程，我们学界，要以当年的闯关东的民族精神的"闯劲"去闯"一带一路"，做我们中国传统文化的传播者，讲好中国故事，让中国的优秀民间文化与"一带一路"各国人民共享。因此我们应当很好地梳理民间文学，将优秀的民间故事进行保护、传播，或移植改编成小戏、小剧和舞蹈等，易于出访活动。如舞台艺术《秃尾巴老李》皮影戏就是一个典型的成功案例，早已是出访的文化产品。我们必须加倍努力，要让更多的、更丰富的民间优秀艺术作品行走在"一带一路"。

跨乡土的语境流动

——闯关东的民艺

鲁　汉[1]

民艺是背井离乡的人们的一种乡愁，是牢记祖先、怀念家乡的直接载体。

在异地他乡的生活中，最为常见的是投亲靠友，聚族而居。特别是在"闯关东"中，同宗同姓同村聚居在一起，并形成村落，至今仍普遍存在。在这样的社区里，家乡的习俗被相对完整地迁移过来，延续在民众生活的各个方面，如衣食住行、婚丧嫁娶等、信仰娱乐等。民艺以其独特的审美、功用，直截了当地反映着、承载着这种独特的语境，并以民众最喜闻乐见的形式不断传承下来。从而使得家乡的语境跨越乡土流动到关东大地。

2019年5月，在跟随中国民协组织的闯关东调研组重走关外的调研中，一直从事民艺研究的笔者更加关注的是闯关东的人

---

[1] 鲁汉，青岛市手工艺协会会长。

们带来的民艺,从中梳理出一条"山东→关东→山东"的民艺闯关东以及当代"回流"之路。

一、家堂

家堂又叫"家堂轴子""轴子",是一幅大大的卷轴画,以木版印制或手绘制成,上方画男女先祖,下面是家族宗祠,门两侧分列明清官员装束的子孙,中间则是一组组的竖格,自上而下用毛笔填写着从一世祖至今的各支祖先,整个家族的谱系一目了然。家堂平日里卷起挂在梁上、墙壁上,每年的大年三十下午,去祖坟请回祖先,将家堂挂在正厅北墙的正中,摆供、烧纸、敬香,谓之请祖先回家过年。直到送年后,又将家堂卷起挂好,待来年又是如此这般。

家堂一般是每一支家族"请"一幅,由本支长者珍藏,过年时,本支宗亲都来祭拜。家谱则是翔实记录家族历史与历代先人的谱书,多为刻版印刷的,也有手抄本的,家谱根据家族的兴旺少则一两本,多则五六本。修家谱比起请家堂要复杂得多,也要隆重得多。

烟台牟平姜庄镇北头村、峒岭村、酒馆村,繁衍着从元代定居于此的都氏家族。在建于清代的都氏家祠内,至今仍存有两幅大家堂,一幅请于清代,另一幅请于民国,上面都密密麻麻写满着都氏的祖祖辈辈名讳,每年春节,两幅家堂都要恭恭敬敬地从专有的木匣中请出来挂在大殿的正中,享受着都氏家族子孙们的香火与供奉。

跨乡土的语境流动　055

图1　牟平都氏家祠里珍藏的都氏家堂

千里之外,吉林省农安县鲍家镇冷家瓦房村63岁的都兴文家里,也存有一幅家堂,上面的辈序"镇国应宏汝,呈思丕世悦,元本兴基业,书田永克昌,进修传广训,继述正伦常"与牟平都氏家祠的大家堂完全一致。这幅家堂是都兴文1980年前后重新请的,原先父辈传下来的老家堂毁于20世纪60年代。都兴文说老家堂就是祖先闯关东时带来的，也不知传了几代。都兴文根据老家堂请人填写了这一支都家人的祖先名讳，至今只有七世。如今，都兴文随儿子搬到农安县城居住，依然将这幅家堂带来，平时，就安放在房间顶部灯池的缝隙中。都兴文是笔者的堂哥，2015年6月，笔者曾在冷家瓦房村对他进行过访谈，2019年4月27日下午，笔者又特地赶到位于农安县城的都兴文儿子家，重新拍摄、记录了他保存的这一幅家堂。

图2　都兴文珍藏的都氏家堂

跨乡土的语境流动　057

图3　笔者在农安对都兴文进行访谈

图4　都氏家堂底部手绘

2019年4月30日上午,调研组在牡丹江市三道关镇放牛村座谈中得知,86岁的张云庆老人家中保存着一部家谱,旋即到其家中进行了访谈记录。这部1914年敬身堂石印的《无棣张氏族谱》共四卷,线装,保存完好。据张云庆回忆:这部家谱是由父辈从原籍山东无棣带来,同时带来的还有一幅家堂,可惜家堂在20世纪60年代被毁。

图5　笔者在都氏家祠悬挂家堂

4月28日,笔者在吉林梨树县蔡家镇蔡家村《关东农耕博物馆》里,拍摄到馆内陈列的民国时期韩氏家堂。

图6　关东农耕博物馆里陈列的家堂

图7 关东农耕博物馆里陈列的家堂（局部）

可见在东北三省，家堂的遗存较为普遍。闯关东离开家乡，怀揣着的就是写满祖宗的家堂、家谱，在关外定居下来，年节时，摆供祭祖，祈求祖先的佑护。祖先在，家族的凝聚力就在，那种异地他乡的漂泊感也会随之淡化。同时，家族、同乡的感觉也有意或无意地拒绝着东北当地文化的同化，并为东北地区带来了浓重的山东民俗。

二、年画

年画，顾名思义就是旧时民间过年时张贴的驱邪迎祥的吉祥画儿。年画涉及民俗生活的各个方面，如日常的婚丧嫁娶、祈福求财等仪式，各行业祭拜祖师时也往往以一张年画为凭，还有人们在游戏时所用的喜画、福寿屏、祖师纸马、扇面画、西湖景，以及丈画、灯屏画、博戏玩具、岁时杂画等。

清末至民国时期甚至建国初期，山东各地的年画，特别是东部地区产地的年画（如：潍坊杨家埠、高密、平度宗家庄）的销售市场主要在东北三省。

据"东增盛"画店传人宗成云讲：

> 那年景，宗家庄的年画店一户挨一户，村里的人甭说了，就连周围村的人都来打工。每年入冬后，黑龙江、吉林和胶东各地的年画贩子一股脑地涌到村里来，拿不到年画的就住下来等。

民国初，平度年画蓬勃发展。据年画老艺人宗景波回忆：

> 宗家庄十来户画店竞相进（平度）城租房赁屋，开设店铺。不几年工夫，西关大街两边挂了两溜大小不一的画店招牌，彻夜灯火通明，人群如梭，进行年画交易。吸引了众多年画商贩从各地赶来，成批抢购选中的年画，随后销往胶东各县和辽宁、吉林、黑龙江等省。后来西关街自然形成腊月初至春节前后二十天的年画交易市集。每天年画销售量高达六万张之多，这种局面一直持续到1937年抗日战争前夕。1955年底，公私合营后在青岛台东三路成立了文教用品厂，父亲被定为独立劳动者，俺和大哥、二哥都进厂当了工人。那时，厂里印年画、花瓶窗旁、桌帏，也偷偷印些财神、灶马、香纸，后来还石印大宗谱，直到文革才停印。主要销往东北地区和胶东的莱阳、海阳、文登等地。

1949年后，全国进行年画改革，文化部发布《关于开展新年画工作的指示》，为创新和改造民间年画指明了方向，群众文化工作者叶又新、谢昌一等先后来平度年画调查采风，平度年画也开始复苏。1955年山东省人民政府发出了《关于对全省木版年画业进行社会主义改造的通知》，各地相继成立年画组织，平度也成立了"宗家庄木版年画社"，使得松散的家庭年画作坊变为集体经营。然而，一幅宗家庄年画《薛礼征东》窗顶在东北流传时，因内容是薛仁贵征讨高丽的故事，涉及民族问题而引起朝鲜人民政府的强烈抗议，被国务院通报追查，一时间没收、销毁了许多年画原版，连一些珍贵的祖传老版都被损毁。

以上调研及资料搜集采自笔者近20年对青岛年画的研究成果，并印行《青岛年画》一书。

杨家埠木版年画的主要市场同样是在东北三省。据潍坊杨家埠最大的"同顺德画店"传人、年画大师杨洛书回忆：

> 一共有四五十个画店，聚集在杨家埠旧前街中段分水岭和西头南北街一带。那年景，杨家埠的年画店，一家挨着一家，周围村庄的人都来打工。一到了冬至后，各地的年画贩子一股脑地挤到俺村来，肩扛车推地运年画。那些拿不到货的就住下来等。俺记得有一次，俺家光等货的就有一百多号人，整个村子就跟"清明上河图"画里画的一样。

"文革"期间，杨洛书还去过东北。

　　年画印不成了，俺带着二个儿子和小闺女一起"闯关东"到东北去了，只留老伴和大闺女在家。这回，俺们到了通河，在长兴二大队落了户。那里的地黑油油的，真肥，种啥出啥。俺们四个劳力一年就挣了500块钱，还分了不少粮食，家里养上了大肥猪，过上了不错的日子。俺正琢磨着把老伴接过来时，老伴来信了，说现在取消生产队了，可以自己种地了，也可以偷着搞副业，印年画了。俺又可以印年画了，这可是俺的命根子，俺二话没说卷着铺盖牵着孩子们回到了杨家埠。

以上摘自《潍坊年画王——杨洛书》一书，鲁汉编著，湖南美术出版社2003年8月出版。

吉林省著名民俗学者曹保明在2015年由吉林美术出版社出版的《年画》一书中写了山东济南历城县"李秀才画坊"的传人李连春于1891年闯关东，在吉林通榆六喇嘛甸子（李家屯）开画店，印制木版年画的故事。李连春的年画店制销的都是济南"李秀才画坊"的老样子，他只需找一位手巧的木匠帮他翻刻年画木版。于是李连春先是在双辽找了一位巧木匠林长青，合伙开了林家画坊，后来又与木匠车永新合伙。顾客盈门，直到一把大火烧毁了所有木版。"而且一色儿是山东济南府、胶州府一代的风格，古朴鲜艳，线条清晰，人物可爱。大家伙儿那个高兴啊，争着选哪，定啊"可见闯关东的人们对家乡老年画的喜爱。

图8　民国平度年画《西黄庄》

图9　民国平度年画《课子图》

图10 清平度年画《富贵满堂》

4月28日,笔者在吉林梨树县蔡家镇蔡家村《关东农耕博物馆》里,拍摄到馆内陈列的高密扑灰年画《母子乐》。

图11 关东农耕博物馆里陈列的高密扑灰年画《母子乐》

家乡的年画在新春佳节和婚丧嫁娶等生活中，毫无疑问地营造出浓郁的家乡味道，这种令民众倍感亲切的语境，使杨家埠、高密、平度三地的传统年画得以畅销，导致画商不远千里贩回牟利。前些年，杨家埠、高密、平度三地的传统年画在东北三省民间的存世相当丰富，成为上述年画产地老年画主要流出地。近年，山东年画藏家纷纷赴东北三省淘宝，呈现出一股年画回流热。

三、饽饽榼子

饽饽榼子也称"果模"，是青岛人对面食模具的亲切称呼，青岛的饽饽榼子工艺独特、图案繁多，是全国面食模具的主要产地，不但销售整个胶东地区，还远销东北三省。而且，这种传统民艺在青岛地区呈现着少有的、令人欣慰的活态传承，不但有传承数百年的饽饽榼子制作产地和手艺人，而且制作生产供不应求，民俗生活广泛应用。青岛当地有民谣道："官庄的筛子、窝洛子的缸，葛村的榼子走四方。"即墨王家葛村现在仍有十几户专业从事木制饽饽榼子制作的民间艺人，生产的饽饽榼子一年到头供不应求。莱西的黑陶制饽饽榼子也是传承有序，至今犹存。目前，即墨、莱西两地的饽饽榼子制作技艺已经入选山东省非物质文化遗产代表性名录。

吉林梨树县蔡家镇蔡家村《关东农耕博物馆》里收藏的木雕饽饽榼子，与青岛即墨葛村的饽饽榼子一模一样，而那只黑陶的榼子，与莱西的黑陶榼子也是毫无二致。当地人称饽饽榼子为

"果子",说明牌上的"果子匠"是指刻饽饽榼子的匠人。

匠人们做出的榼子,通称为"货",卖榼子叫作"卖货"。葛村的匠人一般不摆摊零售,大部分产品都批发给卖主。对于卖主,背称为"贩子",当面则称作"客人"。贩子

图12 李村大集上卖粿模的摊点

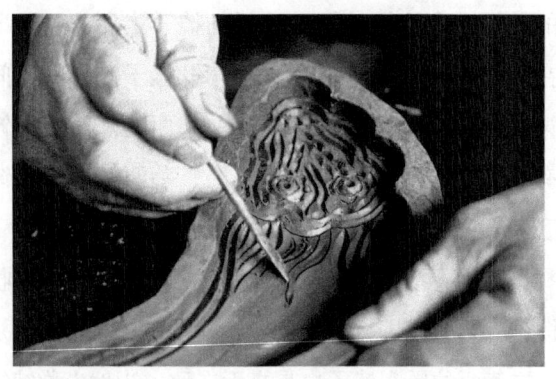

图13 莱西的民间艺人在制作黑陶鱼榼子

登门买货，从前村中没有客店也没有饭店，往往住在匠人家中。匠人管吃管住，交易次数多了，就成了老主顾。年年都到同一家买货。登门买货的贩子，有山东各地的人，也有远道来自东北的。

北方的麦面文化在山东和东北地区占据主流，特别是在婚丧嫁娶、盖房

图14　关东农耕博物馆里收藏的饽饽榼子

生子等人生礼仪的各个节点都需要大量使用面花。有了饽饽榼子这种方便实用的面食模具，每个女人都成了巧手的主妇。

四、皮影戏

皮影戏是东北地区普遍流行的一种民间艺术形式，人称"一口道尽千古事，双手舞动百万兵"。直至20世纪60年代，才逐渐销声匿迹，退出民间大舞台。东北地区的皮影戏主要以河北唐山乐亭的东路皮影为主，雕刻精美，演技高超，是中国皮影艺术的代表流派。据1992年四川人民出版社出版汪玉祥著《中国影戏》书中"中国影戏分布图"标注"黑龙江省海伦、望奎、哈尔滨、安达、双城，吉林省长春、海龙、四平，辽宁省西丰、开原、铁岭、沈阳、凤城、丹东、海城、营口、盖

州、岫岩、庄河、皮口、新金、大连、义县、朝阳、锦州、绥中"都有影戏班子。

东北人把皮影戏叫作"影",演出叫"唱影",皮影戏班子叫作"影箱子",皮影艺人叫作"影匠子"。

2005年青岛市民间艺术鉴宝中,刚刚从黑龙江佳木斯嫁至青岛市黄岛区薛家岛南营村的吴云凤,带着满满一箱皮影来到笔者面前。这是一箱完整的皮影,皮影包上有"安乐堂"字样,应是皮影班子的名号。箱内头茬、戳子、衬景、唱本、绘样一应俱全,共有头茬230个,戳子90个,动物49个,衬景、道具46个,画稿28张。皮影从清代、民国至解放初风格各异,显示出唐山皮影随闯关东至关外,在东北地区传播的传承脉络,特别是箱里还有《秃尾巴老李》整出戏的唱词,一共两册,是1949年后的手抄本。皮箱里总共只有8本唱词,可见《秃尾巴老李》是黑龙江影戏的主要演出戏目。

图15 吴云凤收藏的《秃尾巴老李》皮影

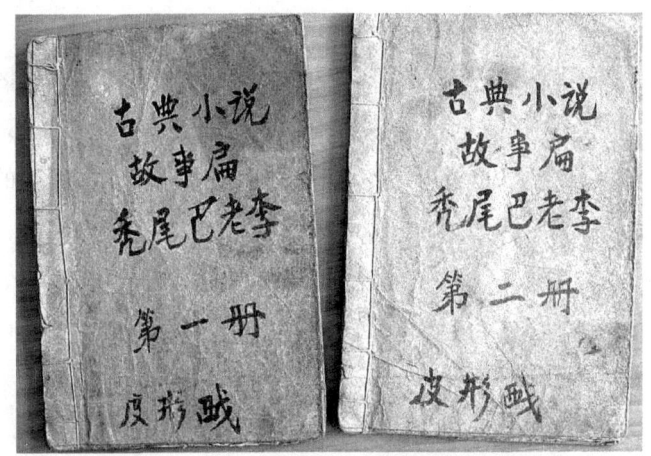

图16 吴云凤收藏的《秃尾巴老李》皮影唱本

吴云凤说:

　　这箱皮影是奶奶去世后,我在整理爷爷奶奶遗物时发现的,当时都没有稀罕这些破烂东西的人,我从小喜欢剪纸呀什么的,就保存起来。后来,父亲吴文昌跟我说:"这是爷爷吴广荣留下来的,爷爷的一个把兄弟是唱皮影戏的,"文革"期间把这箱皮影交给爷爷保存。后来他被批斗脑出血去世,唯一的女儿也精神失常不知跑哪去了。"黑龙江的皮影戏唱的就是类似二人转的龙江剧调子,我有了这箱皮影后就特别关注皮影,还专门去双城姥姥家找过皮影戏,后来又在黄岛想组织起一支皮影班子,特地从唐山拜了师傅学习。这些年来我一直在学着雕刻皮影,练习操作影人。2016年,我被青岛市黄岛区评为黄岛皮影非遗传承人,总算是让皮影在黄岛扎下根来。

1978年之后，随着山东经济的不断发展，青岛市黄岛区的开发建设，大批的东北人移居黄岛，与闯关东一样，或投亲靠友，或买房定居，或应聘就业，形成一股"闯关东回流"的新移民现象。与此同时，当年闯关东带去的民艺也随之回流，吴云凤的皮影艺术可以说就是这种现象的一个代表。

结　语

历史上的"闯关东"，是民不聊生的无奈，为了解决最基本的生存问题而背井离乡地"活下去"。如今的人口"回流"现象，则是为了谋求幸福生活而主动选择的"更美好"。"山东→关东→山东"的民艺闯关东以及当代"回流"之路，为我们画出了清晰的移民路径。同时，"闯关东"的民艺和"回流"的民艺也进一步促使跨乡土的语境流动变为现实。

牡丹江区域闯关东简述

刘伟波[1]

满清军入关后,实行民族等级与隔离制度,严禁汉人进入满洲"龙兴之地"垦殖——颁布禁关令。19世纪,黄河下游连年遭灾,政府却禁关令依旧。破产农民不顾禁令,成千上万的人冒惩罚危险,源源不断"闯"入东北。

闯关东的人以山东人和河北人居多,从清初到民国年间,内地闯关东的人数达到了3000万人次,多数是因自然灾害和战乱而迫于生计的人们。他们从内地到关东需要克服种种困难,不是漂洋过海,就是跋山涉水。他们钻山林、涉河流、挨饥饿、斗野兽、避土匪……突破重重险阻,最终来到关东大地上为了生存而谋生……

---

[1] 刘伟波,中国民俗学会理事,牡丹江市民间文艺家协会主席。

一、牡丹江地区闯关东情况

顺治二年（1645年），清军进驻中原，因粮食补给紧张，清政府提出招民垦田，从中原迁移大量居民到关外开荒种田，发展农业生产，以保证军饷。

清朝东北官庄的发展，也使大量的移民从中原来到关外。黑龙江官庄设立在康熙二十二年（1683年），因抗击沙俄入侵，萨布素率军至江左旧瑷珲建城永城，并同时开始屯田以补军粮，黑龙江官庄逐渐形成。至乾隆四十五年（1780年），黑龙江官庄共有土地1.3万余垧。土地的开发与种植，都需要大量的居民，虽然当时官庄的管理者是清政府派出的满族人，但是普通农耕者却都是从山东等地迁徙过来的汉族人。

康熙二十七年（1688年），吴三桂手下官兵被遣散到关外，一定程度上也增加了关外汉人的数量。

清朝初期，除了迁移的农耕人员外，还有大量商人来到东北地区，他们带来了中原的物品、文化，也带回了东北的特产，大大促进了中原和关外的文化交流。

光绪六年（1880年），吴大澂随吉林将军铭安办理宁古塔、三姓、珲春等东陲边务。1881年，吴大澂设立招垦局，移民垦荒，推行实边政策。他经过实地勘查，确定以珲春和三岔口所属边地为招垦中心，设立珲春招垦局，下设五道沟和南岗分局。招垦范围广泛，且规定许多优惠政策。为给垦民、商旅和军队提供方便，1880年底，修筑从宁古塔至吉林省城长达600里的大道及北、东线大道，建有百余座木桥，同时还增加许多驿站，加强了边疆的防务力量。

自此，宁古塔地区出现了许多村落，很多早期移民来到这里，开山垦荒，并从事各行各业，为牡丹江地区带来了很多中原习俗和文化。

1957—1961年间，受灾害影响，大批山东居民为了逃荒，移民至东北，牡丹江地区因依山傍水，很适合居住，所以有很大部分山东人来到了牡丹江地区，并在城市及各个村落扎根。牡丹江城市及各县周围分布着很多山东人村落。比较典型的山东村落有：放牛沟村、岭东村、黑山村、红岩村，等等。还有大量山东居民在牡丹江市区居住，牡丹江市区居民有70%—80%是山东人，他们从事着各行各业的生产。

二、居民习俗

饮食习俗：在牡丹江及周围村落的山东闯关东居民，他们的生活习俗还有很大一部分保留了山东人的特点，比如喜欢吃面食、喝汤等，山东煎饼现在已经成为牡丹江的特色饮食。同时也受到当地满族人和朝鲜族人的影响，以及当地主要生产作物的影响，有一定的改变，山东人和当地人的生活习俗相互融合，形成了独特的生活习俗。

居住习俗：村落里的山东居民，大都保留着山东的居住方式，村落的选址，一般都是依山傍水，房屋建设还是以山东的形式为主，三到五间正房，两边配以厢房或者仓房，有独立的院墙，根据生活条件的不同，房屋的材质有所不同，但形式基本没有变化。房屋内有传统的火炕，火炕会连着灶台，中间有隔墙。院内有临时搭建的粮囤，用来存放剥了皮的玉米，在地下挖地窖，存放土豆、白菜等。

服饰风格：整体上看，服饰上的变化还是比较大的，人们为了适应当地的自然环境和生产劳动需要，大都选择适合东北地区的服饰。山东特有的褂子不适合东北的天气和生产劳动，特别是冬天，东北天气寒冷，需要穿耐寒的服饰及鞋帽。

称谓习惯：很多山东人都保留原有对亲人的称谓，在兴源镇红岩村，那里的山东居民称呼自己的父亲为"爷"，而在磨刀石镇北沟村，则有很多村民称呼自己的父亲为"大"或者"达"，还有很多山东人称呼自己的父亲为"爹"。对母亲的称呼则多数为"娘"，或者是统称"妈"。

三、节日习俗

牡丹江地区的山东居民所过的节日和本地人是相同的，比如春节、端午节、中秋节等。庆祝方式既有通行的方式，还保留了很多山东原有的特色。

春节期间山东人有请老祖宗的习俗，除夕当天去上坟，然后把老祖宗请回家，摆上供桌，供奉老祖宗，初二再送回老祖宗，请和送老祖宗都要有相应的仪式。同时山东人过年也有扫房、买年货、买年画、买春联、买鞭炮等习俗。年夜饭是山东比较有特色的习俗，年夜饭一定要有鱼，意为"年年有余"。吃饺子的习俗每个地方不一样，有半夜吃饺子的，有初一早上吃饺子的，还有一些山东居民保持着鲁中的习俗，初一早上要吃素馅饺子。

山东人在端午节有插艾的习俗，早起采艾草，插在门口。还有喝雄黄酒的习俗，以防害虫、蛇蝎等。还有全国通行的习俗，缠五彩线。这些习俗都是为了去除病邪、祈求健康。饮食方面端午节当天几乎都要吃粽子和鸡蛋。这些习俗在东北也有很好的保持。

八月十五中秋节，古时就有祭月、拜月、赏月的习俗。吃月饼、亲友间赠送月饼已经成为全国通行的习俗。山东泰安地区有八月十五看闺女的习俗，移民到牡丹江地区的山东泰安居民一直保留着这个习俗，每到八月十五，家家户户提着礼物去看望出嫁的闺女。

四、民间信仰

山东人的民间信仰是很丰富的，闯关东来到东北后，民间信仰保存很完整。山东民间，人们比较信仰泰山老奶奶，泰山老奶奶全称为天仙圣母碧霞元君，人民认为碧霞元君能保佑农耕、经商、旅行、婚姻等，每年三月十五日为碧霞元君圣诞，会有很多祭祀活动。

磨刀石镇北沟村的刘月华老人，一直信奉泰山老奶奶，在她的信奉观念中，泰山老奶奶是保佑好人的。她告诉我们，她经常教导她的子孙，要做好事，做好人，绝对不能做坏事。山东人这种纯朴的思想也影响了当地人，把中原大地的优良传统传播到了东北地区。

同时祖先崇拜也是山东民间信仰最基本的内容之一，山东人对祖先的追念祭拜以家庭、家族、宗族三种形式来进行，春节期间的祭祀，在山东人祭祖中有比较隆重的仪式。黑山村一户山东老人家有一份族谱，记录着老人家里六代已经去世的长辈的名字，每到春节的时候，会按照山东的祭祀方法进行供奉。老人自己说，当作一个纪念。

五、村落形成特点

闯关东的人来东北的主要原因都是遭受灾荒、饥饿，他们闯到东北并在某个地方扎根，建立村落。来到牡丹江地区的山东人多数都是投亲靠友过来的，或者是自己先闯过来，在这边落脚后再把自己的亲人及乡邻接过来，互相间有个照应。渐渐地，邻里乡亲就建立起一个村落，村中的住户都有着亲戚关系。

20世纪50年代到60年代，对于闯关东的禁令还是比较严格的，很多人想要留在东北都是很困难的，那时候很多人闯到关东也会被遣返回去，想要留下就要找到已经在这里落脚的亲人或者有独特的本领。整体上看，有文化的人多数会被留下重用。

红林村的宋老人，在1963年来到牡丹江地区。当时的红林村还不存在，他是第一批到达那里的居民，通过自己的艰苦劳动，建立起一个小村落，然后陆续有亲戚和老乡来投靠他，形成了现在300户的村子，村中都是来自沂南沂水附近的山东人。

北沟村的刘月华老人回忆起她来到牡丹江的经过，那时候当地不接纳山东人，因她的老伴是退伍军人，地方政府特殊照顾，才让他们留下，然后她又把自己的亲人接到这边，从此在牡丹江扎根。

黑山村的老人因1950年大爷家的哥哥去朝鲜抗美援朝了，是老人为了照顾大爷，一家人来到东北，就这样一代又一代留在了牡丹江这片土地。老人的子孙从事着各行各业的工作，很多都在牡丹江市里工作。老人来牡丹江近70年，一直保持着山东的生活方式和生活习俗。

六、闯关东对东北地区的影响

"闯关东"对于东北地区的开发和发展有着重大影响。山东人带来了先进的农耕文化，对当地的农业生产和城市建设都起到了积极的作用，同时山东移民以他们的积极进取精神和吃苦耐劳的适应能力，在很大程度上影响着东北当地居民。

"闯关东"的山东移民为牡丹江地区的土地开发、经济发展都起到了促进的作用，很多城市和乡村都是由山东居民建立或者壮大的。东北地区从1840年到1910年短短的70年时间里，人口由最初的253万人，增长到2158万人，其中山东人占了70%—80%。可以说东北地区的人口在短短的时间里增长如此之快，跟大量的山东人涌入关东是分不开的。山东移民的到来，扩大了城市人口数量，带来了经济发展，开垦了农田，建立了村庄。使牡丹江地区从人口规模到经济条件都有了很大的改善。

山东移民建立村落的特点多以铁路干线为中心，向四周辐射的形式。牡丹江周边、横道河子周边，都是以铁路为聚集地。

山东人移民东北，推动东北经济发展固然是重要贡献，但更重要的是增强了东北的边防力量。"九·一八"之后更是产生了很多抗日英雄，像杨子荣、杨靖宇等。

总　结

闯关东不是简单的历史移民，也不仅是闯关东的人在东北重建家园的经历，它应该是关于我们东北历史的一次重新整合。

山东等省的汉族移民，是东北地区广大土地的主要开垦者，同时也改变了当地落后的商业贸易习惯，鲁商遍及东北，建立起各类商店和各业商会，使东北成为贸易繁盛之地。

山东居民移民东北，加强了边疆与内地的联系，促进了民族间的交流和融合，使当地的满族居民受到了中原文化的影响，形成了独特的东北地区文化。增强了东北的边防力量，筑成了一道抵御外来侵略的边墙，对于保卫和巩固边疆起到了十分重要的作用。

民间传说

"秃尾巴老李"闯关东

——以考察潍坊地区鼋神信仰为例

张宝辉[1]

一、"一带一路"民间文化探源潍坊地区三个考察点基本情况

(一)安丘市辉渠街道鼋泉社区的鼋泉庙及其"李左车传说"

鼋泉社区由原来的东、南、西、北四个鼋泉村组成,原鼋泉村因古老的鼋泉和鼋泉庙而得名。该鼋泉庙始建于何年,文献无载,据当地民间传说,鼋泉庙始建于西汉初年,庙祀广武君李左车。据《史记·淮阴侯列传》记载:李左车是赵国谋臣,在与韩信井陉之战中,献奇计于赵国陈馀,陈不听,遂卒

---

[1] 张宝辉,原山东省潍坊市寒亭区政协文史委主任,山东大学民俗学研究所兼职教授。

败，成擒。后为韩信所用，献"案甲休兵"之计而底定燕、赵。再后来汉朝定鼎，狡兔死走狗烹，韩信被诛，李左车见机回到家乡雹泉村隐居。一说韩信被诛而李左车庙堂自刎，刘邦感其忠义，后悔，厚葬，封雹神，并在其家乡神山子（今称英雄山）东麓建庙祭祀。

另据清末《雹泉·李氏族谱序》记载："吾族为灵霈侯之苗裔，先祖灵霈侯生于雹泉乡。楚汉之际仕赵，封广武君。韩信将下井陉，广武君进奇计于赵。陈余不用，遂致覆败。赵亡后，广武君既答淮阴之问，遂隐去。不知所终。后世以功德封为雹神，于雹泉上立祠庙，而其子孙遂世居于雹泉乡焉。厥后生齿渐繁，散居于四乡，而世系多无可考。所可考者，惟自吾复初公以下，故吾族于此者，遂以复初公为始祖云……"上述《谱序》在该雹泉庙中矗有原谱影印碑刻。并因此在考察中的当地的非遗代表性传承人反复强调雹神李左车，是他们雹泉村李氏的远古先祖，深此为荣。

该雹泉庙宇群毁于"文革"，改革开放以来民众捐资重修。在庙宇群院内有泉水一泓，清澈甘冽，汩汩荡荡，侧有"神泉"石碑矗立，据称是北宋苏轼知密州时莅临题写。另有宋密州太守黄济莅泉虔诚祷雨应灵而撰写的诗文碑刻："寄与安丘灵霈侯，晚田无雨不成收。何当一泻天瓢水，点点能消万姓愁。"与泉和庙有关的文化遗存有古碑4幢，石柱两列，马槽一个。另外在新建庙宇正殿大门雕刻有原庙宇的对联："陆月飞冰十五国奸邪落胆；三时霖雨千万家善信逢春。"还有与雹神信仰有关的楹联3副：一曰"飞冰打奸臣贼子；甘露济仁人志士"。二曰"飞冰击破奸邪胆；霹雳震碎恶人心"。三曰"雹化和风甘雨去；泉分廉水波浪来"。

该安丘雹泉"李左车传说"，2013年被评为省级非遗，省级代表性传承人邹学顺。邹学顺、曹昭民主编的《李左车传说》一书，2016年11月由团结出版社出版发行。该书收辑有三十多个当地与雹神相关的传说故事。涉及的传说事件：一是李左车生于雹泉村，父亲断尾，负痛腾云，赴黑龙江，死后成神。刘邦封阴灵侯，唐王李世民封灵霈侯，当地民众俗称李左车为"秃尾巴老李"。二是"雹不为灾"传说，李左车收天降冰雹倾囊倒入泉水之中，而后汩汩荡荡，喷涌珍珠水泡，因此始称珍珠泉或神泉，现更成为安丘八大景之一。三是江南大旱三年，李左车于江南发荞麦种救荒传说。四是雹泉庙会，一年三次，每次五天，农历四月十四至十九，六月二十四至二十九，九月十四至十九。五是传说六月二十七是雹泉爷爷李左车的生日，要唱大戏酬神娱人，庙会大戏台的对联："雹不为灾，赖呵护之神功，化成和风甘雨；泉真献瑞，祝绵延之圣寿，同此源远流长。"

（二）潍坊高新区马宿社区雹神庙及其李左车行宫传说

马宿村（现在马宿社区）坐落在潍坊市中心城区以东，历史上有寒浞河的两条支流——东、西浞河从村东和村西南北方向流过，至村北1千米处合而为一，此处民俗称谓"二龙交尾"。马宿村的得名与左近寒浞河的历史文化起源有密切关联。寒浞河因夏朝初年"后羿寒浞代夏"得名。考据历史，夏初大禹把帝位传给了儿子后启，再递传给孙子太康，由是破坏颠覆了夷夏轮流执政"天下为公"的禅让制度，引起了东夷的大不满。至太康十九年（公元前2170年）。在浞水流域，东夷族有穷氏的首领后羿和古寒国的寒浞揭竿而起，"因夏民以代夏政"。这场影响左右，推动中华民族历史文明进程重大事变的中心区域，就发生在该河流域，这条潍北平原上不起眼的河流因此而名垂青史，得名"寒浞河"。特别是在后期的寒浞代夏时期里，民间相传寒浞在这个"二龙交尾"的地方藏兵牧马，这里沟壑纵横，水丰草茂，是天然牧场，因此该村庄得名"马宿"。

马宿村历史上有两座庙宇，一是姜太公封神的全神庙，大凡《封神演义》里有的诸路神仙，在马宿村的全神庙里都有塑像，更为奇特的是有着"庙上有庙，神上有神"的传说。二是雹神李左车的行宫泉神庙。该村泉神庙在村东寒浞河支流的河崖上，在庙的左近有一泓清泉，俗称该泉水为潍北平原上的三大"海眼"之一，又俗称"八角池"。据民国《潍县志稿·坛庙寺观》记载："泉神庙，在马宿镇，宋大观中建，后圮。元泰定四年（1327年）再建。即灵霈侯神行祠。"该李左车行宫（即"神行祠"）的泉神庙与姜太公封神的全神庙，谐音，由是外来人极易混淆。村内民间为了便于区分，称谓该泉神庙谓雹泉庙。

该雹泉庙初颓于民初，底殆于文革，近年来民众捐资在原址复建了泉神庙，在村史馆中打造了八角池模型。旧时该庙左近的泉水即"海眼"上有石甃的八角池，该八角池因元泰定三年（1326年）潍州知州莅临祷雨灵应而鳖石,并重建泉神庙,再塑李左车金身。最可珍贵得是在《山左金石志》中存留了马宿村《元·灵霈侯庙碑》碑文：

> 潍州北海县东二十五里,有聚焉,曰马宿,有池焉,曰龙泉。泉之北,有庙焉,曰膏润。庙之神以侯封,曰灵霈。灵霈侯者,密州安丘县鼋水之神也。按《图经》,能兴云雨,乡人求祷有应。宋大观（1107—1110年。辽天祚帝耶律延禧乾统七至十年。距金太祖完颜旻收国元年（1115年）只有5年时间中,郡邑以旱告,白蛇俄见。俄雨,数百里以闻。敕赐封额。马宿去鼋水一百一十又五里,池八觚而鳖石,同神鱼蛇鼋出没,灵怪同雨旸,祷祠有应。辄同乡人因名以鼋泉庙,以膏润神,以灵霈侯,亦同。岁久圮坏,莫之能举。（元）泰定三年（1326年）二月不雨,至于六月。知潍州李公希尹,诣泉躬祷,投楮币,有物若蝇,衔之盘旋,三匝乃下。翌日澍雨,岁以大熟。明年,倡乡人王庆,捐庙地二亩有奇,凡乐报者,合资建庙。为堂四楹,五铺像,设有严隆,神施也。庙成,走使京师,请记不朽。余闻天地间气化之属,莫不入鬼而出神。大而宇宙,小而昆虫草木,莫非是物者,司之昭明,灵著不可诬也。夫人以七尺躯,动天地,运万化,无施而不可。地秉阴窍于山川,其为物大矣。神灵尸之,不亦宜乎？故先王之制祭法,山川能出云雨,则明诸侯主其祀。李侯之庙,兹泉祀也。或谓密之神而食潍之居。苏子有言,神在天地,犹水行地中,无往不在。信,斯言也。泰山云出,

不崇朝雨，天下匊百里之间耶，是宜书。（元）天历二年（1329年）三月辛巳。国子监助教陈绎曾记。

马宿村现在称谓马宿社区，原传统村落在农村城镇化进程中已经拆迁，农民变市民，居住楼房化。那么，依附原村落存在的村落历史民俗文化将何去何从呢，马宿村的具体做法值得借鉴。他们聘请专业文史工作者，对曾经的传统村落历史民俗文化进行了系统的挖掘整理，并在此基础上建设了马宿社区村史馆。考察中看到，马宿社区村史馆分为十大文化板块：村庄起源，姓氏源流，村落地貌，乡贤人物，名胜古迹，工匠手艺，民俗信仰，民间传说，重大事件，旧村棚改。考察认为，千百年来农村农民生产生活生息繁衍的传统村落及其独具特色的村落历史民俗文化，其虽然不在非遗保护名录，但确是一笔最大的复合型非物质文化遗产，深刻推究，因传统村落文化是中华民族的根魂所系。他们提出的口号是："纪录村史，留住乡愁，传承根脉，造福子孙。""让农民带着传统村落文化上楼。"由此审视当下方兴未艾的非遗保护工作，其实应该是迈开两条腿走路，一条腿是国家四级保护体系体制内的对非遗保护名录项目的传承保护，另一条腿是体系体制外的对于广被意义上村落民间历史民俗文化的传承保护。

（三）潍坊市寒亭区国家级非遗"柳毅传说"中的"秃李"传说

国家级非遗"柳毅传说"在地化的核心文化支点有三：一

是依托柳毅山庙宇群衍生的修道升仙文化及其"四月十五不唱戏、专下雹子打朱里"的"秃李""天池"文化。二是依托宋家尹家双庙柳平王庙和龙王庙衍生的"鸳鸯庙""海眼"（咸水泉）祈雨文化。三是依托亓家庄柳氏家族衍生的远古先祖柳毅崇拜文化。更广被的"柳毅传说"在地化文化地域，可以涵盖齐鲁大地北部，甚可渡海而北。

潍坊市寒亭区"柳毅传说"2011年被国务院批准为第四批国家级非遗。考察认为，"柳毅传说"之所以登上大雅之堂，进入国家名录，是不失时机地把握住天时地利人和三个历史机遇：一是民间信仰勃兴，二是地方党政重视，三是专家学者关注。就其文化内涵列论，它是中国文学史上中唐李朝威传奇小说《柳毅》的在地化滥觞，或者是文学史记载更早、地域更接近的《广异记》中青州《三卫传书》的原型，甚或也有再早的《洛阳伽蓝记》中"樊元宝传书"的影像。考察"柳毅传书"衍化为"柳毅传说"过程中，早期是某种家族传承的祖宗神灵信仰类型，即现在亓家庄《柳氏家谱序》记载的远古先祖柳毅，其与中唐传奇小说《柳毅》的家族认同。中期元明戏曲大兴，传奇小说《柳毅》成为元曲杂剧《柳毅传书》被搬上戏曲舞台。走入寻常巷陌之后，家族的"柳毅传说"崇拜转型觞为民间的"柳毅传说"信仰。民间在地化的"柳毅传说"到了明末清初，因为有一位地方"高士"孙出声依据在地化的民间传说创作了《柳毅传》以后，遂致使家族的"柳毅传说"与民间的"柳毅传说"趋同定型。关于明末地方"高士"孙出声创作的《柳毅传》，据北京大学陈泳超老师考证，应是明清稀见小说中烟霞主人创作的《跻云楼》。

这次来柳毅山考察的重点是"柳毅传说"中的"秃李""雹神信仰传说"。考察人员认为,"秃李""雹神信仰传说"是国家级非遗"柳毅传说"中一个不可或缺的有机组成部分,并以在地化"柳毅传说"三个文化支点中的柳毅山为集约地萃聚并次第展开。柳毅山支点上的"秃李""雹神信仰传说",从原生态角度存异地看有三点:一是柳毅是柳毅山的"秃李"雹神说,二是"秃李"是民间土著李家庄人雹神说,三是李左车是柳毅山上的雹神说。十几年前,笔者在梳理"柳毅传说"文本时,就曾人为地把上述柳毅山地域三种民间"秃李"信仰传说趋同,这些观点主要表现在2008年地方内部书号出版的文史类书《柳毅山文集》中。但是当年在梳理并申报制作非遗"柳毅传说"申遗文本时,为了突出核心文化"柳毅传说",而对其中"秃李"的"雹神信仰传说",进行了刻意屏蔽。

柳毅山周边的"秃李""雹神信仰传说",最集中体现在家喻户晓的民间谚语"四月十五不唱戏,专下雹子打朱里"上。"朱里"是柳毅山东麓的一个村落名称,代指柳毅山周边地区。该民间谚语的文化内涵,一是区域性雹灾尤为严重,在民众的记忆中,雹灾与朱里似乎是一对欢喜冤家,不是冤家不聚头,可以说是三年一小灾,五年一大灾,年年光顾你。二是民众禳灾的高度智慧是唱戏酬神,于是就有了传统的农历四月十五柳毅山庙会,就有了在柳毅山庙宇群前面的高台上扎戏台四月十五唱大戏的传统。对于柳毅山唱大戏酬神还愿的民众记忆,也有一则民间谚语佐证:"借了个土台子,搭起个戏台子,敲一敲锣鼓,来了一群老婆孩子",并以此来表述柳毅山唱大戏的盛况空前。最典型盛况空前传说故事的注脚是:柳毅山上唱戏的锣鼓一响,有一位坐月子刚满月的年轻媳妇,就抱起自己弥月的婴儿,往山上赶。急匆匆的媳妇在山下的番瓜地里,被伸展的番瓜藤蔓绊倒在地,她顺势抱起一个大番瓜,当作了是自己的孩子,就神魂颠倒地来到大戏台前入迷。散戏后奶孩子时发觉有异,于是来到绊倒的番瓜地里,找到了自己熟睡在打着番瓜叶子伞下面的孩子。三是四月十五唱大戏的保留剧目多是杂剧《柳毅传书》,还有一副特定的柳毅山大戏台的对联也生动活泼:

  天河之休休说不好歹歹的下了点雨雨润万物物阜年丰丰收万担还嫌少;

  乡亲之力力大无穷穷富的凑了俩钱钱能通神神要看戏戏唱三天不为多。

二、潍坊地区雹神信仰类型分析

根据考察和我们对潍坊地区雹神信仰类型的初步了解把控,可将其归纳为"二、三、五"民间信仰类型模块。其中"二"是指代潍坊地区的两种雹神信仰类型,"三"是指代潍坊地区的三种雹神灾异信仰类型,"五"是指代潍坊地区的五种区域特色变异信仰类型。

（一）潍坊地区的两种雹神信仰类型

归纳梳理潍坊地区的雹神信仰类型，有：一是李左车雹神信仰说，以现在安丘市辉渠街道雹泉社区的李左车雹神庙为显著标识，其信仰范围延宕至周边广袤的特定地区之内，如现在潍坊市高新区新昌街道马宿社区的"李左车行宫说"。二是民间"秃李"雹神信仰说，以潍坊市诸城龙都街道黑龙沟诸村为代表，广被齐鲁大地。传说故事的梗概是：诸城市黑龙沟村有民夫民女李憨和桃红，老年得子，十一月怀胎，恰值生肖龙年，生育得一团肉球。继而肉球裂生一条小青龙盘旋檐际，李憨惊恐恼怒，用铁锹铲断小青龙尾巴。小青龙负痛腾空，告别母亲，先入黄河入海口处，继入渤海，再后入黑龙江，大战白龙胜而安居之。古谓青黑色源同属，小青龙即黑龙是也。北宋苏轼知密州时莅常山祈雨，灵应甘霖，忽报今天五月十三是小青龙的生日，小青龙回家上坟祭母，龙涎霖铃而澍雨。由此衍生了内涵广被的民间谚语"大旱三年，忘不了五月十三"。

（二）潍坊地区的三种雹灾信仰类型

一是以安丘雹泉村为代表的"雹不为灾"说。最显著标识就是当地每年六月二十四李左车生日唱大戏时张挂在大戏台两侧的那副对联："雹不为灾，赖呵护之神功，化成和风甘雨；泉真献瑞，祝绵延之圣寿，同此源远流长。"在雹泉村周边"雹不为灾"的民间叙事里，是他们的远古先祖李左车被汉武或者唐王封为雹神，他顾念乡梓之谊而收雹入泉，甘霖珠玉。这与蒲松龄老先生《聊斋志异·雹神》文本有异曲同工之妙。而且在他们的《李左车传说》一书里，转引蒲松龄老先生的两篇《雹神》煌煌入赘，为他们村的民间叙事悠悠张目。以下转引其一：

附《聊斋志异·雹神》之一：王公筠苍，莅任楚中。拟登龙虎山谒天师。及湖，甫登舟，即有一人驾小艇来，使舟中人为通。公见之，貌修伟。怀中出天师刺，曰："闻驺从将临，先遣负弩。"公讶其预知，益神之，诚意而往。天师治具相款。其服役者，衣冠须鬣，多不类常人。前使者亦侍其侧。少间，向天师细语。天师谓公曰："此先生同乡，不之识耶？"公问之。曰："此即世所传雹神李左车也。"公愕然改容。天师曰："适言奉旨雨雹，故告辞耳。"公问："何处？"曰："章丘。"公以接壤关切，离席乞免。天师曰："此上帝玉敕，雹有额数，何能相徇？"公哀不已。天师垂思良久，乃顾而嘱曰："其多降山谷，勿伤禾稼可也。"又嘱："贵客在坐，文去勿武。"神出，至庭中，忽足下生烟，氤氲匝地。俄延逾刻，极力腾起，才高于庭树；又起，高于楼阁。霹雳一声，向北飞去，屋宇震动，筵器摆簸。公骇曰："去乃作雷霆耶！"天师曰："适戒之，所以迟迟；不然，平地一声，便逝去矣。"公别归，志其月日，遣人问章丘。是日果大雨雹，沟渠皆满，而田中仅数枚焉。

两者所不同的仅"收雹入泉，甘霖珠玉"与"沟渠皆满，而田中仅数枚"耳。

二是以潍坊市潍城区刘家庄子为代表的冰雹"永不为灾"说：在潍坊市潍城区与昌邑市搭界处有两座山峦，一者位于昌邑市境内的是方山，一者位于潍城区境内的是浮烟山，两山之巅相距约20里。在浮烟山南麓潍城区境内有一个山村刘家庄子，明嘉靖年间该村出了一名进士刘应节，历工、刑、兵部尚书，蓟辽总兵，因晚年丧母，回乡守制，遂隐居不仕。传说刘应节隐居期间到左近的方山游历，中途遇雨（或传为遭遇冰雹），进入方山的山神庙中小憩。甫进庙门，端坐的方山泥塑山神蓦然站起身来恭敬迎迓。民间传说方山山神是明洪武年间昌乐县知县于子仁，死后封神掌管周边山峦田畴的冰雹陟黜，而浮烟山之刘家庄子被祸尤甚。二人（刘应节与于子仁一人一神）在交谈中，刘应节顾念乡梓之谊，民生维艰，而为之求情豁免，从此以后刘家庄子地面即永无雹灾之虞。

三是潍坊市寒亭区潍河西岸柳毅山下朱里村的冰雹"专门为灾"说：当地昔时表达冰雹"专门为灾"最普及的民间谚语是"四月十五不唱戏，专下雹子打朱里"，而以此唱戏禳灾的民众智慧前述不赘。旧时潍北另有民间谚语曰："风刮一大片，雹打一溜线。"莱州湾南岸平原上的气象物候条件往往是暮春初夏时节多季风干旱，雨水稀少而又黄天黑地的裹挟冰雹。由是风灾和雹灾衍生的"风刮一大片，雹打一溜线"之民间谚语的文化寓意颇诡谲神秘：譬如陆地上有车辆人畜行走的道路桥涵，水中和空中有轮船和飞机的航线一样，天上的风雨雹雪，都有它们固定运行的道路轨迹，只不过恰如水中空中飞机轮船的航线轨迹一样，人的肉眼凡胎看不见而已。民众说，天上的飞机要降落，水中的轮船要停泊，而天上的风雨雹雪，也有它们落地停泊的"机场港湾"，因此风雨雹雪降落到局地为灾，也是有迹可循的。其中特别是风灾和雹灾，往往年复一年反反复复地降临到某个局地疯狂肆虐，这就造成了民间谚语"风刮一大片，雹打一溜线"神秘诡谲的民俗谶示，更是民间谚语"四月十五不唱戏，专下雹子打朱里"的文化阐释。

（三）潍坊地区的五种变异雹神信仰类型

一是依托地方名人形成的雹神民间信仰类型。例如现在昌乐市区东南三十里处有一个王裒院村，因中国传统文化《二十四孝》中王裒的"闻雷泣墓"而得名。该村现在有王裒陵墓，村中族谱记载王裒是该村王姓的远古先祖。这里青山叠嶂，风光秀丽，是一处春天里桃花盛开的地方，因此该村过去又称谓桃花村。该村民间传说，王裒的母亲在其父亲死后十一个月后生下了一个怪胎，是为初生的"秃李"。"秃李"本姓王，也就是王裒的亲生弟弟。民间传说王裒斩蛇（断尾），为民除害，"秃李"负痛飞升，昏厥跌落到附近一位李姓老农的庄稼地里，被老农怜悯收养，并因此改姓李，并此名正言顺成了"秃李"。考察潍坊地区诸多村落的"秃李"民间传说，多有寄托村落名人或者地方名人而现身说法，只不过情节塑造得单调一些，没有"王裒斩蛇"的曲折传奇精彩生动。

二是依托地方形胜形成的雹神民间信仰类型。再接着上述的"王裒斩蛇"说开去,"秃李"被某李姓老农收养之后,李姓老农就套上牛车,拉着"秃李"来到附近的龙潭,把"秃李"安放在这里养伤成长。现在的龙潭地域隶属于潍坊市坊子区坊城街道,是坊子区的十大名胜旅游景点之一。龙潭紧靠石沟河,石沟河又称孝妇河,左近有石沟河村。乾隆《潍县志》记载:"石沟河,城南三十里,旧有龙潭,周围百余丈,水深无底,人莫敢近。天将雨,水必沸焉。康熙间,距潭数百步,忽别开河口,潭之形势毕露。更奇者有石径双行,自潭口而出,宛然大车之迹,观者称奇。近潭里许,遍地有龙骨,大者首尾皆全,经风则碎。河之发源在王裒墓东北,流数里入白浪河。"文中"石径双行,宛然大车之迹"即民间传说李姓老农套车送"秃李"入龙潭养伤出入压轧形成。旧时龙潭附近有庙,有传统庙会,现在石沟河龙潭庙会是坊子区民俗信仰类非遗项目。

三是依托皇亲国戚形成的雹神民间信仰类型。在潍坊市寒亭区1988年编辑的《寒亭民间文学集成》一书中,搜集有三篇"秃李"民间故事传说:《秃尾巴老李故事》《秃尾巴老李》和《黑龙江的传说》,共同指向了潍北地区滨海滩涂上高里街道的大官庄村和固堤街道的一溜五个官庄村(特别是其中的李家官庄村)。高里街道南孙社区大官庄村的"秃李"传说:史文中记载该村中有武官李杰,手下"战将千员,勇兵百万",夫妻老年得子,怀孕三年,四月初八生下"秃李"。而后是父亲李杰断尾,再后即"出走黑龙江,大战白龙,回乡上坟降雹灾"等的传说套路。民间传说过去村中有祭祀"秃李"的龙王庙，有四月初八"秃李"生日的传统庙会，迄今虽然无庙而庙会依然兴盛。而固堤街道泊子社区一溜五个官庄村的"秃李"传说梗概：村前有一对李姓夫妻，命中无子，行善积德，天降子嗣，恰巧天宫有犯了天条的蛟龙准备抽筋剥皮，众神求情，玉皇大帝遂将蛟龙贬入凡间，降生为泊子社区一溜五个官庄村"秃李"传说中的原型。此一溜五个官庄村也有四月二十八"秃李"生日的传统庙会，且上述大官庄村"秃李"民间传说和一溜五个官庄村"秃李"民间传说，都共同指向了当地历史上确有其事的明朝青州衡王府。史载明朝明宪宗第七子朱祐楎就藩青州，传六世七王，前述泊子社区的一溜五个官庄村和南孙社区的大官庄村，其所在区域滩涂广袤，水丰草茂，这里当年都是青州衡王府的封藩狩猎之地。因此当地的"秃李"民间传说又与青州衡王府驻扎在这些村庄里的皇亲国戚及其僚属官吏们扯上了干系。

四是依托地方家族形成的雹神民间信仰类型。如前述的安丘市雹泉村，其雹神信仰系统就依托当地的李氏家族，言之凿凿，煌煌烈烈，演绎成了其家谱序中的远古先祖李左车。

五是依托复合架构形成的雹神民间信仰类型。这里表述的"复合架构形成的雹神民间信仰类型"的含义有二：一者为"地方名人""地方形胜""地方家族"等文化要素混搭生成的复合架构，二者为单一区域雹神信仰的复合神祇类型。如柳毅山单一区域的复合雹神信仰类型：首先是在柳毅山周边区域民间传说中认为柳毅是雹神说。这其中亦有两说：其一出自中唐传奇小说《柳毅》。柳毅是中唐李朝威传奇小说中塑造的神话人物，因为赶考落第返回湘滨途中，路遇在泾河牧羊的龙女为之传书而人神相恋而名噪天下。唐传奇《柳毅》原文中有"……吾不知子之牧羊，何所用哉？神祇岂宰杀乎？"女曰："非羊也，雨工也。何为雨工？曰：雷霆之类也……千雷万霆，激绕其身，霰雪雨雹，一时皆下……"柳毅或因此被后世传为地方雹神。其二出自地方志书《潍县志稿》记载："柳毅，相传潍州太平村人，业儒。弱冠应试京师，途中遇一女子牧羊泽中，见毅与语。恳挽寄书一封与渤海龙王，因授以牧羊杖。言至海滨，有橘树，三击可入。毅至其地，如言果入水，见城郭宫室，巍然一大都府。龙王貌甚伟，延入，见书叹曰：老夫过也！此女已许配泾河龙王子弟，怪怒，因谪在彼。遂欲以女妻毅。毅力辞，宴罢送出。逾年，毅娶庐氏女。又逾年，生一子。一日妇曰：吾即牧羊龙女也，君德报矣，奈思亲何，君肯偕往乎？吾掘地为池，须臾可至。毅许之，即掘池，携子入。后池水横溢，居民苦之，设祭立祠，水乃不溢。唐太宗征朝鲜，历其地，父老备述其事。太宗曰：此真龙女也！封毅为河平王，龙女为膳国夫人。后遇天旱，祷雨辄应。今邑东四十里有池，名双庙，池水色青黑，潮汐味与海水同，即其地也。"由是唐太宗敕封柳毅为河平王而被民间传为雹神。

其次是柳毅山龙王庙中的"雹消爷"是李左车传说。在柳毅山传统庙宇群西侧，旧时有龙王庙，庙殿正中塑北海龙王神像，神像右边是柳毅弱冠捧卷苦读的书生塑像，左边是"雹消爷"李左车神像。传说过去在"雹消爷"神像两侧还有辅佐的霹雳将军和闪光娘娘的塑像，并有行云布雨消除冰雹的壁画。这里需要特别说明，在柳毅山周边地区，人们对于雹神敬畏得尊称为"雹消爷"，而对于这位法相庄严的"雹消爷"是谁，农村里的文化人多认为这位就是汉朝足智多谋的李左车。但是在田野考察中我们还注意到，一些柳姓家族的人，又往往多认为这座龙王庙里的柳毅塑像，是他们心目中的"雹消爷"。

再次是柳毅山龙王庙中的雹消爷是"秃李"的传说。同样是柳毅山龙王庙中端坐的这位"雹消爷"，但是在普通信众眼里，多说他是民间的"秃李"。在政协潍坊市寒亭区2008年出版的《柳毅山文集》中，有一篇《柳毅祠与"秃尾巴老李"》的文章记载："相传，在柳毅山南脉的太公堂山以南，有一个较大的李家寨。村里有一位姓李的绅士，近五十岁了，日子过得很富裕，两口子感情也很融洽，唯一一点不顺心，就是没有个男孩……转眼间到了分娩的日子……生下来……一个肉蛋……从中慢慢爬出来一条黑乎乎的小蛇……乡绅一刀下去，砍在尾巴尖上，这是只见一道闪电，天空乌云滚滚，雷声隆隆……小黑蛇在家乡的上空盘旋，已长成一条黑龙，向北而去……当地老百姓因为它没有名字，就称它为'没尾巴老李'……"该文最后记载："另外如'没尾巴老李'（回乡上坟）从柳毅山经过时，柳毅祠中的北海龙王就吩咐柳毅和'雹消爷'与它同往太公堂山下的李家寨，将它（没尾巴老李）带来的冰雹消掉变成雨水滋润禾苗，所以每逢夏季，柳毅祠中的'雹消爷'是最忙的一位神仙，它收的香火最多。"

三、神祇"秃李"闯关东民俗心理学背景初探

（一）潍邑"秃李"闯关东民间传说的历史背景

潍邑人闯关东的历史背景，仅以《潍县志稿·通纪》所载，有清一朝，可谓水旱兵燹，连篇累牍，饥馑盈野，饿殍枕藉，《山东通志》记载"登、莱、青三府饥民赴奉天就食！"，就活生生打破了后世所谓"康乾盛世"里繁荣昌盛的天堂神话！

《潍县志稿·通纪》记载："圣祖康熙二年大旱。三年大旱。自去岁四月至是年七月，井水竭！"潍邑大地上连续15个月不雨，连村墟闾巷里深达数米的土井中的井水都干涸了，可以想见地面上"赤日炎炎似火烧，老树昏鸦半枯焦，流民晒成木乃伊，暮野鬼哭野狼嚎！"的人间惨相！

接着看《潍县志稿·通纪》记载：

> 康熙七年夏四月大风，海啸，淹四十余里，泛涨二昼夜。六月十七日大水，地大震……坏房屋五千余间，压毙470人！十八日又震，七月十七日又震，八月十三日又震。八年春正月初二日地震，冬十月复震。九年夏大旱，冬大雪，奇寒，井水冰！果树冻死殆尽！十年春正月地震，秋八月复震。十一年夏四月地震，五月又震，秋七月蝗，八月又震。十二年夏六月，蝗。十三年夏大旱。十四年夏四月陨霜杀麦。十六年大水。……四十三年旱，大

饥，斗粟千钱，人相食！时又新颁大钱，旧钱不行，有怀数缗不得易升斗者，贫者多携子女鬻于市。兼以大疫，死十五六！……

渤海莱州湾南岸鲁中泰沂山脉延续的地质地貌类型，"洪积、冲积"形成了南高北低广袤涝洼隰湿的潍北平原，由于烟台至大连一线特殊的海域地理扼位，春秋两季极易发生内海东北向"大风"和海水上行"四十余里"的"海啸"，（当地人对此合称谓"风暴潮"！）再加上"地震""复震""又震"来助虐，这在当地人口承传说里是令人记忆犹新和谈虎色变的！形象地说，潍北地区历史上的"风暴潮"，可以类比2004年印度洋地震引发的海啸和2018年印尼地震引发的海啸。如此天灾再加上康熙初年的人祸："时又新颁大钱，旧钱不行，有怀数缗不得易升斗者"，此刻"斗粟千钱，人相食""兼以大疫，死十五六"呵，苛政猛于虎！潍邑半数以上的人口，在这个历史瞬间里，在贫病交加中悲惨死去！

潍邑乾隆年间的人间惨相相似乃尔！

高宗乾隆三年春旱，自正月不雨至于夏四月。十年，疫。秋七月十九日海水溢。十二年春旱，大饥。自十一年八月不雨，至是年夏五月十八日始雨，连阴两月，无禾！十三年春大蝗、疫、水，饥。十四年春饥。十五年大饥。十六年春海水溢。夏，雨，丹。二十年春，大风拔木。二十一年秋大水。二十二年沿海无麦禾。……五十年春夏大旱，自四十九年秋九月不雨，至是年秋七月大蝗，人有不辨路径为蝗所食者（蚂蚱原来饿急了也吃人啊）！秋复旱，冬饥，大雪，平地深五六尺……

张养浩的元曲《山羊坡·潼关怀古》说："峰峦如聚，波涛如怒，山河表里潼关路。望西都，意踌躇。伤心秦汉经行处，宫阙万间都做了土。兴，百姓苦；亡，百姓苦。"由于有了如上康乾盛世里的这般人间惨相，所以才有了郑板桥乾隆十一年至十七年（1746—1752年）知潍县时写作的堪比杜甫《三吏三别》的潍县《三行》诗。其中《逃荒行》曰：

十日卖一儿，五日卖一妇。来日剩一身，茫茫即长路。长路迂以远，关山杂豺虎。天荒虎不饥，旰人饲岩阻。豺狼白昼出，诸村乱击鼓。嗟予皮发焦，骨断折腰膂。见人目先瞪，得食咽反吐。不堪充虎饿，虎亦弃不取。道旁见遗婴，怜拾置担釜。卖尽自家儿，反为他人抚。路妇有同伴，怜而与之乳。咽咽怀中声，唧唧口中语。似欲呼爷娘，言笑令人楚。千里山海关，万里辽阳戍。严城喈夜星，村灯照秋浒。长桥浮水面，风号浪偏怒。欲渡不敢撄，桥滑足无屦。前牵复后曳，一跌不复举。过桥歇古庙，聒耳闻乡语。妇人叙亲姻，男儿说门户。欢言夜不眠，似欲忘愁苦。未明复起行，霞光影踽踽。边墙渐以南，黄沙浩无宇。或云薛白衣，征辽从此去。或云隋炀皇，高丽拜雄武。初到若凤经，艰辛更谈古。幸遇新主人，区脱与眠处。长犁开古迹，春田耕细雨。字牧马牛羊，斜阳谷量数。身安心转悲，天南渺何许。万事不可言，临风泪如注。

又《还家行》曰：

死者葬沙漠，生者还旧乡。遥闻齐鲁郊，谷黍等人长。目营青岱云，足辞辽海霜。拜坟一痛哭，永别无相望。春秋社燕雁，封泪远寄将。归来何所有？兀然空四墙。井蛙跳我灶，狐狸据我床。驱狐窒鼯鼠，扫径开堂皇。湿泥涂旧壁，嫩草覆新黄。桃花知我至，屋角舒红芳。旧燕喜我归，呢喃话空梁。蒲塘春水暖，飞出双鸳鸯。念我故妻子，羁卖东南庄。圣恩许归赎，携钱负橐囊。其妻闻夫至，且喜且彷徨。大义归故夫，新夫非不良。摘去乳下儿，抽刀割我肠。其儿知永绝，抱颈索阿娘。堕地几翻覆，泪面涂泥浆。上堂辞舅姑，舅姑泪浪浪。赠我菱花镜，遗我泥金箱。赐我旧簪珥，包并罗衣裳。好好作家去，永永无相忘。后夫年正少，惭惨难禁当。潜身匿邻合，背树倚斜阳。其妻径以去，绕陇过林塘。后夫携儿归，独夜卧空房。儿啼父不寐，灯短夜何长！

又《思归行》：

山东遇荒岁，牛马先遭殃。人食十之三，畜食何可量。杀畜食其肉，畜尽人亦亡。……

还有潍北沿海滩涂上魏家温庄村隶属灶籍的举人魏来朋描写家乡乾隆二十二年（1757年）"沿海无麦禾"的《鬻子行》诗：

> 潍北邑当丁丑年，沿海村落少炊烟。无麦无禾空赤地，家家真乃如磬悬。膝下娇儿莫能蓄，百许铜钱即便鬻。但令得主免饥饿，宁甘下贱为人仆。交钱交儿说分明，钱交儿不随人行。翁亦无奈强作色，驱之使去终不能。望儿挥手频频打，旁观谁是解救者？频打频来怀中藏，儿声长号翁如哑。我偶见之心酸辛，叹息父子本天真。翁恐领回填沟壑，儿惟知恋骨肉亲。仁至义尽两得之，心如周济愧无资。

《潍县志稿·通纪》记载的嘉道咸同光宣以迄民国期间的天灾民变，更是血淋淋，赤裸裸。村墟萧疏，十室九空，兵燹匪患，令人窒息！我们把天下各府道州县的地方史叠加起来，就是"康乾盛世"的历史，就是造成国家积贫积弱的近代史！也就是近现代人在中国共产党领导下"用我们的血肉筑成新的长城"，要求"自立于世界民族之林"，"中国人民从此站起来了"的历史必然！

（二）潍邑"秃李"闯关东民众信仰的心理诉求

潍邑人或者山东人闯关东的血泪历史，查《山东通志》，最早的记载是道光十五年（1835年）的"登莱青三府饥民赴奉天就食！"我们从郑板桥写于乾隆十四年（1749年）的《三行》诗里，每每读到："十日卖一儿，五日卖一妇。来日剩一身，茫茫即长路。长路迂以远，关山杂豺虎。"读到："千里山海关，万里辽阳戍。严城啮夜星，村灯照秋浒。"读到："边墙渐以南，黄沙浩无宇。"就仿佛真切地看到了一幅山东人闯关东不绝如缕的动态的流民图像！就知道了山东人蜂拥而去闯关东的历史，起码可以追溯到清初的康乾盛世。

如上潍邑人或者山东人的闯关东的历史大致如斯，那么神的闯关东的历史（即"秃李"闯关东的历史）是如何在民间叙事里蓦然架构形成的呢？研究分析认为，首先是早期村落民众各自信仰的集体崩塌，为"秃李"神灵的创造孕育横空出世准备了土壤条件。在传统村落社会的农耕文明里，由于村落、家庭和个体的各自生存条件的基本诉求不同，所以民众对应各自的生存条件创造出各自的神灵信仰，遂导致了村落公共文化空间里神灵信仰的各不相同。这就是民谚所谓的"五里不同风，十里不同俗"。

其次是我们如果更进一步地追溯一个村落里的民俗信仰禁忌，那么这些林林总总的民俗信仰禁忌，更是五花八门，各抒精彩。如果再更进一步走进某个家庭的院落里，会发现，大门口有站岗值班的门神"神荼郁垒"，屋门里锅台上炊烟袅袅里有灶神，堂屋里在"天地玄黄，宇宙洪荒"的烛光摇曳里的家堂轴子上有祖宗神灵，厢房里有保佑五谷丰登的仓神，溜圈里有畜神和厕神，晚上黄鼠狼拖鸡，那是狐仙和皮胡子大显神威，就连黑暗里老鼠们翻箱倒柜的无端嬉闹，也变成了民俗信仰里的"老鼠娶亲"。大白天里朗日高照,或者稍有点风雨晦明,又都来了无数神祇的闪光附会。

再是走进每一个人的心灵深处,由于外部环境对于个体心理刺激的强弱不同,这又造成某个人心灵深处对于无数神灵信仰参差不齐的精彩纷呈。

但是上述这些参差不齐或者精彩纷呈的无数神灵,在维时闯关东人面对的大灾疫、大饥荒面前不灵光了,由于这些参差不齐或者精彩纷呈的无数神灵不能麻佑他们,他们要毅然决绝地背井离乡了。他们此刻既需要坚定的精神割舍,又急需创造新的精神支柱作为精神寄托,于是闯关东漫漫长路上庇佑人们的神灵"秃李"应运而生。

再深入分析流民的故土难离和精神割舍,其中既包括对乡土依依眷恋的物质割舍,也包括对乡土神灵依依眷恋的精神割舍。在他们割舍了乡土的颠沛流离里,物质的困顿自不待言,而精神的迷茫尤其需要抚慰。在割舍了故乡神灵麻佑的颠沛流离里,流民们由于更加凶险前途未卜的羁旅困顿,他们共同追求的闯关东求生存目的要求他们创造共同的神灵麻佑,于是"秃李"神灵应运而生以后就笼罩并支撑起了他们的精神世界。

还有是深入剖析早期闯关东人创造"秃李"神灵纵向思维断面的意识流,他们一定是亦步亦趋"见龙在天"旅途麻佑的精神慰藉。"断尾"不就是他们流亡之际痛苦诀别的现实写照吗?"出走"不就是他们人在旅途饥寒交迫委身沟壑的现实写照吗?而在渐行渐远渐次向北到达目的地以后的落地生根里,闯关东人就把他们的精神寄托放置在了奔腾咆哮的黑龙江里,我们回首审视黑龙江上的那场"黑龙与白龙"的旷世争斗,难道不是闯关东人风雨飘萍"独在异乡为异客"备受官府和外寇侮辱欺凌的现实写照吗?如此这般创造的全本"秃李"故事情节,就成了闯关东人及其后世子孙归化同化的永恒记忆。

最后是闯关东人为什么创造了"秃李"而不是其他神祇,研究者认为这与我们中华民族"龙的传人"在潜意识里对龙的信仰崇拜图腾有关。

(三)潍邑"秃李"闯关东意识形态的生存阈值

"阈值"是个很有意思的科技词汇,是物理世界里各种临界效应的区间值,这里姑且把它拿来表述"秃李"与闯关东人意识形态的阶梯维度,或可称其为生存阈值。闯关东人心理变迁的阶梯维度,即"秃李"传说的生存阈值,又可表述为五个临界维度:一是"秃李"传说生存阈值的层累存异期,二是"秃李"传说生存阈值的层累趋同期,三是"秃李"传说生存阈值的层累积淀期,四是"秃李"传说生存阈值的层累发酵期,五是"秃李"传说生存阈值的层累定型期。

在表述潍邑"秃李"闯关东人与神的生存阈值之前,先说两个潍邑其他民间传说"神灵"迁徙流变生存阈值的文化实证,以期佐证潍邑"秃李"闯关东人与神生存阈值的分析并非空穴来风。

其一是在潍北地区广袤隰湿的渤海滩涂上,傲然兀立着一座十几米高,占地面积现在还有近3000平方米的夯土高台,乾隆二十五年(1750年)《潍县志·古迹》记载:"禹王台,在（潍县城）望海门北六十里，相传大禹治水时所筑。有禹庙在。"该禹王台上的禹王庙，历史上早期是被列入地方官府祀典的神圣庙宇，但是到了清朝的中后期，在禹王台周边农村，围绕着禹王台，突然勃兴了对于狐仙"老三哥"的民间民俗信仰，于是信众捐资，在禹王台的顶端，建设了供奉狐仙"老三哥"的辉煌庙宇。而且民间对于狐仙"老三哥"的民俗祭祀信仰，迅猛地后来居上，压制屏蔽了不愿为官方承认而又无可奈何的大禹治水的事功信仰。但是学界的眼光是宽容的，近些年来张士闪老师多次带领山东大学民俗学的研究团队，深入禹王台地区做禹王台狐仙文化田野调查，并且力荐德国莱比锡大学的汉学博士孙菁雪女士和她的德籍丈夫博安特博士，莅临禹王台考察在地化的狐仙文化。后来王加华老师还写出了关于禹王台村落历史的调查专著。

现在看禹王台上，存有两通石碑，即《禹王台永垂不朽碑》：

光绪十二年九月初九日 谷旦盖闻是□□□（秦始皇？）所筑，以望徐带航海而来。后世之人建禹王庙于其上。禹王台当时圣王观水之处也。然亦借此以感圣王治水之德，欲万世遐迩人民均知圣王抑洪水而天下平，驱蛇龙消鸟兽而百姓宁之故耳。及至国朝咸丰十一年二月二十一日，粤匪破潼关，来至远里庄一带，台底就近庄民及城乡练勇者难以敌御，公同商议修台以为保障，闻者无不愿为，遂致不日而成。至八月十一日间，贼至柳疃，各庄人均皆扶老携幼，接踵上台，其车辆牲口尽放于台下。自十二日贼竟自东而西来到台前。至三十日贼又由西而东，人马纷纷，纵横数十里，尘飞蔽日，声气连天，遂将此台围困，焚烧台下车辆，掳去牲口。当是时也，台上数万人不但断粮而且断水，均不知其生死。至九月初五日清晨，贼兵退踞北里，人心稍安。下台取粮者固多，取水者亦不少。至是日晚间，贼又复来，连围九天，未曾进攻，在台围者并未伤一丁。噫嘻！人力不至于此矣，非一神功何如？至今就近村庄男女老幼均念念不忘。故作文刊石，以为避难之一法焉。

江西南丰县　贡生赵惟准顿首拜撰

还有1997年重建的《皇清敕封护国神医胡三太爷之座碑》。碑阴碑文：

《重修禹王台碑记》：禹王台，邑之胜地也。因禹王庙及胡三太爷庙之建其上而名益彰。两庙香火鼎盛，信徒众多，广受乡人信仰奉祀，于兹盖已十有数代。惟因年代久远，庙貌及神像受大自然之风化剥蚀，皆已断残圮毁，无复当年盛观矣。原昌邑乡长王公兰桂，长年旅居海外，毕生笃信胡爷，辄思图报其庇佑之恩德于万一。因托同学程玉贵先生以返乡探亲之便，代为了解庙殿现况，嗣后携回拍摄之多张照片，见其损坏情景，不胜唏嘘叹惋，感慨万千，因而顿兴立即重修之念，乃函请亲友马善君先生，央起襄赞，厥事尽速与禹王台村之信徒联系，共商动工计划。王公自动出任发起人，个人独先拨汇首笔巨款，用作兴工基金，至于全部工程经费，皆由王公负担，议定之后共组一禹王台重建委员会总董其事。工竣，庙殿焕然一新，庄穆朴实，犹胜昔年，乡民为之狂喜，交口赞誉，造福地方之善举于焉完成。窃谓人之善念，存于一心，而发乎至性，知恩不忘报，堪称善之大者，而能终生不渝，更属难能可贵者也。王公幼年蒙胡爷医俞（愈）其重病，即已感荷深恩，及长，先后从军经商，以期颐养天年，自认无时无刻不在胡爷庇佑中。尤以从戎期间，历尽千苦万险，死里得生者十余次，每能逢凶化吉，转危为安，全家五口因战乱而流离矣。所颠沛遍历三四省，最后终于获团圆相聚，人员无伤，目今安居乐利，四代同堂，子孙繁衍三十余人，并能奋发图强，各有傲人成就。公之次子孝廉世兄，茂才博学，为蜚声之名文学家，著作等身，文名籍甚。一门书香，博士三人，硕士三人，受大学教育者十数人。王公年高体健，精神开朗，经济充裕，生活无虑，持盈保泰，十全十美，享有如此美景，可谓善有善报，岂偶然哉。余晚年与王公忘年交四十春秋，时得亲其謦欬，聆其自述，胡能熟知其事，且慕其为人，爰为文以记之，借此劝世与余醒焉。昌邑市文石居士夏维勤　恭撰　昌邑市安家埠张稚松　敬书。

第一篇《永垂不朽》碑文记载了在地化狐仙信仰勃兴的原委。咸丰十一年（1861年）张宗禹的五旗捻军有十万之众荡涤潍北地区，清兵畏敌如虎，鞭长莫及，于是民众筑台自保。碑文记载捻军围台9天困而不攻，台上扶老携幼的几万民众未伤一丁，于是碑文中感慨地说："嘻嘻！人力不至于此矣，非一神功何如？"看该碑文的文气连贯，应该说是禹王的神力。但是田野调查中民众坚持认为是狐仙"老三哥"的神力所佑。第二篇碑文记载了该禹王台东部百里之遥的昌邑市王公兰桂信仰禹王台狐仙"老三哥"。王公"从军经商，历三四省，最终定居海外"，他都信仰坚定地带着全家出生入死，颠沛流离。因为他始终"自认无时无刻不在胡爷庇佑中"。由此我们看到，潍北地区在地化的禹王台狐仙信仰，就被特定的人群带到了"南洋"，而后又因为"念念不忘"，一俟国内政治允许，就回乡为之树碑立传。

其二是在潍坊市寒亭区东北乡与昌邑市交界处有一带逶迤埠岭，在埠岭深处有玉皇庙，庙前树立有一通内容特别的《天鉴欧工》碑。碑文：

> 天鉴欧工民国十二年四月谷旦领袖丁清伦陈清伦王林王德昌主持道人杨本玉玉皇上帝，主宰昊天，鉴观四方，庇我下民无远弗居。民国六年应募，初不知作何事功。及至该处，始知欧人战争，驱为前……（缺字）余人皆夙夜忧危，寝不能寐。忽忆本乡降埠庄旧有玉皇庙，众同默祷，遥祈默佑。但海隅天涯，终为深信。顾在彼五历寒暑，锋刃瘴疠频触，危苦极矣！而卒乘坎出险，转履坦途。伊谁之力？皆曰：玉皇上帝，冥冥之中，默施鸿慈之所致也。迨今平安同归，以答神庥，勒碑以垂纪念，非敢云报，聊表吾辈之诚心云尔。（以下有42人姓名，略）

碑文记载了民国初年第一次世界大战时期里潍县、青州、昌邑劳工在欧洲前线的危险履历,这48名赴欧劳工在海外组成了家乡玉皇庙信仰的会友会,"众同默祷,遥祈默佑",而后"乘坎出险,转履坦途",最终"伊谁之力?皆曰:玉皇上帝,冥冥之中,默施鸿慈之所致也。"这是山东家乡的玉皇大帝神灵远涉重洋旅欧归来的俗信事迹。

上述禹王台的狐仙神灵"老三哥""下南洋"和埠岭玉皇庙里的玉皇大帝"赴欧洲",这两则传说异闻,其与本文表述的"秃李"神灵闯关东,颇有异曲同工之妙。

"秃李"传说生存阈值的层累存异期。表现为早期闯关东人怀揣着他们各自对于乡土神灵的将信将疑,行进在"来日剩一身,茫茫即长路"的前途命运的未卜之中。人在大自然面前是何等渺小,在大灾疫面前是何等脆弱,在明天出发的前途未卜里是何等无助,于是流离出走后精神世界里的乡土神灵渐渐幻灭了。而在"过桥歇古庙,聒耳闻乡语"里,这些异乡的庙宇神灵或许也暂时成了漂泊羁旅人的心灵慰藉。统而言之,这些家乡形形色色的神灵和异乡接踵而至的神灵在闯关东人心灵深处渐渐幻灭的过程,就是"秃李"传说生存阈值的层累存异期。

"秃李"传说生存阈值的层累趋同期。表现为人在旅途的闯关东人对家乡形形色色的神灵和异乡接踵而至的神灵的渐次幻灭,又由于"千里山海关,万里辽阳戍。严城啮夜星,村灯照秋浒"的生存需求和追求的大方向目标一致,所以在潜意识里精神需求渐次排异趋同,所以"秃李"传说走进大众视野。

由是我们观察陈胜吴广的大泽乡起义：

> 陈胜曰："天下苦秦久矣。吾闻二世少子也，不当立，当立者乃公子扶苏。扶苏以数谏故，上使外将兵。今或闻无罪，二世杀之。百姓多闻其贤，未知其死也。项燕为楚将，数有功，爱士卒，楚人怜之。或以为死，或以为亡。今诚以吾众诈自称公子扶苏、项燕，为天下唱，宜多应者。"吴广以为然。乃行卜。卜者知其指意，曰："足下事皆成，有功。然足下卜之鬼乎？"陈胜、吴广喜，念鬼，曰："此教我先威众耳。"乃丹书帛曰"陈胜王"，置人所罾鱼腹中。卒买鱼烹食，得鱼腹中书，固以怪之矣。又间令吴广之次所旁丛祠中，夜篝火，狐鸣呼曰："大楚兴，陈胜王！"卒皆夜惊恐。旦日，卒中往往语，皆指目陈胜。

"秃李"之所以被层累趋同，相同的心理背景恰如"天下苦秦久矣"，只需要一个偶发的历史契机，有人站出来振臂一呼，为之倡，"乃行卜""念鬼""丹书"，而大事偕矣。

"秃李"传说生存阈值的层累积淀期。我们不得而知"秃李"信仰传说层累趋同的历史契机，但我们确信当有人"振臂一呼""秃李"神灵，而后"秃李"神灵呼之欲出。"百姓"又纷纷"多闻其贤"，之后是付诸行动，仰望"见龙在天"，而后"应者云集"。再后来，风起云涌的"应者云集"的轰动效应过后，"秃李"信仰传说渗透进入了某些个体或群体的

"层累积淀期"。表现为"秃李"对于各自家乡形胜人事的嫁接附会。

"秃李"传说生存阈值的层累发酵期。闯关东人在"长桥浮水面,风号浪偏怒"里,只要一息尚存,只要没有"一跌不复举",就继续在"未明复起行,霞光影踽踽"里奔波前行。当他们"渡尽劫波""侥幸生存",终于到达了"边墙渐以南,黄沙浩无宇"的黑龙江流域安顿定居,生存生息暂时得到安定温饱以后,他们对于家乡事物的思念就会与日俱增,对于闯关东路途凶险的九死一生就会痛定思痛,对于人生宿命的思考就会感恩神灵庇佑。于是"秃李"的传说就被"出生""断尾""出走""定居""回乡""上坟""雹灾""唱戏""祖宗""神庥"等大同小异的"生存阈值"区间的"意识流"中层累积淀发酵了出来。

"秃李"传说生存阈值的层累定型期。当"秃李"传说在几代闯关东人共同心理诉求的大背景下,经过了"层累存异""层累趋同""层累积淀""层累发酵"几个叙事阶段,在横跨数省广阔宏大的公共文化活动空间里发育成为共同的庥佑神灵。之后又在民俗信众"生存阈值"的临界之内,根据各自的生存背景和传承记忆,并与家乡的风物人情相结合,耕植生长出了各地既琳琅满目又大同小异的"秃李"传说。这些琳琅满目大同小异的"秃李"传说,随着定居民众生存条件的不断改善,又逐步嵌入酬神娱人的喜剧色彩。如闯关东人到达目的地定居以后的"长犁开古迹,春田耕细雨。字牧马牛羊,斜阳谷量数。身安心转悲,天南渺何许。万事不可言,临风泪如注。"又如闯关东人听闻家乡音信:"遥闻齐鲁郊,谷黍等人长。目营青岱云,足辞辽海霜"之际的归心似箭。他们行色匆匆地回到家乡以后,看到了喜剧的一幕:"井蛙跳我灶,狐狸据我床。桃花知我至,屋角舒红芳。旧燕喜我归,呢喃话空梁。蒲塘春水暖,飞出双鸳鸯。"于是触景生情,典赎娇妻,吟出《还家行》中:大喜大悲的人间活剧,奠定塑造了"秃李"传说跌宕起伏故事情节的原型。

层累的"地方"
——以秃尾巴老李传说的在地化为例

马光亭[1]

秃尾巴老李传说在山东、河北、辽宁、黑龙江等省被广泛传讲,这些传讲的省份大致勾勒出明清以来闯关东人从关内到关外的行走路线。由此,学界多将闯关东与移民史作为研究的一个基调,如江帆的《从神灵"移民"看民间信仰的传承动力与演化逻辑》。[2]除了社会史的观照,学者还将注意力集中于老李形象产生来源及其表征意义的发生学研究,如山曼先生的《秃尾龙故事源远论》等。[3]

探源秃尾巴老李的形象及其文化意含,以致从闯关东的

---

[1] 马光亭,青岛大学文学院副教授。
[2] 江帆《从神灵"移民"看民间信仰的传承动力与演化逻辑》,《中原文化研究》2016年第6期。
[3] 中国民间民间文艺家协会山东分会《秃尾巴老李学术研讨会论文集》,内部资料,1989年。

移民史角度来切入，多是在追溯一个过往时间与文化的生境，即传说不同层面上的时间端点。2006年以来，非物质文化遗产的申报与认定犹如强心剂，令秃尾巴老李传说、梁祝传说等不仅在学术研究领域，而且在政府、地方文史、商界引起了一阵"论证"的热潮与争夺。论证的兴趣连带着先前对传说时间端点的探寻，转移到对其空间元点的认定。空间元点，是传说最初的发源地，是具体的一个地方，同时也是时间上的元点。

事实上，不是所有的传说只面向"一个"地方，如秃尾巴老李、孟姜女等传播范围极广的传说，在情节、人物要素等方面，本身就是融合了地方和超地方的产物。王铭铭在谈到地方文化时，提醒我们应辨析"当地性"中蕴含的"内外关系"，并将之作为贴近"当地知识"的哲学与经验价值的前提。他认为，故乡文化是动态而"混融"的，"如果说故乡有一种文化，那么，这个文化就既是稳定的，有时又是变动的。"[1]传说的在地化，也是地方与地方之外的一个动态促生的过程。甚至可以说，是异乡规定、建构着故乡、地方的特色与传统。

文章对秃尾巴老李传说的探讨，以青岛即墨小龙山地区为例。[2]通过秃尾巴老李传说在小龙山地区不同村庄、不同"内""外"身份的不同口头讲述，明清志书、文人创作等文史资料对小龙山及其龙神信仰与传说的记载，笔者试图展开秃

---

[1] 王铭铭《由彼及此，由此及彼——家乡人类学自白（下）》，《西北民族研究》2008年第2期。
[2] 小龙山的秃尾巴老李传说在2006年被评为山东省非物质文化遗产，2008年被评为国家级非物质文化遗产。

尾巴老李传说在地化的层累过程。这个过程，既是老李传说对一个地方自然环境、原有龙神信仰与传说的层累叠变的过程，也是地方生命史与社区史的动态建构过程。与此同时，随着当地人变通"内""外"的身份与归属，在大的历史与文化背景下的传说统合的地域逐渐扩展。"地方"的范围相应地层累扩展与变化，这种主要依据异乡的属性与规定。层叠的"地方"意指传说同时在时间、空间中的延展。

可以说，秃尾巴老李传说的在地化，是指在一个地方与更大地域的内外合力中，在国家与社会的变迁洪流中共同讲述、叠加、改写地方的历史、文化，继而建构关乎他们生存的意义的相联相属的生活世界。[1]我们先来看秃尾巴老李传说在口头叙述中是如何落脚、层累在青岛即墨小龙山的。

一、小龙山与没尾巴老李[2]的诞生传说

秃尾巴老李传说能够在某地落脚，首先需要这个地方能够提供耦合互洽的空间处所。与老李这条龙相宜的自然景观往往是某个常年不涸的池、塘或井，作为栖龙之地。本文的调查地

---

[1] 这里所说的"生活世界"更贴近海德格尔意义上的"世界"，是人们为了关乎生存而建构、投入（甚至是完全融入、共生）的意义相关整体，是人们所共同依赖与熟知的公共意义系统和生活世界。海德格尔在《存在与时间》中所使用的"世界"含义是"指'公众的'我们世界或者是指'自己的'而且最切近的'家常的'周围世界。"（马丁·海德格尔，2006，《存在与时间》，陈嘉映、王庆节合译，熊伟校、陈嘉映修订，三联书店，第46页）同时，具体生存的人所熟悉而依寓的世界是相连、相属的关系，共同形成了意义关联整体。

[2] 即墨当地方言称秃尾巴老李为"没尾巴（子）老李"。

青岛即墨小龙山（文献中称"天井山"）山顶的天井，便是这样的自然景观。

即墨是青岛的卫星城市，位于山东半岛的东部，属丘陵地带，境内多低矮的小山。小龙山位于青岛即墨市东约六千米处，系崂山余脉，海拔81米。因山顶有一天然形成的深井（纵9—12米，横4.5—6米，深14.8米），得名"天井山"。北宋乐史编著的《太平寰宇记》中，即墨县条下的山峰，天井山列在首位："天井山在县东十三里，周回二里，顶上有井，水味甘美，因名天井。"[1]

在小龙山周围，还有干池山、东山等众多小山与之呼应。小龙山脚下东西两边分别依偎大村、大留村两个自然村（确切地说，大村位于小龙山的东北、东北偏北方，大留村位于小龙山的西北、西方偏北方），与这两个村子毗邻着的是刘家官庄、西程哥庄等五六个村落。

长期居住在小龙山地区的人们，身处这样一个特定的空间，尤其是面对山顶森然黝然的深井，他们要给出自己朴素奇幻、野语村言式的解释。唯其如此，一个生的、异己的外在世界，才能变成熟的、亲和的日常生活世界。不远的大海、缺水的农业区、附近几个大大小小的山头、唯一一个山头上有一口深水井、山下的大村村民大多数都姓李……面对这样的环境与条件，不懂冰川期构造的当地人对自己的生存空间展开了丰富的想象与生活世界的建构，他们用一条姓李的小黑龙解释了

---

[1] 《钦定四库全书·史部·太平寰宇记》电子版。

这一切。龙出生之日，也就是这些自然景物真正具有文化生命之时。

山有龙则灵，老百姓把天井山俗称为"小龙山"。直到现在，当笔者跟他们谈起天井山，其中的大多数人并不熟悉这个名字，待笔者说出"小龙山"，他们才如梦方醒地说："你说的是小龙山啊！你早说啊！"小龙山，之所以得名，是因为人们相信且相传井里住着一条保护他们的小龙，"天井"因之被叫作"龙池"，人们在龙池的北边建了一座龙王庙。

小龙山脚下的当地人（大村、大留村及附近2.5千米范围内的西程哥庄、刘家官庄等村庄的村民）说，龙池是小龙用龙爪抓出来的。他们还给了小龙一个与山脚下大村村民相同的姓氏——李，让它降生在大村，刚出生不久就被父亲砍断尾巴，人们都叫他"没尾巴老李"。当地人对小龙诞生与龙池产生的解释可谓异彩纷呈，形成了多种生动的版本——

（一）版本汇总一：李母被龙施法或戏孕，老李痛极抓池或解旱抓池

大村的李存世大爷满贮自豪之情地娓娓道来："没尾巴子老李是我们村里的，是一条没有尾巴的龙。以前在大村的西南边，有几户人家，其中有一家姓李，叫李太，他的老婆叫王氏。传说东海龙王邀请西海龙王，西海龙王从这儿路过，李太的老婆王氏正在河边洗衣服，西海龙王带着龙母，发现此人有仙气，龙母做法使王氏怀孕，过了一段时间生下了一个不太像个人样的孩子。男人觉得王氏有不正之气，你怎么生了这么

个说人不人,说神不神的东西。时间很短,长出来一个大体形状,有鳞、有爪的意思,李太害怕,连这个怒火,拿镰刀就砍,把小龙的尾巴砍掉了。在这个当儿,小龙顺着窗户往外跑,跑到水南边的一座山上,可能疼得很厉害,抓了一爪子,一把抓了一个龙池。"[1]

大村的李守本大爷却提到了一个神秘的蒲团以及一个肉球似的怪胎:"我姓李,这个村是大村,没尾巴老李也是大村。他的父亲叫李太,他母亲叫王氏。小龙出生的时间呢,他母亲在河边洗衣服,这个河叫水池子,早的时候女人上河要拿蒲团,她坐着蒲团在那洗衣服。一阵觉着蒲团有点活动,这个蒲团是自动活动了,回去以后就怀孕了。本来小孩正常出生是九个月,十个月,但是小龙出生时间往后拖延了。拖延以后呢,就出生了。王氏生下一个如今说是'怪胎',就是一个大肉球。生下来以后,他娘就昏过去了。他父亲就使个粪筐子撅出去了。因为他不是个孩子嘛!以后呢就扔在一条河来。这条河就在现在那个庙后面。因为龙喜水,以后这个肉蛋就自己出生了。就是从肉蛋里边又生出一个小孩来。以后他爹就又把他弄回来了。过了三日(早来小孩都过三日)。三日这天呢,他在吃奶,他爸爸从外边回来一看,他就成了小龙了,头在他妈怀里吃乳,尾巴就搭在门槛上。他爸爸一看是个怪胎,就使镰给他把尾巴一下子给砍去了,从此他就走了。小龙走了以后,就来到了黑龙江,以后天旱小龙回来了。咱当地干得很厉害,干

---

[1] 访谈人:马光亭,访谈对象:李存世(男,72岁,青岛即墨龙山街道大村人),访谈时间:2007年11月10日,访谈地点:大村村委会办公室。

得都平地冒烟，就地裂缝。小龙，这个没尾巴子老李是孝子。他回来看他爹和他娘吃不上水，他就上他出生那个南边，现在叫个小龙山，去抓水。头一下子他在东面那个山，现在叫干池山，也叫烟台山，给他娘抓水。没抓出水来。他就又上西行，就抓出水来了。现在里面有个井嘛，后面又修上庙，叫个龙王殿。打那以后，他给他爹娘把吃水问题给解决了。"[1]

同是大村的张淑香大娘则如此解释："宋朝时候，俺村有户李姓人家，他老婆叫王氏。那天下雨，这个王氏出来上茅房，正好来月经了，她在外面蹲着，也不快进来，天上打雷下来条龙，把王氏戏了，这不接着怀孕了。王氏被龙戏弄生下老李，老李刚下生就飞走了，三个月之后回来，把王氏吓死了，他爹李太气得拿镰刀砍掉小龙的尾巴。龙飞到大村东边的山上，太疼了，就抓山上的土，一爪子抓下去，没抓出水来，这个山就叫干池山，又飞到西边山上，一爪子下去，出来水了，西边这个就叫小龙山。"[2]

大村韩秀美大娘也强调龙母的无辜被戏，故事情境也是家院里："关于龙王出生的说法吧有好多种，村里人都说老李他妈是大夏天的时候在天井[3]上睡觉给天上给戏了，就是给天上的神仙给调戏了。当时老李他妈睡着了，所以根本就不知道，后来生孩子的时候才知道的。生孩子的时候老李他妈被吓晕

---

[1]　访谈人：马光亭，访谈对象：李守本（男，75岁，青岛即墨龙山街道大村人），访谈时间：2008年11月15日，访谈地点：大村李守本老人家中。
[2]　访谈人：马光亭，访谈对象：张淑香（女，65岁，青岛即墨龙山街道大村人），访谈时间：2007年11月10日，访谈地点：大村张淑香老人家中。
[3]　方言，天井，即家中院子。

了，老李跑了。三日回来吃奶的时候被他爸看见了，就把他的尾巴给砍下来了，后来老李下落不明。"[1]

大村村民在说到没尾巴老李时，会强调老李和李姓家族、大村的特殊关系，而且，虽然同是大村人，但不同性别人的讲述会有明显的性别特征与影响，如两位女性讲述的场景为家院的范围，体现出女性与家居（传统社会中，"女主内""男主外"的性别分工）的特定关联，以及强调女性性征的吸引。像这样的情节并不适合男性讲述，否则会被村民（尤其是女性）看作是失礼、甚至不正经。而且，面对笔者（女性），也同样难以启齿，不像女村民可以大大方方地跟笔者讲述。这种现象正如张士闪所提醒的，"在学者与民众的交往过程中所伴生的文化互动现象。"[2]所以，考虑到性别因素，也是与女性属家的性质不同，本村男性讲述的情境多选择户外开阔的河边，更强调龙的神圣作法与隐喻的性活动，并没有特别使用带有情感与价值判断的"戏"。

接下来的几个讲述版本，都有"风"这一自然现象的出场与做法。在农耕文明、海洋文明中，不仅有水的河、海是"龙"栖居出没之地，而且，风、雨也是"龙"这一形象出现的标配与符号。

大留村周学恕老人给出了"风起龙戏"的情节："大村

---

[1] 访谈人：马光亭，访谈对象：韩秀美（女，80岁，青岛即墨龙山街道大村人），访谈时间：2008年11月15日，访谈地点：大村韩秀美老人家中。
[2] 张士闪《当代村落民俗志书写中学者与民众的视域融合》，《民俗研究》2019年第1期。

有个人叫李太，结婚多年没有孩子。有一天，他老婆王氏去河边洗衣服，忽然刮起一阵大风。狂风过去之后，他老婆就怀孕了。是让龙王戏了，后来生出个怪物来，就是这条小龙。李太从田地里干活回来碰到了，一镰刀给他把尾巴砍断了。"[1] 我们看到，大留村的周学恕老人在承认老李降生在大村的同时，也直言老李的母亲是"让龙王戏了"。与之相比，大村的其他男性则更为隐晦，或许与讲述者均为李姓家族成员有关。

江敦润老人是与大村相隔二三里的西程哥庄村民，他也坚持风扑怀孕的说法，而且故事也是发生在河边："打起初，在大村，他妈在河边洗衣服的时候，在快黑天儿，太阳快没了，忽然来一阵风扑在他妈身上，他妈家去以后就怀孕了，生他，就是龙王爷。"[2]

在与大村相隔四里的刘家官庄村，刘吉光大爷也持有"微风拂孕"的说法："这是人家大村的。是微风拂孕，生下的小龙。"[3]

有意思的是，龙王庙里的碑文也以"微风拂孕"作为一种固定性的解释，石碑刻载：

> 天井山地处即墨城东十里，约五代十国，唐末农民

---

[1] 访谈人：马光亭，访谈对象：周学恕（男，80岁，青岛即墨龙山街道大留村人），访谈时间：2009年7月3日，访谈地点：大留村周学恕老人家中。

[2] 访谈人：马光亭，访谈对象：江敦润（男，80岁，青岛即墨龙山街道西程哥庄村人），访谈时间：2008年11月16日，访谈地点：西程哥庄江敦润老人家中。

[3] 访谈人：马光亭，访谈对象：刘吉光（男，76岁，青岛即墨龙山街道刘家官庄人），访谈时间：2008年3月6日，访谈地点：刘家官庄村刘吉光老人家中。

起义的多年战乱,天灾人祸致使天井山周围人烟寥寥,荒蒿遍野。村中有一青年李太与邻村一贤惠姑娘王氏成婚后十年不孕。有一年仲夏,王氏到天井山下河洗衣服,突然一阵微风拂身而孕,来年六月十三日夜电闪雷鸣,大雨倾盆,王氏昏迷中胎儿落地,待王氏醒来龙儿却脱怀破窗而出,第六日,龙儿变成黑小子投入母亲怀中吃乳,李太回家见龙身在炕上,尾巴搭在梁上,惊慌中拿起了把镰刀给龙儿削去了一段尾巴。

微风拂孕说虽亦采自民间,但比较含蓄隐雅,更得文人墨客等文字持有者的嘉许,这应是其被固定下来的主要原因。

除了风、蒲团、大雨作为龙戏的隐喻,在当地还有"水里漂过来一段枯木"或"一团水藻"的说法,因字数限制,不再赘述。

(二)版本二:蛋生说,龙池为栖身之处

大留村的周遵希大爷热心于恢复小龙山的各种民俗活动,他说小龙是从蛋里生出来的:"没尾巴老李出生在大村,现在问问到底出生在谁家,谁家是没尾巴老李的后代,没有人承认这事的。人们觉着是个耻辱事,那么为什么耻辱呢?就是当时出生这么个奇物。他爹就叫李太,传说他们两口子上坡[1]去种地,在坡上一个下大雨冲的窝子里拾了一个大蛋,比鹅蛋还大,回家后把它搁在炕头上,用东西盖着,日子多了抱出了这

---

[1] 上坡,当地方言,意思是到地里干农活,种庄稼。

么个奇物,出生以后就和条小长虫似的。有一天他爹上坡割豆子去了,割豆子就得使一把磨得锋快的镰。回来,他爹听着孩子在家哭,走到院子本来应该把镰搁下,他爹没搁,直接家去了。家去一看到这条奇物,头扎在他娘怀里吃奶,尾巴搭在梁上,所以他爹一看,哼!这么一条东西你还给他奶吃,于是他爹就一镰给他尾巴砍下一块来,把他疼得拱破窗就走了。走了就在小龙山,小龙山在村南,很近,一里来路。他就在山上周围这么转转,转了一气儿,就使爪子抓这么个龙池,就在龙池里住下了。"[1]

蛋生说从一个侧面否定了大村王氏是老李的母亲,也就是巧妙地否定了老李的大村出处,强调是从比较模糊、没有具体归属的当地的某块被水冲过的地里捡来的。从中我们略微能体会到,同为小龙山脚下的大留村村民因为多姓周,无法同大村的李姓争夺老李出处时所产生的某种意愿,即,将老李视为当地公有、共有的一种产物。不管老李所由出的龙父属何方神圣,都是眷顾在这一方土地,是这一方宝地吸引来了(某位当地之外的)神灵。

(三)版本三:葛子说

西程哥庄与大村、小龙山之间隔着大留村,该村江敦升老人的讲述追溯得更远:"大村东有个坟,埋在道南,那是姓

---

[1] 访谈人:马光亭,访谈对象:周遵希(男,75岁,青岛即墨龙山街道大留村人),访谈时间:2007年11月10日,访谈地点:周遵希老人家中。周遵希老人严谨认真,且热心帮助笔者,在此真诚感谢周遵希老人!

李家的祖坟。也许是因为那地方有块地气,生出来一个大葛子[1],每天晚上到北河去喝水,早晨回来。一次,一个推大瓮的人起早赶集经过,一不小心将那大葛子给碾断了。之后李家就生下了现在称之为'没尾巴老李'的黑龙。"[2]

葛子蜿蜒有若蛇、龙之状,由此及龙,应是老百姓因形会意的相似性联想。葛子说可谓没尾巴老李降生的前传,它将老李与李家的渊源追溯得更深,且肯定了秃尾巴老李与大村、大村李姓的血脉关系。笔者在调查过程中发现,西程哥庄、刘家官庄等村的村民对秃尾巴老李与大村李姓的关联比较肯定,而且没有大留村村民表现出的隐含的争竞,是置身两个最近(内)村落之外的当地人。

综上,关于老李的出生,大致可以分成神龙戏孕说、拾蛋说、葛子说等。在民众的口头叙述里,亦有不少把几种说法杂糅在一起的情况。在这几种说法中,神龙戏孕形成口头叙述的主流话语。在河边、院子、雨天的厕所等几个事发地点中,河边是出现频率最高、也是最宜于各种性别人群讲述的。蛇为蛋生、葛子蜿蜒若蛇,这些不同的变调也同声叙述着相同的起因——龙。

龙是老李的亲生父亲。正因如此,激起了人间父亲李太的极度怒火。没尾巴老李传说透露出的这种血缘担忧和防范,也表现在大村两位女性讲述的女性禁忌中。雨天正是龙王行雨

---

[1] 葛子,即葛、藤蔓植物。
[2] 访谈人:马光亭,访谈对象:江敦升(男,83岁,青岛即墨龙山街道西程哥庄村人),访谈时间:2008年11月16日,访谈地点:西程哥庄江敦升老人家中。

之时，处于生理周期的女人在这种时候长时间如厕，很容易让龙闻到女性的气味，到人间行不轨之事。夏夜湿热，女性在院子里长睡，穿着太少，气味效果同上，亦容易引龙蛇被戏。大村的韩秀美大娘曾对笔者说起一段往事：她娘家的村子有个女人，晚上就躺在院子里睡觉，过不久肚子疼，就生了一窝小蛇。小龙在当地有时被叫作长虫、小龙，被蛇戏也就是被小龙戏。[1]此外，针对妇女的忌讳还有很多，据韩秀美大娘介绍："村里妇女平时忌讳一些东西，妇女生理期不能在河边洗衣服，尤其不能洗内衣，内衣要在星星出来之前拿到屋子里面晾。夏天不能在天井不盖东西躺着困觉，会叫神灵戏了。女人不能在葡萄树下，会让葡萄核儿戏了；女人在河沿上茅房会让蛤蟆、长虫的给戏了。"[2]从女性的众多禁忌中，我们强烈感受到了一种防范，是对于外来的不知名的可能引起血缘不纯正的阳性动物的防范。可是，这种防范本身，从反面恰恰证明了这种外来侵入的可能性总是存在的。

上述异文虽同为小龙山当地人的口述，但并没有任何两种是基本相同的，也就是说，即便是当地的内在表述也是有区别差异的。我们看到，女性以家为内，植根于家院所进行的内外表述，男性以当地地域统合与划分进行的内外表述，异口异声地建构起他们"内""外"身份的划分与归属。唯其如此，

---

[1] 访谈人：马光亭，访谈对象：韩秀美（女，80岁，青岛即墨龙山街道大村人），访谈时间：2008年11月15日，访谈地点：大村韩秀美老人家中。
[2] 访谈人：马光亭，访谈对象：韩秀美（女，80岁，青岛即墨龙山街道大村人），访谈时间：2008年11月15日，访谈地点：大村韩秀美老人家中。

才彰显出乡村社会与村民主体实际上是"多种力量共存的、活态的生活共同体"。[1]在闯关东大的历史背景下，即使众多当地人投入到闯关东的大潮中（用当地人的话说就是"基本每家都有闯关东的"），且村民的个人叙述与记忆汇入到大的民族、村落、社区叙述中时，他们依然葆有着个人的想象与生命理解。这一情况，部分应和了施爱东所提出的质疑，即民间故事的"地域系统"未必能够成立。多源分流的民间传说不仅随时间、空间而变异，也随不同讲述主体的知识结构、讲述目的及讲述语境而变异，甚至同一讲述者的两次讲述也会变更部分情节。[2]

当然，异中也有相同之处，虽然受孕原因各有不同，但大多叙述强调老李的母亲是大村的。也就是说，不管是龙王、妖怪，抑或是大蛋这些不明的外来者留下了生命的种子，最终都要通过母亲这块土地的孕育，方能结胎成龙。没尾巴老李的诞生本身就证明了他是"内""外"促生的产物。接下来，通过考察口头叙述中小龙的去向，以及传说伴随着去向统合起来的"地方"，进一步探究秃尾巴老李作为地方神，所保护的"地方""家乡"随着外地、异乡的不断界定而相应转化的层累演变。

---

[1] 张士闪《当代村落民俗志书写中学者与民众的视域融合》，《民俗研究》2019年第1期。
[2] 施爱东《顾颉刚故事学范式回顾与检讨——以"孟姜女故事研究"为中心》，《清华大学学报》（哲学社会科学版）2008年第2期。

二、层累的地方神

　　传说中的小龙不仅出生在大村,还与小龙山周围的景观紧密联结,在建立文化意义的同时,将周围地区统括进传说,或者说,统括进小龙山"当地"的范围,如干池山(大村南面紧邻的烟台山)是传说中老李第一爪子抓下去的山,窝洛子的巨石则是从龙爪漏下的石块等。

　　除了附近的几个山头,传说还越过海洋,将附近海面上的岛屿乃至更远的东海、东北地区连缀起来。人们在说起老李的母亲时,总是会提到即墨海域上的千里岛,以及千里岛上的耐冬花。他们说那里是老李母亲的坟墓:"小龙把他娘葬在东海岛上,就是千里岛,老李很爱他妈,很孝敬她。他娘喜欢花,他就在坟上种满了耐冬花。"有的村民干脆说,没尾巴老李被割掉尾巴后,到了千里岛。有的村民则把传说圈扩展到了东海,认为老李最后去了东海。

　　关于没尾巴老李断尾后的去向,当地人的说法很多,以下是笔者于2007—2008年间收获的回答。

　　李守林(男,73岁,大村,92年自发建简易龙王庙之人):"走不走,这个其实就是意识的问题,怎么就知道这个神仙就走了?只不过是现在认为人们给他建起了房子,给他把龙池掏干净了,那么这里不是他老家吗?那么就认为祭祀过以后就认为他回来了,回不回来谁知道?只不过是本身这个事情是个意识而已。至于当年他走没走谁知道?或者他还在一直坚守阵地咧!"

韩秀美（女，80岁，大村）："战白龙，白龙吃石头，黑龙吃馒头。别的咱就不知道了，都是从电视上看来的。"（上文在说到小龙降生的时候，韩秀美大娘说的是"三日回来吃奶的时候被他爸看见了，就把他的尾巴给砍下来了，后来老李下落不明。"）

李守本（男，75岁，大村）："小龙去了东北，听说有条龙历年为百姓行恶，小龙是青龙，托梦给会首爷，说我要去打白龙，你们几点几分上江沿支援我。看到黑浪扔馒头，看到白浪扔石头，最后打败了白龙。"

李存世（男，72岁，大村）："抓出龙池之后，往东南方向，去了东海。上东海实质上是去千里山，他爹死了没有下文，把他娘搬在了千里山。"

刘江氏（女，88岁，刘家官庄）："老李跑了就再没回来，去小龙山修炼去了，龙池边上有些小黄花，因为老李他妈活着时候喜欢小黄花，他娘死了就给他娘修了个岛，岛上种些花，船不敢动岛上的花，要不就会翻船。龙王现在在海里。"

姜景桂（男，84岁，刘家官庄）："断尾之后去了东海，后来的事就不清楚了。去没去黑龙江不知道。"

周学伦（男，65岁，大留村）："现在住在黑龙江，只是每年的六月十三回小龙山过生日。而且当天留村每家每户会摆供品为他庆祝生日。"

张德云（男，64岁，大留村）："住在海里的龙宫里，每年的六月十三回来过生日，然后又飞回海里。"

周丕俊（男，74岁，大留村）："小黑龙就住在小龙山的龙池里。"

从众多的说法中,我们隐约发现秃尾巴老李传说在地化的后续情节,对于原有小龙传说内容的叠加变异,也就是说,老李到东北的故事情节应该是后来吸收了闯关东的内容而叠变进去的。原先的传说中,可能只是朴实单一的龙崇拜,一条小龙住在龙池中,因龙池通着东海,所以,东海成了小龙的另一个去处。

小龙或没尾巴老李奔向东海或者海中的千里岛,这是从陆地、乡土奔向海洋的一种模糊归向。由于中国传统社会以农耕文明为主,且从明清以来,官方重农封闭倾向的引导,所以,离乡出走的人们从海洋转回了更远的东北陆地与乡土,继续农民身份的异乡拓展。从中,我们看到闯关东大的时代浪潮与官方引导对传说的影响。如施爱东所提出的,"不同时代的传播者总是会依据自己的当下诉求,不断对既有故事进行重新理解和重新表述。"[1]

与老李传说层累扩展开的地方相随,其保护的范围也在扩展,将老李作为老乡神的"家乡人"越来越多。首先,作为老李诞生地的大村村民总是很自豪地说:"没尾巴子老李是俺大村的,他行雨的时候带着雹子,都绕着大村走,就上别的地方去了。"即便现实生活中出现了灾情,他们也不怪老李,而是归罪于自己的德行。

不止于大村,老李的眷顾也惠及更远的即墨地区。大留村

---

[1] 施爱东《顾颉刚故事学范式回顾与检讨——以"孟姜女故事研究"为中心》,《清华大学学报》(哲学社会科学版)2008年第2期。

的周遵希老人说:"听说,清朝道光十七年(1837年),山东好多县天大旱,田地里连棵野菜都没有,人相食。加之之前连年的灾祸(蝗灾、涝灾、棉虫灾、旱灾),当地人民的生活困苦不堪。有一天,从天空的西北角刮来一块儿云彩,一到离留村十七八里的石人河就下雨了,而且就给这一个村下雨了,把石人河给救了。"[1]

没尾巴老李不仅逢旱降雨,逢老乡乘船过海,也保驾护航,将庇护延伸到了所有的山东老乡。当地的老人们说:"老李保佑咱山东的人,后来形成了一个传统:过江要先问问船上有没有山东人,有山东人才开船,有山东人就不会出事。"

老李作为地域保护神,不仅保护当地人的安全,还让他们免受外来人的欺辱。当"外来人"变成异族人的时候,老李身上又增添了民族神的几缕光辉。当地至今还流传着两个传说,一个是老李惩治抢夺宫灯的外来侵略者,另一个是老李水淹日本侵略军。

大留村的周遵希对第一个传说更为稔熟,他说:"当初京城遇旱灾,慈禧太后派人到小龙山区龙牌求雨。在离京城还有40米时就下起了雨。为答谢龙王,慈禧太后赐了一块匾和一对花皮灯笼。匾上写着'泽周壮武',两个花皮灯是六个棱儿、玻璃的。当时德国人来到这个地方,看好这对灯了,就给摘去了。他想运回他国去,他们当时住在青岛总督府。这个龙就显灵了,打着忽雷、下着雨、刮着风,把他们住的总督府的楼角

---

[1] 访谈人:马光亭,访谈对象:周遵希(男,76岁,青岛即墨龙山街道大留村人),访谈时间:2008年3月5日,访谈地点:周遵希老人家中。

给打了一块去。他们一看不好,就又送回龙山了。他们照着那俩灯又做了两个,一遭儿送了回来,算是给龙王爷谢罪吧。再以后,这两个灯好像是斗恶霸的时候给砸了。那块匾在'文革'叫大留村的一个人拿回家,削平做了面板,这家人也在他这一代断后了。"[1]

在笔者调查过程中,有些村民把这个传说中抢夺花灯的德国人分别置换成了日本人、美国人,这三者都是不同时期侵略过青岛即墨地区的外国、外族人。

没尾巴老李作为保护神,其保护的地方从大村、小龙山地区、即墨、山东,扩展到中国。如果有一天外星人侵入,或许老李又成了地球的保护神,这是一个不断扩展变化的地方。没尾巴老李的保护范围与神性总是相对于某块地方而言,而且这块地方的范围是变动的,变化的依据取决于地方之外和外来者的属性。由此,地方,甚至故乡的含义,总需来自异乡的规定。

而且,没尾巴老李及闯关东的当地人唯有离开故乡,汇入到移民大潮中,才能通过不断的返乡、再离乡的双向流动,将异乡的情节与叙事带回、并入到小龙山地区的叙事与传说中。这是一个由此及彼、由彼及此的过程,所以,王铭铭提出"故乡的含义,时常来自异乡"。[2]异乡是建构故乡的必由参照。

---

[1] 访谈人:马光亭,访谈对象:周遵希(男,80岁,大留村),访谈时间:2012年5月11日,访谈地点:即墨大留村周遵希老人家。
[2] 王铭铭《由彼及此,由此及彼——家乡人类学自白(上)》,《西北民族研究》2008年第1期。

从农耕文明浓厚的故乡感与安稳的栖居性中，我们总能发现涌动着的游走的欲望，也只有在离乡、返乡，离与归、内与外的动态交汇中，才能凸显地方的意义。随着游走的扩展，人们的生活世界进一步地打开，并产生新的生存关联，具有相关性的地方也在层累中扩展开来。

在对小龙山地区秃尾巴老李传说口头传承进行研究的基础上，笔者将借助志书、文人作品等文史资料进一步廓清该传说在地化层累的过程。传说的在地化层累，是地方原有文化的累加与叠变，以此构成本文主题层累的"地方"的另一个项度。

三、文字记录中层累演变的龙传说

关于小龙山的文献资料，目前发现最早的是北宋初期乐史编著的《太平寰宇记》（宋太宗太平兴国年间，976—983年）："天井山在县东十三里，周回二里，顶上有井，水味甘美，因名天井。"[1]天井，在北宋时期已有此称谓，并因成山名。"水味甘美"，似重在井水的食用价值。书中对天井山的描述尚未添加神化的质素，或许因为该著作只是一部地理总志，描述粗略，未涉及乡民野语。

之后便是明朝以降的记载。这些记录对于研究秃尾巴老李传说的地方化及其不同时代的层累叠变，具有相当宝贵的价值。

---

[1] 《钦定四库全书·史部·太平寰宇记》电子版。

（一）明代文字记载

即墨的第一本官方志书，是明万历七年至十二年（1579—1584年）即墨知县许铤督修的《即墨志》。该志书卷二"山川"下有"天井山"词条：

> 天井山，在县东十里。山巅石窍若井，其水常盈，渊深莫测。旁有龙王庙，遇旱祷雨多应。湖南吴纪诗："百尺清泉卧蛰龙，一源深与海波通，行云未慰苍生望，吐气先施造物功。井底夜光常照斗，泥蟠春暖定飞空。康时不但穰丰岁，头角峥嵘翙九重。"欧信诗："昨宵风雨涨寒泉，神物蟠依积水眠。试听春雷从地起，为霖飞向九重天。"许铤诗："百尺峰头一窍开，惊疑斩削自天栽。乾坤有意通灵脉，沧海无边潆仕怀。古庙深沉环岫嶂，神龙蟠结起云雷。应知沛渥先吾士，伫见甘霖遍九垓。"[1]

文中涉及的三位诗人分别是：即墨知县许铤；欧信，明朝成化二十年（1484年）进士，授户部主事，之后曾任山东右布政使、山东左布政使；吴纪，根据资料推测应为明朝湖南衡山人，成化十四年（1478年）进士，历官兵部主事、郎中。[2]三位官员作诗，显示出官绅对天井山的关注，并且也影响到后来

---

[1] （明）许铤督修《（万历版）即墨志》（1579年），中国和平出版社2005年，第14页。

[2] 吴纪的生平借助百度查找到甘建华主编的《湖湘文化名人衡阳辞典》中有上述记录（甘建华，尔雅文化出品），原书未曾查阅到。

官员对此地的持续注意。

诗作描写了天井山的鬼斧神工、浑然天成，井中神龙的行雨灵验。许铤将小龙山龙王庙称为"古庙"，看来此庙的年代确实久远。另外，诗中的天井不仅没有水味甘美的描述，反而是"山巅石窍若井"。"若"井，显示出作为"井"本意的天井已然隐退。"遇旱祷雨多灵"一句，给出了重要的信息：这里不仅举行求雨仪式，而且求雨灵验，在当地相当有影响。

吴纪的诗进一步解释了天井与龙的渊源——"百尺清泉卧蛰龙，一源深与海波通"。结合"井底夜光常照斗""泥蟠春暖定飞空"的描述来看，确乎并无秃尾巴老李的背井离乡之意。问题是，"井底夜光常照斗"指的是井底有夜明珠？这个将在下文揭晓。

明朝关于天井山的诗文还收录于乾隆版《即墨县志》《崂山续志》[1]等志书，以及《紫霞阁文集》等官绅文集中：

周如锦（明末即墨人，万历选贡，任通判）在其《紫霞阁文集》中有多篇涉及小龙山，如其中一首：

> 九日大观楼独酌戏简江永乡索酒
> 此日溪楼独举杯，坐临城郭气佳哉。
> 东南正是龙山会，西北谁登戏马台。
> 节候稍迟篱菊晚，人情无赖野筵开。
> 遥思江令非陶令，可望江州送酒来。

---

[1]（清）黄肇颚《崂山续志》（点校本，即墨市史志办公室编），山东地图出版社2008年，第344—345页。

> 城之东南天井山亦名龙山，江君别业在焉，其西北守戍营，常以是日习骑射，与余楼接近，故有龙山会戏马台之句。[1]

诗中提到小龙山的庙会，而且特别说明"天井山亦名龙山"。

另外，周如锦还撰文描写了六月十三小龙生日当天求雨不得的愁苦之境：

> 六月十三即事
> 六月十三日，小龙之生辰，大旱即三年，是日雨亦沦。谣俗久传此，不知所根因。天工良互香，龙亦怪且神。孰能测其生，及生在何旬。……城东天井山，鬼工凿嶙峋。小龙所窟宅，华池在昆仑。二月与启蛰，及此祈甘霖。年年烦牢醴，有司荐明禋。譬如称觞贺，施雨酬嘉宾。或酬或不酬，往事难悉陈。去年及今夏，膏泽常苦屯。平时不敢望，生辰谅殷殷。反招火龙来，千里鳌红尘。麦黍已半获，岂稻焦若燔。三年诳其二，谚语谁当询。小龙婿何处，老龙故未（末）堙。受享无灵验，老龙胡不闻。"[2]

---

[1]（明）周如锦《紫霞阁文集》卷三，文华石印局印，民国十四年（1925年），第11–12页。

[2]（明）周如锦《紫霞阁文集》卷二，文华石印局印，民国十四年（1925年），第21页。

这段文字显示，在明朝万历年间，小龙的生日已锁定六月十三。而且，每年二月二和惊蛰，官方会在小龙山举行祈雨仪式。"小龙婿何处，老龙故未（末）堙。受享无灵验，老龙胡不闻"，似乎暗示当地有老龙、小龙两位龙神。从周如锦的文章中尚未发现明晰的没尾巴老李的信息。

《崂山续志》收录万历初即墨县丞周璠的《天井山》七言诗：

> 玉井高擎类鬼工，每于岁旱慰三农。
> 片云贮石藏灵雨，勺水惊雷起蛰龙。
> 色映松杉春漠漠，气涵星斗夜溶溶。
> 甘泉自有清冷味，无用蒙山问紫茸。[1]

周璠的诗不仅赞颂了天井之龙解旱施雨，而且"气涵星斗夜溶溶"同样提到井中之龙夜涵星斗发光的描述。

乾隆版《即墨县志·卷十·艺文志》收录了范炼金[2]的诗作《天井山》，范诗描写了龙山之龙行云布雨，夜间井中之龙"倒衔星斗"，与周璠的"气涵星斗夜溶溶"相呼应：

天井山
　　寻春萧散过龙山，杖扣苍苔四眺间，石液倒衔星斗

---

[1] （清）黄肇颚《崂山续志》（点校本，即墨市史志办公室编），山东地图出版社 2008年，第347页。
[2] 范炼金，字大冶，生卒年不详，范养蒙之侄，明代即墨（今山东省即墨市）人，诸生，以古文词赋为世所推，而诗名尤著。

入,云根常带雨雷还。西连雉堞屯霞色,东接鲸溟近曙颜。一自幽人泼墨后,蛟珠错落起苔斑。[1]

文献资料显示,至迟到明代,天井山已经有了"龙山"的俗称,而且提到天井之水、龙远通大海,暗含着与海中龙王的关系。神龙行雨的时候"应知沛澤先吾土,仁见甘霖遍九垓",特别讲究地缘情感。

(二)清朝的文字记载

乾隆版《即墨县志·卷十·艺文志》中,清代康熙二年(1663年)癸卯科举人、被称为"邑诗人之冠"的黄垍有《天井山记》:

> 山之巅有石井,东西广三、四步,南北倍之,四隅廉峻方似削,若人工修剔而无斧凿痕,故曰天井。其深达数十丈,于山之高下且相倍焉,其水清冽渟注,以物投之锵然有声,佥曰此海窍也,下通蛟龙宫,每氤氲出云气,与天气接而雨泽降焉。井之北为龙神祠,迁亢炀,邑侯步祷,命土人悬筐,涤井中瓦砾沙碛,往往获异物。不移时甘霖大澍,阖邑士庶莫不知其为龙之灵也。附近居民,尝于阴霾昼晦,见苍龙自井出,上属于天,鳞角爪牙可指数,倐忽风雨暴至,乃不见,因名为小龙山云。呜呼!崂

---

[1] 尤淑孝修、李元正纂《(乾隆版)即墨县志》(1764年),中国和平出版社2005年,第350–351页。

山名胜大都不越数十区，而天井居其一，且于墨于最近。余生长于墨四十二年，始得一览观焉。俯仰太息，以慨其游之不早，乃知世之骛远忽近，足不离户庭，而竟言岳渎之奇者，与余游天井山何以异哉！[1]

黄文增加了更多的神幻与民间色彩，并且解释了小龙山之名的来历，是得自附近居民亲眼见到苍龙从井而出，且所到之处风雨相随。

在目前已知的文字资料中，黄玉瑚（即墨人，乾隆三十六（1771年）年举人，后担任江苏荆溪县知县）的《天井山记》最早提到天井山独有的求雨法宝——龙牌[2]："明时铸铜龙牌

---

[1] 尤淑孝修、李元正纂：乾隆版《即墨县志》（1764年），中国和平出版社2005年，第270–271页。

[2] 龙牌是少有的民俗文物，原贮于小龙山龙王殿前天井（龙池）中，明清至民国时期若逢大旱，外村、外乡、外县、外省许多地方的人们都来请龙牌求雨，被当地人视若法宝。因为龙牌在明清时期为祷雨极盛的"法宝"，所以，即便官员到龙山"请龙牌"祷雨，也必斋戒沐浴步祷，以表虔诚。据当地老人回忆，1945年解放军拆毁龙王庙，将拆卸的垃圾扔进龙池，把深十多米的龙池填平，龙牌也就此被压池底。1992年，当地政府开发小龙山，组织人力掏挖龙池，挖出金属制龙牌63面，其中47面内容可知。龙牌均为长方形，大小有16×22平方厘米、15.5×22平方厘米不等。最早的两篇龙牌是明朝嘉靖二十四年（1545年）大乘僧人所制，内容是"杀人偷盗脑血开，贪人旷语压尘埃，吃酒吃肉一时死，手接铜钱天降灾"。内容颇似佛教警世的偈语，但后世均以其为最灵验的求雨龙牌。而且，从光绪三年开始由官府制造的龙牌，其内容均与求雨相关。在当地传说中，老百姓认为龙牌是秃尾巴老李留下的。就此，龙牌从偈语转化为行雨之牌，本身就是秃尾巴老李传说在地化的重要内容，但是，鉴于相关的传说与仪式非常复杂丰富，关系到当地内外和而不同的祭拜仪式，国家与民间社会的礼俗互动等更为深厚的内容，所以笔者另撰文章专门研究，请参见马光亭拟刊稿《礼俗互动中的地方传统塑造——以青岛即墨小龙山龙牌及相关仪式为例》，《民族艺术》2019年第5期。

投井底，岁旱则取龙牌祀之，非数异灾，祷无不应。甚矣，井之灵而龙之神也！"并且记录了当地村民、庙祝亲眼看到井中出龙（盘龙，色苍白），以及亲历龙神灵应的过程，其文如下：

> 墨邑有龙井，在邑东十里。培嵝之顶，方阔四余丈，深十余丈，上下皆石，如斧凿无痕迹。俯窥一泉，澄泓幽邃，森人毛发。明时铸铜龙牌投井底，岁旱则取龙牌祀之，非数异灾，祷无不应。甚矣，井之灵而龙之神也！丁巳夏，村民赛社，余曾随众登览。庙宇颇狭，檐下即井，入庙皆绕井而进，无别径。龙神威严，梁间塑二蟠龙，色苍白，须鳍爪牙，与俗所塑迥异。问之庙祝：云龙出现时，村人记其形，请人图摹者也。窥其井幽深骇目，井南隅忽见红光如片帛，众咸指曰："龙神现矣，雨必至矣。"时方旱，余未深信。及哺进城，至夜而果雨，迄今已十年矣。每欲记之，懒于操笔。今岁暮春，墨邑大旱，谷不播种，宿麦多枯。新任邑侯甫下车祈祷，雨沛，槁禾重苏。龙之灵亦奇矣哉！独是龙之变化莫测，大藏须弥，小如芥粒，飞天潜渊，宜在深山大泽之中；藐小数丈之山，区区一井之微，必辟其地而居之，岂爱其地气特灵欤！抑龙实诞于是欤！与书名天井，俗钦龙之神，以小龙名之。近村周氏多文人，阙而未记。余曰井为龙所托，山以龙而灵，是不可以无记也，故记之。[1]

---

[1]　（清）黄肇颚《崂山续志》（点校本，即墨市史志办公室编），山东地图出版社2008年，第345页。

光绪五年（1879年）举人林钟柱作《天井山谒龙祠》：

> 奇石横空凿，遥遥不记年。
> 铁摇风铎冷，铜铸雨牌圆。
> 岭谷千里抱，波涛四壁悬。
> 料应天井底，长有老龙眠。[1]

诗中提到铜铸的"雨牌"，想必是为了应和光绪三年（1877年）知县宫本昂所做的十块龙牌与两块嘉靖年间的老龙牌。"铜铸雨牌圆"的"圆"或许只是出于对仗韵脚的工整，因为目前发现的龙牌都是长方形的。

黄肇颚（1827—1900），即墨人，光绪年间贡生，在其编写的《崂山续志》中收录了本人所写的《天井山》：

> 天井一名龙池，池在山巅，有龙居焉。世传龙姓李氏，龙母墓在今即墨千里岛，故此又称"小龙山"。龙甚灵，祷雨辄有应。昔有邑侯某，以公之省垣归，值大旱，不入署，自邑步祷，一步一顿首。及至山，阴云四合，甘霖立沛。其灵应多类此。池贮铜牌二，纵横各数寸，称曰"龙牌"，其语似偈似咒。明嘉靖间僧人大乘造，盖镇龙也。祷雨者以为神，讨请者遍遐迩，而雨亦辄随之。光绪

---

[1] （清）黄肇颚《崂山续志》（点校本，即墨市史志办公室编），山东地图出版社2008年，第347页。

三年邑侯宫子行本昂,加铸数面置池中,以应四方之求。庙在池北,供龙神像,梁间绕梁塑蟠龙二,作苍白色,相传祷于神,龙现形池中,故塑者貌之逼肖。以六月十三日为龙神诞。光绪十年,钦颁匾额,敕封九江王。今庙貌拓新,香火甚盛矣。[1]

黄肇颚首次提到龙的姓氏是"李"、位于即墨千里岛的龙母墓,并且从龙母、龙子的关系解释天井山中栖居的是"小龙",所以俗称"小龙山"。黄文还较为详细地介绍了龙牌的来历与发展:从明朝嘉靖年间僧人大乘所造的两块似偈似咒、镇龙的龙牌,到宫本昂为应四方之求加铸的数面求雨龙牌。文章特别提到光绪十年(1884年),钦赐匾额,敕封九江王。文尾的"庙貌拓新"应该指的是光绪十七年(1891年)龙王庙的重建与翻新。

同治四年(1865年)进士周铭旗[2]的故乡就是大留村,所以他对天井山极为关注,在《出山草》中写了若干篇天井山的诗文,其中一首:

题天井山
故乡天井山上有龙祠。祠之前,豁然中辟,周围数十丈,深如之。天大雨,雷电自下而上,或曰有龙伏焉。四

---

[1] (清)黄肇颚《崂山续志》(点校本,即墨市史志办公室编),山东地图出版社2008年,第344-345页。
[2] 周铭旗(1828—1913),祖居即墨大留村,后迁至鳌山,同治四年(1865年)进士,著有《出山草》十二卷。

面巨石壁立,偃松作龙形,从石罅中屈曲蟠生,状甚奇。

天井山头天井水,下有龙蟠深无底。

老树蜿然矫如龙,盘龙峭壁偃复起。

群龙受命护洞门,一龙潜入碧潭里。

砉然石扇仰天井,霹雳动摇千峰紫。

烟收雾敛龙回车,劈空怒掉苍龙尾。

有时随月照龙宫,戏伴骊龙弄珠喜。

涛声谡谡效龙吟,耳畔锵然协宫徵。

我朋龙游岁屡经,由来神物久愈灵。

还山醉谱松风曲,携客酣歌龙出听。[1]

该诗出现了黑龙、断尾的元素。"戏伴骊龙弄珠喜",应出自"探骊得珠"的典故。探骊得珠指的是在骊龙的颌下取得宝珠。骊,古指黑龙。《庄子·列御寇》有:"取石来锻之。夫千金之珠,必在九重之渊,而骊龙颌下,子能得珠者,必遭其睡也。"而之前三人的诗作:吴纪的"井底夜光常照斗",周璠的"气涵星斗夜溶溶",范炼金的"石液倒衔星斗入",也呼应着骊龙得珠的典故。以此推之,天井里的这条龙应该如民间所说,是一条黑龙,而且至迟在明朝万历年间已有此说法。而且,当地不少老人曾告诉笔者,民国年间有人确实在晚间见过有亮光从龙池里射出来。由此,"骊龙弄珠喜"所表现的应是地方性知识。周铭旗应该是在当地"小黑龙"原型基础

---

[1] 大留村志编纂委员会编《大留村志·附录》(内部发行),2003年,第185页。因凭借笔者微薄之力,查阅《出山草》原稿极其困难,所以引文出自《大留村志·附录》中收录的诗文。

上,又采摘了骊珠的典故进行装点。

"劈空怒掉苍龙尾"一句与"龙尾"相关。此句应有两种解释,最直白的一种理解是小黑龙断尾;另一种是苍龙劈空掉头(掉尾,即掉转方向,掉头)。最关键的是"我刖龙游岁屡经"一句中的"刖"。"刖"是古代五大酷刑之一,是断足、砍脚之刑。刖龙应该是被砍、被割、被断足之龙。因为人类没有尾巴,所以没有断尾之刑,但人体若像龙一样横陈,人的脚和龙的尾部是对应的,都是末端,刖龙应指龙的断尾。

小黑龙、断尾的要素在周铭旗的文章中首次联合出现,结合同期黄肇颚文章中提到的"李"姓、龙母墓等元素,可以推知,二人所处的同治、光绪年间,秃尾巴老李传说的多种要素已经进入小龙山地区。只是,在文人诗作、县志等记载中找不到"没尾巴子老李"这个词。想来,没尾巴子老李是俗语,入文言不雅。再则,似乎也有为尊者讳的良苦用心。

从文字记载的缕析中不难发现,官绅文人的作品吸收了民间传说的部分内容,反过来,通过民间传说,亦能加深对诗文的理解。而且,一如当地百姓众说纷纭的口头传承,官绅文人的作品也层叠着不同时期的元素,如周铭旗的诗文中依然沉淀着"近海凿龙宫"等与明代诗文相承的描写。可以说,通过民间文学与官绅文人的创作共同缕析、相互印证出一个层累演变的龙神形象。秃尾巴老李传说层累演变的过程,也是地方性知识层累演变的过程,或者说是地方史层累的构建过程。在这个过程中,如张士闪所指出的,为建构地方历史与民俗传统的神圣与伟大，官民之间经常发生"文化合谋"。[1]也就是说，国家为国泰民安、社会治理的目的会征用、抬升民间信仰对象，民间社会也"会努力借助国家正统的名义与知识精英的叙述以保持其稳定性"。[2]更进一步说，在官绅、文人与民间口述传说的背后，还隐含着国家、官府与民间社会礼俗互动、同气相求的贯通。[3]关于这一部分的内容，笔者将在另一篇关于龙牌的文章中专门研究。[4]

结　语

在秃尾巴老李传说在地化的过程中，所谓的地方并没有一个确定的"地方"，总是需要根据内、外空间的不同动态地构建。唯其如此，地方之间、地方之内才能在永动的张力中保持常有常新的讲述与互动。对传说空间元点定于一尊的认定，虽不乏学术价值，但从民众讲述与生活实践主体的角度观之，或许只要传说及传说所统合的生活世界是关乎他们生存、给予他们意义的，就是首生、真实的，至少，是他们需要的。

---

[1] 张士闪《当代村落民俗志书写中学者与民众的视域融合》，《民俗研究》2019年第1期。
[2] 张士闪《当代村落民俗志书写中学者与民众的视域融合》，《民俗研究》2019年第1期。
[3] 张士闪《礼俗互动与中国社会研究》，《民俗研究》2016年第6期。
[4] 马光亭拟刊稿《礼俗互动中的地方传统塑造——以青岛即墨小龙山龙牌及相关仪式为例》，《民族艺术》2019年第5期。

从求雨灵验看民间传说的传承动力
——以即墨天井山秃尾巴老李传说为例

杨言妮[1]

即墨天井山，位于即墨龙山街道办事处大留村东南，海拔81米，因山顶有一深井，据传井中栖龙，故又名小龙山。在天井山周围的大留村、留村、刘家官庄等村每年农历六月十三（相传六月十三是秃尾巴老李的生日）都会举行庙会为龙王爷庆祝生日并祈求龙王爷保佑村落风调雨顺。且在自明清起当地流传着旱季上山求雨的习俗，这一活动传承至今已经成为当地民众信仰体系的一部分。经朝代更迭，岁月积淀，已经形成了具有区域特色的民间信仰体系。

---

[1] 杨言妮，山东大学儒学高等研究院民俗学专业2018级硕士研究生。

一、秃尾巴老李传说的源起与地方化信仰

关于秃尾巴老李传说较完整的版本见于清代袁枚的《子不语》：山东文登毕氏妇，三月间沤衣池上。见树上有李，大如鸡卵，心异之，以为暮春时，不应有李。采而食焉，甘美异常，自此腹中拳然，遂有孕。十四月产一小龙，长二尺许，坠地即飞去，到清晨，必来饮其母之乳。父恶而持刀逐之，断其尾，小龙从此不来。后数年，其母死，殡于村中。一夕，雷电风雨，晦冥中，若有物盘旋者。次日视之，棺已葬矣，隆然成一大坟。又数年，其父死，邻人为合葬焉。其夕，雷电又作。次日，见其父棺从穴中掀出，若不容其合葬者。嗣后，村人呼为秃尾龙母坟，祈晴祷雨，无不应。此事，陶悔轩方伯为余言之。且云偶阅《群芳谱》云："天罚乖龙，必割其耳，耳坠于地，辄化为李。"毕妇所食之李，乃龙耳也，故感气化而生小龙。[1]

随着时间的推移，山东地区的秃尾巴老李传说渐渐发生变异，在山东各地都流传着不同版本的秃尾巴老李传说，如在胶东半岛的"李龙爷"，临沂费县的"朱龙王"，菏泽的"焦龙王，梁山、汶上一带广为流传的"李大王"等，而在青岛即墨天井山，秃尾巴老李则化身为九江王。

天井山地处即墨城东十里，经五代十国，唐宋农民起义的多年战乱，天灾人祸，致使天井山周围人烟了了，荒蒿遍野。村中有一青年李太，与邻村一贤惠姑娘王氏成婚。婚后十余年不孕。

---

[1] （清）袁枚《子不语》。

有一年仲夏，王氏到天井山下的小河洗衣，忽然一阵微风拂身而孕。来年六月十三日夜，电闪雷鸣，大雨倾盆，王氏昏迷中胎儿落地，待王氏醒来龙儿却脱怀破窗而出。第六日，龙儿变成黑小子投入母亲怀中吃乳。李太回家见龙身在炕上，尾巴卷在梁上，惊慌中拿起了一把镰刀给龙儿削去一段尾巴。小龙被砍去尾巴，飞往东北大山深潭，练就一身好武艺，为当地百姓驱除祸患。东北白龙江有一白龙精，常年行恶多端，没尾巴老李变成黑汉将白龙精铲除，被当地百姓传颂。光绪十年（1884年）燕都大旱，赤地千里，皇宫吃水都很困难。慈禧闻讯天井山北池内贮有龙牌，行雨最为灵验，便招礼部尚书前往天井山请牌供于佛堂。清廷因为没尾巴老李行雨有功，光绪皇帝敕封天井山龙王神没尾巴老李为九江王。慈禧赐花皮灯笼一对，并亲自拟匾文泽周壮武，钦颁大金字匾额。[1]由碑文可知，除在山东地区普遍流传的秃尾巴老李传说常见的主干叙事之外，青岛即墨的秃尾巴老李传说附加了天井山龙牌求雨有应，秃尾巴老李被敕封为九江王的故事情节。在秃尾巴老李传说上附着了即墨独有的天井山与龙牌求雨等地方文化标识，使得秃尾巴老李传说在地化，带上地方区域特色，形成了有地方特色的民间信仰体系。

二、求雨灵验的群体记忆传承

天井山因山顶有火山爆发导致地壳变动而形成的天然石井

---

[1] 天井山碑文。

一眼故称天井山。在历代文献典籍中都可以看到关于天井山的记叙，北宋乐史编著的《太平寰宇记》，"天井山在县东十三里，周回二里，顶上有井，水味甘美，因名天井。"[1]《崂山续志》载："四隅廉峻方似削，若人工修剔而无斧凿痕，故曰天井。其深可数十丈，于山之高下且相倍焉。其水清洌渟注，以物投之，锵然有声。"[2]历代文人墨客都以游历天井山为乐，并赋诗咏之，明代即墨籍诗人范炼金作诗《天井山》记录他游历所见天井山："寻春萧散过龙山，杖倚青藤四眺间。石液倒衔星斗入，云根常带雨雷还。西连雉堞屯云色，东接鲸溟近曙颜。一自幽人泼墨后，蛟珠错落起苔斑。"[3]天井山远近闻名并非只因它奇特的地貌及秀美的风景，更是因为天井内的求雨龙牌及天井山求雨必应的现实功用。

1992年，留村镇政府重修龙王庙，施工期间清理天井，从井底清理出63面祷雨龙牌，其中43面铜制镀金，2面银制，18面铁制，其中最早为明嘉靖年间所制，现井底留存4块龙牌，其余已送入即墨博物馆收藏。关于龙牌的作用有多种说法，如有的说为了警示庙里的和尚谨守清规，在铜牌上刻警示之语。民众比较认同的说法是，龙牌承担着镇压孽龙和求雨的双重功用。相传秃尾巴老李战胜白龙精后，镇守黑龙江多年没回老家。有一年回家祭母时发现天井山井底有几条孽龙，孽龙经常飞出井底为祸作乱，或常年不降雨致田地干旱庄稼歉收，或时

---

[1] （宋）乐史《太平寰宇记》。
[2] （清）黄肇颚《崂山续志》。
[3] （清）黄肇颚《崂山续志》。

降暴雨或冰雹打坏庄稼，搞得民不聊生。老李气愤至极，与孽龙对战，孽龙不敌老李，被老李收服镇压在井底。老李恐怕时间长了，孽龙重新作恶，托梦给昆仑山云游道人张道士请他在黄绸布上书写咒语沉入井底以镇孽龙，张道士照做后孽龙果然日益安分。天旱求雨时，民众将黄绸取出井底，老李便知家乡天旱回来行雨。求得甘霖之后，再将黄绸布送入井底。日久天长，黄绸布在井底浸泡断裂，咒语失灵，再遇天旱便不能取绸求雨了。有一天张道士又云游到天井山，便筹资铸了两面铜牌放到井中，一是镇孽龙用，二是遇天旱时取出用于求雨。铜牌被称作"龙牌"，当孽龙被驯服之后，龙牌只剩求雨的作用了。以后，每遇天旱，民众便到天井山龙池内取出龙牌求雨，这种习俗已经流传百年，秃尾巴老李成为人们敬奉的行雨灵验的龙王神。

关于天井山龙牌求雨灵验的传说由来已久，民间到官府妇孺皆知，清代黄玉瑚在他的游记《天井山记》中写道："明时铸龙牌投井底，岁旱则取龙牌祀之，非数异灾，祷无不应。"[1]清黄肇颚《天井山》："天井一名天池。池在山巅，有龙居焉。世传龙姓李氏，龙母墓在今海阳界。故此又称小龙山。龙甚灵，祷雨辄有应。昔有邑侯某，以公之省垣归。值大旱，不入署，自邑步祷，一步一顿首。及至山，阴云四合，甘霖立沛。其灵应多类此。池贮铜牌二，纵广各数寸，称曰龙牌，其语似偈似咒，明嘉靖间僧大成造，盖镇龙也。祷雨者以

---

[1] （清）黄肇颚《崂山续志》。

为神，讨请者遍遐迩，而雨亦辄随之。"[1]

传说明崇祯五年（1632年），连续两年大旱，庄稼颗粒无收，百姓民不聊生，有的地方甚至出现了人吃人的惨象。即墨知县程公痛感百姓生计艰难，到龙山求雨。程公为表心诚，赤脚上山，一步一叩头步行上山，及至山顶龙王庙前，膝盖和脚趾已经被磨得鲜血淋漓。当天中午大雨倾盆而至，庄稼返青，民众喜不自胜。时恰逢程知县寿辰将至，当地百姓为感谢程公求雨之恩，纷纷来为他祝寿。

相传光绪十年（1884年），京城大旱，河流断流，草木枯黄，朝廷上下焦虑万分。时有大臣禀告慈禧："山东即墨县龙山龙池内有龙牌，求雨最灵，陕西曾到龙山取过龙牌，结果路经之处连降大雨，五谷丰登。"慈禧立即召吏部尚书，命其前往即墨龙山取龙牌求雨。龙牌取回返程刚入京郊，阴云密布，风雷大作，大雨倾盆。次日河满沟平，大地重焕生机，朝廷上下无人不喜，纷纷赞扬龙山龙牌的灵验。光绪帝为嘉奖秃尾巴老李行雨有功，赐封其为"九江王"。慈禧赐花皮灯笼一对，并亲书"泽周壮武"金字匾额，悬挂在庙内。在天井山山龙王庙中，至今还存有"赐封九江王"碑冠的"圣旨"二字。

清朝山东省境内被誉为求雨灵验的庙坛有七处，其中以即墨天井山龙王行雨最灵。从明朝至民国，每逢天旱各地前来取龙牌求雨者络绎不绝，前来求雨人不仅只有即墨当地的还遍及全国各地。据记载清光绪年间还有陕西官员来请龙牌求雨。因

---

[1] （清）黄肇颚《崂山续志》。

求雨灵验天井山出现了求雨龙牌供不应求的局面,"光绪三年(1877年),邑侯宫子行本昂,加铸数面置池中,以应四方之求"。[1]此后又有山东巡抚毓贤、山东督军兼省长张宗昌、山东省长屈映光及各府州县等政府官员敬献龙牌,以酬谢龙山龙王神行雨灵验之功。据统计龙王庙的龙牌总共有73面,但因有些龙牌借出去后没有被送回来,所以最后就只剩下了63面。从能辨认的落款来看,这些龙牌来自胶州、平度、潍县、高密、滨州、邹平等数十个地区,可见天井山求雨之灵验,龙牌惠泽地域之广。

天井山取龙牌求雨的习俗一直流传到抗日战争时期,1939年,时任即墨县长的张子安还进行过一次求雨活动。1946年,天井山龙王庙在战争中也饱受风霜,庙宇被拆毁、黑龙王神像被推倒,大量的断瓦残砖被扔进天井,井底的龙牌也随着龙王庙的荒颓沉寂多年。1993年,留村镇政府重修龙王庙,将尘封多年的天井清理干净,而池底的63面求雨龙牌也得以重见天日。新修龙王庙于1994年竣工,在原址上扩建了东西配殿,加建东西厢房与影壁,改原走马式山门为三进并联山门。龙王庙修复了,但是原来天井山的庙会以每年农历六月十三为秃尾巴老李庆祝生日与不定时的取龙牌求雨仪式并行渐渐转变为六月十三庙会为主,秃尾巴老李降雨的功能渐渐减弱,但随着时间的推移,时代的发展,秃尾巴老李承担了民众更多的现实需求。现在每年农历六月十三都会举行庙会庆祝秃尾巴老李的生

---

[1] (清)黄肇颚《崂山续志》。

日，其中以刘家官庄的王作军为代表，每年六月初六开始，他便组织村民扎制龙王轿，准备各种仪式用品。六月初七便开始正式运会，村民们组成的锣鼓队、彩旗队抬着龙王爷浩浩荡荡地出发，前往各个村子运会，每到一个村子就要停下来，敲锣打鼓吸引村民出来观看，顺便投几个香火钱，这些钱收集起来留作庙会期间的开销。六月十三凌晨，锣鼓队便抬着龙王爷在沿路村民的不断祭拜下走向天井山龙王庙，待到了庙里再祭拜一番，一年一度的龙王庙会也便到尾声了。根据当地民众的说法，每当这个时候都会下雨，民众都认为是龙王爷显灵了。

虽然天井山近年来很少有民众上山求雨举行大型的取龙牌求雨仪式，但是数百年来关于天井山龙牌求雨灵验的传说一直在民众之间流传，天井山求雨灵验已经成为当地民众的集体记忆，这种集体记忆也不断影响着民间对于秃尾巴老李传说的传承与流变。秃尾巴老李传说作为在山东地区广为流传的民间传说故事在即墨落地生根，与天井山特有的天井与龙牌勾连起来，被民众不断地加以建构，在民众现实生活需求的基础上附着了合理的想象，带有了即墨地区独特的群体性、互释性与地域性，逐渐演变为即墨地区民众们的集体记忆。自明嘉靖起至今，关于天井山龙牌求雨灵验的传说一直在流传，秃尾巴老李在从"老李"到"九江王"到现今的"龙王爷"的身份转化过程中，不断地被赋予求雨灵验的象征资本与灵验隐喻，这点从龙牌原为镇孽龙、警示僧人的功用转变为单纯求雨的功用就可以得到佐证。秃尾巴老李在民众的地方化建构中一步步走上龙王爷的神坛，成为民众集体记忆中的重要部分，发挥着凝聚集体记忆的重要作用。

三、秃尾巴老李传说传承的动力

与山东其他地区的秃尾巴老李传说一样，即墨天井山的秃尾巴老李传说也是在原来的秃尾巴老李传说的主干故事情节上附会了当地特色和群体记忆痕迹的故事情节，与当地特有的事物联系在一起，形成了具有即墨特色的秃尾巴老李传说。这种附会与融合更容易被当地民众接受、认同，从而得到生生不息的传承。但是从学理角度看关于秃尾巴老李传说传承的动力究竟是什么呢？笔者认为可以总结为以下几点。

首先，流传千年的龙崇拜民族心理是秃尾巴老李传说传承的原动力。我国对于龙的崇拜可以追溯至远古时期，许多远古部落以"龙"为图腾信仰，龙在华夏部落的信仰体系中占据重要的位置。在华夏民族的神话传说中，各个始祖如伏羲、女娲、黄帝等都是人龙共形，龙成为华夏民族生命源起的重要象征物之一。而在中国传统的政治体系中也将龙置于至高无上的地位，统治者被视为龙的化身，所用器物都以龙冠名，如龙椅、龙袍、龙床等，统治者的合法性也常通过以作为"真龙天子"来构建。千百年来龙与信仰体系、政治体系建构早一起，被赋予了无上的威严，成为华夏民族的集体信仰图腾和文化认同物。秃尾巴老李虽是在身体上是被破坏的秃尾龙，但是他在精神上仍然延续了中华民族信仰体系中龙的威严性与神圣性，成为承载民众无限崇拜的神。中国民族千百年来流传着的龙崇拜民族心理可以视为秃尾巴老李传说在即墨地区乃至全国各地流传的原动力。

其次，求雨灵验是秃尾巴老李传说传承的内动力。原始农业时期，低下的生产力使得民众无力对抗变化多端的外部自然环境，民众便将各种自然现象加以神化，虔心崇拜，风雨雷电、世间万物皆有灵，而龙便以水的掌控者而存在在民众的信仰中，龙能行雨，在民间也流传着大量关于龙降雨的传说，渐渐龙便被视为水神、雨神，自汉晋以来民间便有祭龙求雨的习俗。而秃尾巴老李作为山东地区的龙王的化身，在民间流传着大量关于秃尾巴老李降雨的传说，在即墨地区又因为天井与龙牌的加持，秃尾巴老李降雨的传说更加灵验，求雨灵验成为秃尾巴老李传说在民间流传的最重要的动力。民俗信仰有突出的功利性。民俗信仰的所有活动都是从民众的现实生活需要出发的，具有相应的功利目的。如与本人、本家、本族、本地的利益有密切的关系。民俗信仰的实质是求吉、禳灾。无论是预知俗信、祭祀活动，还是形形色色的巫术，万变不离其宗，都是为了自身的生存利益。[1]雨与当地民众的生产生活息息相关，民众为了拥有平顺的生活向秃尾巴老李取龙牌求雨是现实的本能选择，而天井山求雨灵验的传统更是民众自我选择与不断强化的结果，秃尾巴老李与求雨灵验两种民间俗信互为补充与解释形成互释性的民间信仰体系，其中求雨灵验成为秃尾巴老李传说传承的内动力。

---

[1] 钟敬文《民俗学概论》，高等教育出版社2010年，第158页。

最后，民众的心理认同是秃尾巴老李传说的在地土壤。秃尾巴老李传说之所以能在即墨地区乃至山东地区流传不仅仅是因为他的神圣的一面还因为他的俗化的一面。即秃尾巴老李在各地都有足迹或者户口，如栖霞崂山拜师学艺、费县东蒋社出生、黄河边扔印堵河口等。秃尾巴老李传说在各地的流传的异文版本都带有了浓厚的地方色彩，与当地的景物、人物勾连起来，形成了有地方取悦文化特色的不同版本。在青岛即墨天井山地区的秃尾巴老李传说也是如此，即墨地区的民众认为，秃尾巴老李的父亲李太是附近大村的村民，秃尾巴老李也是大村的村民，所以他们和秃尾巴老李天然的亲近，据说因为秃尾巴老李的父亲是大村的李村民，每次取龙牌求雨时候都要请一位大村的李姓村民下井取牌才能求得甘霖。而大留村因为曾出过一榜两进士，在历史上出过许多名人，官员，大留村都认为这是秃尾巴老李保佑的，所以大留村自认和秃尾巴老李也有亲戚。所以在附近的村落里形成了与秃尾巴老李的亲戚圈，村民都认为与秃尾巴老李有联系，与秃尾巴老李的关系更亲近，所以村民们对秃尾巴老李形成了一种天然的认同感，成为民众的集体记忆，一种民众共享的文化资源。这种文化认同感不断地促发人们产生共鸣，加强传说的可信度，可信度越高流传性越强，从而促进了传说的传播与继承。所以说民众的心理认同是秃尾巴老李赖以传播的土壤。

小　结

民间传说的突出特点是与特定的自然环境或社会事物相关联，以明确的"这一个"人物、地方、史事、风俗、自然物或人工物等为对象，借以创造多种多样的故事。[1]民间传说的特点造就了民间传说容易被地方化与其他事物勾连的特质，而促使民间传说不断被传播与继承的原因是传说的两个社会功能，一是"一个族群的公共记忆"，二是"口传记忆的族群认同"。[2]民间传说的特质与社会功能可以很好地解释秃尾巴老李传说的传承动力，秃尾巴老李传说在即墨地区落地后，不断与当地的独有的事物勾连，不断被建构、融合、在地化，被赋予了求雨灵验的现实功用，而求雨是民众切实的现实需求，所以天井山祷雨辄应的俗信传统是秃尾巴老李传说得以世代在即墨地区流传的内动力。

---

[1] 钟敬文《民俗学概论》，高等教育出版社2010年，第188页。
[2] 万建中《民间文学引论》，北京大学出版社2010年，第187–191页。

封神之路

——李左车从名将到雹神的演变历程

伊金龙[1]

民间有司冰雹之神,称之为"雹神"。在山东安丘雹泉村,当地村民称呼他为"雹泉爷爷",是主管一方风雨冰雹的神灵。其名字叫"李左车",是有名有姓、十分具体的一位历史人物。传说中,战国后期山东雹泉村的一户李姓人家诞下一子,此子奇怪,天生长有一条长尾巴,孩子父亲认为这是不祥之兆,当即用菜刀将孩子的尾巴砍下来,并取名李左车。李左车长大之后,才能卓越,先为赵国所重,封广武君,后与韩信共同辅佐刘邦建立汉朝。其死后被埋在雹泉附近,灵魂化为一条没尾巴黑龙。彼时,东北白龙江居住龙王之子小白龙无恶不作,为害百姓,秃尾巴老李便将小白龙斩杀于白龙江,为百姓除暴安良。人们为了纪念秃尾巴老李降服恶龙的功德,将其尊

---

[1] 伊金龙,山东大学儒学高等研究院民俗学专业2018级博士研究生。

称为"伏魔天神",在棋盘山上悬崖之上刻下"伏魔天神"四个大字。[1]

李左车其人神两界皆负盛名,关于李左车封神之事,邹立树在《李左车封神演义》一文中总结为四种说法:汉高祖刘邦封神说(追封为雹神);汉武帝刘彻封神说(追封为雹神);晋武帝司马炎封神说(敕封阴灵侯);唐太宗李世民封神说(封雹神为灵沛侯)。[2]从秦末汉初衍延至今,李左车的事迹、故事以及传说不断为人们所传讲,从而丰富了李左车这一历史人物,同时赋予他神圣的职能,完成了李左车由名将到雹神的转变。

一、秦封广武君

李左车,字盖,秦末著名谋士、军事参谋家,"仕赵,封广武君"[3],名将李牧之孙。其祖父李牧,战国时为赵国名将、军事家,与白起、王翦、廉颇并称"战国四大名将",尤以其抵御匈奴、秦国入侵最为卓著而彪炳史册。《史记·李牧传》载:"赵王以李牧为将,伐燕,取武遂、方城。李牧者,赵之北边良将也,常居代雁门,备匈奴。"[4]除此之外,李牧还是著名的战略家。李牧在与匈奴抗击的过程中,有自己的一套战略思想,立足于长远,表面上向匈奴示弱,以麻痹敌方,

---

[1] 邹学顺、曹昭民编《李左车传说》,团结出版社2016年,第9–13页。
[2] 邹学顺、曹昭民编《李左车传说》,团结出版社2016年,第14–17页。
[3] 《万姓统谱》卷七十,清文渊阁四库全书本。
[4] 《史记》卷八十一,清乾隆武英殿刻本。

实则囤积粮草、精练军队，养精蓄锐，积极刺探敌方情报，以待时机成熟，布阵奇巧，一举歼灭敌人。廉颇去世之后，李牧逐渐受到赵王偃的重视，在与秦战争中屡立战功。秦始皇十一年（公元前236年），赵悼襄王去世，赵王迁继位。秦始皇十四年（公元前233年），"秦攻赤丽、宜安，李牧率师与战肥下，却之"[1]，李牧大败秦军，因功封为武安君。秦始皇十八年（公元前229年），秦国再次举兵攻赵，并用重金收买赵王宠臣郭开以毁谤李牧与司马尚，致李牧被杀，司马尚革职，赵军大败。三月之后，秦始皇十九年（公元前228年），赵王迁被虏，赵国亡。

作为李氏之后，李左车继承了其家族的优良传统，成为秦汉之际著名的谋士、军事参谋家。《代州志》（光绪）载："李左车，赵将李牧之孙也，父泪，秦中大夫詹事。左车事赵王歇，封广武君，即今代西之故广武城也。"[2]秦末战乱中，项羽扶持赵王歇恢复赵国，李左车辅佐赵王，被封为广武君，其封地在今山阴广武一带。"广武君李左车有兵法一篇"[3]，即兵书《广武君略》，"广武君一篇，李左车"[4]。汉三年（公元前204年）冬十月，汉军与赵军之间爆发了历史上著名的井陉之战。韩信、张耳率领数万汉军，越过太行山，欲对赵国发起进攻。赵王及成安君陈馀闻讯后，立即"聚兵井陉口，

---

[1] 《史记》卷四十三，清乾隆武英殿刻本。
[2] （清）《代州志》卷九，清光绪八年（1882年）代山书院刻本。
[3] 《册府元龟》卷三百九十一·将帅部，明刻初印本。
[4] 《汉书》卷三十，清乾隆武英殿刻本。

号二十万"。井陉口是太行地区有名的隘口,易守难攻,只要守住井陉口,居高临下,就会处于优势和主动地位。此时,广武君李左车向赵王歇献计,认为韩信、张耳率领的汉军乘胜追击,锋芒势不可当,便提议不以正面突击,采取断其后给的计策。"臣闻千里馈粮,士有饥色;樵苏后爨,师不宿饱。今井陉之道,车不得方轨,骑不得成列,行数百里,其势粮食必在其后。愿足下假臣奇兵三万人,从间道绝其辎重;足下深沟高垒,坚营勿与战。彼前不得斗退不得还,吾奇兵绝其后,使野无所掠,不至十日,而两将之头可致于戏下,愿君留意臣之计。否,必为二子所禽矣。"主帅陈馀以"义兵不用诈谋奇计"为由"不听广武君策",拒绝了李左车的提议。韩信闻成安君未采纳广武君之策,心中大喜,举兵遂下,"于是汉兵夹击,大破虏赵军,斩成安君泜水上,禽赵王歇"。[1]

秦末李左车作为赵将李牧之孙、赵国谋士,其常以深谋远虑的历史人物形象出现。赵歇被擒身死之后,李左车也被汉军俘虏,后为韩信所重。通过为韩信献计献策,李左车的政治地位得以提高,人物形象逐渐丰富起来。

二、汉晋封阴灵侯

汉三年(公元前204年),赵国兵败,韩信传令全军,遇李左车者不准杀害广武君,"有能生得者购千金"。李左车被俘

---

[1] 《史记》卷九十二,清乾隆武英殿刻本。

之后，兵将们押解其送至韩信面前。韩信亲自为李左车松绑，"东向坐，西向对"，以老师之礼对待。韩信爱慕贤才，"破赵得广武君李左车，解其缚而师事之"[1]，并虚心向李左车请教攻燕伐齐之策。李左车感佩深切，向韩信分析当前形势，激战之后，汉军士兵身心疲惫，不适应战，随即献上计谋，"方今为将军计，莫如案甲休兵，镇赵抚其孤，百里之内，牛酒日至，以飨士大夫醳兵，北首燕路，而后遣辩士奉咫尺之书，暴其所长于燕，燕必不敢不听从。燕已从，使喧言者东告齐，齐必从风而服，虽有智者，亦不知为齐计矣。如是，则天下事皆可图也。兵固有先声而后实者，此之谓也"。[2]韩信认为此计甚妙，听取了李左车的计策，以汉军威压燕国并派遣使者出使燕国，燕国"从风而靡"[3]。又封张耳为赵王，用以镇抚赵国。燕国降服之后再用同样的方法威逼齐国，至此，燕、赵、齐三国尽数归汉。韩信赞其智谋，汉五年（公元前202年）垓下之战，韩信用左车之计，九里山诱敌，设十面埋伏，逼楚霸王乌江自尽，为汉朝霸业立下功劳。朝廷感其功德，封李左车为阴灵侯，建庙祭拜。

除此之外，还有晋武帝司马炎封神说。西晋太康元年（280年），吴主孙皓失德，司马炎遣龙骧将军王浚统领水军攻伐建业，"失利，退五十里下寨"。深夜疲乏伏案而眠，恍惚间一老者从天而降言欲助晋军大胜。翌日，江上大雾，晋军趁机攻

---

[1]　《后汉书》卷八十下文苑列传第七十下，百衲本景宋绍熙刻本。
[2]　《史记》卷九十二，清乾隆武英殿刻本。
[3]　《史记》卷九十二，清乾隆武英殿刻本。

入敌阵，此那老者李左车之功也。凯旋，王浚将梦中之事悉数修书表奏，"武帝龙颜大悦，特赦封李左车为阴灵侯"。[1]

关于李左车封阴灵侯之事，存世文献典籍中没有提及，"阴灵侯"一词也未曾记载，仅见于今人口头传讲以及由此整理出来的报告、论文（古旧之说，汉高祖初封李左车为"阴灵侯"[2]）之中。雹泉庙内现存多座碑刻，据雹泉村邹立忠口述，西汉年间曾刻阴灵侯功德碑，此碑今已不存。[3] "汉兴自秦二世元年之秋，楚陈之岁，初以沛公总帅雄俊，三年然后西灭秦，立汉王之号，五年东克项羽，即皇帝位。八载而天下乃平，始论功而定封。讫十二年，侯者百四十有三人。"[4] 刘邦得天下后，大封功臣为列侯，以列侯封功臣，"功臣受封者百有余人"[5]，如萧何封酂侯、曹参封平阳侯、周勃封绛侯、樊哙封舞阳侯、夏侯婴封汝阴侯、韩信封淮阴侯、审食其封辟阳侯、张良封留侯等，其中并没有李左车的身影。由此可见，汉初时期，李左车的人物形象还处于一种较为世俗的状态。《灵宝毕法》中有"阴灵"一词，"……或乃功验未证，止事静坐，欲求超脱；或乃阴灵不散，出而为鬼仙，人不见形，往来去住，终无所归……"[6]，此文句中的"阴灵"谓人死后的魂

---

[1] 邹学顺、曹昭民编《李左车传说》，团结出版社2016年，第16页。
[2] 周丽华《雹泉大庙（膏润庙）历史文化价值综述》，《中国民族博览》2018年第9期。
[3] 邹学顺、曹昭民编《李左车传说》，团结出版社2016年，第293页。
[4] 《汉书》卷十六，清乾隆武英殿刻本。
[5] 《史记》卷十八，清乾隆武英殿刻本。
[6] 《灵宝毕法》卷下，明正统道藏本。

灵或者幽灵，当地民众口中所传"李左车死后，汉高祖刘邦为表其忠烈，追封他为'阴灵侯'，建庙祭祀"与"阴灵"一词阐释趋于贴近。而且"灵"在《说文解字》中释义为"以玉事神"[1]，可沟通神与人。李左车封为"阴灵侯"后，其叙述本体从人（实在）开始向冥灵（虚幻）转变，从此民众叙事不再局限于对历史事件的转述，开始根据自己的需要平添想象进行叙事，这为建构李左车其神性提供了合理性。

三、唐宋封灵沛侯、灵霈公、陪昌公

在当地村民口传中，唐武德三年（620年），唐王[2]李世民平定山西后，继续攻打盘踞在山东、河南的王世充部，经过青州雹泉附近时，突然黑云压境突降冰雹。参军房玄龄提醒此为未曾祭拜雹神李左车的缘故，唐王听后立即摆上供品，焚香膜拜，冰雹立刻止住，天空万里艳阳。唐王东征凯旋，奏请朝廷重修雹泉大庙，为李左车重塑金身[3]，以报李左车相助之恩。[4]唐王李世民褒扬雹神之灵，并封李左车为"灵沛侯"。"史有记载，汉封阴灵，唐赐灵沛，八方百姓，尊之雹神，立庙祭祀。"[5]

---

[1]《说文解字》卷一上，清文渊阁四库全书本。
[2] 唐王，李世民，公元620年尚未登基，实为"秦王"，但雹泉一带百姓习惯称"唐王"。（编者注）
[3] 所铸铜坐像与大钟在1958年大炼钢铁时被毁。（编者注）
[4] 邹学顺、曹昭民编《李左车传说》，团结出版社2016年，第71–78页。
[5] 2009年古历六月二十七日，雹神李左车诞辰2248周年祭奠仪式颁读所用祭文。

唐宋尤以北宋时期对李左车的封号加以丰富，先后封灵沛侯，加封灵霈公，追封陪昌公等。北宋大观年间（1107—1110年）泉神因求雨甚灵验，被封为灵沛侯。（嘉靖）《山东通志》载："膏润庙，在安丘县西四十里，雹泉之后祀泉神，宋大观间祷雨有应，封灵沛侯。"[1]而（万历）《安丘县志》则记载李左车是在政和元年（1111年）辛卯，"初封雹泉为灵沛侯"[2]。《新元史》载："加封广惠安邱雹泉灵沛侯，加封灵霈公。"[3]雹泉位于膏润庙内，又名珍珠泉，相传为李左车点化而成，苏轼其任密州太守时来此祭祀，曾题写"神泉"二字。[4]因为泉水曾救过一方百姓，在李左车封神之后，当地百姓将此泉称为雹泉以纪念李左车。[5]所谓"泉神"便是李左车。

沛，雨貌，古"霈"与沛通，皆有多雨之意，故李左车被封为"灵沛侯""灵霈公"是因为其祷雨辄应的缘故。关于李左车求雨极灵验的记载较多，宋密州守黄济赋有一首《雹泉祠祷雨》诗："寄与安丘灵沛侯，晚田无雨不成秋。何当一泻天瓢水，点点能消万姓愁。"[6]（嘉庆）《莒州志》载："雹山城东北一百里旧有灵沛侯祠，祈祷辄应。"[7]（道光）《安

---

[1] （明）《山东通志》卷十八，明嘉靖刻本。
[2] （明）《安丘县志》卷一上，明万历刻本。
[3] 《新元史》卷八十七志第五十四，1920年天津退耕堂刻本。
[4] 邹学顺、曹昭民编《李左车传说》，团结出版社2016年，第292页。
[5] 邹学顺、曹昭民编《李左车传说》，团结出版社2016年，第35页。
[6] （明）《安丘县志》卷十一，明万历刻本。
[7] （清）《莒州志》卷之一，清嘉庆元年（1796年）刊本。

邱新志》载："是时七月不雨，虔祷灵沛侯庙，雨遂大。"[1]（咸丰）《青州府志》载："灵沛侯祠祀汉李左车，建始无考。康熙六十年（1721年）夏，大旱，知县李元伟祷雨有应，重修。"[2]（咸丰）《青州府志》载："膏润庙在县西四十里，雹泉之后祀泉神。元至元二十一年（1284年），知县马瑞重建。记称大观政和中，旱，知县李安节雨祷于泉，有白蛇白鼠之祥，时乃大雨。再请于朝，得赐庙额，封其神为灵沛侯。至元中复旱，密州守黄济以诗祷之，雨竟如祷，乃再新庙貌以答神。贶别有灵沛侯行宫在城南一里许，为复祠。"[3]民间传说，光武帝刘秀因感梦被李左车救驾，便命人在李左车墓西建铁瓦庙三间祀李左车，不久又建开国寺一座。北宋初年，又在开国寺增建雹神庙（又名陪昌庙），加封李左车为主管冰雹的神。"李左车庙，在县治西二十里墓前，宋追封为陪昌公，故又称陪昌庙云。"[4]

民间口传中，李左车在唐朝被封为灵沛侯，尊为雹神，司雨雹。而在地方文献记载中，李左车被封为灵沛侯、灵霈公、陪昌公是在北宋时期，这与宋代封神制度有很大关联，宋代封神活动十分兴盛是地方社会及其信仰文化兴起与国家支持的结果，通过一系列以国家名义定诸神爵秩来达到加强王朝的统治的目的。

---

[1] （清）《安邱新志》卷十八，1920年石印安邱县新志本。
[2] （清）《青州府志》卷二十六，清咸丰九年（1859年）刻本。
[3] （清）《青州府志》卷二十六，清咸丰九年（1859年）刻本。
[4] （明）《开封府志》卷之十五，明万历十三年（1585年）刻本。

四、明清雹神兴起与传说融合

中国古代，雹是十分严重的自然灾害，影响到古代民众的生活生产，且雹灾的分布呈现地域性的特征。文献中记载的雹灾大多发生在中国北方，这与雹神信仰多分布在山东、河北、河南等省有内在联系。"雹神"一词较早出现于清中叶以来的地方文献中，（康熙）《唐县新志》载："古之祀社，春祈秋报，土穀八蜡之神兼而祀之。唐之祀，则雹神龙神，或春或夏不一其时，或城或社不一其地。"[1]（乾隆）《平定州志》载："雹神坛，在西郭外里许。"[2] 明清时期李左车雹神的身份已深入民心，雹神信仰分布广泛，李左车传说被广泛传讲，且传说讲述的事迹也不仅仅局限在雹泉附近，而是多呈献出跨地域（传说中李左车出现的江南、苏北等地）叙事特点，这种叙事与明清时期国家移民政策有关系。明清以来中国东北地区移民浪潮主要有三次，时间先后为明朝、清前期，以及清后期和民国时期。雹神李左车的传说与流传于山东地区的秃尾巴老李移民传说，不断融合，两则传说中的主人公化为一人，秃尾巴老李即李左车，雹神李左车即秃尾巴老李，使得秃尾巴老李传说带有明显的东北移民的叙事色彩。

两则传说融合为一具体时间不得而知，之所以两则故事融合在一起，大体有以下几种原因。其一，雹神李左车与秃尾巴老李皆为李姓。其二，两则传说同时流传于山东地区。

---

[1] （清）《唐县新志》唐县新志目录，清康熙十一年（1672年）刻本。
[2] （清）《平定州志》目录，清乾隆五十五年（1790年）刻本。

其三，雹神李左车与秃尾巴老李在品格和职能上存在很多相同或相似，二者品格都有伸张正义、除暴安良等方面，在职能上，雹神李左车主司冰雹亦主司降雨，秃尾巴老李其传说形象为断尾龙，与龙王功能相似，亦可调管风雨。其四，雹神李左车与秃尾巴老李或生日（雹神李左车生日为农历六月二十七，秃尾巴老李生日为农历六月初六或六月十三等）或龙母祭日（传农历六月）等都集中于农历六月，在祭祀朝拜时间上具有一致性。

明朝洪武年间，江南不雨，百姓设下祭坛祈求老天普降甘霖。百姓的虔诚感动了上苍，末伏之日下了一场透犁雨，却又苦于没有种子播种。李左车便来此赊荞麦，让百姓及时种上了荞麦。[1] "李左车赊荞麦"传说中，雹神李左车没有展现司雨之职能，仅是赊荞麦与当地百姓使其有荞麦可种。此类李左车传说都着重突出李左车的惩强除恶、扶助百姓渡过难关的正面形象，这在"雹不为灾""李左车三件宝""一位日本首相的夙愿""雹神惩罚不孝子""指点知县断命案""有受罪的上廊房""罚知县""李左车墓之谜""惩罚欺行霸市人""飞冰痛打刘黑七"[2]等传说故事中都有体现。另一则传说"助威将军灭倭寇"中，雹神李左车的艺术形象和职能有了进一步的发展。传说明朝倭寇时常骚扰我国沿海，大将军戚继光奉旨守

---

[1] 邹学顺、曹昭民编《李左车传说》，团结出版社2016年，第26-29页。
[2] 传说分别引于邹学顺、曹昭民编《李左车传说》，团结出版社2016年，第68-70页、第95-97页、第98-99页、第106-107页、第108-116页、第137-139页、第149-152页、第153-155页、第170-172页，第229-231页。

卫福建沿海一带,其见倭寇横行当地、屠戮百姓,便与倭寇展开对战。两边激战之时,雹神李左车站立云端,手持令旗,天空登时乌云密布,狂风骤起卷起了滔天巨浪,并降下冰雹,将倭寇尽数打落海中。[1]此传说中,雹神李左车能执令旗呼风降雹,加入了"风""海""雹"等元素,与秃尾巴老李传说中的元素呈现重合。"美丽的白杨茶树"传说中,"白杨茶树神木漂至东海,被接回龙宫,因东海龙王与雹神是至交,后来雹神还把自己的一块水脉宝地赠与龙王"。[2]"雹泉爷爷惩罚李铁棍"中雹神显灵,"有数条青龙口喷强烈的火焰,挥舞锋利的龙爪,在云中穿梭翻滚……暴雨夹杂着冰雹,一起砸在庙场黄烟地上……全都变成了泥土被大暴雨冲进小河,流进大河,最后冲入东海"。[3]这两则传说中出现了"龙王""水脉""青龙""暴雨"的元素,在传说叙事背景方面与秃尾巴老传说呈现出相近似。故事"神马的故事"中出现了"闯关东"的故事情节:"到了第二年春天,日子更加难过。乡亲们有的拉家带口去东南山要饭,有的便举家闯关东去了。……憨宝与母亲商量后,决定只身一人闯关东。"[4]"闯关东"元素的出现,与秃尾巴老李传说中"黑龙江大战小白龙"背后的"闯关东"历史不谋而合,两则传说已经融合在一起。

---

[1] 邹学顺、曹昭民编《李左车传说》,团结出版社2016年,第79–81页。
[2] 邹学顺、曹昭民编《李左车传说》,团结出版社2016年,第89页。
[3] 邹学顺、曹昭民编《李左车传说》,团结出版社2016年,第179页。
[4] 邹学顺、曹昭民编《李左车传说》,团结出版社2016年,第92页。

结　语

李左车从"哧燕书自何人计，只问军中李左车"[1]的秦汉名将到被民间封为雹神，其中有几个重要因素，其一便是他立有功勋——"李左车……而立殊功"[2]，且具有刚毅多智谋的鲜明的性格特点，因此李左车的历史形象是含有积极因素的正面形象。其二是李左车有好的德行，具有"仁""义""智""信""忠"等道德规范，教化天下，成为中华民族传统美德的集中表现，满足了统治者的要求。其三是中国古代百姓在自然灾害面前时常无能为力，雹神信仰的兴起使民众有了心灵慰藉和情感寄托，满足了民间百姓精神的需求。从历时性与共时性的角度梳理李左车雹神演变的历程，可以发现，雹神李左车在历史中逐渐固化为一种文化符号，成为一种流传的文化现象，国家的推行、文人精英的书写与民众的口头传播在其中相互影响着，这也是中国社会各阶层共同作用互动生成的结果。

---

[1] 《东牟集》卷四，清文渊阁四库全书本。
[2] 《记纂渊海》卷五十三，清文渊阁四库全书本。

传说的融合与在地化考析

——以山东安丘鼌泉村鼌神传说为例

李璐佳[1]

一、研究缘起

2019年4月"一带一路"民间文化探源工程——闯关东文化的溯源与民间生态考察小组前往山东安丘、潍坊、青岛等地围绕山东当下的秃尾巴老李传说与闯关东文化展开调研活动。"秃尾巴老李"传说以"神奇诞生、断尾离家、两龙相斗、回乡上坟、降雨佑乡"为主要情节,与地方风物及历史相联系,在其流传地形成了丰富的民间信仰。在山东省境内的高密、安丘、诸城、文登、青岛、滕州、德州、莱芜等多个地方都流传着关于秃尾巴老李的传说。近年来又加入了新的解释和传说文本。一些地方开始把当地信仰的地方神灵的传说和秃尾巴老李

---

[1] 李璐佳,山东大学儒学高等研究院民俗学专业2018级硕士研究生。

的故事情节相互嵌套，比如安丘当地的雹神信仰以及潍坊寒亭区的柳毅传说就和"秃尾龙"的故事联系在一起。那么雹神、李左车、秃尾巴老李的神灵信仰原型以及相关传说的主要情节究竟是如何产生的？

在此之前，已经有学者和博硕士进行过相关研究。李然在她的博士论文中从龙王和雹神信仰产生的现实需求角度展开论述，她提到山东旱灾发生频率高、持续时间长，而且往往出现在作物播种期，人们只有选择相信某种超自然的力量可以阻止或控制灾害的发生。[1]江帆从"神灵"移民分析民间信仰的传承动力与演化逻辑，提出信仰主体会根据外部生境的变化，将原生文化所建构的信仰象征符号以及权力话语予以巧妙调适，使其成为能够被接受和认同的地方性知识。并且会根据本群体以往的集体记忆，重新建构起一种地方性民间信仰话语体系。[2]祝秀丽、黄泽香将秃尾巴老李传说与东北移民的奋斗历史相结合，借助叙事结构分析方法中的层次性和结构图式，从地理、经济、社会关系三个层次分析移民的身份、认同与历史。指出黑白龙双方对黑龙江的争夺，实际上映射的是对居住环境和空间资源分配的争夺。[3]孟雪以枣庄霖泽庙为例，以庙宇从神龙祠到主神变成雹神，再到后来与秃尾龙结合这一民间

---

[1] 李然《山东秃尾巴老李传说与信仰研究》，山东大学出版社2010年，第156–157页。

[2] 江帆《从神灵"移民"看民间信仰的传承动力与演化逻辑》，《中原文化研究》2013年第6期，第80页。

[3] 祝秀丽、黄泽香《"秃尾巴老李传说"的结构与意义》，《民俗研究》2010年第3期，第221–228页。

信仰主神的变化过程为主线，从信仰源流上提出雹神是山东民间龙崇拜的产物。古代山东常患雹灾，使人对司雹神灵产生敬畏，最终从龙信仰中分离出来成为雹神。从《聊斋志异·雹神》中蒲松龄的描述可见最晚在清前期山东地区的雹神信仰已经成型，在清代山东人大量移民到东北后，"李左车—雹神—秃尾巴老李"这个链条正式形成。[1]王立、刘卫英在对明清雹灾与雹神崇拜的民俗叙事的研究中，用分析古代叙事文学的方法对雹灾进行神学上的解释。认为古人相信冰雹存在着一个"行雹"操作过程，是由天界神人操纵专门工具特意播洒而成。作者认为李左车变成雹神是官方志书美化历史人物李左车乃至其"神化"的结果，李左车成为官方承认的体现上天意志的神秘力量代表。而冰雹灾害在袁枚《子不语》中描述为蛟龙空中相斗会伴随大风和冰雹，体现清朝当时民众将天象中龙的主导作用同当时的雹神想象结合。[2]

本文就围绕山东省安丘市辉渠镇雹泉村展开叙述。雹泉村中流传有许多关于雹神李左车的故事，在当地知识精英的进一步建构下，雹神的故事情节与当地秃尾巴老李传说结合在一起。那么李左车如何在安丘当地成为雹神，又是如何进一步与秃尾巴老李故事产生联系，这个演变的过程值得深入研究。

---

[1] 孟雪《〈聊斋志异〉与山东民俗》，山东大学出版社2009年，第49–53页。
[2] 王立、刘卫英《明清雹灾与雹神崇拜的民俗叙事》，《晋阳学刊》2011年第5期，第116–119页。

二、安丘膏润庙与雹神传说

关于雹泉的记载，明万历《安丘县志》有提到"雹泉在西南四十里，自石函中迸出，颗颗如联珠，如雨雹。……上有膏润庙"。[1]关于膏润庙（雹泉庙）建于何时并无确切的史料记载，村民描述大约是建于汉代，此后又历经数次重建、扩建。其中庙中1996年碑刻上记载："雹泉又名珍珠泉，西依英雄山，南连珍珠湖，系神河发源地……明万历安丘县志曾以'灵泉细吐珍珠颗'的诗句，列安丘八景之一。"[2]2001年雹泉村附近各界群众筹集资金，在原来庙址基础上修建李左车纪念馆，如今成了景区。

关于膏润庙的历史演变，文字记载很少，只有在万历县志中记载："（膏润庙）在雹泉，莫考其初。元至元二十一年（1284年）知县马瑞卿重建……又记大观政和中旱，知县李安洁沐祷于泉，有白蛇白鼠之祥，时乃大雨。再请于朝，得赐庙额，封其神为灵霈侯。至元中复旱，密州守黄济以诗祷之，雨竟如祷。乃再新庙貌，以答神贶。别有灵霈行宫在城南一里许，为复祠。"[3]而关于他的传说可以归纳为三个：第一种是李左车将军为兴汉立功，当地人建庙供奉他；第二种是洪武年间江南大旱，李左车扮成老头，赊荞麦种子给当地百姓，获得

---

[1] 万历《安丘县志》，卷三《山川考·雹泉》，哈佛大学汉和图书馆珍藏印，第65页。

[2] 膏润庙中碑刻所记。

[3] 万历《安丘县志》，卷五《建置考·膏闰庙》，哈佛大学汉和图书馆珍藏印，第81页。

大丰收后江南人拉满车荞麦前来报恩,从此确立四季庙会,届时商贾云集,声名远播;[1]第三种是网上流传的雹泉爷爷用镢头刨树根时,泉水喷涌而出,他便一屁股坐在泉眼上堵住泉眼,避免了水患,自己却死在那里。人们为了纪念他就称他"李坐池",时间久了讹传为"李左车"。此后雹泉与膏润庙分别作为庇佑雹泉村及周围村落的地方神泉和神庙,被一代代的人供奉着。

膏润庙是为纪念李左车而建,而李左车作为雹泉村李氏家族的祖先,家世显赫。《山西通志》记载:秦楚之际李左车"赵将李牧之孙也,父泊,秦中大夫詹事。左车事赵王歇,封广武君,即今代之故广武城也"。[2]在《史记·淮阴侯列传》中李左车在韩信东下井陉"背水一战"之前就曾献计劝说赵王但不被采纳,赵国被灭后虽成俘虏,却得到韩信赏识,留下"智者千虑,必有一失。愚者千虑,必有一得"的名言。[3]至今在河北、河南、山西、山东很多地方都流传有他的传说。雹泉村当地知识精英历经三年采风走访,终于将流传在当地的这些故事传说汇编整理成《李左车传说》这本书。书中涉及56个关于李左车、雹神、神泉、神庙的传说故事,例如"刘邦封阴灵侯""韩信拜师""玉帝封雹神""唐王李世民封灵霈侯""雹神惩罚不孝子""'伏魔天神'李左车""田中角荣

---

[1] 《一粒撒到今天的种子》,选自邹学顺、曹昭民编《李左车传说》,团结出版社2016年,第26-29页。
[2] 选自《山西通志·卷一百十二人物十二》。
[3] 选自《史记·卷九十二·淮阴侯列传》。

拜雹神",等等。在这其中就有把李左车当作雹神,并且与秃尾巴老李传说结合起来的民间叙事。

首先是"伏魔天神"李左车的故事。据当地百姓描述,故事发生在战国后期的雹泉村,李左车出生的情节与秃尾巴老李传说基本相同:晚上临盆,出生带有长尾巴,丈夫认为不祥拿菜刀将孩子尾巴砍下来。但后来的人生阅历结合了史实人物和当地秃尾巴老李传说。孩子取名李左车,成年后作为赵国重臣被封广武君,后被韩信赏识,与之辅佐刘邦建立汉朝,死后被封阴灵侯,其灵魂化成一条没有尾巴的小黑龙。据说他本身是天宫里的神龙,只是来人间完成玉皇大帝的使命。而此时东北白龙江的龙王之子小白龙来雹泉做尽坏事,秃尾巴老李得知此事,与小白龙展开一场殊死搏斗,很快将小白龙斩杀在屠龙沟。随后东北白龙江的老龙王听说儿子被杀,誓要为子报仇,两条龙大战三天三夜,老白龙逃走,秃尾巴老李乘胜追击来到白龙江,再战还是难分胜负。老李此时想到白龙江边一定住着很多前来闯荡的山东人,便用托梦的方式让他们准备饭菜和石灰,当看到江中冒黑浪,就往江里倒猪肉、馒头;看到冒白浪,就往江里倒石灰。深受白龙之害的山东老乡约集到一起,助小黑龙一臂之力,最终老白龙被小黑龙斩杀,之前的白龙江也改名为黑龙江。[1]李左车每年也会造访自己家乡安丘,常常化解冰雹,不让冰雹在庄稼地里下,而且普降甘霖,因此也被当地百姓亲切的称作李龙王。

---

[1] 《"伏魔天神"李左车》,选自邹学顺、曹昭民编《李左车传说》,团结出版社2016年,第9–13页。

上述叙事是把雹神当成善良、造福一方百姓的秃尾巴老李看待。在当地还同时流传有关雹神的另一段叙事。相传李左车被砍了尾巴之后性情大变，死后封为雹神，常在安丘南部地带制造狂风暴雨和下雹子。当地民众结合传说，习惯每当雹子下来就往院内扔刀斧，驱使雹神快走。[1]但雹泉村同时也存在"雹不为灾"的说法。相传李左车死后第二年被封为雹神，此后每年夏天他都撑起天网将天上降落的冰雹接住，倒入珍珠池，从此当地冰雹就很小，泉水也甘洌。[2]同时当地还流传冰雹不打留山的故事。死后成神的"留山爷爷"刘裕受民所托，借请李左车山上喝酒的名义，在观音菩萨和王母娘娘的帮助下限制雹神在庄稼地里下雹子，此后留山周围从不遭雹灾，偶尔降雹也是稀小。[3]

三、雹神信仰的缘由与变异

从上面几个民俗叙事可以看出，李左车作为雹神在雹泉村当地既有赐福于民的一面，也有暴躁肆虐的一面，是个性格丰满的地方神灵。与单一性格的普世神不同，雹神身上有更多人的影子，他会发脾气造成雹灾，但最终还是会造福民众。那么

---

[1] 《神冤》，选自邹学顺、曹昭民编《李左车传说》，团结出版社2016年，第21-22页。
[2] 《雹不为灾》，《潍坊晚报》刘泰山撰文，选自邹学顺、曹昭民编《李左车传说》，团结出版社2016年，第68-70页。
[3] 《冰雹不打留山》，2011年12月记录于辉渠镇雹泉家中。选自邹学顺、曹昭民编《李左车传说》，团结出版社2016年，第117-120页。

是什么原因在安丘当地形成具有地域特色的雹神情节？雹神李左车又是如何进一步变异成为小黑龙的？

首先，雹神信仰的缘由问题。都知道李左车是秦末汉初一位极富军事谋略才能的名将，他的名声在汉朝就享誉华北，事迹流传史册。每当在河北、山西、山东问起李左车这个人，大家多多少少都知道他的身份，有些村子的地名还出自李左车传说，算是华北地区家喻户晓的历史人物。但经过考察分析，雹神与李左车的关系及相关雹神信仰呈现出地域上的差异。在李左车传说的传播区域内并非所有下冰雹的地方都有雹神信仰。像河北石家庄元氏、行唐作为古赵国所在地，后来隶属冀州、常山郡，紧挨井陉，当地人坚信李左车出生在此，村中也有他的墓碑，但这些地方却只是把李左车当作秦汉时期的著名历史人物，并没有将其和雹神联系到一起，也没有雹神庙的存在。[1]而几十千米以外的邢台宁晋、隆尧、广宗等地每年会在立夏前后祭雹神、过庙会，沿着邢台县往东的山东境内有较大范围的雹神信仰，《聊斋志异》中的雹神情节也是源自当时已经在山东流行的雹神传说。

其次，不同地域的雹神信仰差异性可能与地理位置和气候造成的雹灾强度不同有关。在一些地理环境比较特殊的地域，例如盆地、山地的迎风坡均容易在夏季因温度急剧下降、气旋锋面运动产生强对流天气导致雹灾。虽然从全国雹灾的整

---

[1] 此论述是经过田野考察得知，调查地点是石家庄市元氏县北褚村、故城村，当地百姓有关于李左车墓碑和塑像的记忆，但后来因为保护不善，历经掘墓，碑刻被盗，现在无从考证，村民只记得李左车的墓碑上刻有"大元国真定府"的字迹。

体频率强度分布来说山东并不是主要雹灾区；但从受灾程度来讲，山东比河北要严重。河北、山东两地雨季来临的早晚和雨量大小不尽不同，像河北中部、西部等地市虽然冰雹强度大，但大多处于山区或是城市，没有大面积的农耕区。但位于河北北部、南部山区的山间盆地、平原和半山腰的农耕区，夏季如果降冰雹，农作物受灾范围就会很大，像张家口、石家庄周边县市、衡水、邢台西部至今是中国主要雹灾区。而山东东部沿海、中南部一般比河北要提早进入雨季，正赶上夏季农收季节，即使冰雹持续时间短，但受灾范围却很广。安丘市位于鲁中，西部是山区丘陵地带，东部是平原。降雹与地形有很大关系，对流云团遇有地形抬升迅速发展，形成强上升气流，造成短时间内冰雹。而辉渠镇正处于冰雹发展路径的中间地带，据统计1971—2014年近44年安丘共出现91天降雹日，主要集中在5—7月，又以5月下旬、6月上旬出现次数最多，其中6月占到27次，是雹灾出现次数最高的月份。5—7月正是农作物生长收获的关键期，造成的损失异常严重。[1]从这里可以看出雹灾与民众生产生活息息相关。雹泉村当地民众在缺乏科学解释和应对措施的时候，出于对雹灾影响收成的畏惧心理，就会建构出有司雹之神存在的传说，开始祭祀司雹之神。

总的来说，我国雹灾分布的范围与雹神信仰的区域基本吻合。各地虽然有雹神信仰，祭雹神的庙会时间也不一样，民俗活动也不尽相同，但大多是与各地农作时间相对应，并且与对

---

[1] 张娜、王晓立、刘勇《安丘市冰雹灾害特征及其对农业生产的影响》，《现代农业科技》2016年第1期，第259–260页。

龙的信仰有关。如邢台宁晋北河庄就于立夏当天在当地龙母庙开展以"祭神求雨，不受雹灾"为主题的祈祷[1]；张家口蔚州代王城每逢农历二月初七，"点杆"祭雹神求雨等。[2]这些庙会活动都指向古代农耕社会传统华北村落一年中对雨的渴盼和对雹灾的恐慌。

至于为何雹神选择了李左车作为其本体，这就不得不提传说的特征。传说往往会将历史事实传奇化，李左车作为真实存在的历史人物在华北多地流传有他的事迹。口传李左车唐朝被册封为"灵霈侯"。北宋时期开始大量封神运动，在文献中正式出现李左车是灵霈，而"灵霈"二字有降甘霖雨露之意，百姓出于对他的敬仰，就在这个基本事实上加以渲染和幻想。在清朝中后期出现李左车死后被玉帝召回封为雹神的情节，两者正式成为一体，而安丘当地雹泉庙本来有关于雹泉产生的故事文本，民众可能是为了加强故事的吸引力，将其与雹神李左车联系到一起，使得故事有了真实感与地方特色。这种现象在华北很多地方很普遍，例如关帝庙以及山西、河北等地的圣姑庙也都有历史原型人物的存在，在一定层面上将国家层面承认的历史人物神化也是为了在祭祀过程中体现正统性与合法性。

再次，谈雹神信仰如何在传承过程中变异，加入秃尾龙的情节。其实北方各地关于龙的信仰不尽相同，如河北保定安新

---

[1] 源自"东方一木纪实摄影"公众号推送《走进北河庄（三）立夏庙》，2018年5月5日。
[2] 源自"蔚州民俗"公众号的推送文章，艺馨轩主《蔚州民俗：二月初七蔚县代王城点杆及由来》，2019年3月13日。

老河头庙会也是为了祭"杨子"这条龙，也同样构建出杨子是司雹之神，雹子不砸家乡的传说。安丘雹泉村很可能是在清代后期雹神的故事情节成型后，再加入秃尾龙传说的最新黑龙战白龙的情节，让李左车、雹神、秃尾巴老李这三个传说故事的情节融合，使李左车这个历史人物类型化，成为人神共体的地方保护神。

  以上这种建构传说的过程正好符合传说故事的类型化和变异性特征。李然曾经就鲁西南地区的黄河大王和秃尾巴老李传说的相互融合展开论述，指出秃尾巴老李的故事在流传过程中会不断变异，主流情节会与各地文化交汇融合，再继续流传下去，其变异性是传说富有生命力之所在。[1]孙克诚认为与白龙夺江的斗争，既反映出与当地恶势力的斗争，也反映明清时期山东流民与当地土著人争夺生存空间的尖锐矛盾；老李在与白龙的斗争中取得山东人的帮助，表现的是移民群体之间的团结互助；成为黑龙江主说明斗争后移民的立足与扎根。[2]膏润庙灵需侯殿中李左车的塑像据当地人介绍，他既是雹神，也是黑龙王，那么这种表述无疑是受到来自本地雹神和东北"黑龙王"两个不同文化交融的影响。明清山东有大量军户移民，军户、流民和现代东北移民与土著人的争地矛盾一直存在，神灵的合而为一也许是一种对活跃在明清时期山东到东北，中华人民共和国成立之后又从东北回迁山东的"闯关东"移民文化的

---

[1] 李然《传说的融合与再造——以鲁西南地区的黄河大王与秃尾巴老李传说为例》，《民俗研究》2008年第3期，第100页。
[2] 孙克诚《秃尾巴老李传说形成考略》，青岛化工学院学报2000年第2期，第59页。

相互认同与包容。至于传说的真相，还有待考证。

四、雹神传说的文化意蕴

出于对雹灾影响收成的畏惧心理，雹神在雹泉村当地经济生产和百姓生活中是以地方神灵庇佑家乡的角色存在，对百姓生活和当地社会的经济、政治、文化生活的方方面面产生潜移默化的影响作用，成为佐证当地神秘自然力量的工具。那么雹神作为当地民众打造和信奉的地方神灵，究竟有什么样的作用？

（一）教化作用

传说故事自身带有教导性和训诫性的作用。一篇篇故事往往通过打造雹神惩恶扬善、劝人为善、点化穷人、造福百姓的人物形象来提升雹神在百姓心目中的形象地位。书中大部分传说借助大家对雹神的畏惧和世上有因果报应观念，让雹神渐渐成为当地的教化之神。比如当地流传的"雹泉爷爷惩罚李铁棍""张善仁和侯仁美""飞冰痛打刘黑七"[1]这几个故事就典型地体现出雹神定会惩恶扬善，百姓因此相信"举头三尺有神明"，相信雹神爷爷在盯着每个人的一举一动，才会秉承"善有善报，恶有恶报；不是不报，时候未到"的原则要求自己。当地村委、宗族管理者和组织者也是想通过传说故事的宣传，利用民众对神力的信仰，加强社区教化。

---

[1] 皆选自《李左车传说》，团结出版社2016年。

（二）作为"箭垛式人物"维护地方社会秩序

在安丘雹泉村有很多关于雹神的传说。例如膏润庙中的神泉，雹泉村周围的流苏园、锅框山、金牛池、淘米泉等风物传说里都有雹神的存在，雹神李左车已经作为当地的"箭垛式人物"，身份被安插很多故事情节中，内容涉及百姓生活的方方面面。整理汇编的书中故事有的是当地口头流传于世的传说，同时也不排除一些故事是当时访谈人的即兴创造，又或者是后来编写组为了让书中更加丰富共同编纂的书面文本，但其功能和价值是一样的。雹神的形象、性格、功能与神力由编写组整理访谈的一个个鲜活的故事变得更加丰满，被抹上神圣威严的光环，成为当地百姓心中有血有肉、惩恶扬善、福佑大地的人物形象，在民众心中具有重要地位。从明初开始，无论是地方官员，还是地方精英、家族势力，都希望利用神的力量强化地方社会秩序。作为地方上层不断制造神显灵的传说，有效进行社会控制。[1]例如雹神李左车和秃尾巴老李的都姓李，当地的李氏家族作为地方大姓，可以借助神灵信仰进一步稳固家族统治。

（三）精英与民众互动的媒介

汪强曾提到雹神的权力问题[2]。雹神虽然是奉旨行事，下不下、往哪个区域下是固定的，但他可以决定冰雹所落的具体地点，是落在山沟还是庄稼地，这种描述让雹神的形象更加生

---

[1] 赵世瑜《狂欢与日常》，生活·读书·新知三联书店，2002年，第41页。
[2] 汪强《雹神的权力》，《探究·杂谈》，第49页。

动化、人格化，有点像掌管一方的行政官员，惩戒百姓还是恶霸由他做主，从这点上体现出民间信仰的神灵与官方与民间的关系有种象征意义。雹神和秃尾巴老李两个传说在安丘雹泉村的融合体现出，李左车作为当地百姓信奉的地方神灵在历史进程中逐渐成为一种地方文化符号。当地社会各个阶层：无论是民众、地方行政官员、商人，还是企业家，都在努力把雹神信仰进一步发扬光大，通过传说、庙会商贸的传播让这种信仰逐渐由民间祭祀向官方祭祀靠拢，进而得到国家的承认与社会的认可。其实作为一种地方流传的文化现象，被更多人知晓又何尝不是所有民间信仰的光荣使命？

结　论

综上所述，本文得出如下几个结论：其一，雹泉村当地的雹神信仰与当地特殊地理环境和百姓农事生产有很大关系，雹神成为李左车经历了很长一段演变的过程。其二，明清时期几次大规模的移民运动导致安丘当地人地矛盾凸显，秃尾巴老李传说中"黑龙王""黑龙战白龙"的故事情节很大可能是从明清以来经历数次大规模移民后，东北与山东两地文化交融在信仰层面的体现。通过了解这两段传说融合的历史过程，透过信仰的变迁去寻找其中的文化蕴意。其三，雹神作为地方信仰神灵，对他的信仰和崇拜是通过一个个流传的故事得到加强，而这些故事也反过来作为无形的力量规范当地民众的行为，起到维护地方社会秩序和内部等级关系的作用。

田野报告

辽河口古渔雁文化

江　帆[1]

一、辽河口生态区位与"古渔雁"群体

辽河是"战国以前，中国东北乃至东北亚地区唯一被载入正史的中华名川"。辽东湾是中国纬度最高的渔场，每年冬季渔场都会被冻结。但在历史上，每到大地回春，海冰消融之际，一个庞大而又特殊的群体都会顺潮而出，应时而现，在这一区域开始特殊的捕捞生计，这就是古渔雁群体。

"古渔雁"是远古的打鱼人，持这一生计的打鱼人没有远海捕捞的实力，只能像候鸟一样顺着沿海的水陆边缘迁徙，在江河入海口的滩涂及浅海捕鱼捞虾。因这一群体沿袭的是一种不定居的原始渔猎生计，每年像大雁一样春来秋往，迁徙于陆路的江河入海口处，繁衍生息，故人们称其为"古渔雁"。

称其"古渔雁"，还因为这一群体自远古即已存在，历经

---

[1] 江帆，辽宁大学教授。

漫长岁月,穿越渔猎文明和农耕文明,生生不息。由于生计的特殊性,这一群体在我国历代社会都处于边缘状态,文献对其极少记载。但他们以文化实物与口头叙事留下了曾经在辽河口拼搏生存的足迹和族群记忆,构筑了辽河口文化的历史根基。

20世纪初,河北省冀东乐亭、滦南等地尚有大批打鱼人从陆路滦河口等地走到辽河口打鱼,人称"陆雁";冀中地区文安洼的家眷船通过水路来到辽河口海域打鱼,人称"水雁"。他们都是在春夏秋三季在辽河口海域打鱼为生,冬季再返回冀中和冀东过冬。"水雁"多是用那种被称为"小燕儿飞"的小木船,别小看这小船,用其捕鱼可以养活船上的十来口人,靠海吃海,鱼虾七成粮。

每年一过完年,回河北老家猫冬的"陆雁"们就开始搭帮结伙地上辽河口这边来,陆雁最多时能结帮上千人,浩浩荡荡,人多不寂寞还能壮胆。据古渔雁文化传承人刘则亭讲:二界沟有一个陆雁是做虾酱、甩海米的能手,叫李振邦,同时是扭秧歌的能手。他是河北滦县人,过去每年从关里冀东来的时候他都与人结着伴儿,经常走着走着却走丢了。为啥丢了?他跟着人扭秧歌去了。正是过年期间,沿途有村子办秧歌,李振邦好扭秧歌,就忍不住跟沿途的村子扭秧歌去了,他是年年丢,丢了以后自己还能找回二界沟来,这也是一个小插曲。

海冰解冻后,"水雁"的家眷船就成群结队地来了,还有许许多多的"小燕儿飞",不光有捕捞船、运输船,还有卖水船、运粮船、卖布船、卖渔船、剃头船等,五行八作,都是用船到二界沟做买卖。这些船来回运货,连同数不清的家眷船,使辽河口海域如同凭空多了一个村庄一样。然而一到秋天，这个热闹的村落就瞬间解体，消失得无影无踪。

在传统的社会里边，渔雁群体始终位于农民阶层之下，处于社会最底层。古渔雁叙事中讲，有两个人见面后相互发问："你是干啥活计的？"一人说："我干的活死了还没有埋。"这人接着又反问："你干啥活计的？"那人说："我干的活是埋了还没有死。"旁边人听了，都明白这两人是干什么的了——"埋了还没有死"是指在地下挖煤的，"死了还没有埋"说的就是渔雁。渔雁在船上露天捕鱼，生命随时有危险，死在船上是没法埋，得拉到岸上掩埋。由此可见古渔雁生计的确充满凶险。

"陆雁"和"水雁"虽是两个群体，但彼此没有高低之分，都是打鱼人，非常团结，即使有纷争，也是群体和群体之间的纷争。但与其他生计群体比较，渔雁群体的社会地位就非常低下了，这从过去的渔村看野台子戏的风习上可见一斑。过去，每逢渔村演戏，都在离剧台60多米远的台下拦上一道绳子，绳子里头是渔霸的家属及在岸上居住的其他行业的人的看戏位置，而渔雁们则都被拦在远处绳外，不许靠前看戏，此已相沿成俗。同为观戏，为啥要将人群隔开？就是富人及岸上居民嫌弃渔雁身上那股腥臭味，也就是所谓的"卤气"。说起婚姻缔结，更是水火不相容，岸上不嫁使船的，使船女也难嫁岸上郎，渔雁群体多是内部通婚。

自20世纪30年代，渔雁生计在我国沿海及世界各海口区域逐渐断行。二界沟古渔雁定居是在1931年，当时，东北三省沦为"伪满洲国",关内民众被限制到此来往出入。即使这种情况下,仍有一些渔雁为生存所迫,带着家属偷偷爬过长城或者走小道来到二界沟,当然,他们在此落脚后就不能迁徙了。就这样,沿袭千百年来的渔雁迁徙历史,到1931年结束了。

二、辽河口古渔雁文化的主要特点

古往今来的渔雁既是从事季节性捕捞的流动性打鱼人,也是"古渔雁"文化的建构者与承载者。年复一年的迁徙,渔雁群体饱尝了自然风雨的洗礼和历史潮浪的淘练,建构出积淀深厚、特色鲜明的渔雁文化,演绎了辽河口海域及沿岸内涵丰富的区域文化史。此中,"古渔雁"口头叙事犹具代表性。

了解"渔雁"的生活以及族群发展的历史,就能理解古渔雁文化的建构为什么门类齐全,杂糅并包,各种知识皆能自成体系。从宏观上看,古渔雁既是一个相对封闭的群体,又是一个迁徙流动与外界广有接触的开放性人群,生计的特殊性使其在文化建构上形成一个完全自足的体系。从河北的文安洼海口到辽河口,一代代渔雁们接触交往的多是陌生人,但是,充满风险与不测的渔雁生计又迫使他们一辈子要稳立于船上拼搏生存,所以必须要活得善良、宽容、侠义、乐于帮助别人。尤其在别人面临灾难及难以为生的时候,一定要伸手相救,人们笃信:今日救人即是他日救己。因此,渔雁们普遍心地开阔而又善良,自觉地沿袭世代相传的道德伦理,恪守行业祖训与生计规矩。

渔雁船上规矩很多，这些规矩都带有鲜明的生计特色。例如，船上奉行以桅为界。渔雁的小船都有帆，有帆就有桅杆，桅杆上有篷，桅是船上重要物件。一代代的渔雁在桅下结婚，一对新人拜完天、地、海，再一过桅，就意味结婚了。娶媳妇过桅后，就到舱里坐福，盖舱那个板用锁锁住，叫锁福板。陆地上娶妻叫"过门"，渔雁在船上叫"过桅"，过桅即是完婚。

还是以桅为界，船上小桅不大，家眷船上若有女人洗澡，男女彼此就隔着二尺、一米远。那些打工的或扛活的男人、大哥、大伯子等，都不能过桅，自觉在桅的另一边，谁要过了桅，就是触犯了规矩，外人挨顿打不算，船主一定开除你。再有，两人打架，弱者若跑到桅的另一边，即表示认输，强者不可过桅追打，若过桅再打，就没理了，会惹怒全船人动手主持正义，强者吃的亏就大了。

水雁船上有女人，但陆雁船上没有女人，全是男人。过去，陆雁船上都是大小伙子，从春天下海到秋天，这些男人在海上都一丝不挂。不穿衣裳不全是为了节省，也因为穿上衣服劳作不太方便。陆雁们从春天开始就光着身子，春天阳光不足，常常冻得全身哆嗦，那也得挺着，要慢慢适应。从春天到夏天到秋天，陆雁一直裸身，盛夏时暴晒，身上也不会起泡。船上的淡水宝贵，劳作一天，歇息时也就是用海水洗洗身上，洗完了用破布擦擦。不擦不行，不擦干晒过的皮肤地方就会起碱儿。渔雁们都是到陆地上卖货办事时才把衣裳穿上，常年在海上赤裸身体，陆雁的皮肤都是酱红色。这个过程很艰苦，每一年春天刚出海时，陆雁的身上都要经历裂口，海水泡，海风吹，烈日晒，每次皮肤膛了裂口，就脱一层皮。身上裂口不算严重，双手却得裂得冒血筋儿，血筋过后结痂，再脱层皮，这个过程才算结束。

船上规矩多，例如，说话只能唱喜歌，说好听的，不能乱说话；不允许打闹嬉笑，指手画脚，叉腰背手等。这些禁忌不仅与船小空间逼仄限制，捕捞生计不容分散精力有关，还与渔雁群体的一些古老信仰相关联。古渔雁俗信，海上的许多生物，船上所有的地方，都有神灵监控。船是老祖宗留下来的，"七飞八跑"（渔雁信奉的一些飞禽走兽）都在船上，人怎么可以在神灵面前指手画脚，叉腰背手？人太高傲了神灵就会降罪，必须得谦卑。渔雁不信陆地上的巫觋神汉跳大神的，一是船上不能跳，二是渔雁们知道陆上的神不懂得海里的事，陆上的大神们不懂潮性，不懂潮就打不着鱼，不懂潮的人就没有指点生活的权威。

由于生计的特殊性，古渔雁民间文学和一般海岛渔村的民间文学有很大的不同，有着鲜明的渔雁生计特点和原始文化遗韵。在内容上对该群体的历史与生活、习俗与传统、信仰与文化创造等有全方位的反映，如对"古渔雁"群体的始祖崇拜、海神崇拜、自然崇拜、生活习俗、对渔船网具及捕捞工具发明创造的解释等，代表性叙事有《七飞八跑》《海神娘娘》《树叫潮》《开海日》《无腿网》等，此外还包括一小部分陆地山川的传说和故事，如《盘古和女娲造生灵》《绘海找妻》《冰眼的来历》《三仙姑》《人与熊》等。

刘则亭的外祖父曾讲过二界沟"四脸仙结拜"的传说，相传有红脸、白脸、黄脸、黑脸的四仙曾在长发福网铺结拜。二界沟那个好扭秧歌的陆雁李振邦也说听到过这一传闻，还补充说是夜潮时发生的事，有陆雁夜间出潮回来抬货，在月亮底下看见了四脸仙在长发福网铺结拜，人一进院就没了，说得活灵活现。

古渔雁民间文学在形式方面也有特点。由于海上生产风浪大，船上空间有限，休息时间短暂，"古渔雁"故事在形式上大多篇幅短小，情节简单，较少有发展和变化，但语言生动活泼，富有地域与"渔雁"生计特色。在渔事生产中，每逢打鱼人在海上作业，如进行打根子、打櫓网桩、下网、抬货、踩打桩板、渔船下水等劳作时，都有短小、质朴的口头文学伴随其中，以激发人们的干劲和劳动乐趣。闲暇时，"古渔雁"民间故事又为旧时单调、封闭的日常生活注入了色彩与生气，曾是渔雁们重要的精神食粮，满足人们的艺术审美和精神娱乐需求，在"古渔雁"群体中具有突出的实用功能。

"古渔雁"民间故事带有鲜明的"渔雁"生计特点和原始渔猎文化遗风，对"古渔雁"群体的生产生活、习俗传统、文化信仰等有全方位反映，具有重要的历史、科学和文化价值。2006年，古渔雁民间故事入选第一批国家级非物质文化遗产名录。

三、辽河口古渔雁文化优秀传承人——刘则亭

刘则亭，1944年生人，小学四年文化，渔民出身，是古

渔雁人的后代。刘则亭能讲述1000余则有关古渔雁的故事和传说，现为国家级非物质文化遗产项目《古渔雁民间故事》的代表性传承人。

图1　国家级非物质文化遗产与省级非物质文化遗产"古渔雁民间故事"

刘则亭从小跟着祖父、父亲在河北的白洋淀、文安洼打鱼，10多岁时跟随父母来到辽河口海域，一边读书一边打鱼。小时候的刘则亭特别喜欢听故事、讲故事，闲暇时，他经常从外祖父邵树本、父亲刘维珍、母亲邵汝兰以及老一代的打鱼人那里了解关于古渔雁的民间传说。这些故事和难忘的"渔雁"生活伴随着刘则亭的童年记忆，在他幼小的心灵里生根发芽，渐渐枝繁叶茂。

随着社会的发展，辽河口的"渔雁"越来越少，为了留住心中对"渔雁"的记忆,当时在二界沟镇从事文化宣传工作的刘则亭开始有意识地回忆自己听过的古渔雁故事,并利用工作之便潜心研究辽河入海口地区的渔家民俗、口头传说,先后搜集、记录文稿达上百万字,整理和讲述古渔雁民间故事1200多则。他讲述的古渔雁民间故事与内陆及海岛的口头文学有所不同,内容和形式上都带有鲜明的捕鱼生活特点和原始文化韵味。这些故事大都短小精悍,其中包括对"古渔雁"祖先的追怀、对海神和龙王的崇拜、对远古时代"渔雁"生活足迹的描述,以及渔船、网具等捕捞工具的起源与演变等。因为刘则亭从小经历过"渔雁"生活的缘故,他善于运用生动质朴的语言来增加故事的感染力,在讲述故事时,他还会偶尔穿插一些渔歌、号子,运用手势等形体语言,使故事的表现力和现场感更强。

多年来,刘则亭通过挖掘、搜集、整理古渔雁民间故事的资料,先后出版了《渔家的传说》《渔家风物民俗史话》和《辽东湾的传说》。

刘则亭除了将心力投注到古渔雁民间故事、古渔雁民俗等捕捞文化的挖掘、整理和研究外,自20多年以前,他就开始搜集古渔雁生产、生活器物,如旧船、网具、铁锚、海碗等,使古渔雁文化与口头叙事有了可依托的物质载体。可以说,搜集这些民俗器物和它们所承载的古渔雁文化,是刘则亭倾其大半生的执着追求。

姥爷也是一个打鱼人,是"古渔雁"的后代。他讲过一个叫"海碗"的故事,"为什么海上的人都有口饭吃呢?就是老祖宗把海碗扔到海里去了",让这个海上的人,都有口饭吃。你碗不能独端,你自己有饭碗不管别人可不行,所以说让大家都有口饭吃。这就是一个宝碗,它跟聚宝盆是一样的。

刘则亭收藏这些东西的过程带有很大的风险性,不光是经济的投入,甚至遇到过生命的危险。

1988年的时候,二界沟的蚶子跟蛤蜊非常多,可船装,就是满船载。在一个大坑里一倒,就把那坑都快填满了。他曾在那个大坑里头翻"海碗"的依托物,真找到不少这个碗,现在"古渔雁"非遗博物馆里还展示着呢。有一次到那个坑底下去找,上边有车来了,由于精神集中,没听到声音。开车的人也没想到坑里有人,就把一翻斗车的蛤蜊皮子倒里去了,把他给埋上了。幸好蛤蜊皮子不像土,也不像沙子那样沉,他一拱就爬出来了。当时把开车的吓坏了,这底下还有人!那回他的收获不小。

还有一次,他到一个潮沟里翻捡,潮沟里由于海里有流儿,经常冲出来那个棱,那个棱上就像文化层一样的,有古代打鱼人扔的碗,故事当中讲的海碗的碗碴和碎片。他是早上去的,一下子陷进去了,陷进去后咋爬也爬不上来。那时正是落潮(的时候),就怕涨潮。要爬不上来,一涨潮的话,就危险了。结果来了两个人,他们是赶潮推虾的,带着虾杆子,用推虾杆子把他拽上来了。

二界沟现在就剩两个打樯的船,是活态传承下来的,从老祖宗那传承下来的船型,现在虽然说不用了,但这两个船有保护价值。这个船制作已有几十年,无论是面工、铁工、木工等，都是老辈传承下来的，是打鱼人活态传承下来的，不是复制的，也不是现做的一个模型，在非遗方面相当有意义。船上有很多"古渔雁"文化附在上面，"七飞八跑"、二十四节气、十二属，这个船各个部位的名称都有，是"古渔雁"的经历和记忆，如果失掉了这个依托物就没有了。当时一个船里头都蓄满了泥，能有五六十吨。淘出去以后，这个船剩了36吨。刘则亭当即决定买了这个船，船主才卖3000块钱。为什么这么便宜，在老百姓眼里，这类旧船只能烂在海里边，锯了当柴劈。他找吊车把它从海里吊上来，再拉到镇上可停靠的一个地方，着实花了一大笔钱，超过30吨以上的吊车，起降一下一万多块钱，再加上专门修条路，整整花了20多万元钱。

  刘则亭搜集的数量最多是旧锚。在20多年以前，有一个渔民说："我卖了一口锚，四爪锚，也叫四齿锚。""你卖哪了？""我卖给田庄台了。卖给田庄台台里边废品收购站，已经拉走了。""你咋没告诉我呢？""我这不告诉你了嘛。""你卖了后再告诉我有啥用？"刘则亭就骑着自行车去田庄台了，到了一看，这个锚还真在。刘则亭就跟人家讲，"我喜欢这个锚，我多给你几分钱，你就还把它卖给我吧"。那时候的废铁才1、2分钱一斤，刘则亭就多给人家几分钱，把这个老锚收到手。他现在收藏有200多件老锚。

  锚收上来都是锈，得经过三到四年的时间用伏雨氽，把锈除掉，把锈里头有的盐碱除掉，然后进屋刷油。如果不把锈和盐碱都除掉，锚会出汗。遇到潮湿空气，有盐分就化成了水，自己就流汗。就是用最先进的技术保存起来，用油给它包起来,也不好使,里边遇到一冷一热(铁是能传冷传热的),里头还出汗,氧化,从里边开始烂。刘则亭总结出来的经验,老一辈"渔雁"传授,要经过几年的伏雨,伏雨氽完了,就再也不锈了,也不会出汗了。

图2 刘则亭和他收集的锚　　图3 刘则亭和他的收集物

从2004年开始大规模地搜集这些"古渔雁"的民俗用物至今,刘则亭已搜集"古渔雁"用过的生活器皿、锅碗瓢盆等上千件多,光老樯木就有好几百根。因为有的停泊船的港口海水深,樯木要打进去才能拴网,一般完整的樯木十五六米到二十米左右,有的樯木有一搂粗。在"古渔雁"口头叙事里,樯木在夏朝以前就有了,相传它也是渔雁始祖造的网具。

刘则亭收藏的压舱石有20多块。在渔雁眼中,压舱石可以使航船不走偏,体现着和谐、稳定,还具有镇妖、除邪的功能。老一辈渔雁传说,压舱石是女娲补天剩下的石头,特意留给打鱼人作压舱石,是镇船之宝,"古渔雁"故事里与压舱石有关的很多。压舱石分天然与人工雕塑的,船上地方不大,不能建庙立佛,有的渔雁就请工匠将整块石头雕刻成小庙,放在船上叩拜，这就是庙宇压舱石。刘则亭收藏有一个猴形压舱石，造型十分朴拙。古渔雁认为船上有十二属相在位，猴是其中一属。相传猴最早先是看船的，后来才到天庭看马，成为弼马温。猴看船最忠诚，能预报海啸，海啸发生之前，猴子先就知道了，能给赶海人报信，所以渔雁对猴子素有崇信，猴形压舱石就犹显珍贵了。

图4　猴型压舱石

2006年，在刘则亭的提议下，当地文化部门积极筹划建立了辽河口古渔雁文化遗产博物馆，博物馆设在二界沟老网铺长发福遗址，现为盘锦市级文物保护单位，也就是刘则亭的家。刘则亭家在长发福网铺遗址已经居住几十年，繁衍了几代人。长发福网铺遗址现有房屋22间，刘家住5间，剩下的房屋都用来收藏"古渔雁"民俗用物。在这个小小的古渔雁文化博物馆中，有刘则亭40年来潜心收藏的"古渔雁"实物1000余件，大到十几吨重五六米长的巨型铁锚，小到大枣一般石质网具、生活器皿等。此外，博物馆还有一个"古渔雁"文化资料档案室，内藏经过整理的相关档案资料约1000卷。刘则亭的妻子邵秀荣从年轻时起就协助刘则亭做古渔雁文化搜集工作，她默默地以黑白照相机拍摄记录下二界沟古渔雁的生产与生活，留存有1000多幅黑白照片资料,现已成为珍贵历史镜头。近年来,小小的博物馆每年都接待众多来访者,年接待参观者多达千余人。

多年前,刘则亭的朋友曾这样写诗描述他的文化坚守之旅,"波分泥让一条路,浪捧花拥三件珍"。所谓三件珍是指刘则亭20多年前即已出版的三本书:《渔家的传说》《辽东湾的传说》《渔家风物民俗史话》。刘则亭现为古渔雁文化的国家级代表性传承人,曾应邀到北京人民大会堂出席表彰会,每每提及此事,他都倍觉骄傲地说,渔雁进了人民大会堂,如同渔家文化得了诺贝尔大奖。这种文化上的自豪感,已经深深地感染并影响、带动了全家人积极投身到古渔雁文化的保护与传承之中,他的家族已经成为一个民间文化遗产保护的世家。

图5 参观者参观辽河口古渔雁文化遗产博物馆

图6 参观者参观辽河口古渔雁文化遗产博物馆

辽河口古渔雁文化及其口头叙事全方位地展现了古渔雁群体吃苦耐劳、质朴淳厚、诚信好客、开放包容、淡泊豁达的文化性格,反映了渔雁群体的思想感情和人生追求,是展示渔雁群体文化及其历史的一扇窗口。穿越由此建构的辽河口渔雁文化的艺术长廊,我们可以体察到这一特殊的人类群体对自然生境的独特观察与认知,对生产与生活的操作与承继,对祖先的尊敬与追念,对历史的回顾与记忆,对生活的理解与感悟,对群体的认同与情感,对异族文化的接纳与包容,对真善美的赞美与追求,了解这一群体在拼搏生存的人生样态及精神状貌。

刘则亭说:"只要我活着一天,我就会做一天古渔雁文化的守护人。"

辽河口古渔雁文化蕴含着丰富的文化质素,昭示着渔雁群体对生存现实的深深关注，寄托着他们对理想人生的执着追求，其文化遗存是从民间生活的视角展开的一种对历史的叙述。这一文化遗产昭示了我们反观"传统"、回眸"民间"的当下意义，提醒我们不断地反思：区域性文化传统究竟具有怎样丰富的文化史价值，我们是否对此有完全清醒地意识？激发我们时时保持"眼光向下"，审视传统，发现民间，努力开掘深蕴此中的巨大文化资源潜能。

"闯关东"文化的溯源与民间文化生态考察调研活动纪行

王丕琢[1]

  2019年4月22日,由中国民间文艺家协会主办,山东大学及山东、辽宁、吉林、黑龙江四省民协共同承办的"'一带一路'民间文化探源工程——'闯关东'文化的溯源与民间文化生态考察调研活动"启动仪式在山东潍坊举行。随后,以山东大学文化遗产研究院副院长、博士生导师张士闪教授为领队的田野考察调研团队,先后奔赴山东潍坊、青岛,辽宁盘锦,吉林四平,黑龙江哈尔滨、牡丹江市等地进行了田野考察调研。

---

[1] 王丕琢,山东省民俗学会副会长,山东省民俗文化博物馆馆长。

图1 "一带一路"民间文化探源工程——"闯关东"文化的溯源与民间文化生态考察调研活动启动仪式现场

一路走来,考察团对流传于山东及东北等地的"秃尾巴老李传说",辽宁的古渔雁文化,吉林省柳条边文化,黑龙江闯关东移民文化生态等,从经济史、社会史、文化史及非物质文化遗产保护等多角度进行了深入的考察调研。

一、"秃尾巴老李传说"与"闯关东"文化

在"闯关东"移民文化研究中最具代表性的就是"秃尾巴老李传说"。"秃尾巴老李传说"既是一种民俗信仰,又是一种民间文化艺术的表现;是经过当地民众集体创作、口头流传的一种语言艺术,也是本土百姓认识生活、寄托愿望的重要形式。"秃尾巴老李传说"广泛流传于东北三省以及山东、河北等地,尤以山东各地流传最广。

（一）"秃尾巴老李传说"的流布区域及历史遗存

"秃尾巴老李传说"在山东境内的16地市基本上都有流传，以潍坊（安丘、高密、寒亭、诸城）、临沂（临沭、苍山、莒南、沂南、费县）及胶东地区流传最盛。并且民间都认为秃尾巴老李的家就在山东，这正好印证了山东人闯关东的历史事实。以"秃尾巴老李传说"入选国家级非物质文化遗产名录项目的地区只有山东的即墨、莒县、文登、诸城四处。

"秃尾巴老李传说"在山东各地说法各异，且各地大多都有历史遗存。不过，多数都是靠口口相传，史书中鲜有记载。仅在《文登县志》中引自金、元、明时期的地理书籍记载可知，文登境内的昌山上有"巨神龙祠"，"自汉已著灵异"。县志中虽然没有详细记载秃尾巴老李的传说，但可以证明有关神龙的传说在当地已流传1000多年了。清代康熙《文登县志》开始记载有关龙母传说的主要情节了。此后，清雍正、嘉庆、道光年间修编的《文登县志》里，均出现了"秃尾巴老李传说"主要情节的文字记载。

在口头流传过程中，人们往往感兴趣的是主要人物和主要情节，并不十分关注传说的发生地，因此普通民众不会刻意记住那些生疏的地名，长久流传的过程中就逐渐演变成发生在本地了。省内各地发掘出不同时期的历史遗存，成为印证"秃尾巴老李传说"真实性的考据，如龙王庙、龙母庙、龙母坟、海眼、天井、碑刻等。

图2 青岛即墨城东龙山山顶龙王庙和"天井"

青岛即墨市城东，龙山山顶有一口被称为"天井"的深井，此井天然形成，井的正北面建有龙王殿，殿中供奉就是"秃尾巴老李"。殿前的楹联为：墨水河养育甘霖洒故土，黑龙江称雄神威震边疆。当地在明清年间盛行"取龙牌"祈雨风俗，即墨博物馆现存有63枚明清以来地方官员所刻的金（铜镀金）、银、铜质求雨龙牌。

图3 青岛高新区青云宫龙母坟

莱芜市大王庄镇龙尾村附近有黑龙潭，据黑龙潭残碑《赤龙潭记》载：黑龙王姓李名赤，号"水德王"，虔之祷，且微言信，惠泽黎民。经查，光绪六年（1880年）重修的李氏族谱记载"始祖李成明洪武初年迁莱芜汶南八里沟。李富（四世）配王氏生龙王，逾月升天，即肖像龙神祀之。县遇大旱，县令齐戒亲旨本庄设坛迤东，礼请祖母王氏登坛。县令率众虔视，遂大降甘霖，四野霑足。县令即匾额致谢，屡祈有验，时称祖母曰龙母云。龙王为五世，上两兄是李甫至、李甫通……"族谱前还附载："生肖像似龙，逾月腾云上九天；非神亦非仙，王氏登坛降甘霖。"意在说明秃尾巴老李是莱芜汶河南岸的八里沟人。

滕州地区百姓在小坞沟村建了龙母庙、龙母坟，具有古典建筑特色的龙母庙至今保存完好。数百年来，龙母庙内香烟缭绕，每逢干旱季节老百姓都会来到庙里，携带祭品，焚香烧纸，祈求"秃尾巴老李"能施法降甘霖。

日照市莒县寨里河镇龙尾村里还有"海眼""龙头"等景观。如此等等不一列举。

山东"秃尾巴老李"信仰以闯关东移民为载体出关，在辽、吉、黑三省区域内至今仍流传有许多版本的"秃尾巴老李传说"，这些传说不仅在文献中有记载，在当地百姓中亦有口头流传，譬如黑龙和白龙相斗及占据黑龙江的故事。该传说在东北地区流传甚广，当地曾有一说：在黑龙江上行船，每次开船之前，船家都要问"有山东人吗？"，不论有没有，乘客们都会答"有！"，因为厚道的"秃尾巴老李"并不追究是不是真老乡，只要听说有老乡就一概照顾了。此外，每年阴历三月三祭祀"李龙王"的庙会，每到下雹子时往天上扔菜刀等铁器的习俗，皆是"秃尾巴老李"信仰的遗留。

"秃尾龙"故事、"李龙王"庙会、扔菜刀习俗作为"闯关东"文化符号和象征，流传在辽阔的白山黑水大地上。"秃尾巴老李"传说的故事情节在传承变异过程中，始终贯穿的就是在地方文化认同基础上，形成恋母文化、乡情文化、除恶扬善的文化指向以及福佑祈愿、与异乡联结的纽带等文化价值观。至今在东北地区仍发挥着传承历史、追踪溯源、凝聚百姓的重要功能。

（二）"秃尾巴老李传说"流传中的内容变异

民间传说故事，都具有原创性和延续性。秃尾巴老李的传说是靠口耳传播，它的载体是人的头脑。每一个传播者，都会在自己重新口述传播的时候，根据个人的理解"添油加醋"，进行二次创作，不仅使故事的情节更为精彩和热烈，也增添了故事的可信性。譬如，在潍坊的安丘，当地民众把"秃尾巴老李"传说中下冰雹的故事情节嫁接到历史人物秦汉时期安丘雹泉村的李左车传说中，让神话中虚幻的"秃尾巴老李"具象化，塑造出了一个有血有肉且有历史依据的心系百姓、造福于民的人物形象；此外，又因当地盛产"景芝白干"这一闻名省内外的山东名酒，又流传出一个带有酒文化特色的故事版本。目前，各地流传的秃尾巴老李故事虽然有一些细节上的差别，但主要情节基本一致：基本都是按照怀孕、降生、喂乳、断尾、孝敬母亲、到黑龙江和白龙相斗及占据黑龙江、行云布雨恩护百姓的内容情节叙述。

图4　山东安丘市雹泉村雹神庙

经过我们实地调研分析,"秃尾巴老李传说"在东北地区的流传与变异,与"闯关东"的山东乡民密不可分。山东人初到东北,人生地不熟,生活举步维艰,他们通过讲述家乡流传的"秃尾巴老李传说"排解寂寞,抒发自己流落关外的思乡情节。在东北混上几年之后,有了积蓄的再回山东老家。有的一生来去多次,有的虽然常住关外,但每年都回老家歇冬过年。随着闯关东移民群体来回流动,口口相传,当甲把故事说给乙时,加入了自己的想象,乙再向他人的转述中又增添了自己的感慨。久而久之,使"秃尾巴老李"的故事愈加丰满,一个个版本各异但主干相同的"秃尾巴老李"故事在山东、河北和东北流传。编织出一个个或神奇或虚幻的回乡故事,替他们完成回乡之旅,缓解离别的伤痛。

在调研中我们也发现,尽管"秃尾巴老李"的故事版本各异,但在主基调上都以思念家乡、思念父母为主要情怀,通过生动多彩的语言描述把一个生于山东,长在黑龙江的"秃尾巴老李"形象展现于人们面前。"秃尾巴老李"的传说最初的故事情节简单,只是粗略写出了"秃尾巴老李"的出生以及断尾的过程。在各地流传的过程中,断断续续地融入"秃尾巴老李"大战白龙和回家祭母等情节,使"秃尾巴老李"的形象更加丰满,故事更加生动。"秃尾巴老李"回家祭母的故事,实际上是寄托了一个个不能回家的"闯关东"的山东人思念母亲、心怀故土的期盼之心;"秃尾巴老李"受了山东人的帮助战败了白龙,镇守黑龙江后,知恩图报,对有山东人的来往船只照顾有加……这些情节给"秃尾巴老李"的传说增添了新的内容，也给秃尾巴老李这一虚幻人物增添了新的光彩，使其成为山东老乡的保护神，是山东老乡团结奋斗、战胜困难的精神支柱。使其流传中更具有鲜活的生命力。

正如某文章中所说，"秃尾巴老李"的传说是"闯关东"的山东人怀念家乡的一种表达形式，他们从一次次讲述"秃尾巴老李"故事的过程中翘首回望故乡，在一次次的讲述中完成与远隔千山万水的亲人对话。[1]

民间故事或传说，在流传和传承过程中的有些变异性是不可避免的。一般说，主要人物、主要情节比较稳定，但非主要人物、非主要情节及观念等，随着传承人的记忆能力、语言表达能力、文化素养的不同会经常发生变化。又因各地社会风尚的不同，地理环境的不同，地方方言发音的不同，在传承过程发生着或多或少、或快或慢的变化，如"秃尾巴老李"在称谓上就有很多种不同的叫法，鲁中、鲁北叫"秃尾（yǐ）巴老李"，诸城叫"没（mou）尾巴老李"，即墨又叫"李龙爷"；东北地区则称呼为"秃尾龙""李龙王""秃尾巴（bà）子老李"等。

本次考察以"秃尾巴老李传说"和"闯关东"文化为关注点，了解在鲁、辽、吉、黑地区的扩布与演化，阐释民间信仰作为一种象征性的文化资源，在闯关东移民群体文化建构中的认同功能与策略功用，揭示关东地区的"秃尾巴老李"信仰分

---

[1] 转自徐艳《黑龙江传统民俗传说"秃尾巴老李"故事的不同版本》，《黑龙江日报》，http://hlj.ifeng.com/culture/detail_2014_11/26/3205022_0.shtml，2014年11月27日。

布形态，进而勾勒出这一民间信仰在山东和辽、吉、黑东三省的文化地图。

二、山东"闯关东"与辽宁"古渔雁"文化探源

"闯关东"是指清朝顺治至民国年间这一历史时期内，山东、河南、河北等地的贫苦农民去关东谋生的历史。鸦片战争后，清政府对边疆控制日益削弱，沙俄不断侵蚀黑龙江边境，清政府于咸丰十年（1860年）正式开禁放垦，虚掩的大门正式向流民敞开。"出关谋生者，日以众多"，山东、直隶流民更是"闻风踵至"，使东北终于成为一个"移民社会"。

（一）山东"闯关东"移民文化

300多年以前，山东人为摆脱贫困、谋求生存，或是民族矛盾斗争的激化，一股"闯关东"的浪潮席卷山东。齐鲁大地上的百姓们推着小车，挑着担子，冒着被惩罚的危险，偷偷"闯"过清朝当政者为保护"祖宗肇迹兴王之所""龙兴之地"、防止外藩蒙古入侵和汉人进入的柳条边，远离家乡用两条腿开拓出一条充满血泪的"闯关东"之路。

据统计，从清初到民国，"闯关东"人数超过1830万人，按历史学家路遇先生的研究，除去回返的人员，光在民国年间留住东北的山东人就达到792万人之多。

经过调查分析，清代山东移民东北大致有两种情况。

一是清初时期民族矛盾尖锐，反清斗争连绵不断，清朝统治者为了巩固其在中原的统治地位，采取了极其残酷的镇压手

图5 考察团一行在吉林梨树县蔡家村柳条边
遗址"赫尔苏门"

段,其中之一手段就是将"造反"者遣送边陲"烟瘴"之地,既可补充边陲兵员,又能垦荒生产。山东与东北毗邻,亦为清统治者之后方,故山东触犯刑律者多发配东北。此种遣犯,史称"流人"。

二是为摆脱贫困。17世纪以后,山东等地的农村人口大幅增加,当地高度集中的土地占有状况,迫使贫苦农民背井离乡,远赴东北寻求土地,觅食谋生。道光二十年(1840年)以后,清政府出于通过开发东北进而增加税收、缓解土地矛盾的目的,东北放垦弛禁,从此开启了移民东北即闯关东的新时代。此种移民史称"流民"。流民现象一直持续到民国时期,这就是所谓的"闯关东"。

山东人闯关东主要有水路和陆路两条路线。

一为水路：山东半岛与东北隔海相望，从胶东半岛最北端的蓬莱到辽东半岛最南端的铁山岛，直线距离不过100千米，自古以来胶东与辽东之间的海上交流就非常频繁，胶东一带的农民"闯关东"大多是浮海北上。

二是陆路：鲁西、鲁南、鲁北的难民大多从山东经陆路到辽东半岛，需环绕渤海经过山海关，再借道辽西走廊。他们跋山涉水风餐露宿数月，甚至一路乞讨，步行绵延数千里抵达关东，其艰难辛苦难以用言语形容。

清末民初，随着"胶济铁路""津浦铁路"等路段的开通，从山东可以直接乘火车到沈阳。这样就大大节省了路上所用的时间，但由于车票价格昂贵，很多人望而却步，大部分百姓还是拖家带口徒步跋涉。日本人小越平隆1899年在《满洲旅行记》中记载了当年真实的千里流徙图：

> 由奉天入兴京，道上见夫拥独轮车者，妇女坐其上，有小儿哭者眠者，夫从后推，弟自前挽，老媪拄杖，少女相依，踉跄道上，丈夫骂其少妇，老母唤其子女。队队总进通化、怀仁、海龙城、朝阳镇，前后相望也。由奉天至吉林之日，旅途所共寝者皆山东移民……[1]

"闯关东"可谓是一次移民壮举，其特定的"闯关东"路线及形成背景引人深思。调查认为，"闯关东"是一种社会历

---

[1] 《山东人闯关东的时候选择的路线是怎样的？》https://www.zhihu.com/question/29005471。

史移民现象，有自发的客观因素，亦有内在的政治影响。山东的贫苦农民迫于生计背井离乡地闯关东，来到关外创苦创业，说到底是为了改善生活，在死亡线上谋求生存的运动。深受儒家文化熏陶的山东人，固有吃苦耐劳、安贫乐道、勤俭持家的优良传统和家风，更容易在陌生险恶的环境中获得生存空间。他们历尽千辛万苦到达东北后，垦荒、经商，既无资助，又无保护，全靠一双手，闯出一片属于自己的天地，可以说山东人"闯关东"也是一种经济行为。加之后期清朝当政者的有意识引导，使山东人闯关东由半自发向官府主导过渡。成千上万的山东、河北等地的百姓"闯"进东北三省的土地谋生，极大地改变了东北地区的社会、经济、人口结构。

山东人到了东北，仍然延续着山东家乡的风俗习惯以及民间信仰。逢年过节，他们都会在院子里竖起高高的旗杆，旗杆上挂上灯笼，他们认为，旗杆越高，老家的乡亲们就越能看得见他们。老人们带着年轻人走出村外，朝着山东的方向磕头，向家乡的父老乡亲拜年，祈求祖先的保佑。同时，"闯关东"的山东人为这片"圣人没有走过的地方"带来底蕴厚重的齐鲁文化，使其迅速在辽阔的关东地区扩散，并与关东文化得到了融合并存。在事实上，"闯关东"现象使得齐鲁文化与关外浓郁的本土特色文化不断融合与碰撞，造就了当前独特、多元、充满活力的东北文化。

（二）辽宁盘锦"古渔雁"文化

辽宁盘锦市二界沟镇位于辽东湾北岸，是辽河入海口、辽河三角洲的前沿地带,这里有"涨潮为海、落潮为滩"的"渤海金滩",有史以来被誉为辽东湾第一渔镇。随考察团队来到这里,我似曾有回家的感觉,因为暮春季节这里的地容地貌、自然环境以及路上行人中的浓浓的乡音,仿佛回到了家乡山东。

去年我曾在山东大学听过辽宁大学江帆教授关于"古渔雁"移民文化的学术讲座,对此有了粗浅的了解。由于连日来的调研考察奔波,再加行前本人身体状况欠佳,到达盘锦后深感身心疲惫,但为了亲身感受"古渔雁"移民文化遗存,还是强打精神随考察团队前往二界沟。

图6 "古渔雁"文化名录项目传承人刘则亭先生讲授传说故事

"辽东湾好地方,潮涨流北上,潮落流南淌。早出乘流去,晚归顺潮涨……千年古渔雁,身随心神往。"在二界沟辽河口古渔雁文化遗产博物馆,看到满院、满屋的大铁锚、锈迹斑斑的锚链、各种造型的压舱石、粗粗的缆绳、杂乱一团的渔网……倾听非遗"古渔雁"文化名录项目传承人刘则亭先生的裹挟着浓厚历史风情的传说故事,好像是打了一针兴奋剂,连日来的疲劳不翼而飞,深深沉浸在二界沟镇所独有的"渔雁"文化的真实场景里。

　　古时候,有些没有远海捕捞实力的打鱼人(主要是来自华北的冀中、冀东地区),随着季节的变化,只能像候鸟一样顺着沿海的水陆边缘南来北往地迁徙,在江河入海口的滩涂及浅海捕鱼捞虾,过着生吃螃蟹活吃虾的渔猎生活。每遇到鱼鲜虾肥的地方,就留下部分人群半定居下来,其余的继续奔向更远的一处处江河入海口……后人将古代这些靠天吃饭、春来秋往的打鱼人称为"渔雁",意思是像候鸟一样的打鱼人。因这一群体沿袭的是一种不定居的原始渔猎生计,所以,辽河口民间称其为"古渔雁"。渔雁的行踪是水路、陆路并进,故而"渔雁"又有"水雁"和"陆雁"之称。

　　由海上来的称为"水雁"。"水雁"多是一条船上一家人,老婆孩子都在船上,又称"家眷船"。每年春天,辽河口海域的二界沟小镇一直是这一特殊的打鱼人群体——"古渔雁"的落脚聚集之地。他们在辽东湾的渔场上,下钩撒网,把打到的鱼虾或卖给渔行,或卖给小贩,然后买粮、水,再又出海,如此来往反复为生计奔波于海上。时至秋末,"水雁"又沿着原路返回家乡。

　　由陆上来的称为"陆雁"。每年正月初五左右,他们遵守着打鱼的时令开始集结,数千人汇集成一支浩浩荡荡的渔人队伍，徒步行走在辽西走廊的千里古道上（至今这条古道上的不少村落里还有二界沟人的亲戚朋友）。经过十几天风餐露宿，最后到达二界沟及辽河口的各渔捞地。"陆雁"没有船，渔具也很简单，只有渔叉、贝叉、小搬网、推虾网等小渔具，借着潮涨潮落在滩涂上采蛤扒蟹，也有的是给当地渔主扛活，给有船的人家打工等。秋末，一队队"陆雁"背驮肩挑地沿原路返回家乡。"陆雁"也像大雁一样按着渔季春来秋往，年复一年地往返在沿海岸上，从没有间断过。

"水雁"和"陆雁"都是从远古的年代就形成规律，按着季节来到二界沟的猎鱼人。每当他们从水路或陆路汇集而来时，辽河入海口海域又升起了渔家的风帆，响起了嘹亮的渔家号子声，沉静了一个冬天的二界沟就开始喧闹起来，桅如林，人如潮，形成了辽东湾最繁华的时令渔城。

图7 辽宁盘锦二界沟远航船厂内待修的渔船

"渔雁"人像候鸟一样迁徙,追逐鱼虾生存。春来秋往、经年不断地渔猎生活孕育发扬出的渔雁文化,既是沟通燕赵文化与东北文化交流融合的一种具有时代特色的地域文化,也是一部典型的中华民族的近海渔业捕捞史,它所蕴含的"不畏艰险、敢冒风险;走四海、闯天下"的"渔雁"文化,已经发扬、传承为地域精神。

1949年之前,"水雁"在辽河入海口处已经是濒临绝迹了。新中国成立后,渔雁又逐渐复兴起来。但随着人民公社的成立,一部分"渔雁"加入集体渔业队,大部分渔雁弃渔从农。现在,"渔雁"的行踪,在我国及世界沿海江河入海口早已绝迹,唯有盘锦辽河口湿地处仍存在着古代渔雁水陆迁徙的踪迹。至今,二界沟渔民还保留着迁徙的习俗,"渔雁"奔波耕耘在渤海、黄海、东海之上,穿梭往来于烟台、龙口、荣城、靖海、舟山等港湾河口之间,可以说是"古渔雁"文化延续和发展至今的活化石。

2006年,"渔雁"文化被国务院批准列为非物质文化遗产保护名录项目。行走在二界沟,无论是在码头、渔市,还是在造船厂,咸腥浓淡的河海气息,南腔北调的方言会话等,随处都可以让人感受到一股强劲的"渔雁"文化的味道,都在诠释着一种古老而现代的文化传承。[1]

山东的"闯关东"文化与辽河口的"古渔雁"文化同属于闯关东移民文化,都是海路与陆路两条迁徙路线,都延续着

---

[1] 赵振民《"古渔雁"人纪事》,2014年10月22日中国国家地理网;读盘锦丨第149期丨渔雁郭兴武。

原籍的风俗习惯以及民间信仰，都是迫于生计到异乡艰苦创业、垦荒（渔猎）、经商的经济行为，都是为了摆脱贫困而进行的一种生存斗争！由此衍生的"闯关东"精神是人与自然抗争、敬畏自然又感恩自然、不断发挥文化创造力的艰苦奋斗的精神。"闯关东"加深了中原地区与东北三省的联系，形成了关内与关外的文化纽带，让区域间紧密联系起来。"闯关东"形成了中原地区与东北三省共同的心理基础和文化意义上的动力，体现了文化的多元一体。

三、传统文化符号的流动与传承

人是文化、信息的载体，人的流动实际上就是文化的流动。随着山东"闯关东"浪潮叠起，齐鲁文化向关东地区大规模挺进，外来文化与本土文化交流也进入了一个新阶段。

在吉林省四平市梨树县蔡家村农耕文化博物馆，除了东北地区特有的靰鞡鞋、吊篮外，还有许多农业生产用品用具，如我熟知的犁、耧、锄、耙、碌碡、碾、叉把、扫帚、扬场锨等，这些琳琅满目而又熟悉的"老物件"勾起了我的乡土情感。一走上二楼就看到走廊尽头挂着的被称为山东高密三宝之一的扑灰年画中的"家堂轴子"。详细记载家族世系辈分的"家堂轴子"是传统谱牒文化中的一个分支，是传统节日期间族人们祭祀祖先摆设的重要物品。走进旁边的展室又远远看到挂在墙上的色彩艳丽、线条流畅、造型稚朴的高密扑灰年画"母与子"。博物馆里的这些许多在山东地区常见的日常生产生活用具和山东年画，正是随着"闯关东"历史进程，跨省、跨区域、跨族群文化的融合与发展的有力实证。

图8　吉林四平梨树蔡家村农耕文化博物馆里的被称为
山东"高密三宝"之一的扑灰年画

在随后的调研考察中,我们特别注意了解作为传统文化符号的年画在东北地区的流布情况。访谈中得知,早年在关东地区日常或春节期间张贴的门神、灶王爷等年画,大都是来自于山东,鲜见本土和其他地区的年画。天津杨柳青、苏州桃花坞和山东潍坊的杨家埠并称为中国三大年画产地。苏州距离太远,天津距离东三省最近,且水路、陆路都比山东方便,为何他们年画很少进东北地区,却由山东年画独占鳌头?这大概与东北地区的居民族群有很大关系。从这次考察调研的辽、吉、黑三省四市的情况来看,最保守的估计这些地区70%的居民,是来自山东的"闯关东"移民或"闯关东"移民后裔。他们虽身在异乡,但却割舍不下对家乡的思念和对亲友的牵挂。从小养成的生活方式和信仰习俗使得他们自觉或不自觉地选购或托人捎带自己喜爱熟悉的来自家乡的年画,以便挂在家里时时看着来排解乡愁。

4月30日,考察调研团队在黑龙江省牡丹江市爱民区三道关镇放牛沟村委会与"闯关东"的村民座谈中,村民张云庆老人透露出他家收藏有老的族谱[1]。当即,我们随老人来到位于村中部的家中。张云庆老人从其厢房里的小木箱中取出来珍藏多年、纸张颜色有些发黄的线装家谱。张云庆老人保存的从山东老家带来的、1914年敬身堂石印版四卷本《无棣张氏族谱》,

---

[1] 张云庆,山东无棣人,1931年出生,1951年5月应征入伍,在中央警卫一师三营一连十班任上士班长,曾为"延安五老"之一、时任中央人民政府内务部部长谢觉哉老人警卫排卫士。1954年1月加入中国共产党,荣立三次三等功。1957年9月复员退伍投奔其外祖父来到放牛沟。曾任放牛村党支部副书记,"文革"中无辜受冤枉批斗后未再任职。

有序文"家之有谱犹国之有史也","吾家旧谱成于乾隆初年迄今百有余岁,版即毁于劫火,而旧谱之存于各家者亦寥寥无几,此续修之所以不容缓也";由十五世孙张守宣、张守炎、张守谦续修(撰辑、参阅),十六世孙、十七世孙张树英等六人校录。族谱详细记载无棣张氏宗派、世系、行辈、祖训、族规、家法、墓田以及本家族世代相传繁衍和重要家族事迹等。内容丰富的《无棣张氏族谱》,是一份不可多得的、珍贵的家族历史文化遗产。

图9 张云庆老人珍藏多年的1914年敬身堂石印版四卷本
《无棣张氏族谱》

张云庆的父辈们在闯关东历尽苦难的路上，宁愿舍弃任何东西，却把别人当时认为不能当吃喝、难以果腹的族谱完好无损地带在身边陪伴自己。为的是经常提示自己不要忘祖，也为后世子孙能够有源可溯，有根可寻，"按图索骥"认祖归宗；同时，也在警示子孙们虽然身在他乡，但不可忘却自己的根在何方，以及对故乡的认同感。这是民众根植心底、自发的信仰力量，是人类本能的原始期望，也是中华谱牒文化得以传承发展的重要原因之一。

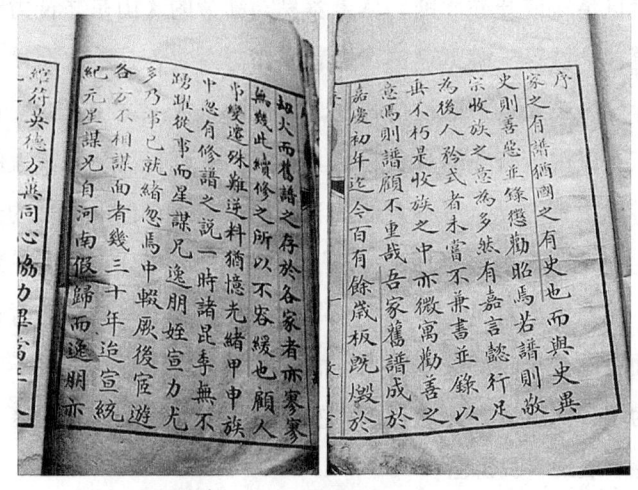

图10 《无棣张氏族谱》序文

"家谱"和"家堂轴子"同属于谱牒文化，记载着一个家族的历史传承情况。中国谱牒文化历史悠久，是中华民族一笔巨大的、珍贵的历史文化遗产。它和方志、正史共同构成了中国史学大厦，三者相辅相成、密不可分。同时，家谱的有些资料亦可弥补正史、方志之不足。从史料的角度看，"家谱犹国史也"。由于家谱资料内容极为丰富，作为中华民族传统文化的一个重要侧面，它的价值越来越受到社会各界人士的重视和关注。

四、"闯关东"的山东人

"闯关东"的山东人来到东北后，开始任劳任怨地用辛勤的双手创造未来。在东北的白山黑水间，他们或开垦土地，自给自足；或开办商铺，从事贸易。高劳的《山东之苦力》中写道："彼等于游览途中，能忍风霜雨雪之苦，敝衣褴褛，毫不介意……天黑不愿投宿客栈，常横卧于人家之檐下。"正是山东人民艰苦奋斗的真实写照。他们的辛勤付出超乎常人的想象，也正是这样坚持不懈地奋斗使得山东人在白山黑水的土地上生根发芽，顽强不屈地生存下来[1]。时至今日，社会发展安定，民众生活富足，"闯关东"这一社会现象早已销声匿迹，反而有部分早年闯关东的人怀念家乡，返乡生活。但也不乏一些为了理想的青年人或投亲靠友或自我创业来到东北地区实现梦想、展现自我价值。

（一）从"闯关东"到"闯山东"

"当年为了生计我们来'闯关东'，现在山东家乡发展快，我的两个儿子已于去年回到老家就业，我们很快就要回去

---

[1] 段雨霖、高志伟、康香莹、张婷《"闯关东"与东北文化流变》，《青年文学家》2017年第17期。

闯山东。"在黑龙江牡丹江市穆棱市兴源镇红岩村考察调研中，一位20世纪50年代由山东平度"闯关东"移民至红岩村的大嫂如是说。牡丹江市爱民区三道关镇放牛沟村、穆棱市兴源镇以及红岩村里有70%左右的人都是山东移民过去的，张口都是山东话，生活习惯也跟山东一样。这里的山东人分两种，一种是多年前随着祖上定居于此地的老山东人，一种是刚刚过去的新移民，但不管是哪种山东人，对于家乡的思念都是一样的。

图11　穆棱市兴源镇红岩村"闯关东"移民与闯关东文化的
溯源与民间文化生态考察团

事实上，随着改革开放的步伐，山东经济发展很快，许多东北三省的"闯关东"后裔们，纷纷带着妻子和孩子，一起回到了山东老家，早已有了回流的趋势。

山东社科院人口研究所一位学者认为，"返乡潮"现象早在1979年的时候就已形成。"1979年是山东人口迁移的一个拐点。1979年以前,山东的迁出人口大于迁入人口。但1979年之后,山东的迁入人口开始逐渐增多。每年少则数万,多则十几万。尤其是在烟台、威海等地区,近年来有不少楼盘被东北人成片买下。到了2000年前后,东北地区的不少打工者也开始涌入山东。"

山东省统计局有关人士分析认为,20多年前,持续了300多年的山东人"闯关东"现象宣告结束,取而代之的是"返乡潮"的兴起;在这股"返乡潮"中,伴随着一股来势更猛的"打工潮"。他们是真正来闯山东的![1]

（二）新生代的"闯关东"的山东人

虽然"闯关东"的山东移民兴起一股"返乡潮",但是与生活在黑土地上的"闯关东"移民群体相比,还是占很小的比例。绝大部分"闯关东"的山东人,特别是他们的后裔们,已不再是简单地谋求生存,而是在站稳脚跟、生活富足的基础上,追求宜居和更高品质的生活环境,提高家庭及个人的幸福生活指数。

1962年出生的杨富长,是典型的山东"闯关东"移民后裔（其父杨伟杰16岁时,从老家山东蓬莱到黑龙江省海伦衣铺做学徒,业余时间从事木头雕刻）,从小在父亲的熏陶下学习绘画雕刻。现为哈尔滨市道外区文联副主席,黑龙江省一级注册设计师,核桃雕刻非物质文化遗产传承人。其核雕及紫砂工艺

---

[1] 《历史上的"闯关东"：清朝康熙年间已开始》,人民网,http：//www.sohu.com/a/50701310_119694, 2015年12月26日。

作品多次获国家及省市各等次奖励。2014年在哈尔滨中华巴洛克历史文化街区设立《老街泥匠》杨富长工作室，为游客现场展示紫砂及核雕传统工艺，讲述哈尔滨历史、老道外的故事。2015年受聘于哈尔滨轻工业学校教授紫砂及核雕传统工艺。中央电视台四频道《记住乡愁》介绍山东人闯关东移民后裔在哈尔滨中曾经对其做过报道。

图12 核雕非物质文化遗产传承人杨富长（右5）与闯关东文化的溯源与民间文化生态考察团

同为闯关东后裔、原籍山东荣成的盘锦市民间文艺家协会主席、辽河民俗博物馆馆长张嵩，其参与创办的"辽河民俗博物馆"，建筑面积将近10000平方米，陈列固定民俗展品万余件。博物馆是集静态展示与活态传承于一身的文化综合体，"文创+民俗"为这里最亮眼的特色。博物馆在静态展示的基础上，突出活态传承的功能，研发设计民俗衍生品、文化创意产品展示销售，让展品产生价值、形成生产力；同时将餐饮与民俗品展示相结合，有"餐厅里的博物馆"和"博物馆里的餐厅"之称。获得"2017中国最具创意文化主题餐厅"荣誉称号。走进辽河民俗博物馆，就感受到浓郁的传统文化气息，参观并了解辽河流域衣、食、住、行、渔、牧、耕、贾、读等文化，看到了民间手工艺品的活态传承及创作，体验了现代高科技的互动，更感受到了劳动人民的智慧与中国精神。

穆棱市兴源镇的红岩村是闯关东移民及其后代居住的村落之一。20世纪50年代，由山东胶县闯关东来到红岩村的村民赵其华的儿子赵增宝，是红岩村现任党支部书记。他扎根农村，带领村民分类谋划发展产业，做好水土保持治理，想方设法增加村民收入，从而受到村民和当地政府部门的赞誉。

4月26日，我们走进辽宁省省级非物质文化遗产名录二界沟排船技艺保护单位——二界沟盘锦远航船厂。看到几十位工人，在炙热的阳光下站在硕大的木船上，挥动着手中的刨斧锛锤叮叮当当地进行紧张的工作。二界沟排船技艺，不但依旧保持着传统手工制造方式，而且工艺流程复杂，劳动强度非常大。主要分为安放龙骨、组装骨架、上船壳外板、安装茅棚、捻船五大部分，30多道工序，需要800多个工时才能完成，仅排船术语就有90多个。排船需要木匠、捻匠、铁匠等一应技术工种的通力合作，"掌作"是这个多工种团队中的技术领袖。具有30多年的排船手艺的张兴华，是二界沟唯一精通木船制作全部工序的"掌作"师傅。

图13　辽宁省级非物质文化遗产代表性传承人张兴华（右3）与山东闯关东文化的溯源与民间文化生态考察团

1964年出生、祖籍山东宁阳县的张兴华是新生代的"闯关东"山东人的杰出代表。1981年在家乡高中毕业后，怀揣着梦想，来到二界沟学习"旱作"木匠，三年后加入当时二界沟镇养贝厂船厂改做水作木匠。先后师从孙青山、李丛荣、赵俊海学习排船、修船技艺。张兴华天赋极高，加之自身不懈钻研，被二界沟乡亲们都认为特别"巧"（当地人喜欢用这个词称赞夸奖聪明伶俐、心灵手巧的人）。他身边的烟盒、船上的纸片，是他顺手抓到的"笔记本"，随时随地仔细观察记录与造船修船有关的各种事项。21岁时，张兴华就独当一面，成为排船大工，23岁就能独立制造排船。学艺有成、立志创业的张兴华创办的盘锦远航船厂，是二界沟唯一一家被国家农业部渔检局认可的排船工厂。船厂现有管理、设计、质检、车工、焊工、木工、捻工、铁匠等工种职工70余人。张兴华带领这支业务精湛、集各工种为一体优秀团队，潜心探索古老的排船技艺。2015年7月"二界沟排船制作技艺"被评为辽宁省省级非物质文化遗产名录；同年，张兴华被评为省级非物质文化遗产（二界沟排船制作技艺）代表性传承人。

张兴华善于钻研、勇于创新，对排船中"船型改进、做龙骨、做骨架、上大拉"等工艺不断进行完善改进。经他改进的捻船技艺，被大连、丹东等地借鉴；他应辽宁渔船检验局、辽宁渔船渔机行业协会邀请，对辽宁沿海各市木船船厂的特殊工种技术工人进行授课培训；他的排船技艺被收录到《木质渔业船舶木捻工技术培训教材》《辽宁地域文化通览·盘锦卷》等书；他被先后应邀到上海参加国家水产行业标准《木质渔船捻缝要求及检验方法》的制定，参加上海船史研究会、中国航海博物馆等单位的学术研讨会；他被聘为大连海洋大学硕士研究生专业学位的实践指导教师，辽宁省船舶检验局渔业船舶建造的兼职培训教师。2016年央视《大国工匠节目》播出了二界沟排船制作技艺传承人——张兴华。2017年5月，获盘锦市五一劳动奖章。

冯骥才先生在一篇论述非物质文化遗产代表性传承人的文章中说过，曾经有人说，人类的需求无非两种，一种是活着，一种是证明自己比别人活得优越。这话有些赤裸，但却很是一针见血！非遗传承人帮助百姓证明非遗项目资源的优越，这是优秀传统文化的价值观念的根基，也是优秀传统文化传承手法和发展的关键。代表性传承人其实就是热爱生活、懂得生活、珍惜生活、会生活的优秀人才！他们不仅在自己的生活中展现出与众不同的认知世界、认知自然的生活方式，还以自己与众不同的生活方式愉悦大众，教会我们如何更好地像他们一样的去热爱生活、珍惜生活的丰富多彩的生活方式。

知天命之年的张兴华，作为省级非物质文化遗产代表性传承人，是渔民口中的"掌作"，是船员尊敬的"安全操作教师"。他坚定、专注、执着，一方面认真地履行着传承人的职责和义务，另一方面他自己也在不断地学习。兴建辽河口排船博物馆，普及宣传海洋及渔猎文化知识和排船技艺悠久的历史；设立盘锦远航船厂微信公众号，不定期更新排船技艺保护发展研究及传统文化活动信息和当地时政新闻资讯，担负起教会大众热爱生活的重任；同时又承担着对古老的排船技艺这个资源项目的解构、重构的使命，要研究如何被更多的人认知接受。他真正成为一个有理想、有知识、有作为的新生代"闯关东"的山东人。

我们离开二界沟一个多月后的6月2日下午，二界沟盘锦远航船厂今年第一艘手工排制的长28.8米，宽6.2米，高6.4米的大型木质渔船顺利下水。这艘大型渔船，是张兴华率领的30余名木匠、铁匠、捻匠等工种的能工巧匠，用时近两个月，利用刨锛斧凿等传统工具，将150立方米的材质、造型各异的木料，采用如织如编、榫卯穿插咬合等古老的传统手工排船工艺，打造出高质量的渔船。这艘古色古韵浸透着排船匠人的智慧和汗水，满载二界沟渔民幸福生活希望的渔船，将在惊涛骇浪中放心远航！

"做一条船要长一回经验，把我的能力和我们大家的能力都给它发挥出来，把这个船做到更好，做成经典。"张兴华始终坚信，最好的船永远是下一条。[1]

五、几点思考

"一带一路"民间文化探源工程——闯关东文化的溯源与民间文化生态考察调研活动，4月22日启动至5月2日结束，历时12天，行程6000多千米，跨越鲁、辽、吉、黑四省的六市，参观考察20多个村落或传统文化、非遗项目保护单位。在考察调研活动中，遵照中国民协理论研究处王锦强处长在启动仪式上的指示，"一带一路"民间文化探源工程项目是在这一宏观的文化视野之下，扎根民间文化深厚土壤，立足当代文化生动实践，面向全球化深刻人文背景，开展的跨省、跨区域、跨学科、跨行业、跨族群的文化研究课题，旨在探寻文化生态培育良好方式，深谋未来文化发展长久之计，书写博大精深的民间文化时代华章。此次四省的考察调研活动，是对传统文化在现代社会的生存空间、利用空间和发展方向等问题的延伸思考，梳理了"闯关东"文化的跨界分布和在四省的地域精神，是对当地的文化传统、文化样式和文化基本脉络进行的串联和

---

[1] 《大国工匠张兴华：22道工序道道入微，手工打制渔船滴水不漏》，央视新闻网，http://www.ce.cn/xwzx/gnsz/gdxw/201610/04/t20161004_16487781.shtml，2016年10月4日。

解读。

(一) 地域文化角度的思考

四省六市、20多个调研考察点的地域文化特色鲜明。行走在广袤的黑土地上，听到是亲切的乡音，感受到浓浓的乡情，是"闯关东"这一移民文化纽带，使齐鲁文化、"古渔雁"文化、燕赵文化、东北亚文化、农耕文化相互交融，相互促进，共同发展，充分展示了中华传统文化的多样性、包容性。

"闯关东"移民，不只带来了更多的劳动力人口，为东北注入了新鲜的"血液"，更在开发东北的实践中孕育出的"闯关东"精神，对于相对落后的东北区域产生了较大的影响，起到了巨大的推进效果。大片土地的开发，推进了东北区域农业的发展；商品经济的进入，促进了社会形态的转化；人口的集合，加快了东北区域城市化开展的进程；关内文明的融入，促进了当地文明的昌盛；大批移民的到来，增强了对东北边远地方的维护与稳固。在大规模的移民运动中，也完成了跨区域文明的碰撞与交融，形成了独具魅力的关东风情。

(二) 社会学角度分析

中国历史上大规模的人类迁徙实际发生过很多次，朝代的频繁更迭，残酷无情的战乱和天灾横行，使得古代的中国人不得不进行很多次自发性或者被迫性的迁徙。从"洪洞县大槐树移民""湖广填四川"到"走西口、闯关东、下南洋"，以及今天东西部经济发展水平不均衡的格局下而产生的人口流动。

以辽宁省、吉林省、黑龙江省三省和内蒙古东北部统称的东北地区，幅员辽阔，人口稀少，是数量众多的山东"闯关东"移民集结区域，他们保持自己的文化，"聚族而居，其语言风俗一如旧贯"。他们可以不必改变自己，削足适履，去适应当地的社会风俗、宗教信仰，使用当地的语言文字等，从某种意义上说，东北地区文化就是齐鲁文化的平面移植，这同样是文化上的保守主义。时至今日，辽东半岛的人依然能够说一口流利的鲁东地区的胶东官话。

中国人民大学教授、博士生导师赵中孚在论及"闯关东"的意义时说过这样一段话："社会意义上，东四省区基本上是山东农业社会的扩大，二者之间容有地理距离，但却没有明显的文化差别。山东与东四省区之间，无论在语言、宗教信仰、风俗习惯、家族制度、伦理观念、经济行为各方面，都大同小异。最主要的是东四省区移垦社会成员，没有自别于文化母体的意念。"[1]

（三）民俗学角度考察

最初的"闯关东"移民是为了躲避战乱，摆脱贫困，才离井背乡；或拖家带口或孤身一人，一路艰辛奔波，来到关外投亲靠友，开垦荒山野坡，辛勤劳作谋求生存。这就是第一代闯关东群体的真实写照。第一辈移民对生养他们的家乡记忆深

---

[1] 福垠《闯关东者多为山东人，为什么东北口音中没有山东味道？》，新浪博客，http://blog.sina.com.cn/s/blog_175b93e0d0102y9mv.html，2019年2月1日。

刻，怀念甚深。少年时在故乡培养起来的口音、饮食习惯、行为举止以及风俗信仰都是难以改掉的，即使之后在这个新的地方生活大半生，也依然保留着对故乡的情怀和思念，以及一口正宗的乡音。

这次考察调研发现，闯关东移民的乡土情结相对集中。例如，牡丹江市爱民区三道关镇放牛沟村的移民大多来自山东的梁山县的拳铺、许集和鲁北无棣一带，穆棱市兴源镇移民大多来自鲁西南的菏泽地区（古曹州），红岩村的则来自山东半岛的胶县、平度一带。移民身份也大都是邻里、亲戚朋友关系。虽身在异乡，但说的是家乡话，吃的是家乡饭，干的是家乡一样的农活，亲帮亲、邻帮邻，乡土情结非常浓郁。所以，村落集体和谐发展，社区民众平等和睦相处，非常有利于社区和村落环境治理以及生产建设发展等方面的问题。

（四）"一带一路"民间文化探源

山东、吉林、辽宁、黑龙江分别为国家"一带一路"规划海上战略支点和新亚欧大陆桥经济走廊沿线重点地区。"闯关东"密切了山东与东北三省的联系，增进了鲁、辽、吉、黑四省人民的人文交流与文明互鉴，形成了关内与关外的文化纽带，深度融入共建"一带一路"，合力打造政治互信、经济融合、文化包容的利益共同体。东北人到山东，叫回老家，因为他们中的大多数人老家就是山东；山东人到东北，叫去探亲，因为山东人在东北到处都能碰到乡亲。这就是山东人与东北人割舍不断的联系，血浓于水的亲情。

山东第一代"闯关东"移民绝大部分是为了摆脱贫困谋求生存，但也有一部分民族企业为了企业发展，开拓企业经营空间，也踏上了"闯关东"之路来到辽、吉、黑寻求发展。哈尔滨巴洛克广场里的由"闯关东"移民兴办的"山东郝汉""烟台仁和永绸缎庄""继革大院"等商铺建筑遗存，就是"闯关东"移民商贸文化很好的例证。

图14　2019.5.1"一带一路"民间文化探源工程——闯关东文化的溯源与民间文化生态考察调研活动在黑龙江省牡丹江市圆满结束

随着时代变迁和社会发展，特别是东北三省经济转型起飞，为"闯关东"后裔和新生代"闯关东"移民提供了更广阔的发展空间。新生代"闯关东"移民年富力强，有文化有知识，尤其是生于斯长于斯的"闯关东"移民的后裔们，更加熟知当地的人文与环境，不甘于像他们的父辈一样面对黄土背朝天，过日出而作日落而息的小农生活。他们追求个人事业发展、追求生活质量和幸福指数，或求学经商、或从政从教，即便是留在农村的也已成为一代有文化有知识的新型农民。

我们这次考察调研接触到的辽宁盘锦市二界沟非遗传承人张兴华，辽河民俗博物馆长张嵩，吉林梨树县蔡家村原书记王志清，哈尔滨巴洛克广场核雕非遗传承人杨富长等，以及调研考察区域的大部分政府职能部门公务人员和企事业单位的管理人员，他们已成为当地发展的中坚力量。所以，建议我们的民间文化探源工程，也要从东北三省的各行各业，多维度、多角度去考察探寻。

（五）"非遗"的保护与传承

这次四省安排的调研考察点和讲解人员，大都是非遗名录项目保护单位和传承人。如青岛小龙山"秃尾巴老李传说"及传承人孙强、辽宁二界沟"古渔雁文化"及传承人刘则亭和"排船制造技艺""渔家号子"及传承人张兴华、吉林梨树县蔡家村柳条边遗址和农耕文化博物馆、黑龙江哈尔滨巴洛克广场"核雕技艺"及传承人杨富长等；观看的是"东北二人转""花棍舞""萨满舞"等民间艺术表演；沿途考察或就餐中品尝到的辽宁盘锦市的刘家果子铺的果子、胡记宝发祥的糕点、王把切糕等，吉林四平市的李连贵大饼、正红旗烧鸽子，黑龙江哈尔滨的"黏豆包"和横道河子筋饼等各级非遗项目、老字号和地方特色名吃。

在调研考察过程中，通过各级非遗传承人的讲解，当地陪同人员的介绍，与村民以及从业人员的访谈了解，当地民众非物质文化遗产保护意识较强，各项保护措施落实到位。非物质文化遗产已融入现代生活，成为民众的日常生活方式，体现出"见人见物见生活"的民间文化遗产保护时代中的人文理念逐渐深入人心。

辽泽之间的绿林豪客
——略论东北地域文化的隐秘一角

隋 丽[1]

绿林文化是辽河文化中一道独特的景观,作为一种特殊的文化基因也影响着辽河文明的发展,浸润着辽河文化的性格特征。在这段特殊的历史记忆中,充分体现了辽河人反抗社会压迫、不屈服于命运的生命强力。尽管这种生命力带有一定的扭曲性和逆向性,但在特殊的时代境遇之下,在历史和人生的夹缝之中,却显得轰轰烈烈,气壮山河。

"水性使人通,山性使人塞;水势使人和,山势使人离。"辽河流域的绿林带有鲜明的河泽特色,正如水之使人通,辽河流域的绿林走出了惯常草寇的狭隘与闭塞,他们广结豪绅,投靠官府,最终独霸一方,结成了势力强大的奉系军阀集团,甚

---

[1] 隋丽,文学博士,辽宁大学文学院民俗学专业副教授。研究方向为民间文学及东北区域民间文化研究。

至坐镇北洋。在国难当头,民族危亡之际,一些土匪大帮转身成了抗日队伍,一些绿林草莽成了抗日豪杰,写就了一段段抗日传奇。走进辽河的绿林历史,或许某种程度上更能接近辽河文化的血脉,更能触摸到辽河草泽之地的百年沧桑。

辽河流域从清朝末年开始就以盛产土匪而著名。"当胡子,不发愁,进了租界住高楼;吃大菜,住妓院;花钱好似江水流。枪就别在腰后头,真比神仙还自由。"这首流传于东北地区的民谣生动地再现了当年土匪们的生活。

辽河地区的土匪也被称作马贼、响马,因其善于骑马而得名。早年交通不便,马是最便捷的交通工具,此外骑马行动颇为方便,机动性较强。东北平原,地势平坦,骑马行动,来去飘忽,劫则出其不意,遁则迅如疾风。因此民间有"一人一马一杆枪,好吃懒做入大帮"说法。有位日本满铁研究者认为,"满洲所以容易出土匪,是由于满洲马的步幅与旱田垄沟的宽度很有关系。满洲马是驴子的血统,腿短、个儿矮,跑时迈小步四条腿紧倒腾着跑。因为马的步子和地里垄间的距离一致,所以有些土匪就利用了这一点,骑着马到处乱窜。"[1]

辽河地区的土匪还被称为胡子、红胡子,据说这种称呼起源于三种说法,一是早年土匪多用土枪,枪口有塞,系以红绒一绺,射击时去其塞并衔之于口,远望之仿佛红须,故有此名;第二种说法是当时匪人行劫,多有戴假胡须以恐吓人;第三种说法是当时俄国流放罪人,多在边界,往往越界勾结匪人

---

[1] 草柳大藏《满铁调查部内幕》,黑龙江出版社1982年,第153页。

劫掠，以俄人多须而红，故称"红胡子"。

在辽河干流中下游的台安地区，人们对土匪还有一种颇为形象的称呼，叫"红眼蒙"，这是特指在1947年秋天到1948年夏天活动在台安地区的地主还乡团。他们在辽河两岸打家劫舍，无恶不作，群众痛恨地称他们为"红眼蒙"或"红眼队"，暗指这些匪徒抢劫时穷凶极恶，都"红"眼睛了。

辽河流域绿林土匪的出现并非偶然，它是辽河流域特殊的自然环境和特定的历史境遇的产物。

一、自然生境因素

不同的地域和历史环境对人类群体心理和性格塑造会产生一定的影响，这已经成为很多学者的共识。法国历史学家丹纳认为，一个民族会永远留着他乡土的痕迹，尤其当他处于未开化的阶段时，只能受环境的包围，陶冶，熔铸；他的头脑会像一块完全软和而富于伸缩性的黏土，会尽量向自然界屈服，听凭搓捏，不能抵抗外界的压力。从某种程度上看，文化的生成，正是自然界的结构留在民族精神上的印记。纵观辽河流域的社会和文化发展进程，不难看出，辽河人的生计方式、生活习俗、思维观念等都与所处的自然生境密切相关。

（一）辽河天灾的无奈选择

绿林现象的出现也正是辽河流域自然生境特点在辽河人精神历程上的特殊印记，展现着辽河人与自然生境的共生共存，以及内在的矛盾与冲突。

恶劣的自然环境,生存的困境,是很多地区土匪成患的首要原因。辽河流域常年泛滥成灾,"辽河下梢,十年九涝",连年水患对靠天吃饭的老百姓来说无异于釜底抽薪,苦于生存无计,投身绿林便成为一些人被逼无奈的选择。

(二)辽河流域特殊的地理环境为土匪的生存提供了天然的屏障

辽河平原上河多水多,太子河、浑河、蒲河、辽河、柳河、小柳河、绕阳河、沙河、羊肠河、大凌河、小凌河等大小数十条河流和众多的沟汊穿境而过。每当雨季,河水上涨,大大小小的河塘、水坑、洼地也是汪洋一片,因此辽河中下游地区自古就被兵家视为辽泽之地,畏为险途。沟汊纵横的辽河中下游,植物生长茂密,尤其是丛生的芦苇荡、野草甸子,绿野茫茫,绵延数百里,形成了神秘的青纱帐,为绿林的藏身和活动提供了有利条件。"张作霖,好跑滩。"这首民谣说的是张作霖当年身在绿林,势单力弱,经常被其他土匪和官军追赶,那时,辽河流域的苇荡树林成为张作霖们有利的藏身之所。

(三)商旅往来,码头的兴起,辽河航运的发达成为土匪活动猖獗的诱饵

辽河航运历史悠久,早在汉魏时期就已经有了以军事为用途的水上运输,据《三国志·吴志》载,东吴孙权在公元232年"遣将军周贺、校尉裴潜乘海之辽东"。第二年,又"使太常

张弥、执金吾许晏、将军贺达等将兵万人,金宝珍贺,九锡备物,乘海受渊"。[1]这段记载表明孙权暗中与辽东的公孙渊往来,派船队满载金银珠宝和近万名兵从海上进入辽河,抵达辽阳。唐代唐太宗李世民率兵东征,辽河成为粮草运输的重要通道,粮草经海上进入三岔河,通过辽河运到襄平(今辽阳)。辽、金、元以来,辽河水路运输更加频繁,到了明代,辽河航线已经拓展到了开原老米湾,辽河中下游基本通航。据《辽东志》记载:"辽东地方自广宁至开原,旧有陆路不过300余里,洪武、永乐年间,海运边储船只直抵开原,今开原城西有地名老米湾是也。"[2]清代《柳边纪略》记载:"辽东金州旅顺口距山东登莱甚近,顺风扬帆一日夜可达,明时运粮运货往往由此。若永乐、宣德间海运则自旅顺口径达开原城西老米湾,旧址犹可得而考也。"[3]清中期以前,辽河航运主要以军事用途为主,清中期以后,随着对东北龙兴之地的封禁政策日益松弛,辽河航运上商业运输往来日益增多。辽河沿岸开始出现大量的码头。到1861年,营口开埠之前,辽河干流航线已达868华里,铁岭至营口连成一线,码头数量达到70多个,辽河航船"舳舻云集,日以千计"。[4]

辽河的航运一直到20世纪50年代之前在辽河中下游的台安境内依然有商船往来。尤其是在铁路和公路未建成之前,水运

---

[1] (晋)陈寿《三国志·卷四十七·吴主传》,中华书局1982年,第1136页。
[2] 金毓黻《辽海丛书》,辽沈书社1985年,第386页。
[3] (清)杨宾撰《柳边纪略·卷一》,中华书局1985年,第15页。
[4] 齐苗《晚清辽河航运研究(1840—1911)》,硕士论文,辽宁大学,2015年。

是唯一便利的交通的方式。辽河大小河流上，商船往来、货运周转，繁华一时。在辽河中下游地区就有田庄台、张荒地等比较大的渡口。商业活动及其巨大的利润成为土匪源源滋生与猖獗活动的诱饵。

清末，辽河上的盗匪日益增多，为了维护辽河航道的安全，清政府加强了河道的治安管理。1906年，清政府设立辽河巡船十艘，专门负责维护辽河治安。1909年，清政府又制定了《舟行团结章程》，章程共分八条，内容十分详尽。该章程对辽河航运船只数量、停泊地点、巡警职责做出了明确规定，同时指出为防盗匪允许船户携带枪械自保，但所带枪支"须报由地方官验明编号、烙印，并将该船户姓名籍贯详细注册以便稽查"。[1]这些记载说明了随着航运业的繁荣，匪患也成为影响辽河航运安全的重要因素之一。

民间流传有不少土匪在辽河横行的传说。传说威震辽西的巨匪杜立三（1880—1907年）在其17岁时，就开始单枪匹马地到辽河岸边行抢。杜立三胆量不凡，竟然只是用红布包着一个木头勺子，外表看起来像一把土枪，他持着这把木头勺子一天之内劫了16只由营口返航的粮船，所获甚多。那时候，辽河上船只往来频频，满载着从营口买来的各种杂货。杜立三站在岸边，手持大木勺子，限令每只船，要从此路过，放下买路钱，船家一看不敢惹，或多或少地都放下些银两或者元宝。后来杜

---

[1] 《谨将同江厅商务分会拟定舟行团结章程开摺呈送》，《奉天省长公署档案.JC110—4068》，辽宁省档案馆馆藏。转引自齐苗：晚清辽河航运研究（1840—1911），硕士论文，辽宁大学，2015年。

立三实力强大后,索性在柳条岗子渡口岸上搭起席棚,公然设临时"官卡",规定到营口卖粮下航船每只2元,由营口运货回航上航船每只5元,船商没人敢于违抗。当然民间也有关于杜立三行侠仗义,维修辽河水道的传说。

二、历史境遇原因

如果说上述地理因素是造成辽河流域匪患丛生的客观因素之外,那么,特定的历史境遇也是不容忽视的因素之一。

(一)东北自古民风彪悍

历史上在东北的土地上就生活着很多游牧和渔猎民族,如契丹人、女真人等,这些民族尚勇善战,成为抗衡中原政权不可小觑的力量。这些民族历史上主要活动于辽河流域以及东北高寒之地,生存境况十分恶劣。在与自然环境抗争的过程中,形成了东北特色的民众性格,蛮土意识、坚忍不拔的开拓精神,以及崇尚勇武、彪悍粗犷、豪爽不驯的性格。

一方水土养一方人,据《建州闻见录》记载,东北的少数民族"女子执鞭驰马,不异于男。十余岁儿童,亦能佩弓箭驰逐……出兵之时,无不欢乐,其妻子亦皆喜乐,惟以多得财物为愿。如军卒家有奴四、五人,皆争偕赴,专为抢掠故也"。"出兵之际人皆习惯,俱欣然相与曰:'去抢西边。'"[1]在辽河流域的绿林豪客身上,古已有之的彪悍民风也构成了他们

---

[1] 李民寏《建州闻见录》,辽宁大学历史系,1978年印本。

的文化基因，形成了辽河流域近代特殊的文化景观。近代辽河流域，尤其是辽西地区，依然是民风如此，青壮年男子习惯于骑马挎刀，以英雄自居。

（二）闯关东的移民潮使东北的土地上又增添了不安分的人群

在清代之前，东北地区虽然有建制和管理，但是地广人稀，村屯寥落。据《明季北略》记载：在1621年，后金大军攻下辽阳和沈阳之后，一度大开杀戒，"辽有金、海、复、盖四州，金、复多山，海盖濒水，乃驱四州之民近海，尽杀之。此天命初年事也，次杀穷鬼，以次年杀富户。如此三年，而辽民糜有遗者"。为了恢复东北地区的生产，清政府曾经多次从关内移民。从顺治元年（1644年）开始，实行移民奖励政策，拨关内各省人民来此开垦。清顺治八年（1651年），清廷颁布了《辽东招民开垦条例》，规定"凡移住之农民，每月供给食粮一斗，每垧垦地给种子六升，垦民每百人贷与耕牛二十头，其中食粮、种子于秋收后，如数归偿。""凡招来新民，归部遣官偕同县官，城中每丁给地基二绳，约三丈（二日）于野，每丁给地五绳（二十五亩），永为民业。"顺治十五年（1658年）还规定"还依开垦面积之多寡，决定地方官的升迁，或赐匾额，高悬门第，以示褒奖"。清政府的优惠政策吸引了大批的关内饥民，尤其以山东、河北居多。移民大批涌入，有力地推动了东北的屯垦。随着移民的涌入，东北地区的农业和商业、文化也逐渐兴盛起来。尽管清政府的移民政策多有反复，但是皇家的龙兴之地和绵延的柳条边还是阻挡不了浩浩荡荡的移民潮。

尤其是清朝末年，东北成为列强的觊觎对象，清王朝为了稳固边关，积极鼓励关内农民向东北移民。到20世纪20年代移民潮达到最高潮。1907年，清政府宣布东三省改制，正式把东北划为三省，而这年所作人口统计，为数高达14000000，而1891年东北人口才仅5510000。[1]此后，东北人口继续增长，到民国时期人口大大超过以往。"民国四年（1915年），东三省人口为20110100人，较八年前增加5653013人；民国十三年（1924年）人口为25706307人，较九年前增加4596207人；民国十九年（1930年）人口为29951000人，较六年前增加4244693人，平均每八年增加5164600人，平均每年增加645800人左右。"[2]随着人口的增长，外来移民的生计矛盾也日益突出，一些社会最底层的劳动者因生活无路或者豪绅压迫而被逼为匪的现象非常常见。

台安县八角台乃至周边地区的许多人的祖先都是顺治年间从关内拨民而来的。后来官至伪满洲国国务总理的八角台团练张景惠祖上即是河北永平府滦州县佘家庄人，因打死了一个横行乡里的翰林族兄，全户族逃到东北，后迁入台安落户安家。

---

[1] 赵中孚《一九二〇——一九三〇年代的东三省移民》，载《中央研究院近代史研究所集刊》第2期，第329页，参见胡焕庸《中国人口地理简编》，重庆出版社1985年，第29页。

[2] 赵中孚《一九二〇——一九三〇年代的东三省移民》，载《中央研究院近代史研究所集刊》第2期，第329页，参见胡焕庸《中国人口地理简编》，重庆出版社1985年，第29页。

（三）兵灾和腐败

清末辽河流域的战祸与兵灾是绿林豪客崛起的直接原因。辽河流域虽然地处东北龙兴之地，但是自鸦片战争以来，战火迭起，经历了中日甲午战争、庚子年俄军入侵、甲辰年日俄战争三场战争的洗礼。外国列强的战火给辽河两岸带来了巨大的创伤，不仅商船被掳，百姓遭劫，而且通过一系列不平等条约，将辽河上的渡口牛庄（后改为营口）设为通商口岸，打开了东北的大门，从此长驱直入。

随着日俄对东北肥沃土地和资源的觊觎，东北成为两个崛起的列强厮杀的战场。据资料显示，到光绪三十一年一月（1905年2月）中旬，日军已经在奉天战场的各条战线上集结了27万人的兵力，1082门大炮和200挺机枪。而此时俄军的力量包括33万人的总兵力，大炮1266门，机枪56挺。[1]日军和俄军在辽河两岸烧杀抢掠，抢夺物质，给辽河百姓造成深重苦难，物价飙升，百姓无力购粮。据记载，其中辽阳地区百姓食不果腹，饥寒交迫，民不聊生。为寻得生路，他们群起拥向俄军粮库，致使"俄军日夜不宁"。[2]"辽阳、盖平间，俄人修筑不暇，而马贼愈毁愈多，来去飘忽，俄人竟莫之何！"[3]

清军的无能和清廷的腐朽，使辽河两岸的百姓如同鱼肉，任人宰割。在这种动荡局势之下，一些青壮年铤而走险，寻求

---

[1] 周力《与世界相遇——近代东北叙事录》（下），吉林出版社2010年，第717页。
[2] 辽宁省档案馆藏《辽阳县公署档案》第14042号，张祖业遗稿，《日俄侵略军在辽阳的罪行资料纂辑》，《古今辽阳》1992年第2期。
[3] 《警钟日报》，光绪二十八年正月十七。

生路。另外,一些战后的散兵游勇,也流散民间,成为绿林的一大来源。一时之间,绿林蜂起,啸聚徒众,称霸一方。1894年,中日甲午战争爆发,清军四处招兵,仓促迎战。时年19岁的张作霖在战乱之中入伍投军,来到清末名将宋庆所部赵德胜营中马玉昆门下当兵,由于其"精于骑射",很快被提拔为哨长[1],后来又被调到宋军营务处,担任护卫。1895年,随着宋庆部清军的溃败,张作霖趁机回到了家乡,组织人马入了帮。清军在田庄台一战中失利,数万大兵,向北溃退,其中一些散兵开始边抢。当地的农民也纷纷拿起武器,以自保为名,四处抢劫,辽河两岸民不聊生。

据《辽海小记》记载,自"庚子年(1900年)后,日俄战役之交",东北的"陇畔耕夫"、筑路工人和"草泽枭杰",不堪忍受日俄等帝国主义和封建官吏的压迫,乘机而起。他们"以打逃兵,保乡里为名""夺逃兵之枪支,作自己之武器""俨然替天行道""独霸一方者有之,横跨州县者有之"。[2]

辽河流域台安境内的几股土匪大多是在这个时期起事的,冯德麟于光绪十四年(1888年)起事,滕占山、任朝武则稍后一点。张景惠是在1890年左右,杜立三是在1891年,张作霖约在1893年,而于芷山、洪福臣、汤玉麟、张作相、汲金纯、张海鹏等,都在1895年左右。至于赵芷香等,则在1900年左右。这些人在1900年左右组成半官方的武装团伙,割据一方。比较有名的,如冯德麟在高坨子;杜立三在青麻坎,田玉本在田坨

---

[1] 《中华民国陆海军大元帅张公行状》,《张大元帅哀挽录》第1编,第1页。
[2] 钱公来《辽海小记》,长春市东北生产管理局印,1947年,第29–31页。

子，高明岳在老大房，洪福臣在江屯，任朝武在西佛牛，张俊生（后为张景惠）在八角台，佟占山在富家庄，陈义寨（后是齐桢）在高平，栾佐庭（本人是地主）在高力房，杨尔河在沙岭，张作霖在桑林子（在八角台借地安营），苑连发在右卫。[1]从光绪十几年到清朝寿终正寝，短短十几年时间，辽河绿林烽烟四起，在政治腐朽，权力几近中空的辽河大地上，绿林几乎取代了清朝政府的控制和管辖权力，成为掌控一方的地方武装集团。

有一首描述台安地区土匪帮派的民谣曾经流行一时："冯麟阁占东山，青麻坎杜立三，洪福臣半边天，抢官夺印金寿山，一只眼闹得欢，海沙子到处翻。"这首民谣中提及的土匪都曾经是台安地区势力比较大的绿林帮派，他们都曾在莽莽辽泽间提刀跨马，纵横驰骋，威震一方。

三、绿林的转化

自古以来，绿林豪客多称霸乡野，虽然称霸一时，但颠沛流离的动荡生活，以及官兵的追讨、匪帮的火并都令这种绿林江湖险象环生。因此，投靠官府，晋身仕途，成为绿林人物的聪明选择。"受招安，当大官"是众多绿林人物的追求，在清末民初的辽河流域，这种现象非常典型，半官半匪，由匪入官，进而结成庞大的武装集团。当然，辽河流域绿林的发展变

---

[1] 数据来源参见李明申《辽海史料拾遗——绿林人物琐记》，内部资料本，第18页。

化与时事朝政是分不开的,既是清廷安抚地方、稳定政局的需要,也是百姓及乡绅护卫乡里的要求。台安地区绿林的转化带有典型性,体现了辽河流域绿林文化的突出特征。

(一)八角台会盟与组建乡团

1644年,清朝实行保甲法。对于绿林采取镇抚的政策,后来又进一步实行坚壁清野的措施,设立团练,配合政府剿匪。这些团练往往拥兵自立,为害一方。后来,各地的民间自卫组织纷纷兴起,保卫团、连庄会层出不穷。保卫团、连庄会等属于未经清廷批准的自发组织,其行为与绿林相差无几。因此,团练在某种程度上依然是半官方的绿林组织。

甲午战争之后,奉天辽西成了匪患的重灾区,社会动荡,民心浮动,万民劫难。正如光绪三十年(1904年)的《盛京时报》记述的那样:东北整个地区"陷于枪烟弹雨之中,死于炮林雷阵之下者数万生灵,血飞肉溅,产破家倾,父子兄弟哭于途,夫妇亲朋呼于路,痛心疾首,惨不忍闻"。[1]当时的奉天"盗贼遍野"。

为此,奉天当局决定在各地乡镇兴办"团练"。《奉天通志·军备志·乡团》详细记载了奉天乡团的产生的背景:"光绪二十四年上谕。沿江沿海各省举办团练,以辅兵力之不足,按户抽丁,挑选精壮,编练队伍,认真操练,以之军法治之,以期用命。通饬各属城中设立团练局,以公正士绅主之,户口

---

[1] 《盛京时报》,1906年10月18日。

多者为大团，每团练丁二三百人或四五百人。小团每百人或百数十人。富者出资，贫者出力。是年制军依奏，以奉天网户归入乡团。光绪二十五年，又奏于到任后，通饬各属举办民团，阖省府州县二十五城，共设一百五十团，每团三十人，并酌定团防章程八条，通饬照办。"奉天地区举办乡团并非独创，是效法沿海沿江各省的举措。清廷当局的官方指令一经下达，各地闻风而动，纷纷响应。

在团练兴起的过程中，士绅功不可没。在台安历史上，刘春烺、李龙石等人曾经扮演了非常重要的角色。可以说，没有刘春烺等士绅的大力保举和谋划，也就没有辽河绿林后来的风生水起，飞黄腾达。

据《台安县志》记载："庚子之乱，官兵溃散，盗贼横行，各属绅民办团者闻风而动。杂时地方糜烂，不堪匪扰，乃由辽阳、海城、新民、广宁四属士绅刘春烺、冯绍唐、德彬等代表，为维持地方公安，联名呈请大府招降胡匪若干，联成一大团，分驻辽海新广等处，保护地面，公推冯麟阁为团总，申明约束。于是年9月15日设局，成立大团，从此地方赖以安谧。"刘春烺等士绅以身家性命为绿林豪客担保，"取具农商保结，由冯君勒以什伍，勤加训导，认真约束。其共支之费，本年迎秋，明水粮运未通，盖藏不乏。拟每亩收粮三升，以牛斗为率，籍昭划一。河东总局设于高家坨（即今海城市高坨子镇）。河西总局设于八角台。"刘春烺等士绅的举荐得到了奉天将军的首肯，领取了"办理南路辽河两岸招抚局"钤记一枚及招抚局委员印札一份。9月13日，黄甲文人、地方乡绅、绿林豪客等会聚八角台的万福寺，经与绅商、绿林各界的广泛接触，反复协商。出席这次集会的黄甲文人有：李龙石、刘春烺、张锡龄、陶允恭、叶明哲、程九恩、林星垣等，时称八大朝臣。绿林界的有：冯德麟、杜立三、赵翠昌、黄德山、洪福臣、徐振凤、任朝武、佟占山、张俊生、马金锋、张景惠、汲金纯等，他们齐集在"万源合"烧锅院中，昔日百姓眼中的官匪势不两立，今日团团围坐一起共商会盟大事。在宣读《两河同盟书》后，大家焚香歃血，立誓于关帝庙，上告神明，由十月初一入局，绿林豪客与黄甲文人皆表示"恪守章程，分段出缉"，务必使"水陆为之一清"。

（二）士绅与绿林

士绅与绿林是中国封建社会中两个地位悬殊的阶层，从广泛的意义上代表着"文"和"武"、"儒"与"侠"不同的文化特征。然而，纵观中国文化史的发展，"儒"与"侠"并非对立，而是一种合流的关系。在余英时的《中国文化史通释》中谈到了上述观点，认为很多"儒"身上也体现了侠的精神气质，中国侠文化早已随着士化的过程传播到了儒林、文苑。在中国文化传统中，儒而侠是士的最高境界。乱世之中，那些志士仁人担负民族大义，不惜抛头洒血，为国捐躯，成为民族的砥柱。在中国近代史上，我们可以看到许多儒而侠的革命志士的身影。

在清末的绿林现象中，士绅与绿林结合在一定程度上也是儒与侠的合流。在八角台会盟中，士绅起着保人和监军的作用，士绅与绿林之间有着广泛而紧密的联系。清末民变蜂起，经过几次战争和列强的侵入，辽河流域已成为饿殍遍野的离乱之区。而此时官府疲于应对内忧外患，在乱世之中，一些黄甲文人、地主乡绅、富商巨贾也在寻求自保，广泛结缘于绿林豪客，组织庄会以求自保。而绿林豪客对黄甲文人也颇为倚重，希望借助于他们的影响和关系网络，能够为官方所接纳。另一方面，从深层的文化角度阐释这种现象，可以看到，二者的结缘更多的是源于他们身上共有的侠气。

在台安的史料中记载，冯德麟（字麟阁）进入绿林最早，开始以苇塘山林为家，后来结识了一些地主乡绅。他先与高坨子的秀才凌玉占发生联系。进入辽河以西地区后，遂与八角台首富刘春烺过从甚密。中日甲午战争（1894—1895年）后，为获得更大的势力，冯德麟携重礼去唐马寨镇西南的西泗河屯，与翰林院庶吉士冯绍唐认宗联谊。不仅是冯德麟，其余绿林人物也是这样：当张景惠进入绿林后，在他老家胡家窝堡拉成自家帮，胡家窝堡的文庠生王广元就成了他"底座子"里的支柱。张作霖在青草沟（即今台安县桑林子镇大汪村）重新起事时，就与大汪屯的秀才方克猷建立了联系。杜立三西行至小黑山（即今黑山镇）一带时，就与四间房的秀才杜恩波认为同宗……与此同时，台安县城郊乡十里村后王家屯的贡生张程九、民集村的文庠生陶允恭、孝廉张锡龄、黑山县胡家镇的举人孙鸿猷、海城市新台子镇西新村的拣选知县举人德彬等等，这些黄甲文人，以及众多的乡绅地主，都纷纷结交"私（绿林）官（清廷地方衙门及军队）两厢"。台安地区士绅与绿林之间的关系是中国近代社会乡村社会结构特征的典型体现，在社会权力控制薄弱的地区，乡绅与绿林所结成的关系网络构成了乡村社会的基本力量。而他们之间的交往则是互惠互利的，既是利益的结盟，也是相互制约、相互影响的互补。绿林与士绅士的稳固关系为八角台会盟打下了坚实的基础，通过黄甲文人身家性命的担保，这些生性桀骜不驯、豪放不羁的绿林人物成立大团，转身为地方保护力量。

张作霖的发迹和崛起与士绅也是分不开的。张作霖驻扎八角台时，与举人刘春烺、李龙石，贡生张程九、陶允恭、方克猷、杜泮林等就已经建立了密切的联系，还认张程九、杜泮林为义父。从一个绿林小卒，混迹为雄霸东北的安国君大元帅，没有这些士绅的影响、帮助和点拨，张作霖可能永远只是雄踞一方，难以成就后来的大业。善于用贤、靠拢士绅使张作霖多了几分绿林人物少有的智谋。据说大帅府中张作霖手书的"智深须有忍，将勇贵能谋"的字句乃刘春烺对张作霖面授机宜时所说的。与士绅的交往和联系，使张作霖的眼界超越了一般的草莽英雄，在混乱时局中终于脱颖而出，成为中国近代史舞台上一个举足轻重的角色。

（三）从草莽到军阀

八角台会盟，使辽河两岸的绿林组织纷纷变身，成了半官方武装。冯德麟的长子冯庸在《真忠真诚的张雨帅》一文中也回忆了当时的情形："那个时候，还没有盘山、黑山和辽中三县，在沈阳、辽阳、海城、广宁、新民这几县接壤的地方，因战争关系，在这个区域里面兴起了一些英雄人物。……乡绅们提倡组织乡团保卫地方。"

八角台会盟后，冯德麟充分发挥绿林老大的权威，收拢各地的土匪，对不服从调遣、不守团练约束的帮伙，使用各种手段，分别予以解散。据载：志朗轩入侵驼背子，冯德麟率队将其包围缴械。印兰亭、费希武率众攻入刘二堡，冯德麟出示招谕，予以解散。十一老疙瘩窜到刘二堡西的小西地，冯德麟率部予以围歼。山东帮的朱子荣有上百人的队伍，冯德麟也以检阅为名，予以捕杀。[1]一时之间，辽阳、海城、台安境内，无不慑服。

八角台会盟，兴办大团的事情也吸引了张作霖的目光。此时作为绿林晚辈的张作霖带领着一支"保险队"还在忙着跑滩，势力还很薄弱。张作霖看到，人单势孤只能终日跑滩，若成大业必要结成同盟。1901年春，张作霖经人引荐，进入八角台。八角台在张作霖的草莽生涯中是一个转折点，关于其在八角台的事略，在很多地方史志材料中都有介绍。

在《中华民国陆海军大元帅张公行状》中记载："庚子团匪肇祸，俄军南下，官军莫能亢卫，或劝公降俄。公曰：吾卫吾民，俄非所获罪也。吾岂肯为降将军乎，乃与故所善张景惠、张作相在八角台办团练。"频频遭受俄军和金寿山部的袭扰的张作霖投奔八角台，被八角台团练张景惠收留，并入了张景惠的团练。后张景惠见张作霖气宇不凡，深于谋略，能成大

---

[1] 详见白永珍主编的《辽阳县志》。

事，就将团练之职让给了张作霖。

关于张景惠让贤的事情后人有多种说法："老帅自幼聪明绝顶，凡乡间人情世故十分透彻。举止行为不拘小节，异于常人。"老帅一生崇拜关公，讲究光明磊落，说话一针见血，不怕得罪人，喜欢交朋友，朋友们很佩服他。叙帅与老帅商量说："你的聪明才智在吾之上，你为营官，吾来帮你，我们大家好有前程。"老帅说："反客为主，不够朋友的事，吾不做。"地方绅士知道了，很佩服叙帅之雅量与老帅之英明，乃请新民府将营官张景惠改为张作霖，玉成此事。那年老帅29岁，这是他发轫之始。[1]

张作霖入驻八角台后，开始谋划进一步投靠清廷，开始了政治生涯上的闯荡。士绅的支持是张作霖投靠清廷的第一步。1902年春，台安士绅向新民知府进言，称赞张作霖"近来守御惟力，别处盗匪不敢轻入"，为其请抚。这一年的八月初四（9月5日），盛京将军增祺派营官前往新民厅查抚姜家屯一带"练勇"。八角台绅商们知道消息后，立即前往充当张作霖的说客，恳请将该镇张作霖率领的马步团练"二百余名一并收抚，以期不负该勇等保卫地方出力"。八月十九（9月20日），赵玉清等人来到八角台，对张作霖的"练勇"进行了"查阅"。几日后，廖彭又给增祺写信密禀，建议将"悔过自新、诚心向化，将及一载，未扰乡民"的张作霖收抚。[2]

---

[1] 参见缪征流《我所知道的张大帅事迹》，转引自王洗尘《破译台安历史密码》，内部资料本，2012年，第82页。

[2] 参见周力《与世界相遇——近代东北叙事录》（下），吉林出版社2010年，第992页。

被收抚之后，张作霖卖力剿灭绿林同道，积极交好于增韫，终于获得认可。光绪二十九年二月初十（1903年3月8日），增韫向盛京将军增祺呈报："收抚降目打仗奋勇，纪律严明。则以张作霖为最。"这样张作霖在八角台的人马被整合为新民厅巡防马步游击队，张作霖被提升为管带，张景惠为帮办，张作相、汤玉麟等被提拔为哨官。张作霖以八角台为依托，一方面剿匪，一方面招抚，势力不断壮大。

到了民国时期，这些从八角台走出去的绿林人物都已经升任高官，成为民国时期东北军事力量的中流砥柱和中国近代史的风云人物。其中孙烈臣成为张作霖最信赖的心腹干将之一，生前在奉军中的地位仅次于后者；张景惠官至仅次于溥仪的伪满洲国的国务总理大臣（之前曾任北洋政府陆军总长、南京政府参议院院长等职）；冯德麟历任民国二十八师师长、清三陵督统（正一品）；曾经是张作霖过命兄弟的汤玉麟于1926年任安国军第五方面军第十二军军长，东北易帜后由国民政府任命为热河省政府主席兼第三十六师师长；张作相人称"辅帅"，1930年9月，张学良率东北军主力进关，张作相留守东北，任东北四省留守司令，驻沈阳大帅府，主持事务。[1]

这些绿林人物成了后来的奉系东北军阀的主力，跟随张作霖入主北洋，称霸东北。张作霖也由绿林中的一名小卒，攀爬上一个又一个台阶，由清军管带、巡防统领，奉天省督军、东三省巡阅使，直至安国军大元帅、东北王。对于张作霖，后世

---

[1] 参考王洗尘《破译台安历史密码》，内部资料本，2012年，第101页。

评价不一，但是能够在乱世中发展壮大，应该称得上是一代枭雄。一位研究土匪现象的外国学者这样评价张作霖："随身携带枪支的好汉，具有天赋的非凡领导才能，既有开拓的勇气，又有灵活的外交手腕；他非常善于捕捉时机……知道什么时候该打，什么时候该谈，什么时候该集中精力建设他的队伍。正是因为具备了这些品质，才使张作霖以后具有不同凡响的成功。"[1]言之如是，一代枭雄，张作霖实至名归。

"以武装实力为基础，接受政府招抚，匪徒收编为地方武装，匪首委任官职，仍统率原班人马。"[2]这种由匪为官的发迹途径刺激和膨胀了绿林的野心，他们纷纷效仿。在辽河流域动荡的时局中，在真空的政权统治下，辽河绿林发展成声势浩大的东北军阀武装，"不当胡子不当官"，辽河绿林这种发迹的轨迹成为清末民初绿林烽烟中最为典型的代表。

四、绿林的气节

说起土匪，很容易令人想起那些劫富济贫、除暴安良，风高放火、月黑杀人的绿林豪客。"乱世英雄起四方，有枪便是草头王。"作为历代社会边缘群体，政权体制中痼疾的绿林，在中国由来已久，可以追溯至秦汉之际的游侠。在司马迁的《史记·游侠列传》中就记载："自秦以前，匹夫之侠，湮灭不见"，"以余所闻，汉兴有朱家、田仲、王公、剧孟、郭

---

[1] ［美］菲尔·比林斯利《民国时期的土匪》，中国青年出版社1991年。
[2] 田志和、高乐才《关东马贼》，吉林文史出版社1992年，第67页。

解之徒。"相传郭解在关东一带很有名气,其父曾是任侠,被汉文帝处以死刑。郭解继承了父亲的遗传基因,自小就寡言残忍,稍有不快,便与人白刃相见。但是他也有慷慨侠义的一面,深得民心,被称为大侠。后势力壮大,为汉武帝所杀。

(一)绿林义匪

绿林是一个鱼龙混杂的复杂群体,其中不乏盗匪惯偷、江湖恶人,但也有很多英雄豪杰,从汉代游侠到水泊梁山的好汉,中国的绿林史上从不缺乏这种另类英雄。在绿林文化史上这些人被称为义匪。义匪奉行的是杀富济贫、替天行道,于乱世中并起,伸张正义,深得民心。当然,在他们身上也亦正亦邪,同时保留着绿林的劣性。

"义匪"是中国古代"侠"的演变,保留着诸多"侠"的特征。"侠"风范经过历代的演变虽有不同,但是"侠"的一套伦理规范和精神却相对固定,比如言必行、行必果、诺必成,重义气、高度的群体意识等,这些价值观念在中国民众中一直以来获得高度认同。虽然义匪"以武犯禁",为当权者所不容,但是在民众中还是获得了广泛的道义支持,是绿林中一个特殊的群体。

英国的马克思主义者、著名社会史学家霍布斯鲍姆把这些义匪称为"社会匪帮"。他写道:"社会匪帮是一些被国君和政府视为罪犯的农民歹徒,但他们存在于农民社会之中,并被人们奉为英雄、胜利者、复仇者、为正义而战的斗士,也许甚至被看作解放的领导人,并且总是受到钦佩、帮助和支持。"

义匪是社会体制的一种反抗力量，在辽河绿林中不乏其人。尤其在"九一八"事变之后，东北三省沦为日本的殖民地，辽河绿林中很多人都纷纷参与抗日，他们高扬爱国旗帜，组成抗日组织，成为在东北沦陷区与日军作战的重要民间力量，彰显了东北绿林的民族气节。

辽河流域的义匪是辽河绿林现象中不能忽视的一点。在史料的钩沉中，可以看到很多这类义匪的身影。在台安有个地方叫樊家窝堡，据传说此名的来历是为了纪念一位叫樊天象的侠肝义胆的英雄好汉。樊天象，明朝末年人，他武艺高强，不畏强暴，因为贫困，从外乡流落至台安远家庄安家落户。不料屡遭受当地恶地主的欺凌，奋起反抗，手持大刀，严惩恶地主，并开仓放粮，救济乡亲，后来参加农民起义队伍。人们为了纪念大刀樊天象，就把远家庄改为樊家窝棚。甲午战争后，牛庄有一位铁匠，叫赵志刚，也是一位义士。为人有胆有识，路见不平，慷慨拔刀相助，深得当地民众爱戴。一次，有个恶霸地主逼令佃农将其女儿押为侍女，赵志刚义愤不过，深夜迁入地主宅院，杀死恶霸，救出被绑的佃户女儿。后来他组织了数十人的穷人队伍，杀富济贫，为穷人出气。赵志刚后来加入同盟会，参加反清斗争，辛亥革命时，不幸因被部下出卖而牺牲。还有一位名叫高鹏振的义士，家境富有，性情豁达，曾就学于沈阳文登书院，返乡后广交侠客义士，习文练武，以诗酒酬唱为乐。1922年某日，高鹏振在郊外射得一只狐狸，被东北军混成第二旅的一位营长知道了，非要夺为己有不可，高鹏振说什么也不给他，这位营长竟恼羞成怒，派人抢去狐狸，还把高鹏振绑至营中,毒打了一顿。高回家以后,越想越气,心思一横,持枪寻回军营,将营长及其小老婆击伤,然后拉起一支绺子,报号"老梯子",只抢大户、不扰百姓,他为匪10余年,据称从未杀过一名平民百姓,没有烧过一次民房,没有奸污一名妇女,被当地民众称作"大爷"。这些揭竿而起的绿林身上皆有着草寇与英雄的双重气质。

(二)土匪大帮转身为抗日组织

在中国近代史上,辽河流域不仅遭受着自然界的洪水肆虐,也备尝列强凌辱、山河破碎、故国沦陷的屈辱。在这片多灾多难的土地上滋长的不仅是生存的本能,也有反抗的力量。"九·一八"事变之后,在辽河流域广阔的大地上,抗日爱国之火此起彼伏,此时,很多绿林组织也纷纷投身抗日热潮,张海天、项青山、盖中华等绿林好汉是其中比较著名的。这些人虽多为绿林出身,却皆有民族气节,他们纷纷率领武装,跨战马,持刀枪,在辽河两岸与日军展开殊死搏斗,成为威震黑土地的一支抗日义勇军。

"九·一八"事变后,原奉系将领黄显声是东北义勇军的缔造者,随着东北军全面撤出东北,东北抗日的主要力量变成了散落民间的爱国军人、绿林组织和普通民众。东北抗日义勇军是义勇军、救国军、自卫团、山林队等抗日武装力量的总称,最全盛时期,曾发展到30万余人。

绿林是东北抗日义勇军中的主要力量,"曾为土匪者,约占百分之二十"[1]。1931年"九·一八"事变之后，为了团结各种抗日力量，黄显声将军派其部下程拓松担任匪团的招抚工作，携带巨款前往辽西各县招抚各地匪首50余人，并使这些被招募的匪首各自又招收新兵，其条件如下：自备手枪者当可给予月薪现大洋30元；凡率武装匪团100人以上者，以上尉待遇之；率领武装骑兵250人或步兵500人以上者，当任为少校营长；率领武装骑兵500人或者步兵1000人以上者，当任为少校团长；不满100人之部队，当俟与其他部队合并，俟达定员额后，派委员检阅，然后付给编成费；以上部队可暂时潜在各地化成良民；若战争勃发，则起而妨碍日军行动。[2]曾任张作霖副官长之职的李少白也接受接张学良的密令，组织和招抚民间绿林。"闻该匪团人数约达一千人，加以溃兵及十九旅兵等，则达两千人之多，为匪首天龙指挥"[3]这些拥有一定武器和装备的绿林组织，活跃于日军后方，给日军造成了不少困扰。

国难当前，也有一些绿林组织，投靠日本人，充当了日本侵略东北的帮凶。日本占领沈阳后，指使关东军司令部特务员仓岗繁太郎、松本德松、道源元助以1万金元收买豢养多年的汉奸凌印清，使其招收辽西各地土匪组织"东北民众自卫军"，由日军供给步枪300支，机关枪6架，手枪24支，子弹7.8万粒，征发民车12辆，设总司令部于海城腾鳌堡。经四处以金票收买

---

[1] 抗日救国会《东北义勇军概况》，1932年，第17页。
[2] 《盛京时报》，1931年12月26日。
[3] 《盛京时报》，1931年10月13日。

土匪共300余人。《盛京时报》载："凌之兵力，实达八万人左右，其中且有骑炮兵各千名，此外尚有飞机两架，机关枪八架，手提机关枪一队，另有勇士一团，编成一大刀队"[1]被收编的土匪编成伪军。另外也有些一度被收编的绿林，携带者日军提供的武器装备等转投抗日，参加了黄显声的抗日义勇军。

（三）绿林草莽中的抗日豪杰

在"九·一八"之后，辽河流域的绿林中涌现出了很多英雄好汉、抗日义匪，他们身上的民族大义，体现了辽河流域绿林的气节，也重新诠释了"侠"的本色。辽河流域是日军入侵东北的前沿，"九·一八"事变发生在浑河北岸的沈阳城，东北绿林抗日的火种也是在这里点燃的。

1931年10月13日，盖三省、震东洋、小北侠、齐李靖、镇华北、张国威、草上飞、赛叔宝、盛重根、赛张良等联名致函哈尔滨报馆并电请政府当局主动请缨抗日，他们在信中说道："大主笔侠鉴，国难当头，人民之责。此次暴日变乱，中外切齿，盖等甘愿牺牲一切，与之偕亡。……国家兴亡，匹夫有责，盖等幼读圣书，粗知大义，虽居绿林，亦中华国民一份子。……易若合四万万头颅铁血，与倭奴共没于沙场，以于亡中求存。相信以我十人百人之身首，换彼倭奴一人，我黄帝子孙，犹可图存，则死者尽为捍国厉鬼，生者亦可免为亡国贱

---

[1]　《盛京时报》1931年10月28日。

奴。"[1]绿林豪杰在国难当头，选择了一条抗日救国的道路，他们调转枪口，奔赴沙场，书写了新的传奇。

1931年，目睹国破家亡，外敌入侵，绿林首领高"老梯子"（名高鹏振）召集一些东北军下级军官和绿林武装，举旗抗日。1931年10月10日，正式成立"东北国民救国军"，推举高鹏振为司令，下属四团。参加抗日的土匪首领主要有：大山字（名包铁山，第一团团长）、老来好（名刘世祥，为第四团团长），大海（名安民海）、海山（名谢海山）、海龙（名田勤）、双龙（名李向荣）、大老疙瘩（名金宝山）、四海（名高振山）、爱国（名金永祥）、靠天红（名赵海山）、大海、德山、战东洋、四虎、老营长、铁侠、救国等400余股，约3000余人。[2]原东北军将领耿继周所领导东北民众抗日义勇军第四路成立后，高鹏振被编入为第一师第一旅旅长。时参加耿继周部的绿林武装还有：君子仁（柴玉书，第一师第二旅旅长）、大山字（朱绍山，第二师第二旅旅长）、老巨（洪树甲）、大明字（戴盛林）、王三省、刘成久、平东洋等队伍。1931年12月15日，耿继周率高老梯子、君子仁、老巨等攻打新民县城，与日军激烈交战。是役，"毙敌八十余名，我军伤亡官兵二十余名，获步枪六十七支，手提式机关枪两架，子弹五千余粒"[3]高鹏振的队伍先后转战于彰武、康平，内蒙的库伦、通辽等地，给日军以不小的打击。1937年抗日义士高鹏振为部下

---

[1] 《申报》1931年10月18日。
[2] 田志和、高乐才《关东马贼》，吉林文史出版社1992年，第237页。
[3] 抗日救国会《东北义勇军概况》，出版地不详1932年，第33页。

双胜杀害。

此外，在辽西地区还有很多绿林义匪参加了抗日活动：主要有韩荣久、张发、北梯子（高青山）、许邵武、胡荣山、苏占北、四海红、占山（王占山）、李海、铁牛（陈崇山）、振东（刘振东）、海山（谢海山）、李寿臣、李树珍、王臣、大峰子（邓云峰）、坐山（刘明和）、大同子、串地龙、平东洋、史义、大奎子（唐占奎）等[1]都分别参加了在辽西各地的义勇军或抗日活动。

报号"老北风"的张海天在当时的抗日义匪中，名气很大。伪《泰东日报》曾报道："蟠踞辽西一带，老北风势不可挡！"老北风，名张海天，原名张贺年，1890年出生，辽宁省海城县九台村（今属台安县）人。九台村位于辽河下游，十年九涝。张海天家境贫寒，世代为农。1912年，辽河发了大水，九台村一带颗粒无收。为求生存，张海天父亲带领全家辗转迁徙，后在郑家屯附近落了户。23岁那年，张海天到警察分所去当杂差。由于不甘忍受所长的打骂之辱，决意投身绿林，从警察分所偷出几支枪，投到报号"老头票"的匪伙入了帮。

从现存的老照片中可以看到张海天身材高大魁梧，仪表堂堂，眉宇间英气勃发，很有气概。张海天遇事胆大心细，为人大度，精于骑射，深得众望。很快就被推为"炮头"，成为绿林首领之一。

1931年，日本帝国主义发动"九一八"事变，30余万东

---

[1] 参见潘喜廷等《东北抗日义勇军史》，辽宁人民出版社1986年，第155—178页。

北军未做抵抗便将东北大好河山拱手让与了日本人，很快，日军占领了辽宁全境。张海天面对日军横行，百姓流离失所的社会现实，决心不做亡国奴。他召集部下说："原来当土匪是想升官发财，这回鬼子打进来了，国没了，家也没了，还升什么官？发什么财？要不打日本，还有什么人性？还算什么好汉？"张海天扛起了抗日大旗，报号"老北风"。"北风"是麻将中的术语，意为本庄的上家，可以控制本庄的。当时日本关东军司令官名字即为本庄繁。"老北风"的报号显示其与日本人血战到底的决心。

张海天率部在辽南一带烧毁日军粮草、摧毁铁路、惩治汉奸，令日本人闻风丧胆。捕杀伪军司令凌印清是"老北风"抗日活动中一次成功的行动。1931年10月，汉奸凌印清受关东军指使至辽西一带收编土匪，成立伪军，老北风、项青山、盖中华等为骗取凌印清的军械，一度假意受降，骗取了凌印清的信任。1931年11月18日，张海天、项青山等人率队包围凌印清驻地，活捉并枪杀凌印清和其日本顾问仓岗繁太郎等，大长了中国人的志气，一时声名大振。后被黄显声编为东北民众抗日义勇军第二路军，项青山为司令，张海天为副司令，各地土匪闻风归属，"队伍由3000人迅速扩大到5000人"。[1]1932年5月，抗日救国会将辽宁和热河抗日义勇军划编为五大军区，张海天被任为第二军区第三路军总司令。

"老北风"等抗日组织的打击，使日军侵略东北的步伐步

---

[1] 田志和、高乐才《关东马贼》，吉林文史出版社1992年，第237页。

履维艰。但由于蒋介石的不抵抗政策，一再电令东北军退入关内，致使日军得以长驱直入。东北军全部退入关内后，"老北风"等抗日队伍，继续浴血奋战，1932年1月16日，"老北风"进攻驻沙岭镇的日伪军，收复沙岭镇。2月18日，"老北风"率部直捣牛庄，缴获了许多军械物资。不几日，他又乘胜出击围攻营口，袭击辽中县，占领了老鹳坨、六间房村；6月，"老北风"率部攻克台安县，打开监狱，救出被关押的抗日爱国人员；7月袭击海城，打败了前来围剿的日伪军，并将闵家房的伪警队缴了械；8月，"老北风"在项青山等部的支持下进攻营口，战斗中将日军少佐阴山、少尉忠直等10余人击毙。"老北风"部取得的一系列的胜利，使其声威大振，也令日军头痛不已。在日军的围剿之下，"老北风"率部退入热河，后在辗转抗战中，队伍被打散，"老北风"回到北平疗伤。1939年5月28日，老北风去世，时年50岁。

除了"老北风"外，在辽南活动的抗日组织中也有不少人是绿林出身。吴宝丰（三胜），兵力3000余人，活动在辽阳、辽中、海城、盘山一带；沈宝琳（燕子），兵力3000余人，活动在辽阳、本溪三角地带；顾冠军（靠天），曾在伪军王殿忠部当队长，1932年3月反正，收编了大武龙、小武龙、大鹏、双山等土匪队伍，活动在营口、海城、岫岩等地区，参加过邓铁梅、刘景文攻打岫岩、黄花甸的战斗。[1]

尽管在国土沦丧，家国尽失的危难之中，辽河绿林人物也

---

[1] 黑龙江社会科学院地方党史研究所、东北烈士纪念馆《东北抗日烈士传》第一辑，黑龙江人民出版社1980年，第273页。

曾有过摇摆，但在东北抗日史上，辽河义匪的功绩是不能抹杀的，他们的爱国气节与民族情怀为辽河的绿林文化注入了不可多得的正义与侠气。绿林的正与邪，待与后人评说。

闯关东年画调研记忆

曹保明[1]

　　人类将会有多少人们迄今为止还不知道的事情其实默默地隐藏在自然的深处或生活的底层。今天人们才知道，在大东北茫茫的荒原和黑土之上，有一种重要的文化事项——闯关东文化事项，这是一种在自然与记忆中行走，这是我多年田野考察的又一个更深入更具体的抢救实践，也是这次中国民协"'一带一路'闯关东文化"调研的专项体会。看起来，我所抢救的事项发生在从清中叶到眼下也不过就是二三百年的事，但是依载着这种记忆的土地，在这几百年里变化太大，大到我们已对它陌生了。环境本来是盛载记忆留住记忆的地方，一旦它走了样，记忆便会在这里变得模糊或彻底消失。但现在的要求是，我们必须在这种变化了的环境里去寻找，去捕捉那走失的记忆并记下。冯骥才主席告诉我，在记忆中行走其实是一种思想感受和行为感知，它极具科学性。记忆的寻找首先要寻找到记忆

---

[1] 曹保明，东北地域文化学家。

发生地。然后是寻找到记忆保留人或记忆传承人。寻找记忆发生地的方法在冯主席的学院中是他需要讲述的近42个课时的内容。但其中已包括到田野中去进行抢救记忆和探研记忆的实践。因此我十分珍惜这次对闯关东专项调研木版年画的踏查实践。这次实践的收获与体会将会与人类抢救口述文化探索人类记忆传承特征的珍贵实践一同被载入人类的文化史与活动史。这次考察的初衷和主旨都是在中国民协和冯骥才主席的理论指导下和实践方法的认同下去开始和布置。先是找到记忆发生地。经过两次的确认，我们已确认到吉林西部白城地区的的通榆县是闯关东年画的发生地了……

通榆属于吉林省西部的白城地区。那里是一片荒凉的土地，就是人们常说的八百里瀚海。我们的考察组是富有而又贫穷的。所说的富有，是因为这个选题得到冯主席的高度重视和关注。有两次，我的心底发热。冯主席在手机中给我发信息：东北天冷雪大，你腿不好。千万别冻了脚……过年了，别人都在家中团聚。我知道，你，还有一些文化遗产的抢救者、保护者却在路上。保明，我向你致敬……冯主席的信息，看得我热泪盈眶。我觉得我们的工作是那么富有意义。

但是，我们又是穷困的。这次普查考察，没有任何经费，我自己掏腰包。甚至有几次我都是住澡堂子或最便易的小店。我不愿惊动地方。同时与我进行考察的白城博物馆的宋德辉也是开出自家的车，让司机桑兄日夜奔波。更难忘的是通榆原老县长刘志成，他一次次地陪我们走向荒凉的沙原和偏远的村落；而工作人员通榆交通局的董革家里冬天都舍不得买煤却开出自己的车拉我们下乡。为了走夜路或长途疲倦不出事他甚至把妻子小胡也叫上,却把孩子一个人孤零零地扔在家。我们的抢救,是在一种凝聚着文化的亲情中进行。一次,车坏在风雪弥漫的沙窝头子荒苇里。老县长,李向荣,德辉,董革,我们一大帮人,在风雪中啃着冻馒头。

抢救记忆的行为有时是那么朦胧,甚至让人可笑,这种荒凉的草地上有文化的记忆吗?这是因为光阴太久远了。事件也太陌生了。记忆的传承者其实是隐匿在岁月的久远的历程中。最让人痛苦的是当你千辛万苦地寻找到了线索,但是记忆的传承者已不在;或者病了;或者已苍老得再不能述说。这一次,比如我们在开始找到闯关东年画的第四代传人李向荣时,听他说他的父亲已经八十多岁并得了脑血栓已不能说话不能接待任何人时,我又想起了冯骥才主席的那句话:记忆抢救,其实是一种信心。当你认真去寻找一种东西时,那种东西一定也在寻找你。

我当时深深地感受到了他的话的意义和实用价值。我决定不能放弃这个记忆的持有者。毕竟已经找到了。哪怕他不能说话,哪怕他不能接待我们,可是看上一眼,照张相也中啊。宋德辉馆长完全同意我的意见。但那时,正是正月里的年中。东北的习俗,过大年一般不上人家串门。又怕人家来客影响人家。但我一想,我们的踏查举动就是选在年中进行。这种反规律的行为恰恰是把一种不可能变成了可能。因为年中也是亲朋好友会聚,更容易让记忆被更加全面地挖掘出来。于是我们买了点礼物就毅然决然地去见老人。其实这种采访我进行过已不止一次，但往往是心灰意冷。因为对方病了，已苍老了，或已不能再对你做任何的述说。但是这一次，奇迹发生了。当我们见到这位真正的"闯关东年画"的传承人李兴亚大爷时，突然，他的病一下子好了。这是怎么回事呢？我心底曾经无比震惊。而其实，这才是人类生活中的一种真实的生存存在。生命的能力在人身上的具体体现很多时是精神在起作用。人，特别是重要记忆的持有者，一旦外在的因素促使他去保存自己的肌体内和思想内的重要记忆时，往往这种记忆反而会一下子被激活了。这时，记忆的持有者往往特别的清醒。他会直觉地，全面地，甚至是极细微地将记忆中的内涵倾诉出来，排除了任何疾病的困扰，让记忆更加绚丽和灿烂。这是我多年田野考察踏查进行记忆抢救生涯中极其少有的事情。我对我们方才在老人的屋外迟疑进还是不进的想法感到格外羞愧。我及时的矫正和总结自己。记忆的抢救，其实和抢救者本身的思想与意识，情绪与方法都有重要的关系。一旦方才我说一声老人有病那就算了而回头走掉，我们将会终生失去抢救老人心底这种珍贵记忆的过程。也会彻底失去这次工程项目的成果。而这也是一种很自然的事情。记忆抢救者的思想意识和工作方法一定要清晰。抢救记忆要有抢救提纲，但又不能完全依照提纲。修改自己的行动要及时并果断。对于记忆载体外在诸多因素要会进行及时细致的思考和客观的分析，并设法真正地接触记忆持有者，并能打开记忆持有者的记忆。这种打开记忆持有者记忆的方法包含着诸多种能力。除了文化遗产抢救工作者所具备的思想能力，方法能力外，很重要的一点是社会学本领。社会学教会了人们去认识记忆持有者的存在，并接近他（她），迅速地进入对方的记忆，牢牢地走进他（她）的记忆，这才能抢救记忆。

在这次"闯关东年画的前世今生"专题项目文化抢救中，其实是我们实施了人类记忆的文化抢救的诸多项工作方法。我们采用了包括社会学方法在内的诸多方法去抢救记忆，挖掘记忆，这才使我们获得了成功。在记忆文化搜索和抢救中，工作者往往还要特别注意能在记忆人述说的细节中去发现记忆，并做进一步的跟踪。这是一种深入的工作方法。那天我们到李兴亚的父亲坟地去考察时，天刮起了八级大风。冬天的科尔沁荒原，沙风是春季的常客。我们伴着漫天朦朦胧胧的大雪和风沙走进了村落，去寻找远古的记忆……

天，冻得人拿出不手。四野荒寒。零下三十二摄氏度的严寒加上冬季的狂风把沙原上的尘土刮起来，在荒凉的土道上形成了荒寒的土浪……我曾经自问，记忆在这里吗？记忆就在这种被时光和岁月掩埋下的尘土寒尘中吗？转眼间，狂风刮来的细细的尘土就堆满了土墙下。

那些村落，那些土墙，那些不断滚动的黄土寒尘，仿佛把人间的诸多记忆都掩埋了。埋在时光的隧道底层，仿佛让记忆去消失……

四野连个人影也不见。这里有记忆吗，我甚至多次的这样问自己。人在这一刻最容易丧失奔向目的的信心。再就是把一切艰难排除掉，与寒冷和荒凉为伍。听着荒野上的寒风在嚎叫。记忆抢救其实也是一种"文化考古"，它是在现实中行走到记忆的环境里。那些孤村，那些寒冷的村落，其实就是保存这个"闯关东年画"的珍贵处所。这些看上去,仿佛不会有记忆的地方。我想,我要留下这里。因为,其实"记忆"在这里面。

我们抢救记忆的人要学会从这些荒冷的遥远村落中去追回那属于这个村落的从前的东西。如果抢救者看不到那仿佛什么也不存在的地方其实是有一种存在的话,那么就是抢救记忆者的失职或失败。其实这些载体有一种唤醒记忆的因素。恰恰是那种不被人注意和没有任何记忆样子的地方才有一种记忆。平时许多人以为记忆是不可能触摸,看不到的。但其实有时候记忆是能够触摸并能够看到的。所以其实记忆也是一种有形的文化遗产。记忆有时是"无形"的。那往往是记忆持有者在讲述时,我们远离了他描叙的记忆环境。所以这时,记忆是无形和不可触摸的。但一旦你走进了记忆持有者描述并指给你或带你走进这个载体的形态和空间时,就要格外地去注意这个载体存在或曾经存在过的地方了。接近记忆载体的地方渐渐地透出前所未有的荒凉。那些在狂风吹刮和呼号下颤抖的土墙上的干枯的木棒让我想到许多李兴亚描述过的闯关东人路上的艰辛。甚至我也才真正地领悟到为什么李连春(第二代传承者)会突然去创作一幅《山东棒子闯关东》年画了。

我们不能只是到达了那具体的载体前才认为是记忆载体。而其实,使这种载体存在的背景和空间也早已成为了记忆载体的重要部分。而其实这种环境也一下子增强了我们走进记忆的能力。我们把他(李连春)当年从山东一出发就去寻找的这个叫"六喇嘛甸子"(李家屯——今天埋藏着李连春的地方)的地方的外部环境尽收眼底。于是那发生在一百多年前的事情也就被锁定在这里。在他的荒坟前，我们静静地思考着他儿子李兴亚的话：坟里埋的就是"洮南李"。他创造了闯关东年画的历程和存在。在这种时候，一般的考察者也许会就此画上一个句号。因为已经追寻到记忆的终点了。可是，坟中的老人的记忆就真的连同他的肉体一同埋在北方深深的黄土之下，就再也没有他的记忆，他的活态思维，还游动在这个世上吗？一个人一生的影响其实就是在他走向远方，走向深深的地下后，还存在。这也应该算作他的记忆。但是，这种记忆一定要表现在与他曾经与共的一些重要人心中，这又是一种他传承的记忆的载体。于是我当时想，其实他的记忆最重要的一点还没有找到，那就是关于他闯关东年画那些珍贵的木版的下落。木版的最后的失落在哪里呢？

据他的儿子李兴亚说，是放在马场屯的大户人家了，后来没了。他的孙子李向荣也说，后来"文化大革命"，被人一块块拽出烧火了。但是，这不应该是记忆的最后落点。因为，还没有一个证人可以直面叙说关于他家木版年画木版的下落，最后的下落或关于他们父子所说的话的认证。这等于我们这次的考察完全没有最后的结局。我还记得冯主席一再叮咛我，没有就是没有。不要编，也不用恢复。但要找清最后记忆的落点。一点也不能含糊。我站在六喇嘛甸子这荒寒的闯关东年画传承人的墓前想着他的儿子述说时的每一句细节，突然我想起刘县长告诉我说有一天他和董革去老人家，老人说他的姑姑嫁给了老车家。而老人说父亲那1000多块木版最后拉进了那儿的仓子里。这叫1000块木版哪,在遍地都是蒙古黄榆的嫩科尔沁,不至于这些版子一块也没剩都烧火了吧……

这是记忆还是推理?但无论如何也得找到马场屯的人认证一下才行。于是我果断决定去马场屯。离开坟地六喇嘛甸子屯,我们去马场屯。马场屯离六喇嘛甸子二十多里地。那天正是星期天。村委会和大队院里空空荡荡的,只有寒风刮起的尘土和残雪在院子里打转转。我们只好奔村头第一户人家走去。这家人家姓张,主人叫张君。当我们一说,从前有一个刻木版印年画的李老头是不是在这儿住过,或有一批木版放在这儿时,他说,这可得去问一问我连桥(连襟)的父亲,他叫车明,今年八十多了。我们很高兴他说的这个线索,于是立刻前往。马场屯很大,车明在屯西北。我们冒着严寒前往。车大爷,是一位八十多岁的老汉。当我们问起李连春这个人,问起"木版年画"的事,他突然哈哈地大笑起来,说:"你们说的那人叫老李山东子,老忹牛子!他我太熟了。哈哈,你们听我说吧。"这又是一个意想不到。于是,他坐在我们带去的一些中原年画和当地年画堆里,便滔滔不绝地讲起了"老山东子"李连春和他的年画的故事。他的讲述,让我又一次震惊了。因为我们又挖掘到一位东北文化的讲述家,一位很具有记忆事项表述特点的人。他讲述得太精彩了。而且,车大爷口述的能力很强。他语句幽默、生动。他对故事的描述极其完整。甚至,他不等我们问年画"木版"原因,他就回忆着说出原来最后是因为六喇嘛甸子屯闹胡子,李连春不得不将他的木版拉到马场屯大户人家老车家的厢房里。结果万万没想到,老车家失了一场大火，将木版和房子烧个片瓦无存。他最后还给我们写了一个证明：一场大火烧了年画木版。我们还能说什么呢？记忆让这位老人给画上一个完整的句号了。老人见我们拿去了一些年画，于是就告诉我们，这些年画从前他家都贴过。而且连蒙古人的家里也贴这种年画。而且，他还拿起来，一张张地在他家的墙上比画着，说明当年这些画都贴在什么位置上。临走，他甚至舍不得离开我们，非得与大家拿着年画合了个影儿。就此，我们的考察活动基本上结束了。

前后近半年时间的"中国民间闯关东年画"的田野调查和考察活动行程1万多千米。我们涉及了吉林、黑龙江、辽宁、内蒙古等四个省份的部分地区。经过了白城、通榆、洮南、瞻榆、双辽（郑家屯）、卧虎屯、通辽、开鲁、巴林左旗（林东）、赤峰、西乌珠穆沁旗、乌兰浩特、突泉、呼伦贝尔、新巴尔虎右旗、齐齐哈尔、昂昂溪、哈尔滨、五常、一面坡、长春、四平、吉林。辽宁的沈阳、铁岭、昌图、开源、新民、恒仁等地。我们在各种古玩市场、集市、博物馆、图书馆中寻觅，均没有发现有李家从前的木版和印下的年画。宋德辉馆长终于在长春市长江路古玩市场三楼的一家古画收藏者那里买到一张《吉庆有余》（见正文），恰恰是白城地区芦苇印刷厂出版印刷。我们又急忙赶到白城地区芦苇印刷厂旧址。但这个厂子早已不存在了，此地已变成了其他单位……

此后，我又在长春古玩市场上收到《吉庆有余》1张；在长春第二新华印刷厂的仓库里又找到刘佩珩年画5张；古学忠年画3张（两张成连的）。还有吉林作者的年画64张。加上宋德辉馆长在白城博物馆的那些，总共就是这些。但是，明确确认李家所印的年画一张也没有，一块版也不见。于是，可以明确地下结论，闯关东木版年画彻底走失了，但它最后是变成了现代年画在东北民间活着，特别是在白城通榆活着。这样，就更加坚定了我们的信心。一定要保护好李连春直系传人李兴亚、李向荣和相关他生活的区域间的记忆。于是近两个月来，我先后五次去往白城、通榆，与宋德辉、刘志成、董革等人在嫩江南岸，在霍林河，在文牛格尺河、洮儿河流域的包拉温都、糜子荒，半拉可申，六喇嘛甸子，西五久营子，东五久营子，马场屯，李家屯，前五久营子，后五久营子等处进行全面的拉大网式的调查，终于形成以下《闯关东年画的前世今生》文本。

　　用冯骥才社会学和文艺学的理论和方法看待年画学的观点使我们惊奇地发现，通榆年画在一百年间悄然地来了一个自然而美丽的转身。走向是那样清晰。在清中后期，当大批的闯关东移民围绕蒙古族贵族出租土地而形成中原移民村屯和窝棚，又随着他们逐渐结束迁徙而定居后，来东北的中原人便渴望从前传统的生活方式，于是自然而然地接纳了画师李连春，使得闯关东年画从此在这块土地上诞生，并形成了产销一条龙。其实这时候东北嫩科尔沁草原上的白城通榆便真正成为闯关东年画的产地了。产地最突出的特征是有其形成产地的条件和因素。蒙古族贵族退出历史舞台，迁徙民众蜂拥而来并集中定居，一代画师的毅然北上寻找自己的本家六喇嘛甸子李家屯，这些都是必然的条件。那么到了清末民初，这儿出现了闯关东年画的产销高潮。这时的李家，开始由闯关东前中期的穷困，发展到生活有了经济上的收入而变得富裕。这时的李连春甚至开始当上了"甩手掌柜的"（可以脱离买卖四处享受生活了），他于是有时离开六喇嘛甸子，去往通榆、瞻榆，最多的是马场屯的老车家大户人家和人下下棋、押押宝，看看局（一种乡下的小牌），以至最后土地改革时他竟然被"分了"（不是中农、富农，却让穷人分了东西）。而就在这时，车家着了一场大火烧尽了木版。回头我们想想，其实就是不着这场大火，他的木版年画的生涯也快结束了。

说他的闯关东年画命运要最终必然结束有这样几个原因。

一是李连春多年的漂泊，他到东北后落脚多处，不能在一个地方长住，这恐怕是木版年画产地无法形成的重要原因。最后是长住了，可是一场大火又烧了木版。二是东北木版年画产地氛围还是相对薄弱。尽管有上千万闯关东人分散在茫茫的嫩科尔沁草地上，其实显得微不足道。这种状况也直接促使他的产和销远不如老家山东那样方便和广泛。三是他个人的创作方法完全依靠木版去实现，没有像山东高密的吕臻立和一些中原年画家那样，可以脱离木刻去手绘，从而延长年画创作的生命。四是在清末民初，受众群体也在不断地游走变动。大量闯关东的山东人虽然在东北安家了，但他们心中的许多人还是有一种"暂居"的观念。他们每日里念念不忘"回关里家"。一旦时机成熟了，他们还是抛弃了自己已经居住了几十年甚至上百年的东北故土而回归中原故土，这使年画这种文化艺术品也跟着他们的迁徙而消失了。这就是故土难离。五是我们国家文化用品销售体制的原因。解放初期，东北很早就进入了土地革命阶段，阶级分析和归类方法限制和打击了那些个体的生产者和劳动者。像李连春这样依靠自家生产年画艺术品来卖是不被允许的，只有他的作品像后来通榆一些年画画家那样达到出版要求，并由正式出版机构上市才行。

而且，我国的供销社制度垄断了文化艺术生产和创作市场的个性发展，扼杀了诸多个体创造成果。如李连春这样的年画艺术创造者，就是他的版不烧也不会让他去自由的发展。加之他后来生病并很快故去，儿子又当兵走了等等原因。这样一些原因促使闯关东年画必然会是一种终究要走失的年画。但是，这其实正是闯关东年画命运的转换期。通榆这块地域的文化环境最终完成了这种转换。所说"闯关东年画"其实并没有随着李连春木版被烧掉和他的故去而消亡，它彻底地转换了，它转换成通榆年画了。是因为当时的通榆其实已形成了新的闯关东年画派。

以通榆为代表的闯关东年画派能在通榆形成，恰恰也和当年李连春能在此最后落脚并开创了"洮南李"闯关东年画的历程一样，首先通榆有着大批的拥有蒙古族贵族出让土地和租种土地的历史，这些迁徙的中原移民定居下来，集中定居同样产生了对中原故土文化的接纳。而更为重要的是，就在李连春大火烧掉版的20世纪20年代，40年代，"闯关东"行为仍没有停止，而且有更加热化的趋势。那时，一二百年前来东北的中原闯关东人的祖辈甚至已在这里形成了更加固定的村屯，生活习惯已更加的中原化与本土化，于是接纳年画的渴望更强。这时一批又一批先期闯关东的人后代开始大批进入东北，他们才彻底完成了闯关东年画形态的最后定型与完整。以通榆出现的"年画奇迹"来看，他们正是闯关东年画的结果。这是因为，通榆是闯关东年画的文化发生地。

　　文化发生地最突出的特征之一就是这种文化的产生要有久远的历史，而闯关东使闯关东年画具备了其三百年的历史。文化发生地需要有活态的文化形态，集中居住的中原人和无数村屯表明了这种文化形态的基础非常牢靠。据《前郭县志》《通榆县志》《长岭县志》记载，在道光和咸丰年之后，中原人拥入东北的这片沙原，由于人多屯子形成得快，连"起名"都来不及。后来一个拥有土地的"大人"依据民间广为流传的《千字文》来给村屯起名。所以至今，乾安、长岭一带的村屯名还叫什么"井"什么"井"。这是按秦朝的"井田制"加"千字文"的提示快速完善中原人居住屯点名称的结果。而另一个重要特征就是这一时期一大批年画作者出现了。恰恰是在土地革命消灭私有制并以公有制代替旧制度的时期，乡间供销社的出现使得如李连春一样的个体闯关东年画的创作和销售成为不可能，于是一大批以个人创作，国家出版社公开出版，新华书店统一订货，乡间供销社出售体系销售体系的形成以制度的方式出现，从而彻底结束了闯关东年画的木版生产时代，而转换为绘画艺术年画风格时代。这时的通榆，许多在20世纪初，20年代，30年代，40年代从中原齐鲁闯关东而来的画家在通榆这块闯关东年画的文化发生地上开始了他们的创作时代，并最终代替了李连春的木版年画闯关东年画时代，形成了今天闯关东年画的独特风貌。我们在2008年由通榆县人民政府和老干部文化活动室编撰的《通榆年画集》中发现，其实这些代表性的作者都是"闯关东"而来的移民的后代。而且他们的作品无一例外地传承着中原年画产地的风格和因素，并且已有了自己的鲜明的地域特色和风格。通榆年画起的早。清末民初，这一带就是老李家他们的木版年画作坊和市场，当地的一些老人、老乡包括蒙古族王爷和一些蒙古族村屯的人家，也都上李家画坊来订画，批画。后来，他家的版遭到一场大火烧了，李老爷子也病了，从此这家的年画就没起来。除此之外，还有国家的原因。有了供销社，不可能再让你个人刻什么版印什么画了。所以那时，咱们通榆的供销社新华书店一到过年，年画可火了，专门卖年画。而且，大伙好像知道通榆产年画似的，不但这一带的白城、前郭、扶余的人上通榆买年画，就是沈阳、长春和哈尔滨一带的人也来。

那时过年，年画是家家必挂必贴之物。

有一句话叫：年画年画，过年才挂，不挂年画，不算人家。所以一到腊月，特别是到腊月二十三之前的那几天，我们供销社和书店的大门口早早就有人排上队，专门等挑选年画。这好像大伙都在找一种感觉。也许是当年老李家留下的感觉。那时，我们店一进门，地中央放一个架子，上面有几十个格，叫"年画架子"。一张一张的画样子，编上号，挂在那儿，让群众挑选。往往都几十上百个品种。

群众买年画，不用提画名，而是提"号"。比如"连年有余"42号，"王小抱鱼"31号什么的。来者只要看好了画上的号，就向售货员喊要多少号多少号，就行了。这样既省事又省人。

那时，新华书店的人从领导到工作人员，统统都抽调到卖年画第一线，那还人手不够呢。记得20世纪60年代有几年，还有80年代的1986年前后，通榆年画出现了全省"户居"年画销售量全国最高点，达到每年高达37万张的水平。新华书店已经控制不了啦。别看年画是每年的腊月里才销售，但其实年画的销售工作往往从春天就得开始了。每年春天，我们把各地出年画的（有印刷厂，有作者，也有批发的供销社经理）等人都叫到县里，召开"年画会议"。年画会议，就是看"画样"。画样，是一张张的"小画"。往往叠得整整齐齐，厚厚的一打打的，背着抱着来了。他们把画样放在会议室的大桌子上，于是我们开始订货。关公五百，灶王三千，门神三千，年画六万。这些数字，就是要在年画会上定下来。这叫正月订腊月的货。那可真是产供销一条龙。当时通榆的刘庆涛、朱家安、刘佩珩等年画家就开"整"（当地土语，指创作）上了。在新华书店吃完饭，他们立刻返回各自的家里，开始了紧张的创作出样。到了七八月份，年画就到货了。农村各地的供销社供销员来了（其实他们就像从前到李连春家取货的画商一样），那往往是大车、爬犁、汽车、自行车什么交通工具都有，在新华书店前排起了长队。大的供销社一种画往往要上500—700张，各种加一起，就是几千张。这种年画需要数字简直惊人。有一年，没估计好。到了腊月二十三时，年画没了。门外各供销社来的人不肯走哇。啥样的都行。是画就要。怎么办呢？我就向管仓库的问："库里还有什么？"

"没什么了。"

"再找找。"

"只有数字挂图……"

"数字挂图?"

"对呀。"

"那不也像画吗?"

"对。有点像。上边也是人。"

"快,拿出去分给大家。"

这一下子,连教学挂图都卖出去了。这是借了年画的光。

其实在从前,我们通榆的新华书店就好像是专门为年画开的一样。一年从春到秋,从夏到冬,就是为年画服务。那时,整个通榆18个供销社,小的更多。大伙一年年的就盯着年画。

订年画的供销员,都骑马赶路。那时,电话也不好使,有的还没有。一进腊月,生产队的马驮着供销员,在荒原上奔跑,刮起一阵风啊。一进腊月,对联、挂笺,满地都是,那才叫年。当时,我家在西五久营子。我回家前往往得想着,老姨家一百张,二婶家五十张。谁谁的,一捆捆分好。不带画,没年味儿。新华书店一直忙到年三十下午。一个人也没了,我赶紧锁门回家过年。那时的农村,家家没啥家具,只有年画一贴一溜。单张的不如一联的。如大西厢,一贴一大片。那时,过年慰问军烈属也送年画。秧歌先扭。完了给年画。这就算最好最光荣的礼物。其实通榆年画是人家李连春的作坊给大家开了个头啊。

在这片土地上,厚重的历史形态为年画的生存提供了可能。它是一种"搬迁"。关里家（山东中原等称谓）关东家（中原人称东北为关东家）两个称谓以"关"起谓。这是重要的地域概念，它极富于记载性与传统性，而且是"关"和"家"。

关，指山海关和以山海关、柳条边为代表性的地域记号；家，是中原人完成的历史结局。是他们建立了一种过程，从而形成了与两个"家"的连接历史。人类的迁徙必然是一种文化的迁徙。闯关东将中原文化带入东北，并与东北早期的汉文化相融合，加强了我国大一统文化的强大生存力，从而形成风格独特特色鲜明的闯关东年画。同时，中原文化又不是孤立地存在于这片土地之上。历史上，在唐和渤海时期，多民族文化的交流和融合就已经开始，到了辽金时期这里更是中原王朝与北方民族频繁交融的重要时期。明时大量的驿和丝绸之路，使得这里与中原一直保持着重要的直接的联系。到了清时期更进一步地形成了闯关东的历史时期。这种文化其实是极其多样性与丰富性的地域文化形态。地域文化是人类自然与社会相统一的社会文化。这在艺术与文化形态上表现得最为突出。就以闯关东年画而言，首先表现在这种艺术的题材上。闯关东年画的题材从李连春到通榆一大批作者的作品，几乎都比较侧重于传统文化的题材内容。如《连年有余》《吉庆有余》；如"戏出人物""名著人物""历史典故"；如"民俗事项""节令风情"；如"民间信仰""祀福"和"禁忌"等等。事实上，这类题材也是中华文化艺术的永久题材。居住在通榆和科尔沁草原上的各民族其实都使用这种题材的文化去支配着他们的生活,传承着他们的情结,表述着他们的情感。地域性最突出的特点是题材与现实生活的靠近,并越来越表现人们的新的追求与发展。如通榆闯关东年画已经在传统人物的组合上出现了自己的创新与表述。如《连年有余》和《吉庆有余》中的胖娃娃开始由抱"鱼"变成了抱"人参""梅花鹿""大公鸡"这些属于北方土地上的自然体。这种状况表明了地域文化的特征性与文化艺术的发展性。在闯关东年画的艺术风格上,则逐渐地脱离了木版样式,进入到绘画,手绘和木版胶版印制和表述。这种风格的产生和出现与这个地域人的不断迁徙有关。迁移的生活使得艺术的表示不利于过分地依赖工具。木版的运载不方便,这也是木版在北方过早夭折的一个重要原因。也是脱离了木版而产生出一大批绘制年画作者的直接原因。

绘制闯关东年画在题材上明显继承传统内容外就是作品的线条和色彩较明显的继承。特别是一些有明显传统内容的作品,门神,灶王,天地,财神,还有祈福、祝寿等等题材的作品,几乎一律是色调鲜明、对比突出、形象接近传统的主体式样。如通榆年画作者中的刘长恩、朱家安、刘佩珩、李树芳、谷学忠、赵志斌、姜贵恒、高静等人的作品,这种传承十分鲜明。他们形成了新闯关东年画派的风格。另外的一些作者在表现手法上广泛地运用了中原传统的民间剪纸、刺绣、针织组合的手法去表述,产生出相当有影响的年画。如姜贵恒的《剪窗花》(也叫毛主席万岁)等作品。还有,其中刘佩珩等人直接使用传统题材的"门神"简直就是山东高密、河北武强有很强风格联系的代表作。同时与陕西凤翔邰立平的"门神"极其相似。只是线条缺少一种粗犷和古朴。这里有一种明显的地域历程的情结成分。记载了迁徙过程中传承的断带，以及在恢复过程中细微风格的走失。在保持大部分中原传统木版年画和年画风格的基础上很重要的一点是需要形成闯关东年画自己的风格，这时的重要代表作应该是《山东棒子闯关东》。不用说，它在题材上已明确表明自己的地域性。它是传统人物表述手法的一种继承与创新。《山东棒子闯关东》是今人的恢复，当年的版彻底走失了。尽管在李兴亚和李向荣父子两人共同努力创作下完成了这部作品的回忆，但是当年的风格我们还是一无所知。只是在题材上是一种认同。但还算留住了原色的记忆。原色的记忆是一种珍贵历史形态的记忆。记忆的发生点一定要由记忆的真正传承人指认，这对于记忆的完整与科学的表述非常关键。一父一子，去回忆祖辈的记忆，这应该是我们留下这部重要的闯关东年画的幸运。口述它的产生使我们对它的恢复有了一种更为广泛和深入的对照。在今天，在历史和未来的认证上，我们将有一种科学的依证。这正像冯骥才说的那样，一只大鸟腾空飞去了，它那飘落的羽毛随着历史的风尘在久远的时空中飘荡，我们正在努力地去寻觅那种美丽而珍贵的羽毛的落点，并小心拾起。

中国闯关东木版年画彻底走失了。它存在过，最后消失在东北苍茫的生存历史中。这证明冯骥才主席的推测是对的。我们现在唯一寄予希望的是冯骥才主席提过的圣彼得堡俄罗斯国家地理学会那个叫科马罗夫的植物学家，不知他的手里能否存有李连春年画作坊的作品，那些一百多年前来自中国的杰作，足有一尺多高，而且中国北方产地作品竟然一个不缺。就是不知有没有"洮南李"所作的作品。

这个期盼我们要实现。我已向地方政府汇报，吉林省文化厅的林厅长、谢厅长，吉林省文联的赵春江主席，还有通榆县的高县长、付县长、孙局长、久富馆长等，我们伺机要去俄国的圣彼得堡的那个藏画室。因为在历史的记载中，清末民初的通榆（当时叫开通）正是俄国人修东北铁路时期。他们招了许多中国人来"吃路饭"（修铁路），还有一些白俄罗斯经营买卖的人干脆住在开通。从事粮食收购和加工工作的俄人也多。这不也是植物研究吗？后来，在1945年前后，大批的俄国军人和相关人员也都驻扎在开通。有些机构到五十年代才撤回。不知那位叫科马罗夫的"植物学家"当年是否经过这里也未从可知。总之，我们存有一丝希望在那里。让人感到欣慰的是，通榆如今已成了由国家命名的"年画之乡"，大批年画画家创作热情正高。而且，李连春的儿子、孙子竟然都健在。这为我们的认证和挖掘起到了重要作用。更怀有希望的是以冯骥才主席为首的中国民间文艺家协会和国家文化遗产抢救和挖掘机构已经启动对年画的抢救和保护工程，一个认定中国闯关东年画是否存在并在历史上的影响和所产生的价值工程已经开始。我们期待着一个重要的科学结论回到历史定位。年画年画，从前是每到过年人们才想起它。现在我们是力求透过这个花花绿绿的古老的窗口去探索中华民族沧桑的历史和久远的文化历程。

闯关东年画的对外传播

龚葆华[1]

仿佛大地上的植物有自己的原生态，经过人类的使用和改变，出现了新生代一样，中国传统的木版年画也经过了自己的原生态阶段，并渐渐地衍生出传统年画的新生代时期。而且，从原生态到新生代，有着很明显和突出的走向性和连续性。下面，仅以东北木版年画——闯关东年画（冯骥才语）为例，谈一下自己对原生态到新生代的文化过渡特征和文化形态的认识。

东北的木版年画，正如冯先生所估计和分析的那样，它在近三百多年的历史岁月中形成，后来又一步步退出历史舞台，现在它正处于一种新的传统与新生代融合的时代，已被北方人接受并认同。这主要是因为，年画所存在的大的背景时代存在着重要的地缘性，而地缘性又加大了北方年画的保持性和传承性。我们已逐渐认识到，传统年画在当代生活中的渐渐走失主

---

[1] 龚葆华，著名地域传纪学家。

要是因为村落进入城镇化了,屋里的"土墙"变了,没了。"土墙"没了"年画",就不称其为"老屋";"老屋"没了"年画",也不成为老的村落,而最重要的原因是人改变了,村里年轻人都外出打工或读书去了,而村里最没文化的已是高中毕业了,互联网也到达了农村,人们的生活中最能刺激人眼球的已不是墙上贴着的显眼的"年画"了。在年轻人的心目中,父辈们贴的要变一变了。而更多的家庭和村落,老年人往往是看年轻人的眼色行事,现在老年人去买年画的"可能性"几乎没有了,老弱病残的出不了门,人手便利的上集上去买画买回几张对联、剪纸贴一下,保留点喜气,过过年,也就完事了。因为"年",几天时间就过去了。种种迹象表明,年画,是在农村的产物,城镇化的社会,对年画的冲击极大,而作为"人",他的生存对象变了,人就开始一点点变了,年画的受众面淡了、弱了或没了。这是我们在今天普遍感受到的以年画为代表性的中国社会传统文化在受到极大的冲击和转换。

同时,又一种现象不能不引起我们的注意和深深的感受,那就是作为中华民族最古老的文化遗产,民间年画所留给我们的那种表达人间吉祥、喜庆的心理追求几乎没有一种文化能比得上年画的能力,这是一种精神能力和文化能力,同时,又成为一种物质能力。如今,我们已充分地感受到,年画其实依然活在世人的行为、精神和心理中,不同的是,它已开始转化成各种各样的形态了。如挂历,照片镜框,宣传广告,甚至更多的挂件,如近几年各地兴起的"农民画",也是一道风景,但是,其实哪一样也没有年画那么久远,那么深入人心,那么让人去追思，那么让人爱它。

如当代的农民画，路子越走越窄，因为它走不进有久远历史的中国农耕文化的"传统"中去，使它处于尴尬的地步，不雅又不俗，究其原因，皆因为这些艺术自己离开了它的本土，人为选择的题材是个人思想的认知，没有如年画那样久远的思想沉淀和人文沉淀，而年画，虽然其表象的本土存在仿佛淡了，失去了，离开了，可它依然没有离开人的心灵，年画是人们心灵中最后的一片可爱的家园。这时候，我觉得，我们可以认识有关原生态和新生代的理论与实践的问题了。原生态，一词是来自于人类对自然存在的认知。生态（Eco-）一词源于古希腊字，意思是指家（house）或者我们的环境。简单地说，生态就是指一切生物的生存状态，以及它们之间和它与环境之间环环相扣的关系。生态学（Ecology）的产生最早也是从研究生物个体而开始。1869年，德国生物学家E.海克尔（Ernst Haeckel）最早提出生态学的概念，它是研究动植物及其环境间、动物与植物之间及其对生态系统的影响的一门学科。如今，这门生态学已经渗透到各个领域，"生态"一词涉及的范畴也越来越广，人们常常用"生态"来定义许多美好的事物，如健康的、美的、和谐的等事物均可冠以"生态"修饰。当然，不同文化背景的人对"生态"的定义会有所不同，多元的世界需要多元的文化，正如，自然界的"生态"所追求的是物种多样性一样，以此来维持生态系统的平衡发展。而生态文化，是人类由"生态"一词原色性延伸到人们对那种生活本身而产生和存在的风俗、习惯、心理和行为的综合性一致性的文化，这种文化被称为"原生态文化"，是人们普遍认同的一种文化。原生态是指没有被特殊雕琢，存在于民间原始的、散发着乡土气息的表演形态，它包含着原生态唱法、原生态舞蹈、原生态歌手、原生态大写意山水画，人民的知识和信仰等。

中国的木版年画，有非常深厚的生态性，它是经过几千年的自然磨洗，历史磨洗，文化磨洗，我们的年画生态文化已经形成了人的生存理念、行为、心理和制度等综合因素，人们爱它，并不是因为它正在某些方面淡去，消失而消失，转换而转换，这是因为一种美在这种生态中。生态的美，就是传统的美，传统的美，是人类生存最易接受的一种文化存在，是人在不知不觉中就能接受的一种形态，这是一种文化自觉。由于我们想到，找到和发现生态美只有到生活中，到这种生态文化的文化发生地去寻觅，它一定会在那里等待着你（冯骥才语），就闯关东年画而言，它的文化发生地就是东北科尔沁草原和白城平原，这主要是因为历史上的中国人口大迁徙阶段——闯关东所带来的这种制作木版年画的习俗，曾经在这块土地上红红火火地存在，并发展了数百年，这里具有木版年画的原生态性。可是，恰恰是这种年画的存在性是突如袭来的兴旺性，所以在东北它是脆弱的，由于历史的原因、制度的原因，随着大批的闯关东人生活渐渐地融入到北方民族中的生活中之后，最后它被胶印年画所取代，木版消失，但手艺人的创作手法和文化习俗却深深地保留在生活里，形成了东北吉林白城平原通榆"年画"之乡。

可是，有一个令人意想不到的机缘出现了。

我们知道，历史上的东北年画（或叫闯关东年画）由于它保留了中华民族久远的历史和文化内涵与特征，深受国人喜爱，也受到了外国人的喜爱，有许多外国文化专家都到达这里，他们大多是在我国的明清和民国初年到达东北，然后将许多珍贵的他们喜爱的年画买走，带回国，冯骥才先生敏锐地注意到这一点。如俄罗斯著名文化学者李福清，他早在40多年前就开始了对中国民间文化的研究和关注，他先后赴英国、法国、德国、捷克、波兰、瑞士、芬兰、奥地利、西班牙、意大利、美国、日本等国，考察了这些国家馆藏和个人收藏的中国木版年画作品数千幅，但他最终选取了近600幅中国木版年画作品，并最终选定近百幅作品编纂《中国木版年画集成·俄罗斯卷》时，又毅然将其中一幅《满族山神》（这是一幅表述北方民族满族对祖先崇拜的祖谱画）选放首位。历史上，大凡由中国周边进入的俄罗斯商人，政要，学者，回归之时，都喜欢选带一些中国文化和艺术的代表性载体——年画，作为最鲜明表示历史，文化，风情，民俗和节令的载体，年画最能引起域外学者的关注。冯先生还介绍道：如俄罗斯著名作家普希金，他曾经以俄罗斯的民间童话作为自己的创作素材而一举成名，在他小说《驿站长》里，就写出驿站的墙上贴着"中国的版画"。这个驿站，指恰克图，苏联作家叶费鲍夫斯基（1810—1846年）也在他的随笔《圣彼得堡小贩》中记载了在恰克图的集市上购买长白山木版年画之事，俄国小贩从这里购买年画，再背回去卖到俄罗斯。1830年，在当时北京作为传教团学生的列昂季耶夫斯基（1799—1874年）在返回圣彼得堡时交代他的学生们，搜集和学习"绘画技艺"，后来他开办了一个中国风物博物馆，其中就有非常流行的中国年画。1896年俄罗斯植物学家科马罗夫（1869—1945年，后来成为院士并任苏联科学院院长）前往满洲研究中国东北地区植物区系，1896年6月，他从边境的尼古拉村启程，抵达中国的吉林市，而后在9月中旬返俄。1897年5月，科马罗夫第二次赴华，到了奉天（沈阳）和吉林。这一次，科马罗夫从中国带回了纸马（数量很少），主要是以吉祥戏曲和文学为题材的年画。

还有日本、朝鲜半岛等许多国家和地区，他们中的许多学者，商贩或军人都或多或少地与中国的木版年画的搜集、收藏、研究，传承有着直接的重要关系。这是因为，年画里有一个民族的文化性，也是信息性，能起到对一个国家、民族、地域的自然、历史和人文进行全面和深入了解的功能；从另一方面来看，这些年画传播到了东北周边的国家，除了方便较近的地缘关系外，就是这里的自然和人文构成也存在着同一性。东北与俄罗斯、日本、朝鲜半岛、蒙古都有着便捷的交通联系，古代的北方丝绸之路和"朝贡道"（又叫东北亚丝绸之路）早就打通了这里的界限，年画是一种沟通北方各民族和国家之间的重要载体，就这样它预先走向了世界。

其中有一部《吉林近代图志》中的图片和年画累计了诸多已经消失的历史出处，这是在许多资料里难以寻觅到的，这有着其他的文献性著作所不可替代的用处，那就是外国人眼中的中国吉林是什么样子。这其中日本人、俄国人、法国人、意大利人、德国人、荷兰人，他们的身份也具有多样性，有侵略者，有传教士，有所谓的探险家，也有因经过而留下记录的游者或怀着不同的思想目的的匆匆过客。总之，他们的记录，更具有一种独特的作用，同时又展开了另一种历史侧面，我说这又是《吉林近代图志》的一种独特的文化延续和文化到达。有许多图片和年画是一位叫蓝克·尼古拉斯迈耶（1875—1918年）留下的。一些资料也把他写成"麦野"。此人早年生于荷兰，在美国农业部工作，后来三次来中国，1918年5月28日，他率船沿长江返回上海后失踪，6月1日尸体在长江中发现（他1906年到吉林，横穿东北三省，到过好多地方）。《吉林近代图志》中的许多重要图片和年画如1907年元旦拍摄的《连年有余》《三打祝家庄》《灶王》等都出自他的手。还有如乔治鄂内斯特·莫里逊（1862—1920年），他本是澳大利亚出生的苏格兰人，曾任《泰晤士报》驻华首任记者、袁世凯的政治顾问。他是一位与中国关系密切的旅行家及政治家、活动家。他在中国所摄图片和年画3000多幅，著有游记《一个澳大利亚人在中国》。他专门收藏中国珍贵图籍和资料2.4万多种。成立了"莫里逊文库"后被日本收购，成为"东洋文库"的前身，历史学家将他的文库与中国的《永乐大典》和《敦煌文书》相提并论，可见其人在中国读者心中的影响和地位。许多珍贵的风土民情和名信片，都是他留下来的。在吉林以拍摄中国人生活的细节为特点的风习，自19世纪中期就蔚然成风。他们以猎奇的方式，窥视一个国家和地域，还有俄国人在清末侵略吉林时，拍摄一批影片，后以明信片的形式在世上发行。当年大量出版的英文、俄文、日文版图书中所附的照片，包括

《吉林近代图志》中的《大车店》《义和团攻城》等，都是这些人所照。吉林三井集团之人，他们在粮米行大街成立了"森泰号"洋行，专门收购吉林的土特产，这表面是一个商行，其实是日本人的一个间谍站，他们印制了大量的吉林风土人情片不下几百张。老板叫辻川佐助（1877—？），1905年的日俄战争时，他在第十师军团，1907年任谍报员，踏查了吉林全省，收集各种情报，为日本各大报纸、杂志提供吉林的各种照片、文字。凡是清末、民国、伪满洲国的照片，他们的"森泰号"都发行，名誉上落款是"吉林居留民会副会长"等字样。还有日本"亚细亚大观"社，日本摄影家岛琦役治，他表面是新闻记者，早期参加过"黑龙会"，他是南满铁道株式会社的谍报员。民国初，每以十张图片出版《亚细亚大观》，这些也部分保留在《吉林近代图志》搜集和寻找的图片和年画中了。还有一点，应该看到的是，这些年画在东北亚地区流传海外也使我们的年画原生态得到了很好的传播和保存，这是我们今天所高兴看到的一些原生态成果。

仅以吉林年画之乡白城地区的通榆县来说，近年来，白城师范学校的美术课堂一下子拥来了大批的日本、韩国、俄罗斯等学年画的人，特别是许多俄罗斯留学生，他们在国内点名要来吉林白城来学习年画创作和有关年画的民俗风情，仅从去年，白城师范学院就接纳了来自俄罗斯圣比彼得堡、伊尔库茨克、符拉迪沃斯托克（海参崴）、莫斯科、高加索等地方的许多学生，其中奥列格、拉夫、马琳、李博远等一大批学生和学者之中，有一位叫奥列格的俄语教员，他是专门通过教学来学年画的，今年已年近60岁了，是一位酷爱中国年画的人，据说他的祖上是军人家庭，他的父亲维克托是个军人，多次穿越黑龙江、乌苏里江、大小兴安岭和蒙古草原到达东北吉林、辽宁和黑龙江一带，是祖辈们对中国年画的喜爱，使他坚定了信心，一定要来中国北方学年画。而他投师之人正是闯关东年画的代表性传承人吉林通榆的高静。

1945年8月中旬，奥列格的父亲维克托是苏联远东军区飞行大队的一名军人，当时接到命令进入中国攻击日本军队，当时维克托所攻击的日本驻扎在今白城浩特的日军"飞机包"（是日军大批轰炸机集群之地，在今白城的岭下村）。战斗打响以后，他父亲击落了四架敌机后受伤，跳伞，后被当地村民解救，送往当时的王爷庙（今内蒙古兴安盟的乌兰浩特）养伤。在这儿，他一待就是三年。奥列格说，父亲维克托本来就是个中国文化迷，养伤没事时，他就到乌兰浩特的大街小巷的集市上去逛，他酷爱古玩和年画，在那儿，父亲维克托收买了许多中国东北的民间年画。有古戏曲，有民间人物，有门神、灶王爷、十二生肖、娃娃抱鲤鱼等等，都是中国民间的传统年画。东北民间年画传承人高静问奥列格："你父亲当时带回的年画，你最感兴趣的是哪些？"他说，从小时候起，他就格外注意父亲从中国东北带回的那些年画，共200多张，花花绿绿，十分喜人。奥列格说他最喜爱的是中国年画中的《十二生肖》。代表性传承人他的老师高静问他："您为什么非常喜爱十二生肖年画？"

奥列格说："动物是原生态的，它们代表了许多色彩了。"

高静问:"是年画的内容还是色彩,给你留下了一定要来中国学习的决心?"

奥列格说:"两方面原因都有,而我更喜爱的是中国民间色彩的中国的龙。"

他认为,中国年画中的"龙"正是十二生肖中的一肖,而十二生肖恰恰是中国民间二十四节气的更加具体和细致的解释,他认为这是一种"天文地理"的文化,珍贵的自然文化,因为父亲维克托曾经是飞行员,必须观察天地、自然和地理,而只有中国的年画,却巧妙而生动地归纳在《十二生肖》《龙》等等这些年画中了。

看来,中国的年画,给周边国家带去的深远影响无论是从精神层面还是物质的层面,都有关于人类生存信仰与生命情感关系的探索与认同。也许,外国人接触中国文化是从主要的几个文化观念和典型的文化存在中去认同一种特征,但是也可以看出,他们保留了中华民族古老年画所传递的文化传统中最本真内涵,那就是吉祥、喜庆的精神追求和平安康顺的生活追求。如今,早在60多年前就"红火"于北方的木版年画热潮又悄然在这里兴起了,这真是一件使人无比兴奋的事。来白城师范学院学年画创作的人不但来于俄罗斯,还有日本、朝鲜半岛和蒙古国,可见,我们的"年画"文化和生命依然神圣。高静老师自己也表示,我们一定要牢牢地站住我们的文化之地,毫不动摇地传承,保留着我们中华民族年画中的原生态文化和内涵,把更多的故事性、记忆性、民俗性,传递到今天的通榆年画作品中,同时也要认真向周边国家的专家和学者学习,真正地留住我们的民间年画中的珍贵基因，传承人高静告诉我们，去年闯关东年画在加拿大温哥华举办了为期一个月的展出，深受世界的瞩目，而联合国教科文组织的人文纪录片《人文与自然》中也记录了闯关东年画的生态传承故事。

中国木版年画艺术魅力曾经深深地影响着20世纪40年代那位来中国参加解放东北的苏联红军战士维克托，而今他的儿子奥列格毅然选择来中国，到达父亲曾经战斗过并留下了父辈选择收集中国年画的呼伦贝尔草原之南，兴安盟乌兰浩特之东的科尔沁白城平原的通榆，这让我们又一次记起冯骥才先生的那句话，一只大鸟腾空飞向了远方，但它的美丽和优雅仍然留在人类记忆的深处。

区域文化性格与传承人群体的孕育

——闯关东文化溯源辽宁盘锦站考察随感

詹 娜[1]

2019年4月25—27日，笔者有幸参加了中国民协组织的"一带一路民间文化探源工程——闯关东文化溯源与民间文化生态考察调研"辽宁站活动，此次辽宁站调查主要选择了辽河航运发达、商业经济富饶、传统文化多样的辽南盘锦地区。重点对田庄台烧锅、刘家果子铺、胡记宝发祥、辽河文化博物馆、国家级非遗"古渔雁民间故事"代表性传承人刘则亭、省级非遗"二界沟排船制作技艺"代表性传承人张兴华、市级非遗"二界沟渔家号子"传承人进行调查和访谈，并针对此次考查主题，调研专家召开了学术研讨会。

作为参加此次调研活动的辽宁籍专家，笔者对盘锦地区并不陌生。10年前，受鞍山市辽河保护区管理局的委托，对辽河

---

[1] 詹娜，沈阳师范大学社会学学院教授。

中下游地区的历史风貌、民俗文化进行调研著书。其中，田庄台、二界沟就曾作为重要的调查地点让我印象深刻，尤其是辽河人的执着热情、不畏艰苦、乐观向上的文化性格也深深地感染了我。直到最近几年，应辽宁省民协邀请，笔者多次到盘锦参加各种民间文艺调研和志愿服务活动。每次到盘锦都会有不同以往的收获，特别是看到当地有那么多热爱传统民间文化、热衷于传统文化保护和传承的地方精英、民间艺人和普通民众，自己内心都会无比兴奋和激动，对他们的行为和品格感到由衷地敬佩和赞扬。此次调研更是如此，让我对盘锦的传统文化、盘锦人的乡土情怀和文化自觉意识又有了更深一层的认知。

2019年4月27日上午，在辽河文化博物馆3楼会议室举行了"一带一路民间文化探源工程——闯关东文化溯源与民间文化生态考察调研学术研究会"。参会的专家学者、地方精英、文化部门领导近20人，作为当地传统文化传承人代表的3人。这3人分别是国家级非遗"古渔雁民间故事"代表性传承人刘则亭、省级非遗"二界沟排船制作技艺"代表性传承人张兴华、辽河文化博物馆馆长张嵩。其中，张兴华是辽宁省首批"大国工匠"获得者，张嵩是"辽河口渔家菜"的创始人，也是极具人文情怀的文化商人。在如此小的范围内，就聚集了3位级别较高且非常优秀的传统文化传承人和地方文化精英，笔者觉得在盘锦，这绝非偶然。

2019年3月6日，笔者与辽宁省民协一起来到盘锦，参加"'春暖辽宁'——省民协走进盘山县故事基地文艺志愿服务活动",为盘山县成为省级故事创作基地揭牌。让我非常吃惊的是,在盘山县一个小小的县城竟然有如此多的热衷于传统故事、新故事以及剧本创作的民间文艺爱好者。在当天下午的故事创作基地调研座谈中,前来参加活动的当地的民间文艺爱好者多达20余人,大多是忙时农耕劳作,闲时文艺创作的业余民间文艺爱好者。20余人中,男性成员占2/3以上,且以50岁左右的农民面孔居多。这些故事、剧本创作者不仅身体健朗、年龄相仿,而且精力充沛、思维活跃。尤其难得的是,他们的创作基础非常深厚,绝大多数人都有乡土生活经历,对当地的风土民情、百姓心理、传统文化及其传承变迁非常熟识且有较为深切的体会和感悟。丰富的生活阅历和深厚的创作兴趣,使他们正处于民间文艺创作的高峰期,反映辽河口民众日常生活的各种故事、小品、舞台剧层出不穷。2018年,由盘锦市盘山县文化馆主办的《盘山故事》正式出版发行。故事期刊以办出盘山本土味道、开展征集反映盘山历史、现状和未来的原创故事为目标,常年向社会各界征稿,每期刊登历史传说、生活故事、新故事等近20篇,现已出版10余期。《盘山故事》的发行出版不仅极大地促进了当地民间文艺爱好者的创作热情,同时,也真真切切地反映出当地民间故事传承人的巨大蕴藏量和较高的创作水平。

在辽宁境内,盘锦不仅以油田、蟹稻、红海滩闻名,更以文化软实力的丰富底蕴和特色凸显而著称。近些年,盘锦先后获批"全国文明城市""国家卫生城市""国家园林城市""美丽山水城"等称号。2015年,作为除大连市以外的辽宁省唯一的地级市获批"国家级公共文化服务体系示范区"称号，盘锦在乡镇、县、市级公共文化服务体系的创建、运行方面展现了突出的优势与成绩。近几年，由中国民协、辽宁省民协、盘锦市文联共同主办的"新时代中国故事创作高级研修班""2018中国故事节·辽河口故事会"成果发布典礼等活动先后在盘锦举行。来自辽宁省内外，尤其是当地的民间文艺家和故事创作人欢聚一起，为盘锦创作出一批反映当地生态文明、展现新时代风貌的好故事。这些无疑都说明了当地具备较好的文化底蕴和传统滋养。

由上可见，在盘锦会出现一个庞大的传统文化传承人群体并不是偶然现象，而是一种必然性的存在。为何在盘锦会有如此多的民间文艺爱好者？正所谓一方水土养一方人，一方人造就了一方文化。这种必然现象的出现与盘锦所处的辽河地区文化传统和区域文化性格的积淀和孕育密不可分。

第一，辽河区域多元互动、相互包容的历史底蕴为各类传承人群体的孕育和出现奠定了扎实的文化基础。从辽河流域的史前考古发现可以看到，辽河流域的文化可以追溯到二三十万年前的早期旧石器时代，金牛山人和庙后山人就生活在辽河流域。进入新石器时代以后，兴隆洼人、查海人、新乐人在这一带非常活跃，并奠定了辽河地区农业文明的基础。在后来的辽河文明建构过程中，辽河流域的民族构成非常复杂，众多少数民族不仅先后兴起，并且长期共存。即使同是汉民族文化，因居民的成分复杂，也可分为以山东为代表的齐鲁文化、以河北为代表的燕赵文化、以山西为代表的晋文化，以及以福建为代表的闽文化等。在生计方式上，渔猎、游牧及农耕生产曾经长期并存，且在地域分布上有着明显的差异。即辽河流域周边地区以渔猎生计为主，辽北平原是农耕区，辽东山区是林业区，而西部草原主要是游牧生计。这些不同的民族、不同的生计方式在共同生存、相互融合的过程中，表现出非常浓郁的包容性特点。当地各民族间的多元文化相互融合，一些少数民族在保留本民族特色的同时，不断吸纳其他民族的特点，如睡大炕、食火锅、玩嘎啦哈、荡秋千、挂悠车、跳大神等原本是少数民族的特有习惯，后逐渐被汉族文化所吸收，成为当地的特色民俗。在人口构成上，历史上几次大规模的人口迁入，在政治、经济、文化、观念等各个层面都带来了辽河流域文化的兼容并包，各民族在互相了解、互相借鉴、互相学习的基础上使当地文化日渐趋同。无疑，这种历史悠久、丰富多元的文化互动为当地传统民间文艺的孕育和繁荣提供了肥沃的土壤和先天的优势。

第二，辽河人勤快朴实、勇于拼搏的个性为各类传承人群体的孕育和出现奠定了独特的性格底蕴。盘锦地处辽河中下游流域，丰富的水资源为两岸民众带来美好生存资源的同时，也让传统社会中的人们陷入了与洪水的不断博弈中。在辽河人的头脑中，除了儿时在辽河岸边嬉戏的童真童趣以外，最让人终生难忘的还是对洪水的记忆。据当地老人讲述，曾经有一年辽河发大水，河南岸的涝灾并不严重，河北岸却涝得颗粒无收，就连上厕所擦屁股用的"隔挡瓣"（高粱秆儿）都没有。以致河南岸的人上河北岸赶集时，都得自带"隔挡瓣"。此事乍听起来虽觉可笑,但其中的辛酸与苦涩只有当地人最能体会。在当地,"河西涝,河西涝,十年有九涝""冬走冰、夏行船,一年四季水不干;大水粮食被冲走,小水亩产不过斗"的民间歌谣生动地展现出传统社会底层民众的真实生活状态。尽管如此,没有人因此而放弃自己的家园。他们秉承着"就是再穷,也得有个戳根棍儿的地方"的坚强理念,一次次地在河滩地上开耕田、挖地基、垫房身,重建自己的家园。

与此同时,生活在当地的人多是山东、河北等地移民的后代,辽河人勤快实干的品质与他们的祖先山东、河北人的辛苦耐劳是一脉相承的。想当年,他们的祖先不远千山万水,"一担挑着一家老少",从关内一步步地闯到关外,硬是靠着"山东棒子推伕车,一年垒个小瘪窝"的精神和劲头,在原本一片荒芜的土地上开垦耕种,定居安家。这种韧劲和闯劲在后来的辽河人身上表现得非常突出。于是,在常年的生活劳作中,辽河两岸的人们在采集、渔猎、农耕生产劳动中逐渐养成了勤快朴实、勇于拼搏的个性。这种不怕吃苦,勇于实干,更有敢尝天下鲜的创新精神在闯关东移民的后代——国家级传承人刘则亭、大国工匠张兴华的身上表现得非常突出。

第三,辽河人头脑灵活、精明能干的文化性格为传承人群体的孕育和出现提供间接的经济助力。自古以来,守着辽河航运,在水陆交集地的辽河两岸兴起了许多码头、商镇。其中,牛庄、田庄台、营口等地区曾先后成为一定时期内的商业贸易重心。这些商业重镇是辽河经济与其他区域经济互动和沟通的一个渠道,它们既是辽河流域的经济命脉,又是整个东北地区的经济和文化枢纽，而且还曾经在中国沿海、河的区域交易中起过巨大的不可替代的作用。自明末以来，辽河两岸的商店、马市、交易市场十分活跃，经商贸易之风非常浓重。于是，辽河人的文化性格中天生就有一种精明能干的因子。人们不满足于耕地种田，闲暇时还要打鱼、做买卖，甚至以商业贸易为主业的农民也大有人在。辽河流域的商人虽然无法与山西晋商、湖北"九头鸟"商人的精明头脑相媲美，但却远比深居山里的辽东民众、耕种在平原地区的辽北农民要心思灵活、观念开通得多。于是，在辽宁地区流传着"牛精海怪、大石桥人最坏"的说法，说的就是牛庄、海城、大石桥这几处辽河两岸经商地区的人头脑精明、心思多样。显然，这种评价是生活于辽河两岸区域以外的经商意识不发达的他文化群体对辽河文化群体的一种误读和排斥。但是，正是这种逆向评判反而映衬出当地人难得的商业头脑和精细能干。辽河文化博物馆馆长张嵩，不仅热衷于传统文化的传承和发扬，还不断寻找商机，在"辽河渡口"餐饮企业运营过程中推出"辽河口渔家菜"，被当地人称为"辽河口渔家菜第一人"。在张嵩眼中，将"辽河口渔家菜"发扬光大不仅是一种职业上的创新诉求，更是一种传承传统文化的责任所在。

第四，辽河人积极乐观、善于苦中作乐的文化性格为传承人群体的孕育和出现提供最直接的精神动力。生活在辽河两岸的人，在和辽河做斗争的漫长岁月中，日子过得虽然很苦，但他们天性豁达，乐观向上，那种对生存渴望、对生命敬畏的最原始、最冲动的本原需求的满足在他们的生活中随处可见。

多少年来，在这片充满磨难与神奇的土壤上，孕育出享誉全国的二人转、评书、高跷秧歌，以及著名的海城喇叭戏、鞍山皮影戏、辽阳鼓乐、营口面塑及柳编和木雕技艺等多种民间娱乐项目及手工技艺。例如，盘锦堪称非遗项目保存较多的地区，除了国家级非遗项目古渔雁民间叙事、上口子高跷秧歌以外，还有民间香蜡手工制作技艺、盘锦小亮沟苇艺草编、田庄台舞龙、田庄台庙会、大荒皮影、盘锦苇画、刘家果子制作技艺等多项省市级非遗项目。生活如此多折的当地人不甘向自然屈服，正是出于对平安、对丰饶的渴盼，才铸就了当地人"与天斗其乐无穷"的达观品格。

综上所述，天辽地广、胸怀博大的辽河造就了辽河人勤劳朴实、坚韧不拔的韧性，豪爽大度、坦率热情的心性，还有流动奔放、拼搏进取的秉性。在这里，山东人的实干、河北人的朴实、山西人的精明以及东北民族的豪爽，被辽河流域文化全盘包容，并将这些多元文化因子融合在一起。经过辽河地域沃土的栽培，最终孕育出传承人群体的"森林"式集体亮相，以及代表性传承人的"大树"式个性展现。正是在"森林"与"大树"的相互滋养与交相映衬下，当地的传统文化方能一代代地延续和展现，呈现出浓郁的地域风格和独特的文化特质。

东辽河畔话农耕

王志清[1]

展开人类历史发展的漫长画卷,中华民族从漫长的农耕岁月中缓缓走来,走进一个人文科技充满梦想的新时代,风烟俱静,山河俱在,中华民族的农耕历程宛如一部磅礴厚重的史诗歌诀,从远古吟咏至今,它是一部英勇不屈的奋斗史,也是一部血泪交融的民生神话,我们的民族在这个神话中踟蹰前行,不断成长、发展和强大。

一、回望农耕文明,向先祖致敬

中华民族早在半坡氏族和河母渡氏族时期就已进入了农耕时代,我们的先祖懂得把采摘回来的果实种进土壤,懂得使用各种石器工具,刀耕火种,男耕女织,顺应天时,膜拜自然,三皇之首伏羲教人作网开启了渔猎时代,神农氏炎帝教人们播

---

[1] 王志清,著名闯关东文化学家。

种与收获，开启了农业时代，大禹采用疏导的方法治水推进了水利事业的发展，千百年来，在中华大地上农耕文明生生不息。

关东大地疆域辽阔，白山黑水，沃野千里，先民们几千年前在这片疆土上辛勤耕作，世代相传，形成了粗犷豪迈的关东人性格，孕育出悠久的关东农耕文化。

通过考古发现，关东农耕文化起源于新石器时代，距今约7500年前。吉林省四平市梨树县小城子镇长山村陈家屯的长山文化遗址（距离蔡家镇45.6千米），就是本地最早发现先民在关东生息繁衍的痕迹。继旧石器时代后的磨制石器时代是关东农耕文化的起源，农耕文明从这里开始。长山农耕文化不仅代表整个东北三省的农耕文化，还渗透到燕山地区，远至朝鲜半岛。

长山农耕文化与红山文化都是中国北方地区新石器时代农耕文化的代表，其以辽河支流西拉木沦河、老哈河、大凌河为中心，分布于辽宁西部及内蒙古东部地区，与中原仰韶农耕文化同时期，是中国最早的农耕文明。我国北方历史上的少数民族和部落很多，夫余、鲜卑、高句丽、契丹、渤海、女真等等。唐贞观时期，高句丽政权为防御唐朝征讨，修筑长城千余里，长山遗址所在的梨树县境内尚留多处城墙遗迹，长山遗址一直是多种文明的汇聚地带。

汉人开发关东最早的时期是距今约2300多年的春秋战国时期。汉文化从中原传播到关东，与关东以前的少数民族文化相融合，发展成为新的文化体系，农耕文化有了新的发展和进步。吉林省四平市二龙湖古城遗址（距离蔡家44千米），地处大黑山南麓中段，坐落于二龙湖水库大坝南端的一片黄沙土台地上，2001年6月25日由国务院公布为第五批全国重点文物保护单位。2002年，吉林省考古所对古城遗址进行了大规模主动发掘，出土有铁镢、铁马具、铜镞及陶釜、陶罐、陶尊等器物，还有绳纹板瓦和筒瓦等建筑构件，尤其是陶器特点具有明显的战国晚期燕文化以及土著文化的特征。二龙湖古城址为战国晚期至西汉文化遗存，距今2300多年，是吉林省内时代最为久远的古城遗址，是汉民族开发东北最早的历史见证。

一直以来，以渔樵耕读为代表的农耕文化是先人们长期生产实践的总结，精耕细作的农业文明孕育了勤朴内敛自强自立的文化传统与理念。击壤歌云：日出而作，日落而息，凿井而饮，耕田而食；唐代李绅诗曰：锄禾日当午，汗滴禾下土，谁知盘中餐，粒粒皆辛苦。朝为田舍郎，暮登天子堂，则成为农耕文明家庭教育的主导思想，在这样的文化背景下才会有伟大的诸子百家思想，可以说农耕文化是祖先的文化，也是最接地气的文化，散发着泥土的气息和亲情味道，今天我们继承农耕发展农耕的同时，回首农耕文化也是对先祖的致敬。

二、牢记使命、立足本土、致力农耕，实现新时期农耕文化的发展与繁荣

习近平总书记在党的十九大报告中对坚定文化自信，推动社会主义文化繁荣兴盛创造性地提出了一系列新思想、新观念和新要求。一个国家、一个民族的强盛，总是以文化发展繁荣为条件的。以第一产业为核心的农耕文化是文化中的基础，

是最原始、最质朴的生产文化的传承。关东地区是个多民族聚集的地区，由于土地肥沃、资源丰富，历史上经历了无数次的战争。加上许多少数民族长期过着游牧生活，相对于关内而言，农耕文化元素留存甚少，几千年的农耕文化可能会随着岁月的流逝而消失，关东农耕文化的收集、保护与传承工作迫在眉睫。

四平市梨树县作为世界三条黄金玉米带之一，是全国重点商品粮基地县。蔡家镇位于梨树县的东南部与公主岭毗邻，东辽河水自北向南缓缓流过，辽河两岸黑土肥沃民风朴实，农耕历史悠久，创建关东农耕文化园振兴农耕文化事业具有得天独厚的优势。

关东农耕文化园，以关东为区域界限，以农耕文化为重点，以农耕文化这条主线为思路，涵盖关东的物质文化——衣、食、住、行；汇集关东的文化生活——艺术、民俗、宗教、制度、法规。同时延伸于哲学领域、社会学领域、生活观念、审美观等，是汇聚关东农耕文化的大观园。

关东农耕文化馆根据陈列与性质分为关东农耕博物馆室内展区、中心石器展区、清代柳条边展区、工匠文化园艺展区、石器长廊展区和现代农业示范区等六大展区。

室内展区是关东农耕文化展品的核心部分，根据展品的种类，室内展区又分为经典展厅、工匠展厅、生活展厅、生产展厅、民俗展厅、文化展厅、石器展厅、艺术展厅和现代展厅。通过这些古老的器具，反映我们先辈们拓荒创业、吃苦耐劳、顽强拼搏的精神，及他们谱写出关东农耕历史的精彩篇章。

石器核心展区是关东农耕文化产业园石器的核心部分，展出的都是石器中精品。整个展区按照关东地区民间习俗及东北建筑风水设计陈列。在关东一带，农耕器具的石器主要用品就是碾盘和磨盘，中心展区共有石器几千个，气势恢宏壮观！

走近石器文化长廊，碾盘、碾砣、磨盘和石碌林立于绿荫花丛之中，形态各异，一古一今，一刚一柔，一素一艳，石器与现代花木相互映衬，相得益彰，时而在高耸处一簇石群，时而在转角处一樽草木角庭，这里是关东大地上石器展示规模最长的地方，延绵4华里，形成了一道独特亮丽的风景线。

柳条边一直是蔡家农耕文化的一大盛宴，满清入关实行民族等级与隔离制度，不许汉人进入东北"龙兴之地"垦殖，顺治开始，满境分段修千余里柳条边篱笆墙，东北长城，康熙中期竣工，从山海关经开原新宾至凤城的柳条边为老边，自开原东北到黄市的为新边，柳条边对于当时的农耕合理开发与保护起到了重要作用，也正是由于当初200年间的拓荒封禁，才使得如人参、鹿茸、貂皮等关东珍贵动植物得以顺利繁衍下来。1682年，康熙皇帝第二次东巡，路过柳条边，写了《柳条边望月》："雨过高天霁晚虹，关山迢递月明中，春风寂寂吹杨柳，摇曳寒光度远空。"

柳条边由3尺高3尺宽的土台堆成，台上每隔5尺插柳条3株，各柳条之间用绳连结，称之为"插柳结绳"。外侧挖一条口宽8尺，底宽5尺，深8尺的壕沟，壕沟与土台并行，此壕沟也叫边壕。为弘扬关东农耕文化，蔡家镇在关东农耕文化园重建了柳条边80米，复古修建了赫尔苏门，再现柳条边原貌，复制了关东农耕文化历史上的这一伟大巨作！它是关东农耕文化史上最宏伟的农耕器具，是最具典型代表的保护环境守护自然的关东农耕器械"巨无霸"。

为继承和发扬关东的工匠精神，把传统的民间手艺延续下去，以新一代工匠作品为展品，汇聚关东民间的木匠、漆匠、画匠、铁匠、绳匠、瓦匠、石匠等各类工匠，一起参与建造了蔡家的工匠文化园。用废弃的树根、树干、拆卸的旧房梁等木材，根据其形状特点，以艺术的审美进行加工，变成了栩栩如生的各类动物，按其种类分为七大类。即：十二生肖区、森林猛兽区，家畜家禽区、飞鸟猛禽区、水族两栖区、神奇怪兽区和能工巧匠区，总计108件木雕展品。其中能工巧匠区是工匠文化园的精髓部分，展示农耕作业和家庭生产的各种形态造型，形象逼真，既反映出关东农耕生产的原貌，又充分展示了蔡家现代工匠的匠心制作水平。十二生肖最受参观者欢迎，人们纷纷到自己属相边合影。

现代农业示范区是关东农耕文化产业园现代农业发展的示范区。是梨树县与吉林省农业科学院合作的玉米种植综合示范区。现代农业示范区是以玉米为代表，将关东农耕历史与现代科技紧密结合在一起，从种植技术到现代化农机具的研发试验与应用，都与关东的农耕历史息息相关，从现代农机具映射出关东古老器具的影子，展现了关东大地蓬勃发展、欣欣向荣的现代气息，关东这片肥沃的土壤孕育着勤劳智慧的关东人，它们在生产中创造，在创造中发展，关东农耕文化代代相传，逐步提炼创造出新的农耕文明。

三、收藏岁月，忆录情怀，留住人间烟火

提起农耕文化，总会想起《农政全书》，这本书成书于明朝万历年间，作者徐光启，徐原是儒生，一步步考上进士，一步步升为宰相，却始终心系农桑，爱民如子，全书囊括了明代农业生产和人民生活的各个方面，还贯穿了徐光启治国治民的农政思想。2001年《人民文学》第九期上发表了周同宾的一篇文章《读农政全书》更加感人肺腑，他这样写道：虽然这不是文学作品，我却读出了滋味，品咂这种滋味，有甜美有辛酸有历史感和现实感，有一种不好言说的亲切与凄怆，让我常常想起百里外的老家，祖宗的埋骨地，我时常觉得我的父老乡亲仍然活在农政全书的时代。这篇文章以有限的字数，将各种农具和农业生活场景一一阐述，他说农民从来吃苦最大，吃食最差，这是农民的宿命。如今时代变了，农民的命运也在变，而质朴勤劳的农耕生活给人们心灵深处带来的情感不变，仍然散发着独特的魅力。

也许是与读农政全书相同的情愫和使命感，在现代农业科技日新月异的今天，我选择了建一座农耕博物馆，留住人间烟火，留住乡愁，让历史和现实相连，让农桑之情耕读之美铭醒后人。

"洗尽铅华，陈置光阴，红尘故事，浣女芳心，昔水东流，尘埃落定，回廊高悬，驻足赏兮。"这是对博物馆二楼回廊处旋转排列的棒槌的描述，时光并不久远，看到它们你会想到谁呢，是母亲，外婆还是祖母？是漫长的乡间岁月还是无忧

的童年，有一种情感，洗衣机不会带给你，有时候舒适的生活不仅让人缺少了感动，也缺少了感恩的情怀。

"驴儿何须缚紫绳，驰城逐堑势狰狞。主人指示风雷动，鳌背三山独立名。"这是红楼梦第五十回黛玉的谜语，谜底是小毛驴拉磨，曹公之笔对毛驴拉磨一场景的描述可谓有声有色，我们点赞，石碾石磨是早在旧石器时代的产物，经过几千年的漫长岁月，终于退出了人们的生活，然而它给我们的记忆是深刻的，满文军有一首歌《懂你》，一位含辛茹苦的母亲在深夜推动磨盘的身影，让无数国人引起共鸣，为何？因为那是我们父母的艰辛岁月的见证。那样的艰难岁月，更是一节生动的育儿课，没有那样的课堂怎会有感恩的下一代。

悠车是东北少数民族的发明，后来被称为东北四大怪之一，"大姑娘叼烟袋，窗户纸糊在外，养活孩子吊起来"。满洲小孩睡悠车是颇富民族特色的民俗之一，也是无数孩子童年美好的记忆，悠车里有孩子的哭声，有母亲的哼唱，有星光的调皮，有月光的安详，那么的惬意。

在生活展厅，我们仿佛看到从前人们的旧时光，她们坐在煤油灯下，叼着长长的烟袋，撮着麻绳纳着千层布的鞋底，或者在用石臼淘米，用陶罐盛盐，在灶下拉着风箱。

在生产展厅，我们又会想起什么？是老牛拉动木犁负重前行，还是锄禾日当午的农夫，是三月细雨下的嫩绿的秧苗，还是秋天田野里金色的麦浪？

我们回不到从前，但我们要了解从前，了解历史书上没的功过是非兴衰荣辱，因为那一部分才是如云似水的生活，今天的人们，也许喜欢沉醉在现代的物质文明给人带来的身心享受，可是当你走过人生的大部分，你就会知道，只有细琐的生活，只有这漫漫的光阴，才是最可爱的人间烟火。

四、推进乡村旅游事业，发挥农耕文化的现实作用，助力青少年思想教育

随着经济文化事业的蓬勃发展，休闲旅游已成为人们生活的一部分，建立关东农耕博物馆是发展观光农业，发展乡村旅游的需要。宗旨是让到博物馆观光游玩的人们，既体会到田园风光，又能回顾历史寻根溯源。许多从梨树走出去回乡的游子都喜欢到农耕博物馆里看一看，他们流连驻足感慨万千，每一件藏品都是记忆，每一件藏品都是故事。自2016年4月农耕文化园建成，已有社会各界人士几十万人次前来参观，省市领导非常关心农耕博物馆的建设多次前来视察，著名音乐制作人王锦鳞、画家刘延东和词作家车行先后来这里采风，乾隆皇帝七世孙爱新觉罗恒绍前来参观，并题字"柳条边护使"，新疆阿勒泰地区的58名代表远道而来，10岁满族小朋友陶祖叶为新疆小朋友热情讲解，传递着满族和维吾尔文化。

农耕文化在不同人的心中有着不同的意义，对于老人是回忆和怀念，对于青少年则是教育和影响。有这样一件事印象很深，展厅中有许多摆放成扇形的烙铁，是通过加热后用于做布鞋压熨鞋帮用的。当我们问起青少年这是做什么的时，绝大多数人回答的是：日本人烙共产党员的刑具！还有摆放成圆形的

木制补袜撑子，我们又问参观者其作为何用？回答依旧是五花八门，有说做鞋用的，有说板鞋用的，有说做鞋样子用的。在过去熟悉得不能再熟悉的生活用具，时隔半个世纪的今天已经不为人知了，这是不是一个文化传承的空白呢？青年一代努力学习现代科学文化的同时，更要了解一下他们的先人的生活先人的精神，这也是绿叶对根的情义吧。

博物馆不是为建馆而建馆，建馆的一个目的，是为了收集、整理、归纳，挽救关东农耕文化为农耕文化遗产；另一个目的是通未来的科技研究提供有价值的原始依据；第三个目的是为了教育青少年一代。为发挥农耕文化的教育影响作用，助力青少年思想教育，蔡家镇先后与各大职业院校教携手创办教学基地，与科研部门联办实践基地。2017年，关东农耕博物馆与吉林省农科院合作。正式挂牌成为吉林省农科院的科学实验基地；同年，与吉林大学欧美同学会、留学人员联谊会合作，正式挂牌成为该组织的实践基地。与吉林省文联合作，为吉林省地区文化研究实践基地。与共青团四平市委联合，成为四平市青少年实践教育基地。与长春工业大学联合，成为长春工业大学的教育基地。每年都有各大院校的学生来观光学习，体验民风，了解东北农耕文化，他们在这里学到了课堂上没有的知识和感悟，受益匪浅。

五、每一份热情热心都是对农耕文化情结的婉约表达

2016年4月，关东农耕馆在社会各界人士的大力帮助下，利

用100天时间，由100名干部建成，速度之快，功效之奇为人惊叹！当时蔡家广大干部群众掀起了收集热。纷纷把自己家中前辈留下的老物件捐给博物馆，同时，把收集的工作贯穿于各项工作中，换届选举走村串户不忘收集藏品，春节慰问老干部老党员不忘收集藏品，精准扶贫走访贫困户不忘收集藏品，危房改造现场勘查不忘了收集藏品，机关干部在完成工作任务的同时都争先恐后地拿出几件展品来。

马振生，蔡家村党总支书记、村委会主任，蔡家镇关东农耕博物馆坐落在蔡家村村部。在博物馆建设过程，马振生付出了太大的艰辛，首先在让楼房腾出的事情上，做村三委及村民代表的工作，支持博物馆的建设。在征集藏品上，马振生更是如饥似渴，在公主岭旧物市场，马振生看中一对官帽箱，柳条编制品，旧物市场只有每周日上午赶集开市，马振生一连去了三个周日，去讨价还价，要购买这对老物件，"持宝人"见他太诚信了，最终还是卖给了他。

闫宝文，蔡家镇退休干部。他平时热爱收藏，喜欢老物件，主动申请到博物馆帮忙，他淘回来的藏品廉价又奇特，为购买一件藏品都能讨价还价到几角钱，闫老爷子是常年负责外出"淘宝"的关东农耕淘宝人，旧房破屋，走村串巷，旧物市场，自行车、大客车，经常见到老人家淘宝的身影。

现任梨树县沈洋镇党委书记寇孟伟，当时任蔡家镇镇长，到白城采购树苗，利用树苗装车期间，急忙到附近农户家"寻宝"，弄到一个两轮手推车，连同树苗一同带回来。他还利用休息时间，回到老家孟家岭镇继续奔波"淘宝"，淘到了一台脚踏水稻脱粒机。

吉林艺术学院陶先生为博物馆背了几千本书，这些书对于艺术领域内容探索与追求是有很深造诣的。蔡家农名到博物馆看到工匠文化园108座根雕艺术品后，很受感动，主动把自己多年制作收藏的根雕作品30件捐献给博物馆。工匠文化园建设中，蔡家中学退休教师习斌，每天早早地来到工匠文化园建设现场，带领机关干部，为每个木雕冠名。镇退休老干部原副书记刘继承，年过花甲，也跟着在地里跑，自己说："我退休了在家里闲着没事，能帮镇里做点事情高兴！"镇中学苏书记，顶着烈日在工匠园里画线定位，完全一副庄稼人模样。我的哥哥王志常不是蔡家人却心系农耕博物馆建设，出资2000多元购买藏品赠给博物馆。

在建馆过程中，让人感动的事情太多太多，所有的热情热心都是为了心中对黑土地的热爱对家乡的热爱！

在民俗展厅里有我的一件藏品，那是母亲留给我的物件，一个小茶缸，它是母亲结婚时买的，陪伴她度过了半生时光，是最能代表母亲生活的物件，也是我思念亲人的一种寄托。众所周知我是个执着的书画爱好者，在室内展厅中有两幅我的书画作品，一幅是书法，"看得见山望得见水，记得住乡愁"，另一幅是以农耕背景为体裁的绘画作品，这两幅作品都是我建馆期间乘兴而作的，我想关东农耕馆收藏的不仅仅是茶缸和书画作品，那里收藏着母亲朴实勤劳的岁月和我的拳拳赤子之心。

现在，我常常走在春天的田野，闻到泥土的芳香，我常常走在乡间的小路，听到鸡犬的鸣唱，我站在秋天的田埂上，为又一年的丰收欣喜若狂。我一次又一次地亲近土地，感受它的神奇和厚重，感受它的庄严和神圣，我知道土地里有一种温度，和我们身体相同的温度，我们来自于泥土，依赖求生于泥土，回归于泥土，我不会忘记我是一个农民的儿子，农耕文化在我心中，始终是一部最深沉的文化史诗，一个最深情的民生记录，每每触及，仿佛都会有一个镜头浮现，东辽河畔黑土地的另一端，走来一个个熟悉的身影，他们是我的父老乡亲。

地方文献

山东青岛即墨小龙山调查资料

天井山的传说碑

　　天井山地处即墨城东十里，经五代十国，唐宋农民起义的多年战乱，天灾人祸，致使天井山周围人烟了了，荒蒿遍野。村中有一青年李太，与邻村一贤惠姑娘王氏成婚。婚后十余年不孕。有一年仲夏王氏到天井山下的小河洗衣，忽然一阵微风拂身而孕。来年六月十三夜，电闪雷鸣，大雨倾盆，王氏昏迷中胎儿落地，待王氏醒来龙儿却脱怀破窗而出。第六日，龙儿变成黑小子投入母亲怀中吃乳。李太回家见龙身在炕上，尾巴卷在梁上，惊慌中拿起一把镰刀给龙儿削去一段尾巴。小龙被砍去尾巴，飞往东北大山深潭，练就一身好武艺，为当地百姓驱除祸患，东北白龙江有一白龙精，常年行恶多端，没尾巴老李变成黑汉将白龙精铲除，被当地百姓传颂。光绪十年（1884年）燕都大旱，赤地千里，皇宫吃水都很困难。慈禧闻讯天井山北池内贮有龙牌，行雨最为灵验，便招礼部尚书前往天井山请牌供于佛堂。清廷为没尾巴老李行雨有功，光绪皇帝敕封天井山龙王神没尾巴老李为九江王。慈禧赐花皮灯笼一对，并亲自拟匾文泽周壮武，钦颁大金字匾额。

王和高合家捐献

公元二〇〇〇年古历五月十八日

大周村江敦祉题

天井山龙王庙碑记碑[1]

碑阳：天井山龙王庙碑记
　　　一九九五年七月重修
　　　即墨市留村镇人民政府
碑阴：天井山龙王庙碑记

　　邑东天井山巅旧有龙王庙，相传始建于南宋明嘉靖六年，重修有司路祭以祀龙神，其前深井曰天井，俗名龙池，贮龙牌。旁立东海奇观古碑，庙门前五十米处戏楼面北而立，龙神殿龙池三者成直线，明清遇旱前来祷雨者遍遐迩，岁六月十三日有盛大山会，光绪十年钦颁匾额敕封九江王，香火甚盛，四十年代毁于战火，一九九二年十月从井下出土僧人大乘菩所造龙牌六十三枚，为弘扬民族文化应诸方人士之请，由留村镇人民政府组织筹资，蒙海内外认识慷慨解囊，重修斯庙。由吕季方君经理一九九三年四月动工，崂山古建公司施工，翌年六月竣工，龙王殿仍建原址，光绪十七年建于山下之观音殿移间为西配殿，增建之财神殿为东配殿，祭比干、范蠡、赵公明。光绪十七年邑人周铭旗领袖重建之龙池周围花墙改建为崂山花岗石雕栏改原走马式山改为三进并联山门。增建影壁一座，扩建两厢和山门前台阶。重修之殿宇，仍保持原道俗近似之风貌，而规模有所扩大，古庙旧观再现风貌胜于往昔。列

---

[1] 该碑位于东配殿财神殿左前方。

县境古迹景点之最为昭彰,此举特镌石以志。

天井山建设管理委员会立

天井山影壁墙石刻[1]

影壁墙阳面和阴面均有刻字,阳面正中雕有二龙戏珠图,左侧文字为:

> 凡天下名山,五千三百七十计,不及于天井。天井者,山巅有井,以栖小龙。——邑人万历选贡周如锦《紫霞阁文集》。右侧文字为:天井山,在县东十三里,周回二里,顶上有井,水味甘美,号曰"天井"。——《太平寰宇记》

影壁墙阴面左中右三块石壁均有刻字,中间文字为:

> 天井山,一名天池,池在山巅,有龙居焉,世传龙姓李氏。龙母墓在今海阳界,效此又称"小龙山"。龙甚灵,祷雨……有应。昔有邑侯某,以公之省垣归,值大旱,不入署,自邑步祷,一步一顿首,及至山,阴云四合,甘霖立沛,其灵应多类此。池贮铜牌二,纵广各数寸,称曰龙牌,其语似偈似咒。明嘉靖间僧大乘造,盖四隅廉峻方似削,若人工修剔而无斧凿痕,故曰天井。

---

[1] 该影壁位于一进门处。

《崂山续志》节载[1]

（清）黄肇颚

天井一名龙池，池在山巅，有龙居焉。世传龙姓李氏，龙母墓在今即墨千里岛，故此又称小龙山。龙甚灵，祷雨辄有应。昔有邑侯某，以公之省垣归，值大旱，及至山，阴云四合，甘霖立沛。其灵应多类此。池贮铜牌二，纵横各数寸，称曰龙牌，其语似偈似咒。明嘉靖间僧人大乘造，盖镇龙也。祷雨者以为神，讨请者遍遐迩，而雨亦辄随之。光绪三年邑侯宫子行本昂，加铸数面置池中，以应四方之求。庙在池北，供龙神像，梁间绕梁塑蟠龙二，作苍白色，相传祷于神，龙现形池中，故塑者貌之逼肖。以六月十三日是为龙神诞。光绪十年，钦颁匾额，敕封九江王。今庙貌拓新，香火甚盛矣。

《大留村志》节选

第一篇

第一章 建村历史

明朝初年，由周氏先人从河南汝阳迁居此地。明洪武二十一年（1388年）魏国公徐达之子徐辉祖奉命设鳌山卫，因周安与其父友好，便率父老迎之，遂得授田数倾。周氏家族亲属来此地居住定名为留村，后形成两个自然村落，随之称为大留村。

---

[1] （清）黄肇颚，清咸丰举人。本文出自光绪三十四年编纂的《崂山续志》。

此后，有周、刘、姜、王诸姓来本村定居。大留村北隅的小村，之初有四姓人家，共78口人，于1959年至1977年陆续迁居到村内。大留村的河南，从1950年至1994年先后有13户搬迁到村内。

1949年全村共有270户，1360口人。至2002年全村有640户，2051口人。

第二章　地理位置

大留村位于即墨市龙山街道办事处东部，与其相距仅有200米之遥。东与大村相连，西与刁家烟霞村接壤，南与前留村连接在一起，北依蓝鳌路，与部队驻军营房一路之隔。现隶属于即墨市龙山街道办事处。大留村有一条南河，名叫小龙河。村东西长1千米，南北宽0.3千米，总面积3平方千米。大留村的土地主要是丘陵地，其次是平原地。1949年村有农田2600亩，1951年土地改革后有农田2600亩，1958年人民公社化时有农田2100亩，至2002年有农田1500亩。

小泷山海拔75米，方圆4平方千米，名闻遐迩。留村驻军营房建于1956年，占地450亩，其中占大留村土地430亩。

乡政府机关于1952年迁入大留村西，又于1978年迁到村外西北窑地片，占地6亩。

第三章　建制沿革

1931年即墨县划为10个区，大留村隶属第10区井山乡。

1949年5月，即墨城解放，即东县区划为13个区、3个镇，大留村属10区；1951年建立10个乡，大留存隶属0区留村乡；1955年6月，大留村属井山区留村乡。1958年8月成立人民公社，大留村属留存人民公社的一个生产大队；1984年4月撤销人民公社，改为留村乡，大留村属留村乡的一个行政村；1994年1月，留村乡撤乡改镇，大留村属留村镇的一个行政村；2002年6月留村镇改为龙山街道办事处，大留村属其一个行政村。

第五篇　发展旅游第一章总体规划

龙山街道办事处党政领导，对小龙山丰富的旅游资源和文化资源极为重视，自1993年以来多方积极筹划，争取把龙山建设成为具有高科技水平、现代文明和传统文化相结合的"龙山公园"。经过数年的修复和开发建设，已初具规模，龙牌已成为民俗文化研究的重要文物，龙池、龙王庙等已经成为旅游观光的重要景点。

龙山办事处党委把小泷山的旅游纳入了即墨旅游的大环境中，东去崂山和田横旅游度假区的旅游爱好者，沿途都要经过小龙山，使小龙山成为旅游项链上的一颗珍珠，到过即墨的游客，没到小龙山的就认为是一种遗憾。小龙山在大的旅游格局上，成为重要的一个亮点。

第二章　开发的状况

随着经济的发展，大留村也重视了旅游业，大留村的旅游以小龙山为中心，总规划面积为1800亩，现已开发200亩，已投入300万元。修筑了进山的柏油路，山周围的土地成为旅游投资商钟情的黄金地段，开发小龙山的大格局已经形成。

第七篇　社会

第一章　居民

第一节　姓氏

清末至民国时期大留村居民有一姓，即周姓。

周姓先祖于明朝初年迁居大留村。至1949年，周家后人有270户1360人。

1949年至1978年大留村新增姓氏7姓；

1978年至2001年，党的开放政策带来了经济的大发展，位于镇（街道办事处）政治经济中心的大留村是外姓人理想的迁居地，大留村新增姓氏26姓。

至此，大留村共有34姓。分别是：周、王、姜、黄、刘、张、毛、兰、陈、鞠、江、李、孙、展、于、胡、朱、谭、隋、顾、武、葛、邱、何、马、韩、纪、梁、卢、吴、刁、齐、管、林

第二节　户口

1949年大留村共有居民270户，1360人，其中男性694人，女性666人。1952年全村户数增至310户1430人；1978年改革开放前，全村迁出9户23人；职工家属农转非8户，21人；1959年至1961年因生活所迫外流去东北11户，43人；自80年代开始，随着大留村经济发展，一大批能人来落户，加之家庭因子孙分家而分居设户，户数增长较快。2001年，全村达到628户，有2051口人。

附录

一、龙山览胜

龙 山

龙山位于即墨城东龙山办事处（留村镇）大村村南，是山东省即墨市境内一座充满神话色彩的名山，因山顶有一深井，相传井中栖龙，俗称"小龙山"，又名"天井山"。

龙山系崂山余脉，海拔81米，山容端庄，山势舒缓，林木葱茏，曲径清幽。龙山虽不高，却很有名气，在古代的地理志中多有记载，早在北宋乐史编著的《太平寰宇记》中，即墨县的山峰，龙山列在首位："天井山在县东十三里，周回二里，顶上有井，水味甘美，因名天井。"龙山天井，又称"龙池"，是远古年代火山爆发导致地壳变动而形成的自然景观，纵9—12米，横4.5—6米，深14.8米，其状深不可测，蔚为壮观，为历代游人称奇，井内常年水旺不涸，清澈甘润。《崂山续志》载："四隅廉峻方似削，若人工修剔而无斧凿痕，故曰天井。"天井旁有龙王庙，始建于南宋，殿内供奉着黑龙王的神像，蟠龙绕梁如生，其状独特于天下。殿门正中悬挂清代慈禧太后亲书"泽周壮武"匾额，两侧悬挂于次灯笼一对。据通志载，清代齐鲁大地九州十府一百零八县，有"龙神"之类庙坛107处，中有祷雨灵应者7处，唯龙山龙王庙独有池中龙牌，行雨最为灵验，名闻遐迩。

龙山具有浓厚的民俗文化底蕴和独特的自然景观，其"没尾巴老李""取龙牌降甘霖""黑龙江战白龙"的传说家喻户晓，声名"扬幽燕，播秦晋，名辽东"。

据传北宋初年，龙山下有一李姓之妻王氏生一小黑龙，因闪失被削去尾巴，小黑龙痛极，一爪抓出山顶的龙池后飞去黑龙江战胜行灾作恶的大白龙，为民除害兴利，人们把这条黑龙称为"没尾巴老李"，极为尊崇。没尾巴老李行云布雨极为灵验，若遇干旱，求雨辄应，恩泽广布。据载，明清以来就盛行"取龙牌"祈雨，且遍及幽燕而达秦晋、辽东。龙山龙池中确贮有金属制龙牌63面。崇祯初年即墨邑侯程调羹因久旱不雨，步祷于龙山祈雨，一步一顿首，甘霖立沛。同治年间，嘉靖龙牌取至山西，雨辄连沛。光绪十年燕地大旱，慈禧遣人取龙牌，及至京郊，阴云骤布，慈禧大喜，出迎十里，甘霖大澎，当年亲书"泽周壮武"，光绪皇帝敕封其为"九江王"。

留村镇党委、政府对龙山丰富的旅游资源和文化资源极为重视，自1993年以来多方积极筹划，争取把龙山建设成为具有高科技水平、现代文明和传统文化相结合的"龙山公园"。经过数年的修复和开发建设，现已初具规模，龙牌已成为民俗文化研究的重要文物，龙池、龙王庙等已成为旅游观光的重要景点。

山不在高，有仙则名；水不在深，有龙则灵。历经风雨的龙山经过现代文明的重塑，以其独特的自然景观和博大的文化内涵成为即墨乃至青岛地区建设大旅游格局的重要组成部分。龙山将成为游览观光和举行民俗文化活动的重要区域，为即墨大地增添光彩。

龙 池

又称"天井",位于龙山山顶,纵9—12米,横4.5—6米,深14.8米,是远古年代火山爆发导致地壳变动而形成的自然景观。

明万历《即墨县志》有"天井龙霖"的记载:"山巅有泽峻直下,百仞浒水深不涸。"清代康熙二年癸卯科举人、被称为"邑诗人之冠"的黄坦有记曰:山之巅有石井,东西广三、四步,南北倍之,四隅廉峻方似削,若人工修剔而无斧凿痕迹,故曰天井。其深达数十丈,于山之高下且相倍焉,其水清冽渟注,以物投之锵然有声,佥曰此海窍也,下通蛟龙宫……"

池口周围有百年丛生的灌木出于石缝中,同治进士、邑人周铭旗有文曰:"四面巨石壁立,偃松作龙形从石罅中屈曲蟠生,状甚奇。"游者有"还山醉谱松风曲,携客酣歌龙听出"之奇感。井底有一石台,高1米左右,下有泉眼,常年贮水,清澈甘润,从池沿下望,令人毛骨悚然。龙池周围有光绪十七年大留村周氏出资重修的花墙,花墙周长约40米,青砖构造,上压半圆形石条,间立高1.5米、宽厚各0.25米的石柱,其上镌有"钦授通判周日炘领袖施柱""山东兵巡道周日灿施柱""陕西潼商兵备道周铭旗施柱""光禄寺署卫衔曲阜训导周光缙施柱,光绪十七年立"等字样,其状大有龙宫之势。

龙王庙

又名龙神祠,传说始建于南宋初年,明嘉靖六年重修,三十年代的龙王庙,尚是兴盛时期。庙门建于高台之上,宫门式出檐建筑,两旁石雕雄狮威然而卧,其前龙高悬,黑漆大门上书珠红大字，上联"天眷有德"下联"并养不穷"，两侧为道房，庙前有"东海奇观"等石碑数座。龙王庙为三间出厦古建筑，造型古朴典雅，蔚为壮观。殿正中塑有黑龙王神像，庙内上方塑两条蟠龙，龙神威严，与俗所塑迥异。正中悬慈禧书"泽周壮武"金字匾，还有山东巡抚张曜赠"照灵普润"匾额及明清官吏周如伦、吕海环、庄垓兰、吴郁生、王序、翰林院编修刘廷琛等书匾80余面，其书法潇洒飘逸，端严遒劲，令人称奇。每年六月十三日，商绅文士争相前来"谒黄匾，赏御灯"，后来，龙王面屡经战火和人为破坏，毁坏极为严重。1993年，留村镇政府重修龙山龙王庙，总建筑面积1300余平方米，其建筑古朴典雅，飞檐斗拱。进山门便是一高两低、飞檐斗拱的大牌坊式照壁，正中雕蟠龙尔，神态如飞，两侧及背面书有名人诗文。院中央便是天井，俗称"龙池"，池深14.8米，上端边沿系崂山花岗岩建成雕围栏，高1.5米，周长4米，其雕工精巧，构筑宏伟，为传说之"龙宫"，时北正中是龙王殿，塑有没尾巴老李——黑龙王神像，神态威武，端庄大方，两旁为风伯、雨神、雷公、闪娘神像，姿态各异，栩栩如生。殿门正中上悬慈禧太后亲书"泽周壮武"字匾，两侧挂御赐宫灯一对。建有东西两偏殿，东偏殿为财神殿，塑有赵公明、比干等，西偏殿为菩萨殿，塑"南海观音""送子观音"等。东厢为文物厅，陈列龙牌、有关名人诗文等条幅，西厢为迎客厅。今庙貌焕然，文物重光，天井雄姿再现，游客络绎不绝。

龙王庙碑文

此碑立于龙王庙前左侧，碑文如下：

邑东天井山巅，旧有龙王庙，相传始建于南宋，明嘉靖六年重修，有司路祭以祀龙神，其前深井曰天井，俗名龙池，贮龙牌。旁立"东海奇观"古碑，庙门前五十米处戏楼面北而立，龙神殿、龙池三者成直线。明清遇旱前来祷雨者遍遐迩，岁六月十三日有盛大山会，光绪十年钦颁匾额，敕封"九江王"，香火甚盛。四十年代毁于战火。一九九二年十月，从井下出土僧人大乘菩所造龙牌六十三面。为弘扬民族文化，应诸方人士之请，由留村镇人民政府组织筹资，蒙海内外认识慷慨解囊，重修斯庙。由吕崇方君任经理，一九九三年四月动工，崂山古建公司施工，翌年六月竣工。龙王殿仍建原址，光绪十七年建于山下之观音殿移间为西配殿，增建之财神殿为东配殿，祭比干、范蠡、赵公明。光绪十七年邑人周铭旗领衔重建之龙池周围砖石花墙，改建为崂山花岗石雕栏，改原走马式山改为三进并联山门。增建影壁一座，扩建两厢和山门前台阶。今重修之殿宇，仍保持原道俗近似之风貌，而规模有所扩大，古庙旧观再现，风貌胜于往昔，列县境古迹景点之最，为昭彰此举，特镌石以志。

天井山建设管理委员会
公元一九九五年七月

天井龙牌

龙牌是全国仅有的一种民俗文物，原贮于龙山龙王殿前天井中，是明清乃至民国时期久旱不雨，人们用来设坛祷雨的精神寄托。据史料载，至清朝末年，山东省内"祷雨灵验"之地数处，唯龙山有"行雨灵应龙牌"，且名闻齐鲁乃至秦晋。

1992年10月，从龙山龙池中出土金属制龙牌63面，其中43面铜制镀金和2面银质，均字迹清楚；18面铁质，除光绪三十三年和民国九年造的自己清楚外，其余的都锈蚀成光板。

最早的龙牌是明嘉靖二十四年（1545年）领头僧人大乘制，分正牌、副牌两面，系铜镀金。清光绪三年（1877年），华北大旱，人们食树皮、屋草艰难度日，即墨知县宫本昂和莱州知府福润加制"即墨县天井山行雨灵应令牌"10面（今存9面），置于龙池中供四方祷雨所求之用。以后增加的龙牌，多是某地"取龙牌"祷雨，喜得甘霖，为酬谢龙牌的功绩，邑侯加制一面连同原牌一并送还的。敬造者有知县、知州、知府、巡抚、旧时将军等。龙牌中最重的一面是1920年（落款不清）敬制的，生铁质，重4500克。最轻的一面是即墨知县宫本昂敬献的，银质，重75克。铜质镀金龙牌中最重的一面为28.8厘米×20厘米，是1917年鲁军少将二等文虎章沂防步马炮各营统领张培元、鲁军少将三等文虎章第七混成旅步二团团长孔昭意、临沂县知事杨孝则三人敬制的，龙牌大的一般如16开本，小的一般如32开本。有山东安抚毓贤、杨士骧和山东省长屈映光，山东督办兼省长张宗昌等敬造，另外以莱州府的两州五县和武定府的各州县邑侯敬造的最多。最晚的这一面龙牌是1940年惠民县知事于建勋制。字迹可辨的47面龙牌中，有明朝2面，清朝光绪、宣统两代共24面，民国时期19面，日伪时期2面。

铜制镀金龙牌多镌飞龙云雨图案，刻工精巧，制艺不凡。龙牌在明清时期为祷雨极盛的"法宝"，凡县级来龙山"取龙牌"祷雨，必邑侯斋戒沐浴步祷，以表虔诚。清光绪十年燕京大旱，慈禧派使者来龙山"取龙牌"祷雨，至京近郊，阴云四合，雨象在望，慈禧高兴地出迎十里，甘霖迭沛。光绪皇帝遂敕封龙山黑龙为"九江王"，慈禧太后亲书"泽周壮武"匾额，并赐宫灯一对悬于龙王殿内。明末即墨邑侯程调羹、清乾隆十二年邑侯晋运泰，因久旱步祷天井，一步一顿首，虔诚所感，沛然大雨，普世同庆。清朝后期嘉靖龙牌曾流传到山西、陕西两省，晋秦大地甘霖溥被，人寿年丰。

现存63面龙牌中，有61面存放于即墨市博物馆，另外两面存放于天井龙池中。

二、龙山文物

【龙牌一】（正牌）

黄铜，16厘米×22厘米，900克，字双沟。

正面："杀人偷盗脑血开，贪人旷语压尘埃，吃酒吃肉一时死，手接铜钱天降灾。"

落款："嘉靖二十四年正月十五日领头僧人大乘。"

【龙牌二】（副牌）

黄铜，15.5厘米×22厘米，1080克，字双沟。

正面上部："维陀尊天作证"

正面下部:"伽蓝监察"

【龙牌三】

黄铜镀金,15厘米×24厘米,680克,边饰水云纹,字双沟。

正面:"即墨县天井山行雨灵应龙牌"

左:"即墨县知县宫本昂监造"

上部:"有求必应"

右:"光绪二年七月初一日"

【龙牌四】

黄铜,10.5厘米×17.5厘米,170克,有云龙饰纹,字双沟。

正面:"即墨县天井山行雨灵应龙牌"

左侧:"知县宫本昂监造"

右侧上:"甲"

【龙牌五】

黄铜镀金,10.5厘米×17.5厘米,170克,有云龙饰纹,字双沟。

正面:"即墨县天井山行雨灵应龙牌"

左侧:"知县宫本昂监造"

右侧下:"丙"

【龙牌六】

黄铜镀金,10.5厘米×17.5厘米,155克。

正面:"即墨县天井山行雨灵应龙牌"

左侧:"知县宫本昂监造"

右侧下："丁"

【龙牌七】

黄铜镀金，10.5厘米×17.5厘米，155克，有云龙饰纹，字双沟。

正面："即墨县天井山行雨灵应龙牌"

左侧："知县宫本昂监造"

右侧下："戊"

【龙牌八】

黄铜镀金，10.5厘米×17.5厘米，146克。

正面："即墨县天井山行雨灵应龙牌"

左侧："知县宫本昂监造"

右侧下："己"

【龙牌九】

黄铜镀金，14.8厘米×24厘米，690克，上中部有云龙饰纹，边有云纹，字双沟。

正面："即墨县天井山行雨灵应龙牌"

左下侧："莱州府知府福润监造"

右侧下："庚"

【龙牌十】

黄铜镀金，10.5厘米×17.5厘米，180克，上中部有云龙饰纹，边有云纹，字双沟。

正面："即墨县天井山行雨灵应龙牌"

左侧："知县宫本昂监造"

右侧下："辛"

【龙牌十一】

黄铜镀金，10.2厘米×17.3厘米，185克，上中部有云龙饰纹，边有云纹，字双沟。

正面："即墨县天井山行雨灵应龙牌"

左侧下："知县宫本昂监造"

右侧下："壬"

【龙牌十二】

黄铜镀金，10.2厘米×17.3厘米，215克，上中部有云龙饰纹，边有云纹，字双沟。

正面："即墨县天井山行雨灵应龙牌"

左侧下："知县宫本昂监造"

右侧下："癸"

背部："上"

【龙牌十三】

银质，9.6厘米×16厘米，75克，有双龙纹饰。

正面：隶书："龙牌"

左下："知县宫本昂献"

【龙牌十四】

黄铜，10.6厘米×17.5厘米，340克，有云龙纹饰。

正面：篆体"天井山灵应龙牌"

左侧下："即墨县调署历城县程虔制"（程虔，直隶清苑人，举人，光绪八年任即墨知事）

【龙牌十五】

铜质镀金，13.9厘米×20.7厘米，640克，有云水龙纹饰。

正面:"即墨县天井山行雨灵应龙牌"

左侧下:"胶州知事张承燮敬造"(张承燮,陕西平利人,举人)

右侧下:"光绪二十五年五月吉日"

上部:"有求必应"

【龙牌十六】

铜质镀金,16.2厘米×22.1厘米,1280克。

正面:"泽润生民"

左侧:"山东安抚毓贤造"(毓贤,清末汉军正黄旗人,监生,1899年任山东巡抚十余月。)

右侧:"光绪二十五年十月"

【龙牌十七】

紫铜(形译),10.6厘米×17.3厘米,有云龙花纹饰。

正面:"即墨县天井山行雨灵应龙牌"

左侧下:"滨州知州江瑞钟监造"

右侧下:"丁未"(光绪三十三年)

【龙牌十八】

铜质,24厘米×11.5厘米,800克,周"z"字形纹。

正面:"渥泽甘霖"

右:"光绪丁未六月"(即光绪三十三年)

左:"抚东使者杨士骧呈"

【龙牌十九】

铁质,部分已锈,135厘米×20厘米,1380克,边有纹饰。

正面上部:"泽渥灵照"

正面下部:"即墨县天井山行雨灵应龙牌"

右侧:"□授招远县调署□州府□□□□"

反面:"光绪三十三年六月"

【龙牌二十】

铜质,14.7厘米×21.9厘米,465克,有云、水、龙纹。

正面上:"有求必应"

正面下:"即墨县天井山行雨灵应龙牌"

右侧:"武定府知府曹榕署惠民县知县江瑞钟敬造"

左侧:"光绪三十四年五月□日"

【龙牌二十一】

铜质,19.4厘米×27.7厘米,810克,有云龙纹饰。

正面:"天井山龙牌"

左下:"知即墨县事陈航菘敬制"(陈顿菘,湖南汀潭人)

右侧:"光绪三十四年岁次戊申仲秋谷旦"

反面:"云行雨施"

【龙牌二十二】

铜质,19.3厘米×27.6厘米,580克,反面有云水龙纹。

正面:"天井山龙牌"

左侧:"知潍县事曹偁敬制"(曹偁,系江苏江阴附贡)

右侧:"宣统元年岁次乙酉孟夏谷旦"

反面:"云行雨施"

【龙牌二十三】

铜质,17厘米×27.3厘米,840克,有云龙纹饰。

正面:"献渥施膏泽"

右侧:"即墨县陈毓菘监造"

左侧:"宣统元年四月谷旦敬"

反面:"山东即墨天井山兴云行雨龙牌"

【龙牌二十四】

铜质,13.9厘米×21.6厘米,1690克。

正面:"渥泽灵昭""即墨天井山行雨灵应龙牌"

左侧:"平度州知州朱鋆监造"(朱鋆,河南安阳人)

右侧:"宣统元年四月谷旦"

【龙牌二十五】

铜质,24.6厘米×14厘米,700克,上方饰云龙纹,边饰云水纹。

正面:"即墨天井山行雨灵应龙牌"

左侧下:"即墨县知县杨德馨监造"

上部:"有求必应"

【龙牌二十六】

铜质,16.8厘米×10.4厘米,80克,饰双龙图饰。

正面:隶书"龙牌"

左下:"知县侯于鲁献"

【龙牌二十七】

紧铜,23.7厘米×13.6厘米,370克,正面上部交插国民党旗、周花、边叶,背部饰龙云水纹。

正面:"即墨县天井山行雨灵应龙牌"

左侧:"诸城县知事尹祚章,驻扎诸城县鲁军少将沂防统领张培元、诸城县绅商监造。"

右侧："中华民国六年丁巳四月"

背下部中："绅商代表王沛田敬谨贲送"

反面："山东即墨天井山兴云行雨龙牌"

【龙牌二十八】

黄铜，28.5厘米×20厘米，1210克，饰龙云纹。

正面："天井山龙牌"

左为："鲁军少将二等文虎章沂防步马炮各营统领张培元、鲁军少将三等文虎章第七混成旅步二团团长孔昭意、临沂县知事杨孝则敬制。"

右："中华民国六年七月一日"

背面："沛然下南"

【龙牌二十九】

紫铜，18厘米×11厘米，355克，上中部饰云龙，作云雨状，夹饰云纹。

正面："即墨县天井山行雨灵应龙牌"

左侧下："高密县知事高皋言及合邑公民敬造"

右侧："岁次丁巳五月谷旦"（1917年）

【龙牌三十】

黄铜，22.4厘米×16.4厘米，790克，饰云、龙、雨对称图饰。

正面："渥施膏泽"

左："即墨县知事曾硕儒敬修"

右："中华民国六年七月谷旦"

背面："山东即墨天井山行雨灵应龙牌"

【龙牌三十一】

紫铜，27.8厘米×20.6厘米，1300克，饰云、龙、水对称纹饰。

正文："霖雨苍生"

背面左："知即墨县郑观光呈"

背面右："中华民国七年九月谷旦"

背面中："天井山龙牌"

【龙牌三十二】

铜质，19.8厘米×11.9厘米，508克，中上饰团龙，边饰云纹。

正文："即墨县天井山行雨灵应龙牌"

左："山东省长屈映光监造"

背面："中华民国九年六月二日"

【龙牌三十三】

生铁质，27厘米×17.4厘米，450克。

正面："甘霖溥被"

右面："中华民国九年六月十三日。"

左面："山东□□□□"

【龙牌三十四】

黄铜，17.2厘米×13厘米，720克。

正文："泽润生民"

右："中华民国九年七月"

左："山东滨县知事陈新佐造"

【龙牌三十五】

紫铜，25.4厘米×17.8厘米，920克，边饰云龙纹。

正文："霈及群黎"

右"民国九年八月口日"

左："即墨县知事袁家达敬造"

【龙牌三十六】

黄铜，18.2厘米×10.8厘米，430克，上部饰云龙，边饰云纹。

正文："即墨县天井山行雨灵应龙牌"

右："岁次庚申五月谷旦"（1920年）

左："惠民县知事张璋及合邑公民敬造"

下额："有求必应"

【龙牌三十七】

黄铜，22厘米×15厘米，520克，饰对称龙水云纹。

正面："云行雨施"

背面右："中华民国十二年岁次癸亥孟夏谷旦"

背面左："惠民县知事张璋绅商人等敬制"

背面中："天井山龙牌

【龙牌三十八】

黄铜，29厘米×20.1厘米，1070克，饰对称云龙纹。

正面："沛然下雨"

右："中华民国十四年五月十八日"

左："邹平县知事梅源德敬制"

背面："天井山龙牌"

【龙牌三十九】

铜质镀金：21.6厘米×16厘米，1000克，边饰纹。

正文："甘霖迭沛"

右："中华民国乙丑年六年口日"（即民国十四年）

左：山东督办兼省长张宗昌敬制

【龙牌四十】

铜质，18厘米×10.8厘米，210克，饰云龙纹。

正文："即墨县天井山行雨灵应龙牌"

右："民国十五年夏历六月谷旦"

左："武定道道尹兼署惠民县知事毛宗骉敬造"

背面："有求必应"

【龙牌四十一】

黄铜，23.1厘米×14.4厘米，660克。

正文：求书"霖雨苍生"

右：隶书"中华民国十五年七月"

左：隶书"即墨县知事杨西桂敬献"

【龙牌四十二】

黄铜，16.5厘米×10.7厘米，300克，上部饰团龙纹。

正文"龙牌"

右："民国拾五年八月一日"

左："蒲台县知事陈新佐敬铸"

【龙牌四十三】

黄铜，20厘米×11厘米，580克，上饰团龙，两连对称云龙纹。

正文："即墨县天井山行雨灵应龙牌"

右:"中华民国十六年夏历六月谷旦"

左:"武定道尹兼惠民县知事毛宗骒敬制"

背面:"有求必应"

【龙牌四十四】

黄铜,22.5厘米×16.5厘米,580克。

正文:"云行雨施"

右:"中华民国十六年八月"

左:"山东邹平县知事党同穆造"

【龙牌四十五】

黄铜,18.2厘米×11.2厘米,430克。有团龙及花饰。

正文:"即墨县天井山行雨灵应龙牌"

右:"中华民国二十四年七月"

左:惠民全县十区民众监造

【龙牌四十六】

紫铜,16.7厘米×10.8厘米,98克,上部饰团龙。

正文:"龙牌"

右:"民国二十八年八月二十九日"

左:"惠民县知事于建勋敬铸"

【龙牌四十七】

黄铜,16.2厘米×11厘米,80克,饰双龙图。

正文:"龙牌"

上额:"中华民国二十九年口月口日"

下额:"惠民县知事于建勋制"

其余16页龙牌均为铁质,锈蚀比较严重,镌迹已模糊不清。

三、龙山诗文

天井山传奇

江山

神奇传说话黑龙，追根测源天井中。
即墨豪杰惩腐恶，千里北疆展雄风。

山之灵气

江山

龙山有灵水有情，黑龙故乡获殊荣。
广洒甘霖济苍生，风调雨顺好年景。

天井山

韩乃桂

山上有井日来久，井中无龙不肯休。
可信人类温饱后，精神更上一层楼。

小龙山

韩乃桂

（一）

天生一个黑窟窿，好一条没尾巴龙；
借得六月一场雨，常向人间宣神灵。

（二）

老李北入黑龙江，山东即墨是老乡。
战罢白龙江水黑，不愧中华好儿郎。

作者简介：韩乃桂，字芳直，号东崂，即墨市市志编委办公室主任，著书多部。

龙山行

成海

龙山突兀立,浑体钟神秀。
四季有瑶草,珍木遍地生。
龙池通东海,深入踞小龙。
小龙矫且勇,天地任纵横。
一朝别母去,奋身降恶魔。
难断思乡情,年年探故里。
甘霖惠众生,庙宇香火盛。
泽周更壮武,黎民齐称颂。

重阳节登高于小龙山

周丕景

情知不易攀,意欲勉强登。
秋老树仍绿,霜寒菊益荣。
乘凉大树下,应感栽培功。
山小名声远,水深龙有灵。
　泽周偏壮武,殊有故乡情.
冰结春能解,时来百废兴。

作者简介:周丕景,即墨留村镇东九村人,爱好古诗词。

游小龙山

周丕景

人游风景区,身在图画间。
不敢高声语,潜龙睡正酣。
一旦腾云起,始知非等闲。

万民蒙雨露,共戴有情天。

纪念小龙山庙宇重修

周丕景

胜景知何处,奇迹在此间。
深山无虎穴,绝顶有龙潭。
大造方伊始,神工妙斡旋。
雄心兴百废,盛气挽狂澜。
架海金梁固,擎天玉柱坚。
功成名就日,车水马龙喧。

赞小龙山

周丕景

风景随时有,仙迹绝世无。
曾闻蓬岛好,未若龙山奇。
蓬岛多神话,龙山有龙栖。
云霞常五色,霖雨最及时。

天井山龙眠

于风嗒

巨峰相对两清幽,玉井天成最上头。
自是深渊通海窍,不妨神物伏灵湫。
明珠有价轻千镒,甘泽乘时遍九州。
闻说层冰寒彻骨,人间烦暑坐来收。

作者简介:于风,胶东人,生平不详,本诗载《崂山续志》。

天井山龙眠

（明）吴纪

百尺清泉卧蛰龙，一源深与海波通。

行云未慰苍生望，吐雾先施造物功。

并底夜光常射斗，旎旃春暖定飞空。

康时不但稔丰岁，头角峥嵘翙九天。

作者简介：吴纪，湖南人，生平不详。本诗载明《万历志》。

天井山龙眠

（明）欧信

昨宵风雨涨寒泉，神物蟠依积水眠。

试听春雷从天起，为霖飞向九重天。

作者简介：欧信，苏州人，生平不详。本诗载《万历志》。

天井山龙眠

（明）许铤

百尺峰顶一窍开，几疑斩削自天裁。

乾坤有意通龙脉，沧海无涯激仕怀。

古庙深沉环岫嶂，神龙蟠结起云雷。

应知沛泽先吾士，伫见甘霖遍九州。

作者简介：许铤，号静峰，明武清县（今天津武清）人，进士出身，万历六年（1578年）任即墨知县，任五年，升兵部主事。

天井山

（明）范炼金

寻春萧散过龙山，杖扪苍苔四眺间。

石液倒衔星斗入，云根常带雨雷还。

　　西连雉堞屯霞色，东接鲸溟近曙颜。

　　一自幽人泼墨后，蛟珠错落起苔斑。

作者简介：范炼金，字大冶，即墨县人，明万历诸生。著有《周汉葆光》等。

龙眠石

（明）邹善

　　奇石寄海滨，时有潜龙卧。

　　鲸波几许深，马鬃一滴大。

作者简介：邹善，号颖泉，明江西安福人（今江西安福），嘉靖年间进士，隆庆年间山东提学。

天井山

（明）周璠

　　玉井高擎类鬼工，每于岁旱慰三农。

　　片云贮石藏灵雨，勺水惊雷起蛰龙。

　　色映松杉春漠漠，气涵星斗夜溶溶。

　　甘泉自有清冷味，无用蒙山问紫茸。

作者简介：周璠，江苏沭阳（今江苏沭阳）人，万历初任即墨县丞，江南诸生。

九日大观楼独酌戏简

江永乡索酒

（明）周如锦

　　此日豀楼独举杯，坐临城郭气佳哉。

　　东南正是龙山会，西北谁登戏马台。

节候稍迟篱菊晚，人情无赖野筵开。

遥思江令非陶令，可望江州送酒来。

城之东南天井山亦名龙山，江君别业在焉，其西北守戍营，常以是日习骑射，与余楼接近，故有龙山会戏马台之句。

作者简介：周如锦，字叔文，号大东，明末即墨人，万历选贡，任通判，著有《紫霞阁文集》。

颂祷雨成功

（明）周如锦

五月天旱不雨，署邑侯程公下车之次日即祷，祷之次日即获甘霖，远近沾足，士民称庆，敬赋小诗赠之（崇祯七年甲戌）。

康时须仗作霖才，一日齐心砌帝台。

遂有神工添物色，似为新尹濯尘埃。

羊躯原上衣犹湿，燕午山前洞自开。

在昔渔阳传瑞多，宣将家谱入诗来。

天井山

（清）黄守平

谁凿混沌窍，或由造化钟。

寒湫森毛发，碧色何溶溶。

净绿不可唾，其下有蛟龙。

幽香深无际，密与沧海通。

云物瀹然发，倏尔弥苍穹。

灵境莫延伫，恍惚惊灵雯。

作者简介：黄守平，即墨人，道光十八年岁贡。本诗载《崂山续志》。

天井山

（清）黄玉书

松涛怒吼夕阳裹，山头龙池平地起。

深潭澄碧若龙卧，电崖秋风不敢视。

徘徊复徘徊，徙倚更徙倚。

恍惚四围云土封，石柱一泓当空峙。

谁从石柱凿石窍，蜀地山崩壮士死。

细推物理浑难凭，直与造物为终始。

作者简介：黄玉书，清代即墨人，工文善诗。

天井山

（清）蓝启蕊

登高爱此地，俯仰许相从。

列坐随秋草，开樽对巨峰。

清风如我至，黄菊为谁容！

莫漫舒长啸，恐惊潭底龙。

作者简介：蓝启蕊，清代即墨人，善诗文，著有《逸筠轩集》。

登天井山记

（清）黄玉瑚

山迥万壑赴，拳石隐龙漱。

矗矗千仞顶，一井通地幽。

方阔数丈余，削壁巀四周。

底聚澄泓泉，其深不可求。

五丁斧无痕，巨灵掌未留。

天工非人力开此伏灵虬。

　　我来当炎暑，偕友曳杖游。

　　窥探森毛发，山风吹飕飕。

　　村民赛雨社，岁岁迓神庥。

　　凌晨龙现井，宛在水中流。

　　且晚或其雨，甘霖润青畴。

　　归路云蒙蒙，夜雨盈渠沟。

　　奇哉造化理，变幻难冥搜。

作者简介：黄玉瑚，即墨人，清乾隆三十六年举人，江苏溧阳知县。

天井山谒龙祠

　　（清）林钟柱

　　奇石横空凿，遥遥不记年。

　　铁摇风铎冷，铜铸雨牌圆。

　　岭谷千里抱，波涛四壁悬。

　　料应天井底，长有老龙眠。

作者简介：林钟柱，字砥生，清掖县（今山东莱州）人。光绪五年（1879年）举人，工文善诗。

忆故乡天井山

　　（清）周铭旗

　　山拥海东迥，连云出一堆。

　　路沿淮涉上，门对巨峰开．

　　携客观棋往，呼童载酒来。

　　当年游赏处，拟榜小蓬莱。

劈就云根水，奇观得大东。

环山成雉堞，近海凿龙宫。

平地出雷电，半天来雨风。

苍生无远迩，昄泽故乡同。

作者简介：周铭旗，系即墨城东大留村人，同治四年（1865年）进士，曾任陕西渔商兵备道，著有《出山草》十二卷。

清明示汝杰、汝桐

（清）周铭旗

又是清明节，家家扫墓田。

可怜小儿女，未识归山川。

道长成童冠，乡愁积岁年。

几时松柏路，携汝谒风烟。

题天井山

（清）周铭旗

故乡天井山上有龙祠。祠之前，豁然中辟，周围数十丈，深240之。天大雨，雷电自下而上，或曰有龙伏焉，四面巨石壁立，松作龙形，从石罅中屈曲蟠生，壮甚奇。

天井山头天井水，下有龙蟠深无底。

老树宛然矫如龙，盘龙峭壁偃复起。

群龙受命护洞门，一龙潜伏碧潭里。

丰然石扇仰天井，露雰动摇千峰紫。

烟收雾敛龙回车，劈空怒掉苍龙尾。

有时随月照龙宫，戏伴骊龙弄珠喜。
涛声谡谡效龙吟，耳畔锵然协宫徵。
我别龙游岁屡经，由来神物久愈灵。
还同醉谱松风曲，携客酣歌龙出听。

闻龙神蒙赏有感
（清）周铭旗

天井山龙神祠久著灵应，拟请封号，未果，顷阅邸报，东抚奏闻，蒙赏"照灵普润"四字匾额，恭纪。

龙亦凭休运，如人且待时。
早膺万家祝，刚达九天如。
潜德终名跃，丰功不数奇。
斯民方旸泽，雨露达昌期。

对联
【黑龙江省五大连池市黑龙宫大门】
黑龙功德海深山高
百姓铭记天长地久
【龙山龙王庙大门】
天眷有德
井养无穷
【龙山龙王庙东侧门】
兴家立业财源主
治国安邦富贵神

【龙山龙王庙西侧门】
静坐莲台观世界
显化婆娑度众生
天井歌奉寿程邑侯生辰有引
（明）周如锦
写于崇祯六年癸酉，时邑侯程调奠已于三年任至今。

邑侯程公，爱士爱民，重种善政，不减先齐大夫。唯始抵我墨，雨辄随丰粤。今二载，偶值肥虫益，步祷天井，甘霖连沛，是侯一车一步皆我阳春之脚，侯政可歌，不啻祷雨。乃岳锡佳辰，适与雨会，闻之颂德颂寿。恒取象于山，山之为谊也，可以观德焉；山之体贞而坚也，可以观寿焉。凡天下名山五千三百七十计，不及于天井，天井者山巅有井，以栖小龙，侯之所从祷雨也。雨宣矣，百贞而坚矣，以祝南山，于是为近敬，为侯赋天井山歌。

交祈已锁龟山足，江淮以北纷陵谷。小龙行雨耻向东，二东高元无霡霂。北山愚公忽然怒，腰担太行及王屋，操蛇之神惧上诉，帝勅夸娥掷西股，却将西股太华峰，提来置向崂山麓。太华峰顶玉井深，深可千寻涧百躅，人言其下通海眼，五丁辘轳费转轴。乃勅小龙居其中，兴云喷水散原陆。有似西川二漏天，黎风雅雨滋百谷。帝赐佳名名天井，小龙作主居民福。君不见，今年春，帝封江河析木津，天子桑林偶未出，齐郊皎日焚野薪，自春至夏火云炽，沽水断流地裂皱。岂知此山自有主，即墨大夫程百淳，百淳爱人更忧人，十里步祷此山巅，两度震雷并猛雨，日在庚子及戊申。海童白马朱鬣巡，朱鬣一滴波粼粼，一龙变化弥天润，一瞥霡濡千里均，田禾尽带莲花气，玉井移来天井真。我伯士伯空中言，大雨由天小由山，天雨无不窍山川，山雨固在小大间，寻丈之丘出风雨。见怪物，明堂柴望所必颁，天井未可培塿看，沂山潕称东泰山，公玉带者何痴顽，肤寸六合讵天井，天井闰岳无惭颜。邑里封牲乐不支，大夫奏瑞已多时，精诚不在神灵应，惠爱由来天地知。庐汾初座审雨堂，赤松即拜行雨师。雨有祝良县令雨，苏公太守雨，又有鲁公御史雨。传说商家之霖雨，暂时慰藉人歌舞，争于天井凿于天，井养不穷天泽绵，与天分职功玄玄，与天共敝石岩岩。大夫胸涵天井泉，大夫手携洒垓埏，便如天井依天山，后天不老称天仙，要祝大夫寿南山，舍此天井无贞坚。天井贞坚，君子万年，有裴君子，终不可喧。我墨从此居天城，卧天室，倚天柱，长饮天井之水之潺潺。

作者简介：见周如锦诗《九日大观楼独酌戏简·江宁乡索酒》

天井山记

（清）黄垍

墨邑东十里，有山突起而圆，山之巅有石井，东西广三四步，南北倍之，四隅廉峻方似削，若人工修剔而无斧凿痕，故曰天井。其深可数十丈，于山之高下且相倍焉，其水清冽渟注，以物投之锵然有声，佥曰此海窍也。下通蛟龙宫，每氤氲出云气，与天气接而雨泽降焉。井之北为龙神祠，迂亢阳邑侯步祷，命土人悬筐，涤井中瓦砾沙碛，往往获异物。不移时甘霖大澍，阖邑士庶莫不知其为龙之灵也。附近居民，尝于阴霾昼晦，见苍龙自井出，上属于天，鳞角爪牙可指数，倏忽风雨暴至，乃不见，因名为小龙山云。呜呼！崂山名胜大都不越数十区，而天井居其一，且于墨为最近。余生长于墨四十二年，始得一览观焉。俯仰太息，以慨其游之不早，乃知世之骛远忽近，足不离户庭，而竞方吉岳渎之奇者，与余游天井山何以异哉。

作者简介：黄坦，即墨人，黄嘉善之孙，康熙二年癸卯科举人，任郯城训导，为同邑诗人之冠。著有《白鹤峪集》。本文载同治版《即墨县志》。

天井山记

（清）黄玉瑚

墨邑有龙井，在邑东十里。培嵝之顶，方阔四余丈，深十余丈，上下皆石如斧凿无痕迹。俯窥一泉，澄泓幽邃，森人毛发。明时铸铜龙牌投井底，岁旱则取龙牌祀之，非数异灾，祷无不应。甚矣，井之灵而龙之神也！丁巳夏，村民赛社，余曾随众登览。庙宇颇狭，檐下即井，入庙皆绕井而进，无别径。龙神威严，梁间塑二蟠龙，色苍白，须鳍爪牙，与俗所塑迥异。问之庙祝：云龙出现时，村人记其形，请人图摹者也。窥其井幽深骇目，井南隅忽见红光如片帛，众咸指曰："龙神现矣，雨必至矣。"时方旱，余未深信。及哺进城，至夜而果雨，迄今已十年矣。每欲记之，懒于操笔。今岁暮春，墨邑大旱，谷不播种，宿麦多枯。新任邑侯甫下车祈祷，雨沛，槁禾重苏。龙之灵亦奇矣哉！独是龙之变幻莫测，大藏须弥，小如芥粒，飞天潜渊，宜在深山大泽之中；藐小数丈之山，区区一井之微，必辟其地而居之，岂爱其地气生气勃勃灵欤！抑龙实诞于是欤！志书名天井，俗钦龙之神，以小龙名之。近村周氏多文人，阙而未记。余曰井为龙所托，山以龙而灵，是不可以无记也，故记之。

作者简介：见黄玉瑚诗《登天井山记》。

天井山

（清）黄肇颚

天井一名龙池，池在山巅，有龙居焉。世传龙姓李氏，龙母墓在今即墨千里岛，故此又称"小龙山"。龙甚灵，祷雨辄有应。昔有邑侯某，以公之省垣归，值大旱，不入署，自邑步祷，一步一顿首。及至山，阴云四合，甘霖立沛。其灵应多类此。池贮铜牌二，纵横各数寸，称曰"龙牌"，其语似偈似咒。明嘉靖间僧人大乘造，盖镇龙也。祷雨者以为神，讨请者遍遐迩，而雨亦辄随之。光绪三年邑侯宫子行本昂，加铸数面置池中，以应四方之求。庙在池北，供龙神像，梁间绕梁塑蟠龙二，作苍白色，相传祷于神，龙现形池中，故塑者貌之通肖，以六月十三为龙神诞，光绪十年，钦颁匾额，敕封九江王。今庙貌拓新，香火甚盛矣。

作者简介：黄肇颚，清咸丰举人。本文出自光绪三十四年编纂的《崂山续志》。

游天井山记

（清）宫显

天井山二崂之北干也，去即墨城东十里。山祀龙神，旱祷辄应。岁丁丑（光绪三年），余兄子行宰是邑，往祭。闻有瑰异之观，遂偕柳徽君子琴同游焉。山不甚峻，形如复笠。龙神祠处其巅，庭中陡辟一穴，铬砑豁开，廉隅截立，水色黝然。縋石试之，十余丈不得其所止。伏而窥之，可喜可愕，独念其外浑然无片石，中枵然无寸土，岂昌黎所云"谦受之谷乎！"世之外矫饰而中自满者，观此可以兴矣。

作者简介：宫昱，清代江苏泰州人，系即墨知县宫本昂之弟，光绪三十三年任掖县知事。

天井龙雨

韩乃桂

东出即墨城，满目青岗翠岭，这些如波似涛的山峦，起伏着，奔腾着涌向东南边的巍峨崂峰。这其中有一座小山头，高不过才75米，但却葱茏秀丽，它便是天井山，又名小龙山。这山"小"而通"天"，有"龙"而灵。在封建时代，要数即墨的三座名山，就能把这座小山列上。可见此山在当时的社会观念中的地位。这山原也有些奇特，老天在山顶上几乎是方方正正地开辟了一个池子，曩昔据说这池子深不可测，一年四季总是碧水悠悠，无论旱岁涝月。传说池中有一块"龙牌"，可以降雨和救旱，所以一遇天旱，地方"父母官"便亲临山上举行隆重的"取牌祈雨"活动。这种活动由来日久，一直延续到20世纪40年代。此处也因此成为历代文人墨客游览景物吟咏啸的胜地。在这许多诗作中，我最欣赏的是蓝启蕊和范炼金两位诗人所写的"天井山"了。

> 登临爱此地，俯仰许相从。
> 列坐随秋草，开樽对巨峰。
> 清风如我至，黄菊为谁容？
> 莫漫舒长啸，恐惊潭底龙。

这是蓝启蕊的，他是清代人。范炼金写的是"七言"，云：

> 寻春萧散过龙山，杖扣苍苔四眺间。
> 石液倒衔星斗入，云根常带雨雷还。
> 西连雉堞屯霞色，东接鲸溟近曙颜。
> 一自幽人泼墨后，蛟珠错落起苔斑。

这两诗，一写秋，一写春，各写出此山的特色，可谓是咏歌此山的代表作。人们为何如此宠爱敬重这座小山呢？说来话长，这其中有一段曲折离奇的神话故事。

从前，这天井山东有一户李姓人家，小夫妻俩过日子，男耕女织，虽然粗茶淡饭，但却甜甜美美的。不久前又生了个女儿，真是蜜上又加糖。一天，妻子给在山坡种地的丈夫送饭归来，在路边野草中发现一只凶恶的老鹰在狠啄一个大蛋。只见那只蛋洁白无瑕，圆溜溜、光闪闪的，足有一个小西瓜那么大。李妻冲上去拼命赶跑老鹰，抱起大蛋，赶回家中，好生安放。谁知到了夜里,听到咔嚓一声,李妻赶忙起来看望,见一条碧鳞闪闪的小青龙破壳而出。原来这只蛋是东北黑龙王携带龙后到东海来赴会时不慎遗失的龙蛋。且说李妻正好哺育着自己的女孩,于是便把小青龙也看作自己的孩子一样,喂它奶,逗它玩。这小青龙也颇通人性十分可爱,常常乖乖地偎在李妈怀里天真无邪。几个月过去了,小青龙渐渐长成,它本事也大了,常常腾云驾雾,上天入海;差不多每天都要到东边的大海里去洗澡,但一行走,就要携风带雨,为了不惊扰百姓,它便在西边小山顶上开凿了一井池,这个井池一直东通入海,于是这座小山便叫天井山了,小龙便在这天井里潜住下来,因此又叫小龙山。小青龙虽然常住天井中,但每隔三天五日总要来看李妈。一天它又来了,探头一看,李妈正在专注地给女儿喂奶,小龙便悄悄将身子盘旋在屋梁间,尾巴放不下只好从门口伸到院子里。小龙探头望着李妈给孩子喂奶的情景,不禁触景生情,想到自己的幼时,想到与李妈的"母子"之情,尾巴也情不自禁地摇曳着。正在这时,李妈的丈夫从田里回来,看到这龙尾巴金翅金鳞,光闪瑰丽,便用镰刀搔了一下。这小青龙猛然一惊,尾巴一甩,正巧又甩在镰刀刃上,尾巴便被割掉了一截。它痛得翻腾飞旋回到天池里,从此便成了一条没尾巴小龙。

当地群众便称之为没尾巴老李。后来黑龙王访知了没尾巴小青龙的来历便和龙后一起来天井山,把小青龙接回黑龙江。没尾巴李走时恋恋不舍,为了感激生它养它的这块地方,它便把自己的一块"龙牌"留在了天井中,如果有了什么事情只要人们来此取到龙牌告知,它即便远在千里之外也会感应而知。

又过了几年,黑龙江龙王年老逊位,没尾巴李便加冕为王,成为黑龙江的新一代龙王。没尾巴李虽然在黑龙江即位为王,日理万机,但它没有忘记曾哺育它成长的即墨李妈,每年都要回一趟即墨看望李妈。后来一年的六月十三日李妈去世了,没尾巴李听到噩耗十分悲痛,从黑龙江飞腾而来,把李妈安葬在东面海中的千里岛上,而且每年的六月十三日它都要从黑龙江赶来给李妈上坟。

这显然是一个神话故事,但创造这一神话故事的人民群众却在现实的生活经验中找出了许些根据。据本地群众说,每年六月十三日从天井山东过白庙、岙山直到千里岛这一地带都要下雨,历久不爽。

在这几乎令人惶惑的真实与虚幻的天地间,我坚信了老百姓神奇般的才智,他们给平常的自然现象涂描了一层瑰丽的文学异彩。今日的天井山,天井犹在,但愿没尾巴老李能时时来探望,并且把滋润万物的甘霖带给这块土地,带给那些善良仁爱的芸芸众生。

四、龙山史册有名

龙山从远古走来

龙山有悠久的历史,远古时代这里就有人类活动的遗迹。后来,东夷人少昊氏族从曲阜、郯城一带逐步发展到胶东半岛,其中一部在龙山一带繁衍生息,并创造了辉煌的古代文化。近现代以来,在即墨发现了大量大汶口文化(新石器时代一种文化)和龙山文化(新石器时代晚期一种文化)遗址。

史学家称,山东龙山文化是中华文明史的序幕。古"铁"字写作"鐩"从金从夷，这是因为东夷人最早掌握了冶铁术，最早使用铁器的缘故。古代社会，即墨没有像样的水利设施，农业生产基本上是靠天等雨，这里多风少雨，常因干旱而失农时，虽遇丰收之年，粮食也不过仅给年支。即墨有句古谚曰："收山歉，收洼贱"，这是几千年来即墨农业生产的真实写照。

即墨地理条件的优劣，远古时代的东夷人已经有所体验，已经逐步从东部迁向西部，这从古文化遗址的布局变化规律可以得到证实：近年即墨发现大汶口文化遗址11处，东部10处，西部1处；山东龙山文化遗址6处，则东部西部各3处。

西周末年和春秋初期，山东地区由于使用了铁制农具和牛耕，农业生产得以高度发展，但是即墨东部丘陵区的农业缺水问题日益突出。面对这一现实，人们从农业生产实践中，从古老而美丽的民间传说里，得知龙山的天然石井里，住着一条神龙，能行云布雨，若遇旱情，前来祷雨多灵。因而每年的六月十三日，人们拿着祭品和香火，上山设祭，以谢龙神降雨之恩，久而久之，便形成一种地方风俗。

据《道史文集》记载："宋太祖建隆元年（960年）敕封刘若拙为华盖真人。又据《聚仙宫碑铭》记载："宋太祖闻其有道，召至阙廷，留未几，坚求还山，敕建太平兴国院（太平宫）以处之，另有上清、太清二宫为其别馆。"宋太宗赵光义即位（976年）后，继续大兴土木，为刘若拙扩建道场，不久，太平兴国院便成为崂山的道教中心，刘若拙也就成为崂山道教中心的主教真人。此后，崂山地区便形成了建庙高潮。崂山的"九宫、八观、七十二庵"中，宋代即始建三宫，改建一宫，可见当时的建庙之风来得十分迅猛。当时崂山属于即墨，由于建庙高潮的推动，在即墨东部这片丘陵地带的东端，便先后建起了鹤山的遇真宫和天井山的龙王庙。

明朝为了保卫即墨东部海防，洪武年间魏国公徐辉祖派指挥佥事高廉建筑鳌山卫和雄崖、浮山两所，设有18个军屯，屯田140余顷，屯田军在屯中种地供应军粮。在即墨东部的丘陵区内屯田，特别需要及时普降甘霖。因而，在当时的历史条件下，具"降雨驱魔"之功的龙山成了人们至高无上的精神寄托。龙山在历史上的兴盛，其因盖在于此。

龙山的有关历史记载

龙山虽区区小丘，培塿之顶，却历史悠久，名闻遐迩。龙山最早的历史记载，是北宋乐史编著的《太平寰宇记》，当时龙山地属河南道东莱郡莱州府即墨县，《太平寰宇记》中县下山条的首位就是："天井山在县东十三里，周回二里，顶上有井，水味甘美，因名天井。"

明代即墨人，名学者周如锦有文赞曰："凡天下名山五千三百七十计，不及于天井，天井者山巅有井，以栖小龙。"

明万历七年至十二年即墨知县许铤主持编修的第一部《即墨县志》载："天井山，在县东十里，山巅石窍深井，其水常盈，渊深莫测，旁有龙王庙，遇旱祷雨多灵。"并有许铤诗曰："百尺峰顶一窍开，几疑斩削自天裁，乾坤有意通龙脉，沧海无涯激仕怀。古庙深沉环岫嶂，神龙蟠结起云雷，应知沛泽先吾士，伫见甘霖遍九垓。"

清代乾隆二十八年知县成尤淑孝主持编修的《即墨县志》载：

"天井山,县东十里,豁然中辟,内涵方池,俗呼小龙山。"

清光绪三十四(1908)年邑人黄肇颚编撰的《崂山续志》载:"天井山,在邑东十三里,周迴二里,顶有一井,周迴寻丈,深不可测,味极甘美,因号曰天井。"

龙山的坐落,从明清《县志·方舆》图中看,位于即墨县仁化乡葛村社东北部。光绪三十四年,邑人周铭旗撰《即墨乡土志》载:"仁化乡葛村社龙王庙,在天井山巅,有池君然中劈,如鬼斧神工,天井山取其名以此。池贮铜牌一,上镌明嘉靖大乘和尚偈语二十八字,相传池有龙不时出,和尚沉牌其中以镇之。天旱则取牌出,设坛祈祷,雨辄随之。庙悬慈禧太后亲书'泽周壮武'匾额。县治东十里。"据传庙事自明清两代由"四社"共管,即山北海润乡的盟旺、天井二社计1912户5737人;仁化多的葛村、石源二社计2098户5533口人。由四社社长等组成的"庙会",管理庙事。除有庙产地数十亩供道人生活及正常祭祀所用之外,其他活动之费用,均由四社民众摊派负担。

1991年撰成的新《即墨县志》载:天井山位于留村乡中部偏北,海拔81米,山顶有一称为"龙池"的深坑,久旱不涸,宋代即称为天井,明代即有"遇旱祷雨多应"的记载。池中深水下,藏有铜质龙牌,传说为镇压孽龙而设。从前,天旱时有取龙牌祷雨的迷信活动。池北有龙王庙,每年的阴历六月十三有盛大庙会。

历史上的龙山盛会

20世纪30年代以前的龙山庙会基本有两种名目,一是"取龙牌祷雨"，二是六月十三的"小龙生辰"庙会。

取龙牌祷雨

自明清至民国时期，每遇天旱，到龙山取龙牌祷雨者遍及齐鲁及至幽燕秦晋，昔有即墨邑侯虔诚祷雨，一步一顿首之记载。新任邑侯，每遇天旱，必斋戒沐浴，率属步祷跪于龙山龙王庙，焚香烧纸，诵"祈雨疏"。由道人诵经击磬，同时选当地水手下龙池，取上任意一面龙牌，回署设坛祈祷三天或九天等，至雨后送回龙牌，或唱戏志庆，或赠帐赠匾，增修庙内某一工程，以表谢雨。有关资料记载了伪县长张子安祈雨的有关情况。

张子安接史景洲任日伪县长后，1939年夏即墨大旱，便沿清末民国时期的风俗，进行过一次"祷雨"活动，有呈文如下：

呈为呈报属县订于六月八日虔诚祷雨，用慰农望，并连同疏稿呈请鉴核备案由。

呈为呈报旱象订期祈雨情形，爷祈鉴核事。窃属县自入春以来，雨水即未霑足，而近旬烈风酷日，二麦干枯，秋禾将槁，旱象已成农民惶忧，职目睹灾象忧心如焚，订期于六月八日起向天井山龙王神迎取龙牌，率属虔诚祷雨，用慰农望，理合连同疏稿呈请鉴核备案。谨呈。

附祈雨疏：

祈雨疏

维中华民国二十八年六月八日，即己卯年己巳朔越二十一日丙子，署理即墨知事张子安，谨率斋沐至诚，奉祷于龙王之神曰，稽古民为邦本，食为民天，民命攸系，厥惟丰年，耕耘树艺，人地所同，雨阳时若咸仰神功。墨邑不幸，连年患匪，强索豪夺劫，闾阎窘艰。入夏以来，旱魃为虐，酷风烈日，禾稼将槁，黔首惶忧，生命莫保。邑宰弱职甘尸，厥咎斯民甚怜。呼请神灵油然作灵，沛然下雨，禾苗勃兴，轻灾为福，农歌于野，商碌于市。仰答以神庥鼓乐，牲醴沥诚，叩祷云霓在望，甘霖沛降，享我蒸赏。谨疏。

中华民国二十八年六月

张子安脚登专做的布底鞋，步祷天井山取回龙牌，于即墨城里后庵佛堂设坛，率属斋沐祈祷。雨后，前往"谢雨"，赠精制香案一架，以志酬谢。

六月十三日庙会

龙山庙会兴盛以久。明万历选贡、官至通判的邑人周如锦有文曰："六月十三日，小龙之生辰……谣俗久传此，不知所根由"亦有"东南正是龙山会，西北谁登戏马台"的诗句。

明清及民国时期，每逢庙会，龙山周围四社的庙会成员负责庙会的准备工作，自六月十二日至十四日为庙会的兴盛日期，来自各地戏班的艺人、乐师下榻于山西侧的招待厅，商贩及游者络绎不绝，善男信女敬香祈福者接踵而来，外省、县派来的应愿使者应接不暇，庙内外香烟缭绕，钟声幽幽，戏台上悠扬的唱腔、动听的乐声，营造出一派肃然而优美的气氛。

特别是来自各地的"香会"（庙会的大秧歌）更为引人入胜，从惜福镇、即墨城、段村方向汇入大留村西头进街入山的西路的"香会"队伍和来自鳌山卫、海阳县方向汇入大村进山的东路"香会"队伍，如长龙蜿蜒而来，热闹非凡。各路香会的形式丰富多彩，社村分别组队，各队具体特点不一，一般是乐队开路，其后众执旗罗伞扇，随后是八人或更多人抬的"龙王轿"及黑龙王坐像，后面依次排列有风、云、雷、雨行雨使者及枪、刀、剑戟等兵器模型，这些模型系纸扎或木刻泥塑，形象逼真，栩栩如生。整个香会内容丰富，煞是热闹。

龙山戏楼昔貌

龙山戏楼久负盛名，30年代为即墨九大戏楼之四。1919年重建，原位于龙王庙南50米处，坐北向南，宽约8米，长10米，台高1.5米，为砖石木结构的阁楼式建筑，黑瓦白墙耸立于丛林之中。台前匾额上书红漆大字"广寒遗宫"出入二门分悬"出将""入相"两块匾额。外台两柱上的对联为"白鹦鹉飞落牡丹庭红梅枝头一捧雪""紫琼瑶降生麒麟阁黄金台上满床笏"。外两柱上联"巧妆悉贞奸面某也褒其也贬现身说法足令顽石点头"，下联"曲慕尽家国情几人兴几人败借口传之深似寒潭影过"。每当祷雨有应和六月十三日庙会时，各地来的戏班，一连数日在戏楼上竞唱。

张宗昌送龙牌始末

现存即墨市博物馆"天井山龙牌室"中，有一面16开纸大小的铜质镀金、重千克的龙牌，正面中间镌"甘霖迭沛"，左镌"山东督办兼省长张宗昌敬制"，右镌"中华民国乙丑年六月"。这就是张宗昌在1925年初敬造的龙牌。说起来，这块龙牌背后还隐藏着一段历史。

1924年，张宗昌在军阀混战中一时得胜，次年初段祺瑞政府任命其为山东督办兼省长。1925年四月初八，张宗昌在徐州为其母侯氏庆寿，时正值鲁地春旱，其"顾问处"专员"崔瞎子"、王道士出谋，建议派人到即墨龙山求雨。张欣然接受，并许愿届时果雨，定敬献龙牌。

这年四月底张由徐州赴济南就任后，据传齐鲁大地"甘霖迭沛"，丰收在望。张认为此必是祷雨之功，于是决意"东巡"：至青岛，经烟台，再回原籍掖县（今莱州）祭祖，路经即墨时，向龙山龙王神践诺——敬献龙牌，以谢降雨之恩。

据传，这次张宗昌给龙山敬献龙牌，虽是喇叭鼓手，旗罗伞扇，好一番热闹景象，但张宗昌本人并没有"斋戒沐浴，设坛诵经"，亲临其境，而只是派他的谋士到龙山送来了龙牌。

五、龙山传说

黑龙降生

即墨城东十里处有一座名山，叫龙山，其山容端庄，林木葱茏，曲径通幽，溪水涓涌。山顶有一石潭，深十米，其水汩汩，清澈甘润，因而又名天井山。相传天井是没尾巴老李——黑龙王的水下洞府，直通东海，故又曰"龙池"，龙池边有龙王庙，随内供奉着黑龙王的神像。数百年来，庙内常年香烟缭绕，钟声悠长。

说起没尾巴老李，民间有一个神奇的传说，南宋年间，术山脚下有一个村叫大村（今属即墨市龙山办事处，绝大多数村民为李姓），村中有位农民叫李太，临溪而居，其为人善良厚道，孝敬父母，娶临村王氏为妻，婚后十年未育，眼看已过不孕之年，夫妇烧香拜佛，求子心切。

一年夏天，太阳快要落山的时候，王氏到村前山下的小河（墨水河上游一支流）洗衣服，溪水清澈见底，一群群小鱼在王氏周围来回游动追随，就在最后一件衣服快要洗完的时候，突然水波晃动，水藻向王氏聚拢来，一时间王氏感觉异常，有特别的惬意。

过了一个多月，王氏便发现自己已经怀孕。来年六月十三，王氏感到有临产的反应，到了晚上夜黑风高，大雨倾盆，雷电交加，半夜时分，胎儿产下，文夫大喜，急端灯观看，只见生下的小黑孩形貌十分奇特，头上长角，臀部拖着长长的尾巴，浑身布满闪闪发光的鳞片，李氏夫妇既惊惧又懊恼，有心遗弃，但毕竟是自己身上掉下的肉，于心不忍，便耐心护养这个孩子。谁知倒也真怪，这孩子见风就长，越长越脱人形，这可愁坏了李氏夫妇。

第六日傍晚时刻，李太下田回家，一进门看见一条龙，龙尾搭在梁上，龙身伏在就上，李太下意识地用镰刀搔了一下，这小黑龙猛然一惊，尾巴一甩，正巧甩在镰刀刀刃上，尾巴被削去一截，小黑龙便在风雷交加的云雾中忍痛飞去。小黑龙飞到崂山深潭中，用灵芝水治愈伤口后，就飞到东北大红边，变成一黑小孩寄居在一位姓王的老妈妈家中，白天帮她捕鱼种田，晚上习武，练就一身好功夫。几年之后，小黑龙逐渐长大，思念父母心切，决定回家看望，到家中不见了父亲，母亲在炕上呻吟，小黑龙哭着扑到母亲面前一问，才知道近年大旱，庄稼颗粒无收，父亲已经饿死，母亲也几天未进食物，小黑龙安慰罢母亲，便走出家门，变成龙形，腾云驾雾飞到玉泉山，带回山泉水、桃子及供品。母亲吃后精神好些了，小黑龙决定挖个深井，让母亲和乡亲们吃水方便，于是又走出家门变成龙形，驾风奔村南小山而来，天空随即乌云密布，电闪雷鸣，震得地动山摇，大雨倾盆而下，小黑龙在南山上一爪抓出了一个大深坑，可是未出水，就又飞到西面小山上用力一抓，抓出一个很大很深的石井，水从井中流出，流经家门口，从此，当地老百姓从河中汲水饮用或灌溉农田，河水清澈甘甜，饮之可强身健体，医治百病，经灌溉长出的庄稼抗病增产，品质优良。老百姓过上了安定富足的生活，对小黑龙更加尊崇了，后来，小黑龙母亲因病去世，他哭着把母亲葬于东海千里岛，在坟上栽上耐冬花。直到现在，千里岛上长满了耐冬，每到条天花红似火，蕊黄如金，叶绿如翠，分外妖娆。

没尾巴老李杀白龙为民除害

母亲去世后，小黑龙又变成黑大汉回到东北王妈妈家，两人亲如母子，相依为命，小黑龙身强体壮，勤劳能干，为人仗义，乡亲们遇到什么困难，他总是热心帮助，深得乡亲们的喜爱。东北山区常有流贼进村抢劫，杀人放火，小黑龙非常气愤，每次都把他们打得死的死，逃的逃，以后他们再也不敢扰村庄了，小黑龙逐渐被乡亲们称为"山东大汉"了。

相传白龙江里有一白龙精，作恶多端，每年都要百姓选美女，用轿子送到江边，供它玩乐和食用。其手下小白龙和众妖怪经常蹿到岸上，变成彪形大汉抢劫牲畜，奸污妇女，糟蹋庄稼，江两岸千余里被害得民不聊生。小黑龙知情后，义愤填膺,决心为民除害。

一日,小黑龙辞别王妈妈和众乡亲直奔白龙江,路上惨景目不忍睹。听沿途百姓倾诉白龙精的罪恶,并得知当晚白龙必来行恶时,小黑龙便躲到一农家屋后,等候白龙到来。黄昏时候,一群白龙妖怪汹汹而来,挨家抢劫,拿的拿,砸的砸,家家哭喊连天。这时,两个小妖又打倒一位老妇,抢走一位少女。小黑龙跳出来,打倒两个小妖救出少女。这时所有小妖都围了上来,一齐向他进攻。只见小黑龙拔起身边碗口粗的一棵松树,打得小妖们筋断骨折,连滚带爬逃回江里。

第二天,阴云密布,时有闪电和霹雷,白龙江巨浪拍空,突然钻出两个白衣妖怪,领着一群小妖从江中气势汹汹地扑来,只见其中一怪,龙头兽面人身,恶狠狠地向早已等在江边的小黑龙扑来,这妖怪扑到小黑龙身边,忽然口中喷出烈火向他烧去,小黑龙抽身一闪,口中猛然喷出一股大水柱将烈火扑灭。妖龙又晃动身子,卷起沙石向小黑龙打来,小黑龙施出龙卷风将沙石卷向小妖,打得它们头破血流。众妖见难以取胜,一齐现出原形,张牙舞爪缠紧小黑龙全身。小黑龙随即也变成一条巨大黑龙,蠕动浑身刀片般的鳞片,腾空而起,群妖龙顿时被划得体鲜血,大败而去。

不几日,初秋时节已到,为白龙选美的日子又到了,百姓们十分忧愁。小黑龙劝百姓不要发愁,只管准备好花轿、衣物,到时候他自有办法。第二天,花轿抬到江边,小黑龙变成一少女坐在轿内,百姓见状纷纷落泪,泣不成声,只得在远处为他烧香祈祷。霎时,江中白浪翻滚,一个浪头把花轿卷入江中。白龙精见妙龄少女变成黑龙，大为惊恐，忙唤群妖龙抵挡。它们哪是对手，不一会儿，一个个被杀死，鲜血染红了江水。白龙精大怒，凶狠地跟小黑龙斗了起来，时而白龙咬住黑龙，激起冲天白浪；时而黑龙咬住白龙，血溅江面；时而两龙拧成一股绳，搅得翻江倒海。几个回合下来，毕竟小黑龙尚未成年，双方不分胜负，各自罢战。

这天，小黑龙托梦给沿江百姓："明天我要与白龙决一死战，请多准备些馒头、石灰和石头运到江边，到时候看到江面翻白浪那是白龙上来了，就向江中扔石头和石灰；看到江面翻黑浪，那就是我上来了，就向江中扔馒头。"

这天，沿江百姓连夜烧石灰，拾石头，做馒头。第二天一早，运到江边，江两岸挤满了送东西的百姓。黑龙同白龙在江中展开了生死搏斗，顿时雾气冲天，波浪翻滚，白龙江就像开锅的水一样，当白浪翻起的时候，男女老少齐向江中扔石头、石灰；当黑浪起的时候，就向江中扔馒头，烧香烧纸，击鼓呐喊。时间一长，吃了馒头的小黑龙越战越勇，而白龙本来就打累了又是吃上石头和石灰，越来越不支。这时，小黑龙咬住白龙的尾巴，逼得白龙没命地逃跑，挣扎。江中白浪花小了，白龙遍体鳞伤，筋疲力尽，血水染红了白龙江。这时，小黑龙施出神功，只听"咔嚓"一声，白龙精被劈成两半浮出水面，两岸百姓的欢呼声响彻长空。

小黑龙又喷出神火将白龙及小妖的尸体烧成黑灰，从此，江水变黑，江两岸变成沃野千里，草木葱茏，粮食满仓，人们安居乐业的太平世界，从这时候起，白龙江改名为黑龙江，为了嘉奖老李的功绩，玉帝封老李为"黑龙江王"，百姓在江岸修建龙王庙，每年六月十三举行隆重的庙会，祭拜没尾巴老李。

没尾巴老李祭母除孽龙

老李战胜白龙精被封为"黑龙江王"后，镇守黑龙江多年没回老家。即墨百姓闻知老李战胜白龙精的消息，遂于龙山设坛祈祷。原来，从老李离开龙山以后，东海一条孽龙强占了龙池，经常兴妖作怪，搅得周围妖雾弥漫，终年不雨，庄稼连年歉收，民不聊生。老李知道后，回家运用法术，和风细雨连下了三天，家乡百姓皆大欢喜。

老李到东海千里岛祭母后，回到龙山，果然见几条孽龙在农田上空嬉戏，龙池及庙内被作践得又脏又臭，老李气愤至极，飞上天空现出原形与孽龙战了起来，孽龙哪是对手，一会儿被打得皮开肉绽，无处逃跑，只好求饶。老李念其罪恶尚不太甚，遂贬它们到东北来往于山东的大海航道中，吩咐船中有山东人时，要保证顺利通航；有倭寇船只，要逼迫其返航，否则让它船翻人亡。从此，来往于山东、东北的船只，在起航前一定先问船上是否有山东人，当有时才敢起航，否则就不再开船。时间长了，东北人与山东人的关系日渐融洽。

相传，宋代时候，日本有一年大旱，庄稼颗粒无收。日本有几十条船来我国购粮，经东海时，船只无论如何也不能前进，船上焚香祷告："中国、日本原是一家，现在日本大旱缺粮，祈请海神保佑顺利通过。"在航道上的孽龙报请老李批准后，船才顺利通过，到岸后购得各种粮食，满载而归。据《即墨县志》记载，宋代金宗年间，确有日民船只载70余人，为籴粮被大风飘于即墨着陆，官府准予购粮安全返航。

老李恐怕时间长了，孽龙不服管教，托梦给昆仑山云游道人张道士，张道士经过访察，果有此苗头，便在一条黄绸上写了一道咒语沉到龙山井底，这样可以压住孽龙不敢乱来。当天旱求雨时，将黄绸取到地面，老李便知家乡多天旱回来行雨。下雨后，再送入井底。十几年后，黄绸在井底浸烂，咒语失灵，再遇到天旱就不能取绸求雨了。有一天张道士又云游到龙山，得知此事，便筹资铸了两面铜牌放到井中，一镇孽龙用，二遇天旱时取出铜牌，老李便得知，回家行雨，铜牌被称作"龙牌"。当孽龙被驯服之后，龙牌只有求雨的作用了。以后，每遇天旱，人们便到小龙山龙池内取出龙牌求雨，这种风俗延续了几百年，没尾巴老李成为人们敬奉的行雨灵应的龙王神。

没尾巴老李惩治德、日军

在当地老百姓绘声绘色的传说中，没尾巴老李不但行雨灵验，对老百姓恩护有加，而且抵抗外侵，疾恶如仇，还是一位大智大勇的民族英雄呢！

1897年，德国以"曹州教案"为借口，强占了山东，并割去大片土地为"胶澳商埠"，经常派军队到即墨城乡烧杀抢掠，广大老百姓切齿痛恨，反帝的怒火迅速蔓延开来。

1898年的一天，侵略青岛的德军一行十几人，骑马到龙山庙内。他们早就听说庙内珍藏慈禧太后赐的一对精制灯笼，欲行抢劫。当在庙内见到这对垂涎已久的灯笼时，便打倒庙内道士，抢走了灯笼。

道长见抢走了庙中珍宝，心急如焚。这时有一位小道士献计说,这是太后赐给龙王爷的珍宝,何不祈祷龙王爷显灵让德国鬼子送回来,道长点头称是。当夜便烧香化纸击磬祈祷。三遍祈祷完毕,梁上龙的眼睛射出了三次亮光。

德国鬼子抢走了灯笼后,放在驻青总督府内,大小官员整日川流不息地前往观看。就在道人诵经祷告的第二天晚上,德国鬼子正在商量如何把灯笼送回本国时,突然乌云盖天,狂风呼啸,大雨如注。"咔嚓,咔嚓"的巨雷在窗外炸开,吓得他们一个个抱着头,钻到桌案下,胆战心惊。

第二天早晨,德国鬼子发现总督府楼顶被巨雷劈去大半,大为惊慌,忙找人来修理,修理工的工头姓毛,原籍是即墨龙山下的西九六夼村,熟知老李的灵验,知道这定是德国人冒犯老李遭到了报应,便劝说德国人将灯笼送回去,否则还会遭到更大的报应。德国鬼子财迷心窍,哪里肯听。一天,德国鬼子将灯笼偷偷装上军舰想运回国,起航时,海上风平浪静,当船马上就要驶出胶州湾时,突然大浪像小山般压来,巨大的水柱从三个方向直冲舰船,大风强劲地刮着,船像一片漂浮的叶子摇摇欲沉,进退不灵,船上人一个个呕吐昏迷,船长吓得急令返航,海上这时又风平浪静。

德国人联想到楼顶被雷劈和毛工头的劝说,才深知老李的灵验,得罪不起。就请了巧匠,仿照原灯笼又加制了两只,在中秋节派专人连同原灯笼一起送回龙山龙王庙内。此后,德军抢劫民财的恶行大有收敛。

1914年秋,日本趁德国忙于欧战无暇东顾的机会,抢占了其在山东的领地——青岛,日军从即墨沿海的仰口登陆,与从黄县龙口登陆的侵略军会合于即墨。侵略军一路砍伐树木，毁坏粮田，铺铁路，抓壮丁，奸淫掳掠，无恶不作。一天傍晚，仁化多石原社的（今属龙山办事处）两位正义敢言的老农，来到龙山龙王庙，向龙王诉说日军的罪恶，祈求老李惩治鬼子，保护百姓。

次夜，即墨上空乌云密布，狂风暴雨倾泻直下，霹雷击毁小铁路，接连三天的倾盆大雨，冲断日军侵青岛的运输道路，日军的弹药和粮库全被大水浸通，给日军以沉重打击，当地百处兴高采烈，锣鼓欢庆。

没尾巴老李擒凶申民冤

传说清朝某年六月十三，正逢龙山上庆祝没尾巴老李生日会，这天请来各地名戏班，表演的节目非常精彩，中年演员吃饭休息，下午接着演。午饭后观众已挤得满满的，仍听不到开戏的锣声。一会儿戏班班长神色慌张地跑到台上，说戏班出了大事故，下午不唱戏了，百姓不欢而散。事情原来是这样的：午饭时间，戏班只留下一人在后台看箱，其余人都吃饭去了。看箱人中年买了一壶酒、一碗面，吃得酒醉饭饱关上门睡觉了。等戏班的人吃完饭回来，怎么叫门也叫不开，大家感到不对头，撞开门一看，看箱人浑身青肿死在那里，可身上一点血痕也没有。戏班急忙报官府，县官闻讯忙带着衙役奔龙山而来。经验尸发现死者除头上有一紫点外，别无伤痕，县官怀疑酒饭中有毒，可查无证据，饭铺老板直喊冤枉。县官无法查得凶手，只好暂时把饭铺老板和戏班的领班人押入牢中。

第二年老李生日的时候，死者的母亲到龙王庙前哭诉，请求老李显灵查出杀害儿子的凶手，第二天晚上，龙池中有雾气升腾，紧接着乌云满天，雷声大作，雨下了一夜。其中一个霹雳就在天井山上炸开。第二天，一个早起的老头到山上去，发现戏楼后台的屋角没有了，后台墙根下有一个比鞋底大的蝎子趴在那儿一动不动，吓得急忙回去叫人。大家上前仔细一看，大蝎子已经死了。这时庙里的老道也来了，说老李托梦给他，说这是一条上百年的蝎子精，就是它蜇死了戏班的看箱人。人们急忙将蝎子送到县衙，经推断确定看箱人确系这只蝎子害死，忙将在押的饭铺老板和戏班的领班人释放结案。

这件事传开后，人们感激老李的灵验，很快又把戏楼重修起来。

没尾巴老李行云布雨

龙山没尾巴老李行雨灵验传说已久，在即墨境内从民间到官府人人皆知，都把老李看成是行云布雨、恩护百姓的龙王神。而在遥远的陕西、北京、东北等地，老李也久著其名，恩泽广布。从明清到民国期间，前来即墨龙山求雨的人很多，新上任的官员遇到天旱的时候，必定斋戒沐浴，虔诚求雨。

传说明朝嘉靖十年，新任知县张公，正值五月天旱，春谷不能下种，小麦将要枯死，河塘都干了，人们吃水都很困难。张知县一上任，就想法解决旱情。经民间走访，得知唯一的办法是到龙山求老李显灵行雨。张知县立即斋戒沐浴，并写了《祈雨疏》，备好供品。第二天一大早就步行至龙王庙前焚香祈祷。到夜幕降临的时候，只见龙池内有雾气徐徐升起，瞬间阴云密布，自龙池射出闪电，风雷交加，大雨从天而降。张知县唯恐下雨不足用，就一直在龙王庙前跪了一夜，大雨也整整下了一夜。第二天早晨，雨过天晴，庄稼返青，老百姓非常高兴，称之为"救命雨"。

传说明崇祯五年，连续两年大旱，庄稼颗粒无收，有的地方出现了人吃人的惨象。即墨知县程公迫于百姓的哀号呼吁，带领手下步行到龙山求雨。程公为表心诚，赤脚上山，一步一叩头。从山底走过荆棘尖石，来到龙王庙前时，膝盖和脚趾鲜血淋漓，很令人感动。当天中午大雨就下来了，庄稼返青，百姓得救，人们像过节一样高兴。这时正逢程知县生日将到，四面八方的百姓为感谢程公求雨之恩，纷纷远道而来为他祝寿。为此，当地有名的文人周如锦写过一首《天井歌奉寿程邑侯生辰》诗。

在清代，山东省境内被誉为求雨灵验的庙坛有七处，其中以即墨龙山龙王神行雨最灵。龙王庙前的龙池内有自明朝以来僧人、道士以及大小官吏敬制的龙牌多面，上面刻有"即墨县天井山行雨灵应龙牌"等字样。每遇天旱，只要取出其中任意一面，设坛求雨，必然灵验。

龙山龙牌行雨灵验，名传四方，各地争来取龙牌求雨。光绪二年，陕西地方官将嘉靖龙牌取去，当地喜雨连降，五谷丰登。时任陕西汉阴通判、即墨籍大留村人周铭旗得知是龙山龙牌行雨的功劳后，堆恐龙牌传失，责令地方官将龙牌送还即墨。嘉靖龙牌失而复得，即墨百姓大喜，这更为龙牌增添了神奇的色彩。

相传光绪十年，北京地区大旱，永定河断流，北海湖干涸，树叶干落，草木枯死，连皇宫吃水都很困难，朝廷上下急得团团转。这时有工部大臣禀告慈禧："山东即墨县龙山龙池内有龙牌，求雨最灵，陕西曾到龙山取过龙牌，结果路经之处连降大雨，五谷丰登。"慈禧本来就信神敬佛，就召吏部尚书，命其前往即墨龙山取龙牌求雨。当龙牌取回到京郊时，天空开始布云，正在部署设坛迎接龙牌的慈禧闻报，高兴地乘轿迎出十里；不一会儿风雷大作，大雨下个不停。次日河满沟平，大地生辉，朝廷上下皆大欢喜，纷纷赞扬龙山龙牌的灵验，光绪帝为老李行雨有功，敕封其为"九江王"。慈禧赐花皮灯笼对，并亲书"泽周壮武"金字匾额，派钦差大臣送至龙山，一路旗罗伞扇、鼓手喇叭，好一番壮观热闹景象。在龙山龙王庙中，至今还存有"敕封九江王"碑冠的"圣旨"二字。从此龙山香火更为兴盛，前来求雨的遍及省内外及河南等地。光绪三年，即墨知县宫本昂和莱州知府福润又增制了十面龙牌，供四方求取。此后又有山东巡抚毓贤、山东督军兼省长张宗昌、山东省长屈映光及各府州县等首脑人物敬献的龙牌总计63面，以酬谢龙山龙王神行雨灵验之功。

"取龙牌祷雨"的风俗一直流传了数百年，到了近代，随着现代文明的发展，科学已经战胜了愚昧，求神祷雨之类的习俗被逐渐湮没在历史的风烟中。但直到今天，每逢大旱，人们都会自然而然地想到没尾巴老李，津津乐道老李行雨的故事。当地一些年迈的老农民依旧习惯在天旱之际到龙山焚纸烧香，祈求龙神降雨。由此可见，龙山龙王神曾经是何等之深地影响着人们的思想和生活，寄托着人们对美好生活深切的期望！可以说，作为一种文化，龙山文化有悠远的历史，也必将有蓬勃的未来。

没尾巴老李率众战沙俄

没尾巴老李战胜白龙精，为民除了害，很长时间内国泰民安，老百姓过上了幸福的日子。东北地域辽阔，土地肥沃，但人烟稀少，垦荒种地需要大量劳动力。没尾巴老李便利用每年回山东老家探亲的机会，带领山东老乡来东北开荒种地，生养发展。长期以来，山东人便形成了"闯关东"的习惯，山东与东三省亲如一家，血脉相连。由于山东人的辛勤劳作，东北地区逐渐繁荣起来。

到了清朝末年，朝政腐败，国力衰落，俄、日、英、德等世界列强纷纷侵略中国，签订了一系列不平等条约，他们不但掠去了大量的金银珠宝，而且割去了中国大片的土地。在这些侵略军中，尤以沙皇俄国的胃口最大，他们通过不平等条约占领了库页岛、外兴安岭等100多万平方千米的土地后仍不满足，又将贪婪的双手伸到大小兴安岭和黑龙江一带，继续在边境挑起事端，制造纠纷，意图继续南进，强占更多的土地。

沙俄倚仗手中比较先进的枪炮，经常跑到黑龙江南岸抢粮食，牵牲畜，奸污妇女，东北大地被害得妻离子散，民不聊生，锦绣河山满目疮痍。腐败无能的清王朝对此无能为力，只知割地赔款。为保卫祖国的大好河山，东北老百姓自发地组织起来，成立了多支抗俄武装。无奈手中的棍棒敌不过俄军的枪炮，抗俄武装伤亡惨重。没尾巴老李看到俄国军队占我土地，杀我居民、掠我财产、民不聊生，义愤填膺，决心保家卫国，为民除害。

六月的东北，芳草萋萋，树木葱葱，烈日当头，平静的黑龙江波光粼粼，煞是美丽，黑龙江南岸的中国老百姓正在勤劳地耕作着。酒足饭饱的俄国佬如同刚从冬眠中醒来，伸了伸懒腰，打了个喷嚏，扛上枪，挎个包，又划着船欲到江南岸来抢掠。然而，正当他们将船划到江中央时，忽然天空阴云密布瓢泼大雨从天而降，江底则咆哮如雷，巨浪滔天，俄国佬的小船顷刻被打翻在江底，当即淹死了一大半人。而那些侥幸漂游到岸边的俄国佬，又被早已潜伏在两岸的中国老百姓用铁锹、大镢、棍棒捣入水中，不是被水呛死，就是被老百姓打死，无一生还。这次战斗前后不到两个时辰，取得了抗击俄国侵略军的全面胜利。备受压迫和欺辱的老百姓，又乘胜追击，夺得了敌人的枪支，火烧了他们的营房。俄国佬全军覆没的消息传到俄罗斯，朝野震惊，他们知道那是神灵在保佑中国的老百姓，黑龙江有神灵驻扎，南岸是过不得的。为提防俄国佬的再次入侵，没尾巴老李只在每个农历六月十三回即墨老家祭奠母亲，终年守在黑龙江，使俄国佬不敢越雷池半步。

没尾巴老李每年六月十三都回山东即墨老家给母亲上一次坟。每到这时人们就会看见从黑龙江五大连池里升起一股白雾，一直向南飘去，当地群众都说："老李又给他妈上坟去了。"

龙山"风水"的传说

龙山看起来虽然是不起眼的小丘，但在当地百姓的眼里却有很高的地位，自古以来被称为"风水宝地"。民间传说，此山有龙气，通灵脉，倘能得之，必永世福，代代福贵。巧合的是，龙山脚下的大留村自明至清名士辈出，盛名远扬，众皆言此乃龙山风水庇佑之果。此说在民间颇为盛行。

从地理上看，大留村北接莲花、盟旺二山，东依黄山，南衔峰峦重叠的崂山山脉，地处烟柳松涛、山光水色优美的小平原，而龙山之水流入东来之小溪，如龙蜿蜒汇入大留村村前数亩的大湾，形似"玉带"之水，曲折而西入海，确是一块"风水宝地"。

留村始祖，相传于明洪武三年，叔侄俩以军屯农户由河南汝南县迁墨。侄居城北章家埠，即久传闻名的万历进士、以文名天下的国子监祭酒周如砥祖。叔为留村的安柱始祖。当时，连年战乱，生灵遭涂炭，百姓向往安居温饱。"安柱与徐中山王相善，洪武二十一年，魏国公徐辉祖，奉命设卫，安柱率父老迎之，受赐田数顷，繁衍于龙山下。"周氏族屡经颠簸，深知穷困之苦，以"为善积德，求天保佑"为处世之道，对饥者给饭，难者相助。当时，即墨是明初屯田要地，虽每平方千米人口仅40余人，且土广地肥，但在毫无水浇条件的情况下，只得靠天吃饭，仍荒野成片。人们对天井之"龙神"倍加敬奉。周氏每逢年节和六月十三"黑龙生日"之日，替代四方庶民和大村李氏后裔，前往龙山虔供龙神，并教诲子女与人为善，勤耕苦读。

大留村周氏读书出仕闻名遐迩，同治版《即墨县志》多有记载。是清代即墨县中举会试成绩最好的一个村庄。而周氏名列即墨县"周、黄、蓝、杨、郭"五大家庭之首也固有此因。大留村"百步三进士，一榜题双名"的故事，一直流传至今。

当地百姓把周门的兴盛归于"风水",实则是与周家家学渊源、书香传家不无关系,也是周家子弟刻苦攻读的结果。

龙牌的传说

昆仑山张道士铸了两面铜牌放在井中,一镇孽龙用,二遇天旱时取出龙牌,没尾巴老李便会感应而知,立即前来行云布雨,因此那两面铜牌便被称为"龙牌"。从此以后,每逢旱灾,县知事或地方乡绅们便挨户募捐款项来拜神求雨,当然社里的头目、乡约保证之流也要争先恐后地奉迎左右,顺便捞一把。届时组织起浩浩荡荡的善男信女求雨队列,到了龙山,在焚香烧纸、设祭摆供、击鼓撞钟的祈祷仪式中,差人潜入龙池的深井中把龙牌取出,用楼子抬回去,设坛祈祷。降雨以后,又是一番繁盛的仪式把龙牌送回龙池。求雨都是在久旱的雨季进行,有时碰巧降雨,有时要等若干天才下雨,都算是龙牌的神威。所以,取龙牌求雨的灵验传播开来,从县内传到县外甚至省外,把龙牌说得神乎其神。

在龙山龙池中确有43面铜质龙牌。最早两面为明朝嘉靖二十四年铸造并投放的,距今已有450多年的历史。据传,当年有位法号大乘的高僧,他看到当地的贪官污吏、土豪劣绅狼狈为奸,鱼肉百姓,残害黎民,甚为气愤。就从佛教的角度制作了有偈语的两面铜牌放于龙池中,并编造了一个故事,以警告和劝导他们改恶从善。这两面龙牌由于浸在水中时间太久,已被剥蚀得看不清字迹,幸亏早年一位有心人将它记录下来。正牌中的四句偈语是:"杀人偷盗脑血开,贪人旷语压尘埃,吃酒吃肉一时死,手接铜钱天降灾"。落款是:"大明嘉靖二十四年正月十五日",副牌书"维陀尊天作证""韦驮护法"八个字。从文意上看,与求神降雨毫不相干,纯系佛门中的警世之语。"取龙牌求雨"的故事传开后,每年各地来取龙牌的人络绎不绝。至清光绪三年,为应付龙牌供不应求的局面,即墨知县和当地豪绅处(应为出)于取龙牌大发其财的目的,又增铸了十面放于龙池中。这十面铜牌正中的一行字是"即墨县天井山行雨灵应龙牌",上款署"光绪三年某月某日",下款署"知即墨县事宫本昂监造",四边有按方位排天干的十个字。看来,宫知县既想借龙牌中饱私囊,又想以龙牌来表白自己的德政。不管怎样,到头来事实只有一个:官绅中饱私囊,百姓处处遭殃。

龙山的钥匙

龙山不高也不大,像个土埠子。

传说从前有个南方蛮子来到了龙山,他登上山顶一看,啊呀!龙山底下藏着一个大金窟,里面有无数的金银财宝。可是,要打开这个金窟,就要先找钥匙。钥匙在哪里呢?南方蛮子天天围着龙山周围的一些村子转,总是没有找到龙山的钥匙。这一天,他来到山东边流河庄的村外,看见一个老头在摁场,使的是一根九棱碌碡。碌碡都是七棱的,就老头儿使的是九棱碌碡,南方蛮子一看,心里就暗暗欢喜,可找到了,这正是龙山的钥匙。他走上前去,商议老头说:"老大爷,你家这根碌碡旧了,我买根新的换你的吧。"

老头摇摇头说:"不换!"

南方蛮子说:"那俺出大价钱买你的。"

老头儿说:"管多少钱俺也不卖!"说完,老头儿卸下碌碡扛着回了家。他家这碌碡从来不放在场院里,也不往外借。南方蛮子看借借不着,偷偷不着,心里真是着急。于是他就想法和老头儿接近,天天到老头家里去,说古道今,拉近乎。日子一长,两人就熟了,老头这才跟他说:"俺家这根碌碡,到我辈已经使到第十辈子了。这根碌碡是怎么来的呢?听说大早年在流河庄村西大湾里戽水,戽出一根不成形的石头来,俺十辈上的爷爷就扛回家来,依据这根石头的原形,做成了这根九棱碌碡,祖辈往下传,碌碡只能使不能卖。看起来这碌碡不起眼儿,可就是好使,摁场,碌碡过一遍,场园永不透;打场,碌碡过一遍,一粒粮食也不带留在秸上。快十辈子了,也没见磨去一棱一角,别说辈辈嘱,不嘱时也舍不得卖。"南方蛮子一听,也只好对老头儿实说了:"老大爷,咱俩相好,咱不好使你这根碌碡,合伙做个买卖?"

老头问:"能做什么买卖?"

南方蛮子说:"我已经看好了,你家这根碌碡,就是龙山的钥匙,你把这根碌碡扛着,咱去打开龙山的山门。"

老头儿问:"能得到多少东西?"

南方蛮子说:"只要能打开龙山下面那座金窟的大门,你我子子孙孙足够过的了。"

老头儿寻思一会儿,就点头答应了

这一天鸡叫头遍,老头儿就扛上碌碡,随南方蛮子登上了龙山,南方蛮子在山石上把碌碡一磕两半,一半放在山后,一半放在山前,然后对老头儿说:"你年纪大了,反正得我下去拿，我叫你闭眼你就闭眼，不叫你睁开千万别睁。"

老头儿点头说好。

只见南方蛮子双脚踏着山前这半碌碡，一用劲，整个山都呼哈，眼看裂开一条缝，南方蛮子踏着这半碌碡开始下沉，他对老头儿说："你闭上眼吧。"老头儿闭着眼，不知过了多长时间，老头儿起了疑心，心想：这个杂种是不是得着财宝，自己偷着跑了？要不这么长时间了为什么还不叫睁眼？不行，我得睁开眼看看，别叫这杂种骗了！想到这里，老头儿可就把眼睛开了，一看，见南方蛮子带着一身金宝，全身绑得像个牛一样粗，刚刚露出个头顶来，老头儿这一睁眼可就坏了，只听轰隆隆几声响，山哗地又重新合上了，把南方蛮子挤在里头，再也没有上来，这个老头白白瞎了一根碌碡，什么也没得着，从那时起，龙山的钥匙掉进了山里面，再谁也揭不开那金窟的门了。

《即墨民间故事》
徐伦成[1]
即墨市文史资料专辑
二〇〇二年六月

---

[1] 作者简介：徐伦成，字文昌，号龙塘居士。1947年生于山东省即墨市金口镇庙东村。一手拿锄，一手执笔，已写有民间故事25万字，即墨民俗30万字，金口镇志40万字，文史14万字，电视、电影、小说、戏剧本30万字，小说25万字等。现为山东省民间文艺家协会会员、青岛市民间文艺家协会理事、山东民俗学会会员。1984年创作的小戏曲《借牌》获山东省文化厅农民业余作者优秀剧本奖。1997年出版《金口古今》一书。多年从事民间文艺工作，擅长地方史志编写、戏剧创作、小说、散文、小品及各种公文等。

小黑龙的传说

相传,早年即墨的大村住着一户李姓人家,李家夫妻结婚多年没有孩子,常言道:"人到中年忆子孙",李家没个孩子,妻子一想此事,鼻子尖就酸溜溜的,便整日在家祷告求子。果不然,这一年妻子有了身孕,喜得李家两口子不知说什么好,眼瞅着妻子的肚子一天天大起来,心想八成能生个对双儿子。谁知生下来一看,这孩子拖着长尾巴像条小龙,胡黑的身子,见风就长。爹一看这怪样子,又气又恨,讨厌极了,想把他扔到南山沟里。

孩子是娘身上掉下来的肉,再丑再黑她不嫌。生下这孩子后,娘道:"他爹,这孩子你也该给他起个名了。"他爹瞅了瞅道:"看他那黑样,又像条龙,就叫他'黑龙'吧!"从那时起,人们就叫他"黑龙"。

娘给小黑龙吸奶,小黑龙高兴地把尾巴搭在门槛上,还左右摆动着。正在这时,爹从坡里干活回来,手里拿着一把镰刀,一不留意把小黑龙的尾巴削去一截,小黑龙痛得打个滚儿就没影了。俗话说"孩子是娘的护心肉,娘想儿子想断肠",娘想极了就跑到山去叫:"小龙儿,小龙儿!"女人叫得轻巧,把"黑龙"叫成"小龙",从此以后,这座山就改名叫"小龙山"。

黑龙被父亲削这一镰刀,痛得他腾空而起,一溜崩星地朝东北方向飞去,越过大海到了东北。那时间,闯东北的山东人很多,他到东北虽然过着流浪生活,但山东人很向业,他一说是山东人,老乡们都照顾他。不久就在东北的一条大江边找了个地方开荒种地住下了。

且说这条大江里有一条白龙，欺男霸女，吃人肉，喝人血，无恶不作，它还经常施法术伤人，你说大热的天，白龙见有人要过江，它就能让江面上立刻结冰，当行人通过时，白龙就将冰撤掉，人落水中便成了它的美餐，周边的人不知被它伤害多少，老百姓向黑龙诉说着一桩桩凄惨的遭遇。黑龙听了很气愤，下决心要将白龙除掉。于是就在江边经常观察白龙的活动规律。

有一次，他见白龙来了，就忍不住跳下去和白龙较量，因自己没有尾巴，力气头没有白龙的大。但他发现了白龙打架时累了往上吐的是白沫，他吐的是黑沫。于是，他来到屯子里，把除掉白龙的想法告诉了老乡们，他说：我要与白龙决斗，请老乡们准备些石灰和馒头，届时，如果见江中冒白沫，就往江中扔石灰，见冒黑沫就往里扔馒头，只有这样才能除掉那条孽龙。老乡们听了都非常拥护，都按他说的各自做准备去了。

这一天，人们一头挑着石灰，一头挑着馒头。霎时间，江水翻滚，波浪滔天，一会儿黑沫冒上，人们忙往江中扔馒头。其实这正是黑龙饿了，他边吃边战，越战越勇。白龙被打得筋疲力尽，直吐白沫，这时人们就急忙往里扔石灰。白龙吞下石灰，烧得肚子疼痛难忍。忽然，江面泛起一片血水，白龙终于被掉了。从那时起，白龙江就被改名为"黑龙江"了。

黑龙做了江主后，这里的人们再也不受洪水泛滥的侵害，安居乐业。要是有山东人过江，只要你站在江边一叨念，不知从哪里就来了船，这一带的人们都称他为"李老爷"，山东人挑着馒头，来到江边称他为"秃尾巴老李"。

黑龙在东北住得久了，时常想念老娘。这一年，他想回家看看，便腾云驾雾回到老家，他怕娘见了偌大的长身子害怕，就显豁成一个黑小伙子回到家中，进门就甜甜地叫："娘！"他娘做梦都想见到儿子，认为这又是在做梦，问："你是谁家的儿子？"黑龙说了事情的经过，娘一听，病体立刻好了，忙着下炕要给儿子做饭吃，可是因天旱，颗粒无收，拿什么做呢？

原来，这里群龙只顾争权争名，都不兴雨，地里干得寸草不生，他爹活活地饿死了，家里连吃的水也没有。黑龙见状，对娘道，我给打一眼"天井"。说着便不见了，一会儿，乌云滚滚，一声巨雷，黑龙显出法身，在小龙山顶上抓出一眼大井。他急忙回家告诉母亲，谁知只顾一时高兴，忘了变回人形。他娘一见那张牙舞爪的样子，惊吓得一头跌在地上没气了。

母亲去世后，黑龙十分悲伤，抱着老娘大哭一场。他想起老娘平时最爱花草，就把娘背到长满鲜花的千里岛上殡葬。

打那以后，小龙山又被改为"天井山"。天井里有龙牌。过去，每逢天旱时，会首们就领着乡民去请回龙牌，唱戏求雨。

黑龙每年麦收前后都要回来给他娘上坟。

为了报答家乡父老，特意在家乡附近的龙泉镇一带，施展法术，抓出许多泉子，这些泉子一年到头流滴着甘洌的泉水，从不干涸。家乡的人们为了纪念他的功德，便把这些泉子均取上带有"龙"字的泉名，并为其立有龙王庙祭祀他，以示永念。

识蛟避灾隐语西逃

胡峄阳放弃了仕途的念头后，仍然苦学经典，其学问渊博在周围十分闻名，后被即墨城几家大富豪请去当了私塾先生，开始了他教书育人的生涯。

这一年，即墨城大旱，城里连吃的水也困难，人们只好在河底下挖河，在塘底下挖塘，更不用说在井底淘井。有几个老会首看天旱到这个地步，想起城里有一眼老枯井，也不知多少辈子没用了，就召集了一帮青壮年来淘，淘着淘着，在井底下淘出怪物来，拔上来一看，这个怪物说羊不像羊，说猴不像猴，头上长着两只角，在井崖上坐着。脖子上还有铁链子、石头锁，两眼磕巴着，在场的人都叫不上这是个什么动物。逐渐找来了城中的老人、文人，都说不出个什么名堂来，一位老者说："听说教书的胡峄阳先生，他的学问大，请他来认认。"

胡峄阳来到井台上仔细一看，心想坏了，怎么把它给淘上来了，只骂了声"畜生！"他二话没说转身走了。回去后，他找到学东，要马上回老家流亭，学东问他出了什么事，他什么也不说，就是留他吃了饭再走也等不得。学东问孩子们出了什么事，是不是谁惹他生了气，孩子说，只是他刚出去看了井上的怪物回来就提出要走。

你道他为什么要走？原来这怪物就是大禹治水时锁的蛟龙，把它淘上来，必然要出现一场大水灾。因这是天机，不可泄露，所以他决意离开即墨城。

学东为胡先生备好马骑，叫学生们去送他，学东又嘱咐孩子们，一路听他说什么。

学生们回来了，学东一问，都想不起他一路说没说话，有的说他没说一句话，有个心细的学生想了想说，当走到即墨城南八里岔时，迎面碰见个穿白褂子的女人，骑着毛驴子，胡先生在马上小声说："往西躲躲！"

学东们一听这话，马上吩咐家人备马套车，拉着家人，带上细软首饰、金银珠宝等向西赶路。

当天夜里，即墨城下起大暴雨，淮涉河里洪水涨满，水太难泻，漫进城里，房屋倒塌、人们四散逃命。有人看见在城墙上有两只小羊似的怪物在互相顶角，越顶雨越大。其实那正是两条蛟龙在兴雨，搭救被从井里淘上来的蛟龙，即墨城遭到了一次罕见的大水灾，据说连城墙也被大水拉倒，后在即墨流传着久旱淘井，天会下雨的传说。

龙塘埠的传说

龙塘埠，又名龙潭埠，它坐落在金口镇庙东村西南约一华里。对这里的称呼十分有趣，埠以西的人称其为"东山"，埠以东的人称为"西山"。不是山称为山，山的本意比埠高大，得山忘埠，龙塘埠一名就鲜为人知。追究起龙塘埠一名的来历，还要从"龙塘"说起。

很早以前，有一小青龙心地善良，哪里有旱情它就去降甘霖，百姓都很崇敬它。但未被封为龙王，只有到小水处安身。

小青龙自西南向东北信游，一路无精打采，只想寻找一处安身之地。当它游到庙东村北河崖时，就听到一位青年女子在哭泣，它停住云头，急忙落下变作一位青年向前问话。

原来，这是一位参姑娘，她生长在庙东河的鳖湾崖旁。有时她寂寞极了，就显豁成一位靓美的姑娘来到村里，她和姑娘媳妇们一块说说笑笑。有一天晚上，参姑娘又来到村里耍，一位精明的媳妇感到她出没异常，谈吐不凡，当她临走时就把一个针穿在她的衣裳上，针上引了个线穗子。第二天清早，顺着线找去，发现了一个参叶子被针穿着。从此以后，人们知道鳖湾崖有个参姑娘。参姑娘知道自己暴露了身份，也再也没有到村里去，她只好独自在河崖玩耍。

鳖湾是在庙东河里，因是一个鳖精在河里漩了个大湾，因此叫鳖湾，湾里的鳖精经常兴风作浪，晴天也会下起大雨，河水暴涨，河两岸的良田被冲塌。鳖精还经常嬉弄妇女，使周边庄深受其害。这几天鳖精又看上参姑娘，先是派着鲇鱼媒婆去说媒。参姑娘一听是老鳖精要娶她，她当场就狠狠地骂了老鳖精一顿，鲇鱼精回来一一禀报，老鳖一听大发雷霆，准备派鱼兵虾卒去抢参姑娘。参姑娘是一位弱女子，正为此事愁得大哭。

小青龙听完参姑娘诉说，道："不用害怕，今天我来救你！"正说着，只见老鳖精领着一群鱼鳖虾蟹迎面来了。小青龙见状，立刻显出原形，腾云驾雾朝着鳖精打去。

老鳖精做梦也没想到会有青龙在此，它哪里是青龙的对手，没几个回合被青龙打得跪倒在地，直磕头求着饶命，青龙训斥了它一顿，叫它改恶从善，不许欺压良家女子，也不许再兴风雨。据说，以前，鳖湾以北，岭前的"上接地""二接地"一带涝得每年只长野鸡冠子，后来才能长庄稼，参站娘从今以后也不再受老鳖精的欺负，她在河边安居乐业。据说，参生在河边，这河水能解毒，如果死了牲畜，只要畜肉在河水洗过就无毒，可以放心吃，参以上的河水就没有这样的效应。

青龙救了参姑娘，参姑娘千恩万谢，并且苦苦哀求要青龙留下保一方平安。青龙见参姑娘这样诚心诚意为一方百姓讲情，也只好答应留下。霎时间，青龙的脸色变得沮丧道："这里怕是无水可容？"参姑娘笑道："龙哥，离这儿不远的笑山下面，有个大湾名叫'石湾'，那儿是你的好住处！"

石湾也是庙东河，在笑山西麓。石湾的东边是奇形怪状的花岗岩石，所以称为"石湾"。庙东河自此由西而来，河水直冲岩石打折向北流去，那时石湾很大，岩石的下面有一个深洞，这个洞向东南偏南通去，共有两个洞口，一个是通在龙塘埠大庙象奶奶身后，一个是通在龙塘埠顶稍偏南一点，这个洞总长约有一华里多。

从前，石湾很妖，这里住着很多精灵，每年都要淹死几个人，周边村庄死的人不计其数。有一年夏天，庙东一个看坡的人，他早早吃了中午饭，来到石湾防备有洗澡的人损坏庄稼。他来得早了，一看四处无人，就悄悄爬到湾东北边马家茔一棵大树上乘凉。他向石湾上边一瞧，只见摆着八仙桌坐着些精灵，那边扎着戏台子唱戏。这人是个戏迷，当听到热闹时，在树上拍着巴掌叫好。精灵们一听有人声，稀里哗啦下了湾，不多时湾水泛红，漂上一大鲫鱼头来，那是因它探得情况不实犯了死罪。青龙来到石湾，众灵已经知道它很厚道，而且威力很大，都乖乖地听它的摆布再不敢行凶作恶。

青龙在石湾住下，这一带风平浪静，人们安居乐业。谁知精灵们不敢滥兴雨，这一带又变得旱起来。一年麦收后，这里晒了一个多月的茬子，急得人们直搓腚。一天，参娘又来到村里，大闺女小媳妇们只谈着旱天的事，参姑娘一听说："你们怎么不到石湾去求龙降雨？"女人们见识短，不知不觉就把话说露了，众人一听，都跟男人们讲了，接着传到会首那里，会首们率众村民们来到石湾求雨，当天就下了一场喜雨，村民们争着种上庄稼。以后，天一旱人们就去求雨，有求必应，这一带风调雨顺，年年丰收，人们为了感谢青龙，就在笑山上修了一座龙王，香火很旺。

据传说，蛇要成龙必须过海关，过一道关就能长一只爪，只有长了爪才能成龙。但过海关不是那么容易，海上都有把关的虾兵蟹将。如果没有过关的本领，不但成不了龙，反而还会送了命。有一条大虫自认为自己的本领很大，准备从东边过海。东边把海关的是个大蟹子精。那只大夹一竖就能遮住太阳。大虫来到海边，把关的蟹精闻听它要过海，立刻亮出了大夹，吓得大虫急忙退回到龙塘埠，并通过当庄土地神，上下打通关节，愿意在龙塘埠上招兵买马，镇守此地，使强龙不压地头蛇。自从大虫来了以后，四方的各类蛇都云集在龙塘埠上，那时这里称"蛇堂"所在地。村民上坡不小心会踏着蛇，薅草、割庄稼手里经常会攥着蛇。蛇有惊人胆，人们都怕它，也都厌恶它。民国初年，孙中雨的一个大石垃子要填石坑。那是严寒的冬季，村民用抬筐往坑里抬石碴，结果抬出一筐筐下蜇的蛇。据说这些蛇下蜇时按类分聚，第二年春天，这里臭得无法逗留。从那时起，龙塘埠的蛇迹渐稀。

那条大虫住在龙塘埠大庙后殿睡相奶奶像后的洞中，大虫时常夜间出来活动，据村民说它到北河喝水，能压倒四犁豆子。因大虫出入所致，使大殿东山墙重垒了三次。大虫有时也显赫自己，据于道士说，它的身长从东廊房搭到西廊房。民国年间，龙塘大庙住着一帮学天主教的男女学生（约30人），学生们发现大虫后，用一条粗麻绳，一头拴一把大铁钩，以一块大烤猪肉做诱饵放在洞口，翌日早发现肉钩被拖进洞去，学生们一齐往外挣麻绳，结果挣断系钩的绳头，大虫死在洞内臭了很长时间。1947年春，大庙被拆，洞口填死，蛇的传说销声匿迹，只剩下龙的传说。

另外据传说，堪舆家认为，龙塘埠是自西南来的一条龙脉之地。唐代为了压气，先在西南十多里的兴隆山修建一座大庙，因没压住气，又在龙塘埠建一座大庙，龙脉依然没压住，向东北方向行去，又在金口以东的香岛建庙镇压，都无济于事，龙自海底蹿到东北，出了爱新觉罗氏取国号为"清"。

其实龙塘依然水流湍急，塘水面积缩小了，但水很深。清末，庙东村出了个好水性的人，据说，到东海滩挖蚬时，人们都过不去海流，唯独他能浮过去。他在西油坊湾踩水时，能在水皮盘腿坐着，他的水性闻名遐迩。有一年夏天，他在龙塘洗澡时扎猛钻进石洞，在洞里抓到一条大鱼，这条鱼大而奇，当即送到李家周疃地主李秉和家，李家赏给他四升胡秫，青黄不接的空当，这四升胡秫也能过几天好日子。靠山吃山，靠河吃河，人们经常在这条河里打鱼。1924年秋八月，庙东河上游的院西村，因天旱讨雨，从小龙山请来龙牌，讨了三天雨，唱了三天戏，结果一个雨星没下，气得村民把龙牌晒到圈墙上。当日，晴空万里却从西北面上来一块小黑云，下了一场大冰雹，个大如蒜臼锤，把院西的瓦房砸塌，丢在地里的扁担被砸断，这场冰雹随河水涌到龙塘（石湾）冻死成堆的鱼鳖虾蟹，使这里变得冷清。

1969年5月，上游建起院西水库之后，河水渐少，龙糖淤小。正在这里居住的他乡人深有体会，他们说："这里看着庄稼要干死了，不知从哪里来了一场及时雨，年成又不错，真是神收。"远的不说，最近几年就下过几次关键雨。1973年，县里在周疃召开抗旱会议，会还没散就下起大雨；1978年麦季大旱，一场大雨只包括周疃和庙东；1997年麦后大旱，降一次及时雨，东至迟家店子，南至山阴，西至店集；1999年三伏旱，降一次大雨，东至蒲湾头，西至院西……清朝初年的胡峄阳老先生曾说过，乱乱乱，乱乱乱，千万别离崂山以北，风山以南，大欠不欠，大乱不乱，大难不难。这里确实是藏龙卧虎的风水宝地。

龙塘埠上这几年有了较大的变化。1947年，龙塘埠大庙已拆除，1949年后建成即东县医院，现已改为即墨市第一人民医院，改革开放后，医院门前建起数家饭店、商店和水果摊，人来人往，熙熙攘攘。1999年，龙塘埠东建起金口镇海产品批发市场，占地50余亩。这个市场不仅在青岛市闻名，即使在胶东也享有盛名。俗话说：龙到处有水。鱼喜水。龙塘埠上建渔业市场正是符合地名，龙有水族们做伴不再寂寞。近几年传说，有人在龙塘埠上见到龙戏水场面，为龙塘埠又增添了新的生机。

山东潍坊马宿村调查资料

八角池

（一）[1]

《潍县志稿·疆域·源泉》记载"八角池，在县治东二十五里马宿庄旁，有龙潭，旱祷辄应。金昌明间用石八角甃之，故名。池北有庙，曰膏润，亦故名膏润泉，今池已竭"。

传说潍县东部有三个"海眼"，其地下水脉与渤海相通，每逢渤海上潮，三个"海眼"同时喷涌海水。其一在寒亭区宋家尹家双庙村，有龙王庙和平王庙，在平王庙院里，有一泓清泉，名曰"海眼"，此"海眼"衍生了国家级非物质文化遗产"柳毅传说"；其二在保税区郑家集村，该"海眼"在过去的流延社境内，流延社因境内有流延寺而得名；其三就是马宿村的"海眼"即"八角池"，俗称"雹泉"。

（二）[2]

据乾隆二十五年版《潍县志》《山东通志》《潍县乡土志》《潍县志稿》等史典记载和民间口传，马宿村原有一处八

---

[1] 资料来源于马宿社区陈列馆。
[2] 资料来源于马宿社区简介宣传单。

角池，在村东东沺河之西。原是一处大泉眼，据说碧黑深邃、"遇旱不竭"，常有神鱼蛇龟出没，每逢三六九随渤海海潮而涌，俗称"海眼"。每逢天旱不雨，乡人前来烧香祈雨，都很灵验。又传说，泉中曾出现一条大白蛇显灵降雨，故称为"龙泉""龙潭"，于是宋朝大观年间（1107—1110年），乡人在泉之北旁、河西崖上修建了一座"龙祠"，乡人又叫泉神庙、雹泉庙。

到了金朝昌明年间（1190—1195年），乡人为了保护这处龙泉，用石料砌成了八角形状建筑物，故名"八角池"。据传，到元朝泰定年间，乡人王庆等善人曾修缮过八角池。民国《潍县志稿》记载："今池已竭。"据传，以后年久，泉竭池淤，人们把砌八角池的石料运到岸上，用作雹泉庙护坡。现尚存三四件石料，犹可怀古。

八角池是当地著名古迹，距今已有820年的历史，衍生出了许多民间故事。

八角池"海眼"的神奇传说：

过去，在马宿村东东沺河崖下，有一泓清泉，民众又称其为"海眼"，传说在我们老潍县东部，有三个"海眼"，其中在现在寒亭区的宋家尹家双庙村里，有龙王庙和平王庙，在平王庙院里，有一泓清泉，名曰"海眼"，此"海眼"衍生了波澜壮阔的"柳毅传说"民间传说，该传说2010年被国务院批准为国家级非物质文化遗产。另外在马宿村东南方向有郑家集村，在郑家集村后不远处有一泓清泉,名曰"海眼"。该"海眼"在过去的流延社境内,流延社因境内有流延寺而得名。再就是马宿村的"海眼"即"八角池"。该"海眼",又被民众俗称为"鼋泉","龙泉"因地方官员和民众天旱祈雨,而形成了鼋泉神即李左车以及秃尾巴老李的传说。民众因此鳖泉为八角池。民众传说,过去潍东地区的这三个"海眼",地下的水脉与渤海相通,每逢渤海三六九上潮,该三个"海眼"即同时喷涌海水。并因此称其为"海眼"。

马宿村《元灵霈侯庙碑》碑文[1]

(一)北海县马宿聚膏润行祠记,国子监助教陈绎曾撰,翰林国史院典书王贲书丹并篆:

> 潍州北海县东二十五里,有聚焉,曰马宿,有池焉,曰龙泉。泉之北,有庙焉,曰膏润。庙之神以侯封,曰灵霈。灵霈侯者,密州安丘县鼋水之神也。按《图经》,能兴云雨,乡人求祷有应。宋大观中,郡邑以旱告,白蛇见,俄雨。数百里以闻。敕赐封额。马宿去鼋水一百一十又五里,池八觚而鳖石同,神鱼蛇龟,出没灵怪同,雨旸祷祠有应,辄同,乡人因名以鼋泉庙、以膏润神、以灵霈侯亦同。岁久圮坏,莫之能举。(元)泰定三年(1326年)二月不雨,至于六月。知潍州李公希尹,诣泉躬祷,

---

[1] 资料来源于马宿社区简介宣传单。

投楮币,有物若¨,衔之,盘旋三匝乃下。翼日澍雨,岁以大熟。明年,倡乡人王庆捐庙地二亩有畸,凡乐报者,合资建庙。为堂四楹五铺,像设有严,隆神施也。庙成,走使京师,请记不朽。

余闻天地间气化之属,莫不入鬼而出神。大而宇宙,小而昆虫草木,莫非是物者,司之昭明,灵著不可诬也。夫人以七尺躯,动天地,运万化,无施而不可。地秉阴窍,于山川,其为物大矣。神灵尸之,不亦宜乎?故先王之制祭法,山川能出云雨,则明诸侯主其祀。李侯之庙,兹泉祀也。或谓密之神而食潍之居。苏子有言,神在天地,犹水行地中,无往不在。信斯言也。泰山云出,不崇朝雨,天下矧百里之间耶,是宜书。

(二)元天历二年(1329年)三月辛巳,国子监助教陈绎曾记:

至元三年(1337年)岁次丁丑孟冬上浣日

功德主郭贵,庙户王庆,助缘王正、王成、王顺,社长孙旺立石。北海县典史邢维忠,益都路北海尉李顺,将仕郎益都路潍州北海县主薄李胜火儿,承事郎益都路潍州北海县尹兼管本县诸军奥鲁,劝农事张从善,潍州吏目张柱,司吏辈严高荣祖,李¨路通王显祖,忠勇校尉益都路潍州判官忠显校尉益都路同知,奉训大夫益都路潍州知州兼管本州诸军奥鲁,劝农(下缺)

石匠提领胡世荣、卢整刊,社长彭钦祖

（三）洪武二十三年（1390年）七月，男善人王得真重立，石匠胡伯高。正统五年（1440年）四月，刘彦才重立石，石匠陈士能，石匠李整。

石碑见《山左金石志》，高公尺二尺四分，广八寸六分九厘，额题：创建灵霈侯行宫记。二行篆书。记二十一行，行五十二字，正书，未有明人羼刻。二行。有碑阴额刻："助缘题名"四字。助缘者有在城前北海县阴阳教谕彭显达，吴官庄王千户，寺家庄崔六，令史崔镇抚崔百户，崔县尉，掌家庄张舍人等名。余不具录。在县东马宿庄庙中。

乾隆《潍县志》记载："膏润泉，在县治东二十五里，泉源清湛，遇旱不竭。旁有龙祠，有龙潭，金昌明间州人用石八角甃之，名八角池。祷雨辄应"

《潍县志稿·营缮·坛庙寺观》记载："泉神庙，（在）马宿庄，宋大观中建，后圮，元泰定四年再建。"

《潍县志稿·疆域·源泉》记载："八角池，在县治东二十五里马宿庄旁，有龙潭，旱祷辄应。金昌明间用石八角甃之，故名。池北有庙，曰膏润，亦故名膏润泉，今池已竭。"

马宿村与村落庙宇[1]

马宿村，位于潍坊高新区最北端，与寒亭区相邻，今属潍坊高新区新昌街道。马宿村是一个较为古老的村庄，1988

---

[1] 资料来源于马宿社区简介宣传单。

年版《坊子区地名志》记载,在宋朝疆域图上即标有此村。相传夏朝初期寒浞代夏执政迁都于寒亭,因为此村位于东西浞河夹河套地带,水草丰茂,东西两边的河水又是天然的栅栏便于圈养,于是寒浞选择此地饲养马匹因得村名。潍坊市市级文物保护单位夏寒浞冢就在村的东北方向500米处。因为村庄古老,所以古迹原来较多,还有少量的出土文物,民间流传的故事也不少。据老人们讲,中华人民共和国成立前村中曾建有五座庙,分别是全神庙、鼋泉庙、关帝庙、土地庙、疙瘩神庙等,这是远近少见的奇观。五座庙中最著名的是"全神庙"和"鼋泉庙"。有趣的是在全神庙的屋顶上又建了一座小小的庙,里面供的是姜子牙的夫人,据说她是"神上神",庙里面也有小庙,人称"庙里有庙,庙上有庙"。此庙毁于"文革"。

大善人王庆[1]

元泰定三年(1326年)春天,从农历二月到六月里一直天旱不雨。当时潍州的知州李公希,听说马宿村的神龙泉非常灵验,就带领当时潍州的许多官员和士绅庶民,来到马宿的龙泉跪拜祷告祈雨,第二天,就下了一场透犁雨,当年庄稼获得了大丰收。当时马宿村的善人王庆,就此带头倡议,并与本村的王正、王成、王顺等善人共同修缮了金朝昌明年间修建在该

---

[1] 资料来源于马宿社区陈列馆。

龙泉上的八角池，并在龙泉西侧的河崖上，捐出自己家中两大亩土地，重新修建了马宿村的雹泉庙。既为潍东地区马宿村留下了一处著名的名胜古迹，也为后人留下了传承千年的美好传说，以及传承千年的民俗信仰。

据《潍县志稿·金石·元灵霈侯庙碑》记载和民间传说，在马宿村东边东涊河的河崖下，有一处清泉，民众称之为"龙泉"，亦称为"海眼""雹泉"。

雹泉庙

（一）[1]

位于马宿村东涊河东岸，东西长7米、南北宽5米。四根门柱上的对联分别写道："长乾坤风调雨顺，赞功德国泰民安；玉皇有感感四境善男进供，菩萨有应应八方信女献香。"庙里供奉的主神是玉皇大帝、观音菩萨以及龙王爷，雹泉爷李左车只列了个偏座，里面同时还供了许多小神。这座小泉神庙是1999年春天由村人自发集资建成。

（二）[2]

雹泉庙，又叫泉神庙，因为"泉神庙"与"全神庙"同音，常常混淆。雹泉庙位于村的东边，建在东涊河的西岸之

---

[1] 资料来源于马宿社区陈列馆。
[2] 资料来源于马宿社区简介宣传单。

上，当时规模较大。村里六七十岁的老人都还记得，1949年后曾做过学堂用，以后生产队又用来饲养牲口，直到20世纪80年代初才拆掉，2016年村里棚改拆迁以前还可寻见旧址。

山东青岛红岛街道青云宫调查资料

青云宫简介

（一）[1]

青云宫位于红岛街道高家社区，占地120亩，始建于宋代，至今已有900余载历史。

据记载，青云宫，原名"龙王庙"，民国时期青岛特别市市长沈鸿烈依崂山"九宫八洞七十二庵"之称，题名为"青云宫"。因红岛当地居民以渔业为生，满怀对大海敬畏感恩之心，以海龙王为崇拜图腾，于宋代集资修建"龙王庙"，渔民出海必前祈平安。

明朝嘉靖道人李缘明在此山隐居，自元朝至元八年（1271年）至1961年共住过48位主持道人在此修道。宫内建有东殿、正殿、西殿，青砖碧瓦，雕梁画栋，古色古香，供奉龙母、龙王、三霄女神等众多神像，肃穆庄严，静穆凝谧；宫外，依山眺海，葱岭密林，景物迷人，东西钟鼓楼蔚为壮观。"青云晨钟"是民国时期评选的"红岛八景"之一。

清朝、民国、近代到20世纪90年代，曾多次对"青云宫"

---

[1] 资料来源于红岛街道青云宫简介牌，该牌位于青云宫前西侧。

进行不同程度的整修扩建。2011年，高家社区青云宫管理委员会举资280万元，重新修缮了正殿、东殿、西殿，修葺龙母墓，新建莲花池，并对园内植树绿化，使青云宫风貌焕然一新。2005年被列为青岛市市级文物保护单位。

"青云宫"日益成为社会各界人士观光旅游、求神拜佛、行香许愿、祈福保平安之文化圣地。

（二）[1]

1.青云宫概况

青云宫位于红岛街道高家村南，海拔40.2米，主体面积1015平方米，总面积为77920平方米。其前面临大海，周边是葱岭密林，景物十分迷人，每年的农历九月二十七日至二十九日为传统的青云宫山会。1988年被列为城阳区区级文物保护单位；2005年被列为青岛市市级文物保护单位；2008年被审定为区级非物质文化遗产；2013年被列为第四批省级文物保护单位；2014年荣获"青岛市乡村旅游特色点"。

2.青云宫的得名

青云宫旧称"龙王庙"。青云宫的得名，是在公元1933年民国青岛市市长沈鸿烈来视察阴岛时，观此山风光之美，因山无雅名，故依崂山有"九宫八洞七十二庵"之称，即题写"青云宫"三字大横匾幅，悬挂于院门口门楼之上。自此而成名"青云宫"。

---

[1] 资料来源于青云宫宣传单。

3.主要建筑

（1）东殿

"青云宫"建庙始于宋代，建东庙殿堂最早。相传，当时有一南来巨船，曾遇到飓风之险，为祈求平安，许愿建庙。一日船行至定盘口停泊（定盘口在红岛街道沟角村前海边），船主登陆寻址，发现"青云宫山"，空气清新，风光灵秀，远山近水，乃神圣之地，故建庙于此山。首建东殿为"娘娘殿"并祀"娘娘"神像一尊，年年供奉。后因殿堂陈旧，于清同治十三年（1874年）重修。

（2）正殿

正殿（亦称大殿），为宋代建立的"龙王殿"。阴岛（红岛旧称）自古以渔业为主，渔民为祈求平安，多去海边进香，甚是不便。遂应当时之所需，建成此殿。自此，青云宫所在山名即为"龙王庙"。后嫌龙王殿"基低殿窄，设置简陋，于清同治六年（1867年）重修.

（3）西殿

据建龙母殿时的石碑记载，西殿"龙母殿"建于清光绪三十二年（1906年），亦为重修庙殿。

据说，当时大殿、东殿、三门口之重修均由孙老嬷嬷（孙高氏）主办。孙老嬷嬷一生半神半巫，吃斋念佛，行善好施，化缘建庙。孙老嬷嬷殁于清光绪二十年（1894年），也正在本庙宇大殿三门口竣工之夕，孙老嬷嬷终寿六十岁。孙老嬷嬷临终嘱，其梦受李龙之托，

必得再修建龙母殿一所，嘱后即殁。后高家村会首们不负

孙老嬷嬷之遗嘱，用杂石瓦片垒成简陋庙宇一所，用滑石刻一龙的化体。供奉十余载后，由本村会首主持与阴岛各村会首们和老百姓筹备捐款，经四十年之久，终于在清光绪三十二年（1906年）重修龙母殿。自此殿宇已成规模，而型为大殿居中之高东，西两殿居低相助，殿堂设置岛神像，供器设置一度成功。

4.主要塑像

（1）东殿

东殿祀三霄女神：云霄、琼霄、碧霄。

（2）大殿

大殿正间祀龙王像一座，正间上层祀玉皇大帝、王母娘娘像；东间祀三官爷；西间祀庄稼姥姥和巡海大师。

（3）西殿

西殿祀龙母像，左侧祀孙老嬷嬷像一座（龙母殿的建设功臣），殿前梁之上塑巨龙一条——没尾巴老李。

三殿塑像栩栩如生，而殿壁之上更有画匠妙术，描神画魔，故事之传，画之当有，保善祛恶，神话故事，处处其异，应殿瞬观，妙术其情，均为述神之奇。古人云："敬神有神在，不敬是泥块。"殿堂之内神像塑之栩栩如生，殿壁之上画之神话故事处处奇异，以景助殿圣灵，诱众古贯，以敬而不敬，可当在不敬之士者，真乃为泥块也。

5.碑刻注明历任住持

有山就有庙，有庙则有道。据资料记，"青云宫"原名"龙王庙"，建于宋代末年，在青云宫大门外左侧，有元代碑志（因历史久远，碑文已模糊不清，以下为前人抄录而得）上镌：宋代青云宫道长东华少君、钟离权、吕严、王嘉四人名字样，又记元朝至元八年（1271年）至今现代1961年先后延续40余代，共住过48位主持道人。据体姓名一度断续，在明朝嘉靖年间道人李缘明在此山隐居修道多年，创下历史立下碑记，后来才有史记相传。首道有王和珍，传于弟子孙交武，下传弟子薛永才，继传元琪、李是古、徐明宗、刘志忠（刘志忠继道仅三年即殁）后有常明谦继承，其下常收弟子刘志琪，直到"文革"之前常居于此庙，后经"文化大革命"神庙被毁，从而刘志其以为半道半民之名，移之高家村而居，刘志其道人已在1997年去世。

老嬷嬷的故事[1]

据修龙母庙石碑之记，孙老嬷嬷出生于清道光十四年（1835年），祖籍现红岛街道高家村高氏家族的高姓秀女，嫁于上马街道上马村孙姓为媳。孙老嬷嬷一生半神半巫，日常行善好施，吃斋念佛，事隙化缘，修庙筑垣，家虽贫寒，攒钱请香买纸一日三时焚香拜佛。生前视巫，殁后成为仙体，在世处事无贪，办事耿直，已为世人之欲，而世人已感其情深矣，为其后裔之知，已被塑之神像坐于龙母殿宇。

传说，当孙老嬷嬷在世之时，一日在溪边洗手，因水位不适，以手划之，水能升起，以手开之，水则消之。另有神话传

---

[1] 资料来源于青云宫宣传单。

说，孙老嬷嬷在饥饿时，煮食"干沟石"充饥。当在旧时，上马、阴岛路间之距，潮水相阻，来去之路泥泞难移，如在经过之时，男子赤足可过，女人缠足不宜，女人来去之经，拔掉鞋是常事，而孙老嬷嬷有时被拔掉鞋，过到对岸时鞋已在眼前。孙老嬷嬷当为行善好施，常来阴岛与会首们商谈修庙之事。事毕，孙老嬷嬷让男人头前先行，她随后再走，回家看，孙老嬷嬷早已回之。这一神话至今还在民间传之。

没尾巴老李（李龙）与龙母坟的传说

（一）[1]

民间流传的"没尾巴老李"和"龙母坟"的传说事故，不仅在红岛家喻户晓，而且在整个胶东半岛也广为流传。这个故事体现"孝老爱亲、积德行善、为民除害、感恩祈福、风调雨顺、国泰民安"等教义，是青云宫远近闻名的主要原因。

相传有一李姓村夫娶一王氏女子为妻，年近四十岁还未生子。一天，女子在村前一池塘洗衣，忽见塘边有一绺红线，女子即取之纳入髻上，忽见天空阴云密布，大雨将至，女子即收衣回家。自此此女怀孕，怀胎十二个月，于农历九月二十七生下一子，化体黑龙状，出生三日，孩子吃完母乳，盘踞梁上，父亲见状大惊，欲赶走孩子，李妻阻拦不住，孩子回头望望母亲，连连点头，难舍难分，终被父执镰削去一尾，负痛夺

---

[1] 资料来源于红岛街道青云宫简介牌，该牌位于青云宫前西侧。

窗而去。

后来李龙被菩萨收入门下，传授他为人之道和武功法力，深受点化教诲，受益匪浅，尽行为民除害、积德行善之事，后被世人广为称颂为"没尾巴老李""李师傅"。母亲去世后其坟墓原立庙院之外，正南五丈余之地。一日李龙回故探母，见此家居低不愉，即刻作法，一爪把母坟抓于庙院西麓与原家距离相等之处，即现在的"龙母坟"，原冢之处呈湾迹，被世人称为"龙母湾"（即现在的莲花池）。

传说黑龙江以前称"白龙江"，白龙常发大水，祸害四方百姓。李龙授命前往为民除害。两龙遂即展开大战，江水现黑色，百姓往江中扔白馍，江水呈白色，百姓就往江中投石灰，大战三天三夜，结果李龙战胜了白龙，保一方平安，风调雨顺，人民安居乐业。从此，此江取名"黑龙江"。

（二）[1]

胶州湾内有个岛叫阴岛。很久很久以前，岛西部山坡上住着一户姓李的人家。夫妇俩勤劳耕种着自己开垦的土地，日子过得挺富足。可美中不足的是李妻年近四十岁还未生子，她求子若渴。一天，梦中见到观音菩萨，观音菩萨对她说："天赐一子给你，让他为民除害，拯救天下苦难的百姓。"说来也怪，李妻怀孕十二个月，于农历九月二十七生下一子。只见他面色黝黑，身似龙形。李妻又喜又惊，但想到梦中菩萨的话，

---

[1] 资料来源于青云宫宣传单。

决心抚养孩子长大成人。孩子的父亲则唉声叹气,愁眉不展,趁母子熟睡时,悄悄抱起孩子送到很远很远的地方。李妻醒来,不见亲生儿子,大哭不止,不吃不喝。孩子在出生第三天傍晚回家探母,喂奶后盘踞梁上。其父见状大惊,拾起镰刀赶孩子出家。李妻阻不住,孩子回头望望母亲,连连点头,难舍难分。无奈只得钻窗棂逃走,被父亲追上砍下一截尾巴,他负痛而去。这就是以后人们都称黑龙为没尾巴老李的缘故了。至今龙王庙中老李的父亲,手拿一截尾巴,日夜在忏悔着……李母日夜思念儿子,连惊带吓,悲愤而终。

时隔16年后的一年秋天,骄阳似火,天气晴朗。一天中午,忽然天空出现一片黑云,黑云中一条黑龙连风带雨推着黑云落在高家村山头。当天傍晚,村中不少老人梦见一个黑小伙向他们说道:"我是小龙,今日为母祭坟,把母坟迁至高处,托乡亲们照看。"第二天,人们上山已见山前李母的坟墓不见了,而在山头西边果然立起了一座新坟,以后人们则称此坟为"龙母坟"。原来,小黑龙离家出走以后,他被菩萨收为徒弟,传授他为人之道和武功,让他为民除害。

黑龙听说北方有条江,叫白龙江,江中住着一条小白龙,专门危害当地百姓,黑龙决心除掉白龙为民造福天,他来到江边,住在个长发白须的老人家中,他向老人诉说了要与白龙交战的事情。老人说道:"白龙掀翻百姓的船只,制造水灾,淹没良田,冲毁房屋,不除天理难容。"于是,黑龙与老人商量除掉白龙的办法。

决斗那天,忽见黑色浪柱升起,忽而白浪呈现。岸边的人们只见波浪翻滚,云雾漫漫。见黑浪腾起,便把准备好的白馍投向黑龙;见白浪呈现,便把白灰球投向白龙。这样,黑龙吃了百姓给的白馍,劲头越来越大,在水中越战越勇。而白蛟龙吞下白灰球则肚子绞痛,体力越来越不支。黑龙与白龙大战三天三夜,黑龙终于打败白龙。人们见白色水柱越来越小,慢慢地像一缕白烟消失了,只剩下黑色江水。人们欢呼雀跃,一起到江边把准备好的食物送给黑龙吃。黑龙日夜巡视着大江,原来的白龙江改名为"黑龙江"。黑龙专为百姓造福,他用江水浇灌良田,运载货物,养着鱼虾供人们享用。

黑龙不忘母亲的养育之恩。每年的农历九月二十七至二十九前几天,他都会驾云回乡祭母,并每次都伴有风雨。为纪念黑龙的功绩,阴岛便在黑龙的故乡高家村为龙母建庙,称"龙王庙"。把每年九月二十七黑龙的生日至九月二十九龙母忌日定为"龙母会"。人们焚香烧纸,鸣放鞭炮纪念没尾巴老李和他的母亲。

关于没尾巴老李和龙母坟的神话故事,是青云宫远近闻名的主要原因,这个故事不仅在红岛家喻户晓,而且整个胶东半岛也广为流传。

青云宫山会[1]

每年农历九月二十五至二十九为传统山会,是青岛地区最

---

[1] 资料来源于红岛街道青云宫简介牌,该牌位于青云宫前西侧。

悠久、最淳朴、最原生态的民俗山会、传统山会（又称"龙母会""庙会"）。山会起源于民间纪念没尾巴老李的生日（农历九月二十七）和龙母祭日（农历九月二十九），历史悠久，充满着乡土情、民俗味，独具海岛人文特色。相传山会期间，李龙就会腾云驾雾，携风带雨回来祭母，整个青云宫祥云缭绕，香火鼎盛。遇节逢会，四面八方的人们会络绎不绝来赶山会，上香祈福平安。山会期间各种做买卖的、唱大戏的、玩杂耍的，人们许愿还愿、抽签卜卦、拴孩子、看人启会谢会、鸣放鞭炮等热闹非凡。山会始于清朝道光二十二年（1842年），经百年积累，渐成胶东半岛地区最大的民俗山会。《红岛至》记载山会盛况"城镇村落，贵者以轿蹄，下者以（杖）覆，携妻子与老幼而至者，不可胜既（慨）……为集数日。……而后，顾瞻恋恋，犹忘归也。"

青云宫山会在2008年被审定为区级非物质文化遗产。

青云宫龙脊考证[1]

据考：《史记·天官书》记载"轩辕（黄帝）黄龙体"，即黄帝是龙的化身。龙就是龙帝，五行属土，位居中央，是龙族之首，在道教的宗教观中是天庭的主宰，是神灵之精也。

青龙自龙宫中蜿蜒入青云山，盘踞于此，其龙脊部分裸露于山顶，至今仍在不断生长，龙脊龙脉给一方百姓带来了祥

---

[1] 资料来源青云宫简介牌，该牌位于正殿前院子中。

瑞，称之为华夏族民族魂。

华夏民族炎黄子孙是龙的传人，新时代要有龙的精神，要挺起龙的脊梁。

青岛市城阳区人文自然遗产保护研发中心
2012年6月19日

"思垂千秋"碑[1]

"思垂千秋"碑碑阳为四个阴刻大字"思垂千秋"并涂以朱漆，碑阴为"龙母冢子与此山的传说"，碑文如下：

> 有史之传，龙母是王姓之女，原庄元朝某代有一村庄为陆家村，此村原位于现青云宫山以东，王女当嫁于天井山李疃村有一李氏名佐车为妻。因有龙母具有故乡之缘故，先民们也立于龙母坟于此山。龙母坟原立庙院三门口之外，正南五丈余之地。据有一巫语之说：一日李龙回故探母，李龙见此冢居低，不愉即怒，顿时狂风大作，骤雨暴降，天昏地暗，一爪把母坟抓于庙院西麓与原冢距离相等之处。于是原冢之处呈迹呈湾，从而此冢迹所谓龙母湾，至今仍存。

公元二〇〇二年古历十月十八日　立

---

[1] "思垂千秋"碑与"东海奇观"碑分别位于正殿龙王殿前方左右两侧，左侧为"思垂千秋"碑，右侧为"东海奇观"碑。

山东安丘雹泉村调查资料

重修泰山行宫

碧霞元君太山之尊神也。封号始于宋至□□□□□□而香火太盛，其岁入钱币可抵东省财赋之半，按兴来□人遂谓太山之神，必系恋于是也。顶礼祝诵者络绎于道，不知神之精灵。其财运□间□水之行地然无处不有极地得泉而谓水甼在是也，有是理载，故此山之宫即太山□□之森严也，此山之神即太山之神之赫奕也，神山太山宝作异视。载初始者等曰之，庙户徐氏讳旻，岁久倾圮而结社集□□□□储者雹泉居民善士王□大及□善士也。大殿圣像三门神龛垣墙之属焕然改观美工峻微者于余余亦何言藕意神之向背一视人之贞择其诚善士□立心制纯洁一庙神凭依忖在是矣，僅言行不孚心口不一神，其吐之矣，即礼神何益寿，夙夜□□□□□□神之本也。同社善士其尚监于兹则以□太山可并垂不朽矣。

山东地区的"秃尾巴老李"传说[1]

泰安新泰[2]

提起秃尾巴老李来,在新泰地区妇孺皆知。故事就发生在新泰市龙廷镇黄崖村。

传说,黄崖有个李寡妇,这年夏天,她和女儿桂香到本村东10里地的龙池庙烧香赶庙会,在回来的路上,忽然刮起了大风,随后,下起了雷暴雨,母女俩只好躲在龙王庙里避雨。一阵电闪雷鸣把李寡妇吓瘫了,雷雨过后好久,她才醒过来,和桂香回到家。

过了几天,李寡妇就不想吃饭光想睡觉,后来觉得怀有了身孕,时间长了被外人看出来,羞得她门也不敢出。数月后的一天夜里,她正睡着觉,一阵肚子疼,把她疼醒了,几阵剧痛后,只觉得身子轻松了一大半,她才知道是小孩出生了。她忙起来看时,皮毛没见,小孩哪里去了?李寡妇很纳闷。

第二天三更时分,李寡妇正在睡觉,觉得有个东西吃她的奶,醒来后,什么也没有。以后天天如此。李寡妇心想:这到底是个啥怪物?为啥非到夜半三更来吃奶,她和桂香想了个

---

[1] 资料由王丕琢馆长提供。
[2] 资料由方红整理于2017年2月28日。

办法，看看他到底是个啥东西。这天晚上，她把灯放在身边点着，用瓢头盖住，一手抓瓢把，躺在炕上装睡觉，桂香手持菜刀躲在门后头，等那东西来了好随时关门。

到了夜半三更，那东西又来吃奶，李寡妇猛一下把灯敞开，只见长长的尾巴搭在梁头上，花里胡哨的头正在她怀里吃奶，这不正是画上见过的龙吗？把李寡妇吓得"啊"一声昏了过去。这一声叫把那东西惊慌了，回头就窜，桂香关门时，那龙头已出去了，尾巴叫门挤了个正着，桂香咬了咬牙把那截尾巴剁了下来。开门一看，门上鲜血淋漓的，门外连尿加屎的一大溜。再去看母亲早就脸色煞白，两眼圆瞪，不喘气了。这下把桂香吓得不轻，骨碌巴跌地跑到大门上喊来邻舍家，把事情和大伙说了，大伙看了李寡妇的尸首，看了那块尾巴。一个老头说：这是截子龙尾巴，李寡妇生了个龙羔子，她担不得，吓死了，快把她埋了吧。

大伙给寡妇收拾了一下，找了个高粱箔帐子卷巴起来，抬到村头埋了。都知道没人给寡妇上坟，还给她堆了个大坟头。因为惊吓，不久，桂香也一命归西。

第二年夏季的一天，猛然，刮起了大风，随后来了一片云彩，不大一会儿，下起了雹子，雹子只下了一溜，把庄稼都砸坏了。雨过天晴，上坡的人从寡妇的坟前过，发现坟头大了，坟上压上了新的坟头纸，坟前还有没烧完的香、纸。从此，每年下过雹子后，李寡妇的坟上，都是这样。

所以，在当地每逢下冰雹的时候，人们就说：这是秃尾巴老李又给娘上坟来了，赶快往天井里扔切菜刀，意思是秃尾巴老李最怕切菜刀剁它的尾巴，就不敢下冰雹了。

现在，龙廷镇小栗峪村南（原为黄崖村的土地），还有李寡妇的坟头，坟前还有一块大石碑，上面刻着"龙母坟"三个大字，一侧有一个稍小的坟，是桂香的。

至今，每逢干旱年景，人们就准备好纸、香、祭奠品到龙母坟前举行盛大的祭祀仪式——祈雨，祈求李寡妇的"龙子"秃尾巴老李能降下及时雨，浇灌干渴的大地，保住既将枯死的庄稼，造福其"娘家"的百姓。最灵的是，如果老龙王的老娘家——现在的汶南镇涝坡村——的乡亲们，打锣敲鼓列队来到龙母坟前烧纸祈雨，每次大队人马未返回到家，就下雨，时间长了人们对老龙王充满了崇敬心，老龙王成了拯救百姓的救星。

而今，"龙母坟"已成为一个永世孝顺报答母亲和普济天下百姓的象征。后来人们为了感谢老龙王，以求后来对老百姓的恩惠，自发地凑资金修筑了龙母庙，请名人题词刻碑，将坟墓高高筑起，当时庙墓气势宏大，经常有人打扫，很气派，周围几个县的人前来祭奠，声名远扬。随着时间推移，传说得更加神奇，人们对老龙王的信仰越来越高，成了当地百姓的福星（"文化大革命"中"破四旧立四新"将龙王庙拆掉，墓碑遭到毁坏）。

东北三省，下东北的山东人也信仰秃尾巴老李，山东人乘船过黑龙江进遇着狂风大浪海上自然灾害时，就高声大喊："我是山东人。"顿时风平浪静，平安过江。

原因是这样的：自从秃尾巴老龙王降生，给当地带来了福音。母亲、姐姐埋葬后，年幼的黑龙便离开了黄崖村开始了游荡生活，一天它从"老龙窝"（现新泰市汶南镇有老龙窝村），现在的龙廷（原为龙停）村就是龙王的第一站，又在一村住了一个晚上那村就叫龙宿庄，后改为龙溪庄，再往东到东山深水涧里洗澡，此处即为龙池，后来人们为其修龙池庙，现有龙池庙村。

然而小庙容不下大神，有一天他腾空而起，奔东北方向在一大江停留，恰巧此江早被另一大白龙居住，真是一山不容二虎，一江不容二龙，见面就打，无法生活。这一下秃尾巴老李想起了个主意，聚集起下关东的山东人商议，把自己的想法说了出来，求山东的老乡帮忙。两个龙王协定五月初五决下死战，胜者留败者走，求山东老乡在五月初五这一天，备下大量食物和生石灰，在江上备用，老龙王吩咐：开战两个时辰，如江水混浊，说明黑龙王出水吃东西补充体力；江水清澈，则是那个白龙出水觅食。山东老乡们要相机而动。

五月初五这一天凡是下关东的山东人，都停下自己的生意，挖药的、采树的、种地的全部停下，备下大批的食物和生石灰装载船上，一起进江准备迎战。开战两个时辰后，江水开始混浊，助威的山东人就一起扔下大量吃的，为秃尾巴老李补充体力。而后不久，江水又异常清澈，山东老乡则一齐向江中抛下生石灰，削弱白龙的战斗力。许久，黑龙浮出水央，筋疲力尽，已将白龙战死。备下了太多的石灰没用上，山东老乡将所有的石灰堆起，形成了一座大山，就是后来的长白山，火山爆发形成了天池，该江因而定名黑龙江。

潍坊安丘[1]

秃尾巴老李降生于酒乡景芝一户姓李人家，乃是浯河河畔的龙体投胎。在山东，传说"二月二，龙抬头"即与秃尾巴老李有关；在黑龙江，传说船过江时必须有山东人才能开船，也是因秃尾巴老李爱护其老乡。

相传很久以前，一位长着尾巴的男婴伴着电闪雷鸣降生在酒乡景芝一户姓李的人家。其父一怒之下，持菜刀将婴儿的尾巴砍掉，孩子疼痛难忍，五天五夜大哭不止，最终竟奇迹般地活了下来，并取名黑龙。父母看着一天天长大的黑龙，除了有一条惹人注目的秃尾巴外，其他方面和别人家的孩子并无二样，他们做梦也没想到这孩子是身居浯河之畔的龙体投胎。

这年，黑龙的父母相继去世，景芝有名的酿酒传人赵天诚收留了黑龙，让他在酿酒作坊帮工，黑龙凭着一身好力气和庄稼人的纯朴厚道很快博得了赵掌柜的满意，并赢得了赵掌柜的掌上明珠——灵芝姑娘的芳心。谁知，新婚之夜，当地恶霸李喜锡带爪牙一把火烧了赵家酿酒作坊，将赵天诚父女乱刀砍死，又团团围住李黑龙，逼他交出景芝酒的酿造秘方。李黑龙义愤填膺，龙身顿现，杀死了李喜锡及其爪牙，随后腾云驾雾，蜿蜒北上。

在白龙江畔，李黑龙认识了一对打猎的父女。原来他们也是山东人，早年闯关东，先是开酿酒作坊，但苦于工艺平平

---

[1] 整理者2008年10月在景芝文体中心对景芝酒文化进行采集整理，2009年3月在第二次普查中做了进一步整理。

酿不出好酒，只好长年以打猎为生。李黑龙和这父女俩重起炉灶，开起了名为"龙泉酒家"的酿酒作坊。景芝酒的酿造秘方真是名不虚传，用白龙江的水照样能酿出具有景芝高烧风味的琼浆玉液来，顾客很快闻香而来，一时风靡整个白龙江畔。真是"人间处处有豺狼"，独霸白龙江畔的白玉龙系白龙投胎，李黑龙的出现令他"龙颜大怒"，在夜深人静时纵火焚烧了"龙泉酒家"，活活烧死老猎人，并威逼李黑龙趁早回山东。终于，两人现出原形，在水流湍急的白龙江面上展开了一场生死较量，霎时火舌四溅，波涛汹涌，天昏地暗。白龙江畔的老百姓对白玉龙横行乡里的恶霸行径早已恨之入骨，当白龙浮出水面喘息时，众乡亲纷纷投掷石块，砸得白玉龙头破血流。而当黑龙浮出水面时，众乡亲欢呼雀跃，纷纷投掷馒头、鸡蛋等食品，李黑龙体力不减，越战越勇，白龙终于精疲力竭，沉入了江底。打这起，白龙江畔的老百姓又过上了太平的日子，每当谈及李黑龙，再无人肯直呼其名，都亲昵地称他"秃尾巴老李"，并把白龙江改名为黑龙江以作纪念。

分布区域：

景芝地域，浯河之畔，远至黑龙江地区

主要特征：

秃尾巴老李的传说与景芝酒文化有着割不断的联系，是景芝酒文化传播的重要代表。

主要价值：

秃尾巴老李的传说，属中华诸多民间传说故事中德高、敬孝系列之一，它通过老李眷恋家乡、怀念慈母、为民除恶的故事，集中体现了中华民族忠、德、孝、义的传统美德。这些传统美德不仅是中华民族得以延续发展的精神文脉，也是满怀自信走向未来的根基和智慧之源，鼓励着一代又一代的炎黄子孙生生不息，前赴后继。

濮阳范县

人们一直流传着这样一个说法：到黑龙江乘船，船老大先问船上有山东人吗？只要有人回答有山东客人，客船就会平安无事。原因何在？据说是镇守大江的黑龙王，保佑着家乡的人们。黑龙王的家乡在哪儿呢？

相传，就在范县（原属山东）境内，黄河北岸的龙王庄古时修有龙王庙。（今河南范县龙王庄乡）很久以前，黄河就给这一带赐下了良田沃土，勤劳的人们在这片土地上，开荒耕耘，建造家园，过着安居乐业的生活。后来黄河湾钻进一条凶煞的黄龙，时常兴风作浪，破坏家园，给人们带来可怕的灾难。它不仅搅尽这一带的水源，还劫走了山西的云雨，使山西遭到自古未有的大旱。据说，连续三年云丝未见，河井干枯、村草皆无。庄户人家经不住饥饿的折磨，纷纷背井离乡，乞讨求生。

在逃难的人中，有对挑担的夫妇，家本是山西洪洞老鸹窝人氏，男的叫李清，女的叫秋桃。李清本来家境贫困，又遭到大旱，相继死了父母。夫妻看到，再留恋乡土实没指望，决计远走他乡，找个水土相宜的地方，以期望时来运转。于是，二人沿街讨饭来到山东黄河岸边。一眼望去，河沟港湾，草茂土肥，阳光照处雾气腾腾，自信找到了风水宝地。于是便选了个野坡高地，搭起草棚居住下来。开始，丈夫开荒、妻子要饭，相依为命，后来，男耕女织，还联合乡亲排船打鱼修埂垒堰与黄水做斗争，慢慢生活到能自给有余。光阴似箭，李清年已半百，一日，妻言说腹中有孕，李清大喜，只是三载不见分娩，眼下又到了二月二，骤然天空乌云滚滚、雷雨大作，顷刻间天地一片汪洋，转眼大雨漫上舍院、涌入房内，待李家婴儿呱呱坠地，大水也立时退尽，四乡庄稼秋毫无损。李清见孩儿体肤如漆，遂起名李黑。李黑生来目光灼人，十分乖巧。一日能爬，三日能行，五日能腾跳上房，饮水无量，均能顿餐斗米，力大过人。他天性爱水，无冬立夏，便到河湾里游泳，李清夫妻十分担心，恐怕伤其性命。为了教训他一次把他连关三天，他又急又渴，跑到院里把满缸水一饮而尽，又奔到大坑边，把坑水饮下三尺。

到李黑12岁上，李清这点家产，再也无法养活饮食海量的孩子，只好托个人情，送到葛口村商大户家去做长工。商员外是个靠发大水放粮富起来的，对人刻薄无情，每顿饭只给李黑两个馒头一碗粥，却叫他一天到晚在地里放羊。葛口村西有个很大的潭坑，传言水深无底，直通东海，成了李黑玩水的好地方。他每日里都到那里放羊洗澡，一天，他只贪玩水，不慎羊跑丢了两只，员外大怒又打又骂，还罚他刨掉村东的十亩棉柳墩，并告诫他，不成就解雇回家。

谁知李黑作起一阵黑风，把棉柳墩都拔光了。员外又惊又疑，更无理可说，只好又叫他浇村南的菜园，李黑仍不把重活放在心上，整日在凉棚睡觉，只见五亩蔬菜水足苗旺一片片绿。员外十分纳闷，半夜子时窥探究竟，只见李黑变作一条黑龙，尾插井内，只摇几下，水柱就倾口喷出，不一会五亩菜园浇灌完毕。员外方知李黑是条真龙，心想：有朝一日定是一朝天子，赶忙回说夫人，私议要把女儿许配给他，将来好饱尝荣华富贵。女儿闻言当然高兴，也央求父母暗看真假。谁料，一看吓得魂飞魄散，一命呜呼了。员外后悔莫及，恼羞成怒，把李黑乱棍赶出商家，并到官府告状，叫其父母偿命。

　　李清夫妇得知李黑闯下大祸，料定商家不肯罢休，赶忙和李黑商量对策，准备逃脱虎口，不料商员外带领仆役持枪弄棒进了院。李黑见大事不妙，拔腿就跑，被商员外用扇门挤住屁股，鲜血淋漓，他疼痛难忍，失声现出原形，挣脱之下挤掉了尾巴。李清夫妇见孩儿是条黑龙，浑身是血，心疼地扑上前去，哭着说："李黑呀，快远走高飞，如若得第，要造福于民，要想着家乡人。"李黑听罢挥泪如雨，伏身叩首，然后一声雷鸣，腾空而去。

　　再说傲踞河湾的黄龙，自黑龙出世就看在眼里，恨在心上，数次发水，企图吞没李家庄园，把黑龙扼杀于摇篮。只因黑龙是上天所遣，不敢触犯天命，又无可奈何。今日见黑龙逃走，乘机兴风作浪，作祟发水，黑龙自幼受黄龙侵害，又受父母嘱托，为民除害，保护家乡，就折回首，用九转功大战黄龙。是时，但见天空中，电闪雷鸣，大雨滂沱，一连七天未有止息。终因黑龙年幼，虽然用尽平生法力，仍难以取胜，只得暂退葛口深潭求助乡亲。他给人们梦中传话：二月二，他与黄龙在深潭鏖战，要家乡的人们助一臂之力。若潭中泛黑花，正是他要饭充饥，可扔进白馍肥肉；若泛黄花，定是黄龙喘息吞食，要投进砖头瓦片。即日，但见潭水咆哮，乡亲们从四面八方涌到潭边，昼夜不停奋力相助，结果黑龙打败黄龙，把黄龙缚在潭下。接着乡亲们按照黑龙嘱托，远近几乡聚集碎铁，打成巨大的铁链子，把黄龙扣押在潭底以免后患。

从此，黄河河水温顺，船只来往，人们忙时种地，闲时打鱼，无忧无虑，黑龙还给人们旱时降雨，涝时驱云，使这一带风调雨顺连年丰收，灾难深重的人们又过上了幸福安乐的生活。

同时，人们也和黑龙建立了深厚的感情。无不从内心里敬仰他，怀念他。每逢过年过节或庄稼丰收，就想到他给的幸福，充满生活的希望，梦里和他谈话，也总是无拘无束。所以，年老的管他叫秃尾巴老李，年幼的都称他为黑老爷。不论谁家的孩子哭闹淘气，只要说一声：听黑老爷的话。孩子就会立即不哭规规矩矩。

黑龙王擒黄龙为民造福的事迹惊动了东海、南海、钱塘诸家龙王，他们齐奏玉皇大帝，使玉帝很受感动，封他为黑龙王，镇守我国东北大江，号称黑龙江。黑龙临行前又传话给父老乡亲："每年二月二要来看望家乡的人们，将来到黑龙江乘船，他可保佑大家无惊无失。"黑龙王走后，人们为了世世代代铭记这位为民造福的龙王爷，就在他的生地建了一座龙王庙。每年的二月二搭台唱戏，成庙会纪念黑龙爷。还把他打败黄龙的深潭叫作黑龙潭，长年累月，龙王庙所在的村庄，也自然叫成了龙王庄。

潍坊高密

　　高密龙神庙的传说由来已久，为追寻这个传说，2006年7月，非遗普查小组来到传说的发源地龙王官庄村。找到了从小在龙神庙边长大的单亦贵老师。因他祖上和龙神庙的住持是故交，很多的传说都是他儿时从一个叫作仁山的和尚口中得知，使这些传说有了些野史的味道。

　　龙王官庄坐落在公路的东边，（当年称旧公路为西大路）只有一沟之隔也就算是紧贴路旁。庄子不大（不到四十户人家），虽户数少但姓氏可不少，有林、韩、刘、徐、雪、郭、邓、于等，单姓来该村最晚。（清初有单姓十世祖，若阎公带着老婆孩子落户至此）所以就把单氏排在了最后边。

　　龙王官庄，别看庄小名气可不小，庄里有座龙王庙。（唐太宗李世民封龙神庙，别有讲究）庙里住着龙王爷，这庙又是皇上敕令尉迟恭监工所建，所以称谓——龙王官庄。

　　相传1300多年前，山东高密东北乡，有一片洼地，荒无人烟，杂草丛生。就在这一人高的草丛里，有一个小庙。这个所谓的庙，只不过是用了些砖石搭成的，在小庙的门口上面横着的那块砖上，刻有三个字——"龙王庙"。别看这只是小小的砖石搭成的"龙王庙"，它有股能呼风唤雨的灵气。每逢干旱年头，人们就来此烧上纸，点上香，跪下磕两个头，一祷告，霎时就能云起雨下，所以不管是当地还是十里八里或几十里开外的地方，都会按时前来求雨。因这片洼地里有这么个神通广大的"龙王庙"，此洼便取名"龙王洼"。

时值贞观年间，唐王征东，由于长途跋涉连日奋战，将士们个个累得面红耳赤，筋疲力尽，战马则口吐白沫，低头摆尾，不想前进。当路过高密这片龙王洼时，人困马乏，将士们不得不就地屯兵驻扎。正要安营扎寨的时候，猛然发现一位白发苍苍的老妪，自远处走来。但见老妪一手挎着一个竹篮，一手提着一个泥罐，罐内热气腾腾，竹篮里散发出扑鼻香味。将兵们精神一振，全军马叫人欢，呼啦围上前，又吃又喝，狼吞虎咽。可是罐里的汤老是舀不干，篮里的干粮老是吃不完，就这样连人带马，一顿饱餐。就在将士们只顾着吃饭时，老人家却瞬间不见，急忙四处寻找，踪影全无，倒有个小"龙王庙"出现在面前，将士们这才恍然大悟——这里杂草丛生，又荒无人烟，若不是龙母显灵前来救驾，哪会有什么人来送饭。想到此，全军上下，精神抖擞，一举东下，捷报频传。

唐王太宗李世民自继位以来战果累累，国业辉煌，连年丰收，太平盛事。唐王继位后征东以来，连年滴雨不见，十二年光景是河阴三里，井阴七尺，每晚大雾一场，地里的庄稼是照样兴旺，因此，才迎来了国泰民安的年景。尤其是征东途中遇到龙母显灵救驾之事，皇上更感天恩。于是传旨，大摆宴飨（即皇上亲自把持与官兵欢庆一堂）一来感谢龙母之恩，犒赏三军，二来敬仰龙德庆贺丰年，并当众宣旨为将士晋封爵位，责成大将尉迟敬德到山东高密，把洼地里的"龙王庙"迁到附近高地，新建一座雄伟壮观的龙王庙，并将龙王庙改名为"龙神庙"。

公元634年，尉迟敬德带上御批琉璃瓦，骑上快马，连夜起程日夜奔快，不几日来到高密。密邑县令接旨后，不敢怠慢，先是起驾到龙王洼找到了小庙，选择了高地（即现在的龙王官庄），安下大本营，广招能工巧匠，就地立窑烧砖烧瓦，仅用了不到一年的工夫，就在选好的高地上建起了一座雄伟壮观的龙神庙（皇上赐名，亦称渊圣庙），碑文有据龙王殿的脊棱留有敬德监修的记载："建于公元六三四年甲午尉迟敬德监修。"

龙神庙还与流传已久的一个美丽的传说有关。传说，高密市夏庄镇龙王官庄村东有一条河，直通东海。村里有一李姓人家，夫妻俩成亲多年，也没生个一男半女，于是就经常到送子娘娘庙上香祷告，在第二十年上，终于感动了上苍，妻子怀孕了，生了一个女儿，起名叫李仙，也有的叫李巧仙。李仙从小喜欢干净，经常到村东的河里洗澡，十六岁那年夏天，在河里洗澡，洗着洗着，就看见一根大木头向自己漂来，想躲来不及了，被撞了个正着，一下就晕过去了，过了好长时间才醒过来，回家后，就觉着浑身懒洋洋的，想吃酸的，肚子也一天天大了起来，父母认为很丢人，可又不知该怎么办，于是就把李仙安置到村后的园屋里。一年过去了，没生，两年又过去了还没生，村里人都觉着奇巧。在第三年的六月十三这天，天空布满了彩色的云彩，整个屋子也变成了红色。李仙他爹认为是屋子起火了，心急火燎的赶了过去，一看屋子好好的，到了跟前，听见里面有小孩的哭声，他爹一惊，就推门进去，往炕上一看，可了不得了，女儿的身边有一条黑不溜秋的长虫，他顺手从菜板上拿起菜刀向长虫剁去，砍下了一截尾巴，这时，天上响了一个炸雷，小长虫蹦起来顺着窗户棂子飞了出去，飞到屋外，见风就长，不到一袋烟的工夫，长成了一条大黑龙，围着小屋转来转去，呼风唤雨，那闪咔嚓咔嚓打个不停，铜钱大的雨点一个劲地下，老头哪见过这阵势，眼一瞪吓昏了。黑龙见砍他的人倒了，立在半空中向他娘拜了三拜，化作一溜清烟飞到八角琉璃井中修炼去了。黑龙其实是东海龙王敖广的儿子，老人们常说："李仙村中美巧仙，她和敖广有奇缘，东海龙王慕美女，生米做成熟米饭，人神配成夫和妻，黑龙出世高密县（今高密市）。"黑龙被姥爷削去尾巴后，忍着疼痛飞到八角琉璃井中修炼了18年，终于修炼成了一条真龙。有了本领后，他又飞回到龙王官庄的东河里住了下来，自此后周围村庄风调雨顺，年年丰收。晚上还经常变成人偷偷回家看他娘。自此，黑龙被人们尊称为"没尾巴老李"。

没尾巴老李被派往黑龙江战胜作恶多端的白龙后，就在黑龙江住下了，但孝顺的没尾巴老李每年农历六月十三都回高密老家祭母，高密东北乡六月十三至二十三家家户户张灯结彩举办"神龙雨水节"，欢迎自家的神龙回乡探亲，至今历经几个朝代习俗不衰。如遇大旱，当地县官也要带领群众到龙王庙祈雨，往往是有求必应。以前闯关东的人都知道，如果在黑龙江坐船，船主就问一下，有没有高密人，如果有，船主就开船，行到江心，船主大喊，高密老乡来了，江面风平浪静，如果没有就要烧香烧纸祈求平安。

美丽的传说也培育了独特的民俗文化，每到阴历六月十三这天，没尾巴老李回乡省亲祭母，家家张灯户户结彩举办"神龙雨水节"，欢迎自家的神龙还乡。龙神庙显得格外热闹，祭拜龙王，大摆筵席，搭戏台唱大戏，历经几朝习俗不衰。据传，在唐时，龙神庙的祭祀是国祭，在宋、元、明、清四朝是省祭，州府官员要在高密县官的陪同下进行祭祀，到了清末和民国初年，逐步成为县祭。高密的父母官坐轿骑马来主持祭祀。车马在离龙神庙二里开外的高阳桥头停下，县官步行前往龙神庙，车马停放在龙神庙西的车马场。《高密县志·典礼志》秩祀部记载"每岁春秋仲月及六月十三致祭于庙"。古有诗云："百礼祀龙神，九歌感龙格。"祭祀龙神，仪式庄重，内容丰富。县官领祭，摆供、祭拜，祈求"没尾巴老李"保佑年年风调雨顺，家家康泰平安；然后是烧纸、上香、放鞭炮。主要是搭高台唱大戏，戏台先是要进行完祭祀仪式后才开戏。

这样的祭祀活动，逐步形成了庙会，百姓俗称"官庄山"，一般3—6天，龙神庙的山场上，商贩云集，九乡十八镇的人都来了，周围百姓前来赶会，家家户户来客很多，可说是人山人海。每家每户都邀请自己的亲朋好友，特别是已出嫁的闺女带外甥和女婿前来赶会过节，还有许多从几百里、几千里之外的地方起来，气氛甚至比过大年还要隆重和热烈。

大戏开场，老人听戏，小孩玩耍。龙神庙内的八角琉璃井也是里三层外三层围满了人，有往井里投花生、栗子的，有投糖果的，也有投大钱的，以祈求神龙保佑。后来在20世纪五六十年代，当地的百姓在挖已经淤塞的八角井起青砖时，还挖出了不少的"带眼小大钱"。

公祭之后，百姓各自散回家中，在自家院里再摆供、跪拜，祭拜仪式结束后，客人、长辈依次入席共饮。有时，各村庄的酒席宴都摆到了大街上，千百年来传承不衰，只是由官府主持的公祭改为了百姓自发的民间祭祀。据说最后一位主管祭祀的是一位单姓老人，在家行四，负责龙神庙的祭祀、送迎之事，百姓还给他一个绰号："四衙"，感觉上有些个编外公务员的意思。

近年来，在农历六月十三这天，祭拜龙王的仪式又兴盛起来，龙王官庄的村民集资重塑了龙王金身，设置香案，上摆各色供品，香炉烟雾袅袅，村民们手捧香束躬身祭拜，神情极其虔敬。并且还增添了"撅灯官"的表演。这种表演据说起源于宋朝末年。表演随意，群众参与性强，加之有民间杂耍，极具观赏性和吸引力。它的主要道具是官轿和撅架子。撅灯官戏中所唱的是老百姓身边的事，或褒或贬，风趣幽默，深受老百姓喜爱。但见官轿起驾，号角声声，锣鼓喧天，前呼后拥，浩浩荡荡的队伍，撅架上抢着头彩的角儿，几十名面戴着各色脸谱的汉子，身着多姿多彩的服饰，跑旱船、扭秧歌，尽情抒发着对神龙的热爱。

龙神庙的一方清代的残碑上也留有这样的字样，似说祷雨有应，众乡民感念其德之事："圣王御……（字迹无）惠有以福我元元……（字迹模糊不清）我家邦也至于兴云（下断）……入耳……之陂有八角井在……名龙潭……作风雨声夜深时闻凡雨泽……有祷无（下断）……敕封渊圣龙王"

金……时川谷酒岳……效灵而甲丘甫……欲……顺治庚五六（下断）……袷赤匍匐而告……井颐也……岁后有秋俟感其德……祠宇而居民（下断）碧之辉煌殊称……方之胜……延数岁尚未……马又……迎梁俟（下断）……斯民……而赐之雨凡死而（下断）折骸易子辗（下断）……官明读臣司其（下断）……讳而（下断）原任顺治捌年知县钦……见（现）任文林郎……"接下来就是一片张王徐单连母携妻的名姓。碑已然从中间断掉，我能看到的是上半部分，根本见不到款识，据推算应是清顺治后的功德碑。从残碑上录下这些只言片语的文字，让我们重新透过数百年的时空感受当时百姓的虔诚。

潍坊寒亭

相传"秃尾巴老李"（当地人叫"没尾巴老李"）是柳毅山南脉太公堂山下李家寨人，生而有异，父斩其尾，一道红光铺天盖地，负痛兴云布雷而去。"没尾巴老李"潜居黑龙江，不记父仇，事母甚孝，每年四月十五生日必回李家寨上坟敬香，其行迹过处，必有风雨雷雹，村人苦之，在柳毅庙中塑"雹消爷"神像（据传此雹消爷是当年韩信手下的军师韩非，足智多谋，能消雹灾）以禳灾，并在四月十五庙会日唱大戏，请"没尾巴老李"看戏，叙乡谊，套近乎，请方便。此后村人如遇雷暴天气，反复默诵民谚"四月十五唱大戏，不下雹子砸朱里"，默诵中把菜刀、剪子、二齿子等锋锐之属抛于院中，消雹降雨，祛祸祈福。旧时柳毅庙前四棱碑记其事甚详，惜哉此四棱碑已做了桥基深埋地下。鲁迅说雷峰塔总有倒掉的那一天，此四棱碑何时重见天日？

潍坊诸城

（一）

诸城位于山东省东南部，泰沂山脉与胶潍平原交界处，没尾巴老李的传说在此广为流传。

相传李憨、桃红夫妇结婚20年，没有生育。这年，桃红怀孕，夫妇大喜。结果生产这天生下个大肉球。李憨剪破肉球，从里面蹦出一条小青长虫。李憨一见，顿时大怒，一锨铲掉了他的尾巴。小青长虫一道闪光飞到黑龙江，在那里战胜了无恶不作的白龙，黑龙江由此得名。因小青龙姓李，又被其父铲掉尾巴，从此被称为"没尾巴老李"，遭此劫难，桃红又惊又怕又气，在农历五月十三这天去世了。老李是个孝子，知情后悲痛万分。相传每到五月十三这天，必从黑龙江回山东给他娘上坟。若遇大旱则泪流满面，大雨会倾盆而下；若涝天则泣声小，雨就小。一年，老李实在控制不住思母之情，放声大哭，平地立刻涨水。老李心生内疚，嗖地一划，出现一道大沟，雨水流进沟内，涝灾消除，老百姓管此沟叫黑龙沟。

该传说对本地风俗产生了深刻的影响。相传李憨后来迁居南三里庄，留下李姓后人。至今南三里庄的李姓村民，逢年过节，会将半截尾巴摆到大堂祭拜。同时，若遇天旱，在五月十三这天，将半截尾巴摆放在天井供桌上祭拜，必下大雨，此风俗延续至今，并有谚语在诸城流传："大旱三年，忘不了五月十三。"

目前没尾巴老李他娘的坟冢、龙骨涧等相关遗存已引起当地领导的重视，正采取措施，加以保护。

（二）[1]

录音记录：听俺爷爷说，没尾巴老李是俺庄上人，说得近点是俺李家人，俺庄上李姓是旺族，就是托了没尾巴老李的福。

传说，没尾巴老李他爷是个木匠，人很憨厚，所以都叫他李憨，娶了个媳妇叫桃红，20多年没怀上，这年忽然怀上了，两口子乐得合不上嘴。快十二个月上，桃红生了，一看是个肉蛋。李憨干活回来，一看生了个肉蛋，摸起把剪子就刺了下去，蹦出根小长虫跳到屋脊上。李憨气不打一处来，拿起把铁锨就铲了半截尾巴，小长虫一下掉到他娘怀里，直掉眼泪。三个时辰长到足有四尺，跟他娘说我要走，一道火光顺着庄东边这条河向了北，后来听说去了黑龙江。桃红连气带吓，正是月子里，一口气没上来，也死了，这天是阴历的五月十三。没尾巴老李很孝顺，在黑龙江天天想他娘。每到五月十三这天，无论有什么事也要回俺庄上给他娘上坟。天旱就哭得厉害，天涝

---

[1] 讲述人：李金平，男，61岁，龙都街道南三里庄村；录音：别培海，男，37岁，诸城市文化馆干部；记录人：赵廷禄，男，60岁，诸城市文化馆原馆长；采录时间：2006年6月31日；采录地点：龙都街道南三里庄村。传说流传地区：诸城及周边地区。

只掉几滴眼泪。不光对他娘孝顺，对诸城也有很深的情谊，直到今日还是这样，灵得很。

青岛即墨

龙山位于即墨城东留村镇大村村南，是山东省境内一座充满神话色彩的名山。山顶有一深井，相传此天井是没尾巴老李——黑龙王的水下洞府，直通东海，又名龙池。"没尾巴老李"的故事就在此地广为流传。

据传，南宋年间，龙山下大村村中有位农民叫李太，娶邻村王氏为妻，婚后十年未育，夫妇二人求子心切，几次烧香拜佛。一年夏天的傍晚，王氏到龙山溪边洗衣，一时间感觉异常，心情惬意。过了一个多月，王氏发现自己怀孕了。来年六月十三日（农历）夜晚，在雷雨交加中王氏生下了小黑龙。几天后小黑龙身体伏在炕上，搭在梁上的尾巴因闪失被镰刀削去一截，小黑龙痛极，一爪抓出山顶的龙池。后飞去黑龙江战胜了行灾作恶的大白龙，为民除害兴利，人们把这条黑龙称为"没尾巴老李"。"没尾巴老李"行云布雨极为灵验，若遇天旱，求雨辄应，恩泽广布，为了表达人们对没尾巴老李的感激之情，人们在龙池边修建了龙王庙，庙内供奉着黑龙王的神像。数百年来，庙内常年香烟缭绕，钟声悠长。

没尾巴老李传说对当地人们的生活产生了深远的影响。每年六月十三日没尾巴老李生日那天，当地百姓便携带祭品，谢龙神降雨之恩，祈求风调雨顺、五谷丰登，久而久之，便形成了龙山庙会。同时，人们把没尾巴老李看成是行云布雨、恩护百姓的龙王神，从明清至民国，每遇天旱，到龙山取龙牌祷雨者众多。人们斋戒沐浴，焚香烧纸，诵祈雨疏祷雨。1992年10月，从龙山龙池中出土金属制龙牌63面，对研究当地历史文化和民俗具有极高的价值。

枣庄滕州

传说滕州的小坞沟村是秃尾巴老李的出生地，因此，在滕州地区流传最集中。

秃尾巴老李的传说在全省乃至全国都有流传，地域文化的不同，使得秃尾巴老李的传说各具特色，但总体的故事内容都是弃恶扬善，积极向上的。

传说在很久以前，小坞沟村是只有几户人家的小村庄。庄东头的两间草屋里住着李老好夫妻俩。两人辛勤劳作、恩恩爱爱，日子过得很宽余，只是妻子都三十岁了还没有生出一男半女，一提这事，两口子就愁得长出气。

有一天，媳妇说"有了"。李老好一听，甭提多高兴了。从此，他不再让媳妇做饭、干活，妻子动一动他都怕"闪了"。就这样伺候了十个月、十二个月，直至等到了二十四个月，还没有要生的迹象。

有一天，乌云密布，狂风夹着急雨倾盆而下。李老好的媳妇眼看着要生了，在床上疼得直打滚。李老好紧张得头上直冒汗，一直盯着媳妇的下身。过了好长时间，就见妻子的肋下边裂开一道缝，从里面钻出一条小黑龙来。小黑龙一落地，就在床上扑扑棱棱，身子眼看着长。妻子本来就疼得死去活来，见生了个怪物，就一口气没上来被吓死了。李老好本盼着媳妇能生个大胖小子，哪曾想生出了个怪物，还吓死了媳妇，他恨得咬牙切齿，举起拳头就向小黑龙砸去。那小东西特有灵性，它"呼啦"一下躲上梁头，把身子盘在上面，摇头摆尾，吱吱地乱叫。李老好又气又急，顺手从箔帐子上摸了把镰刀，照小黑龙就劈。小黑龙急忙一闪，性命是保住了，只是尾巴被削掉了。小黑龙急忙蹿出屋门，在院子上空久久盘旋不肯离去。他还没来得及看他娘一眼呢！在家还没待上一个时辰呢！他想，老爹为何不容我？为什么要往死里劈？又一想，这也难怪，虽然是亲娘生的，可我是龙不是人，这里不是自己该待的地方。想到这里，他头朝着草屋点了三点，算是向爹娘拜三了拜，就腾云驾雾一步三回头地离开小坞沟村，向东北方向飞去。

小黑龙在天上行了大约几千里，看见地下一条弯弯曲曲的大江，这里山清水秀，是个安身的好去处。于是按落云头，一头扎进江里。

这江叫白龙江，由一条白龙镇守着。这时，白龙正在水府里闭目养神，忽然听到水响，睁眼一看，见是一条秃尾巴黑龙进来了，心里就不高兴，说："哪里来的黑小子！怎么连个屁也不放就进来了？"说着伸过爪子就抓小黑龙。小黑龙往旁边一闪，当时也来了气，说："你这个熊玩意儿，真不是东西，你吓唬谁？老爷来你门上，不以礼相待倒也罢了，怎么还以武力相欺？你仗着在你地盘上怎么着？"两个人没争执几句，就在水里打了起来。不一会儿，小黑龙因年幼体力不支，没过几招，就气喘吁吁，支撑不住了。他虚晃一爪，抽身钻出水面，变作一黑衣少年，急忙逃离了白龙江。

小黑龙慌不择路，进了山套。正走着，突然被绊了一跤，低头一看，是个老头躺地下，旁边还放着药铲、褡裢。他连忙趴下贴老头胸脯一听，心还跳动，就赶紧抱起老人，走到背风的山旮旯里，弄点水给他喝。不一会儿，老人醒过来，睁开眼，见一个一身黑衣打扮的年轻人蹲面前，心里就明白了是怎么回事。他急忙扶着地爬起来，就要向小黑龙下跪。小黑龙连忙拉起他问："老人家，这荒山野岭的，您怎么躺在这里？"原来这老头是山东人，因家里连年干旱，又逢兵荒马乱，在家实在无法生活了便出关来到这深山老林，靠采药、挖参过日子。后来，在白龙江边盖了一间茅草屋安身。一晃十几年过去了，手里也有了些积蓄，就想再挖些参，多积点银子好回山东老家。今天他一早进山，挖了一棵大人参，很值些银子，没想到在下山的路上被强盗一棍子打昏，劫去了人参。

小黑龙听老头一说，便觉得亲近了许多，说道："大爷，俺也是山东人，家在滕县（今滕州）小坞沟村。"老人说："这可好了，咱是老乡，更不外气了。走，到我屋里拉呱去。"老人的茅屋离这里不远，不一会儿就到了。老人置办了菜饭，拿过好酒，二人对面落座，边喝边拉。拉起呱来，自然是家长里短。说起家，小黑龙就掉下泪来。老人就很疑惑地问："你有什么心事？给我说说，或许我能帮上忙。"小黑龙就一五一十地把自己的经历说了一遍。不说便罢，一说，老人扑通跪下就拜:"小老儿肉眼凡胎,不识上仙真面目,该死该死。"小黑龙急忙扶起老头,说:"老人家,我虽说是龙,但是有家有姓,也是人生父母养的,不是和您一样吗?你可别害怕。"小黑龙又说:"什么仙不仙的,说起来,我还不如你呢,您老人家好孬有间茅草屋,可我连个安身的窝也没有。我离水不行,这条河不孬,可惜被白龙占下了。那个小龟孙不让我住,打又打不过他。"老头听他这么说,也不害怕了,说:"我能帮你什么忙吗?"小黑龙想了想,说:"您倒是能帮我大忙,只是您上了年纪,不好麻烦您。""可甭这么说,出门在外,老乡不帮谁帮?再说啦,你救了我,我还没报答呢。""老人家,那白龙虽说威猛,您要帮我,咱两个还打不过他一个?""哎呀呀,上仙说哪里话来,我不会腾云驾雾,又不能呼风唤雨,怎么能帮你呢?""这我知道。您只需这么这么……就行了。"听小黑龙一说,老头笑了,说:"这个不难,咱就这么办。"

第二天,他们准备妥当,来到江边。小黑龙跳进江,现了原身去找白龙。白龙和黑龙一照面,就哈哈大笑,说:"我手下败将,又来送死?"小黑龙说:"你小子别狂,今儿还不知是谁输谁赢。我要是再败给你,我就服服帖帖躺地下,要杀要剐由你。"白龙觉得小黑龙不是自己的对手,也就说大话:"你要是赢了我,我立刻走人,这条江就是你的一亩二分地了。""二龙"击掌后,就拉开架势打了起来。他们俩上蹿下跳,翻江倒海,搅得江水像开了锅一样。

老人在河边上守着两个大筐,见江水像开了锅,知道是他们打起来了,两眼紧紧地盯着江面。不一会儿,江面呼啦翻起白浪,老人急忙把石灰撒了下去。又过一会儿,黑浪泛起,他赶忙把馒头扔了进去。就这样,他不住地往江里撒石灰、丢馒头……

白龙见黑龙要浮上水面,就蹿过去想压住他,刚抬头露出水来,就被石灰迷了眼。小黑龙趁白龙揉搓眼皮的工夫,往上一蹿,张口吞下老人丢下的馒头,顿时有了力气。这样斗了三天三夜,小黑龙不时吃着馒头,越战越勇;白龙不时被石灰迷眼,体力下降,渐成劣势,最后,终于招架不住,逃之夭夭了。

黑龙入主白龙江后,人们就把这条大河改叫黑龙江了。

这天,小黑龙摸摸自己头上长出的角,想到明天自己就满一岁了,也是老娘的"忌日",不由得就掉下泪来。于是,他就急忙起程,向山东老家赶去。到了自己的村庄上空,按落云头,变作黑衣少年,找到娘的坟头,烧了纸钱,磕了三个头,然后腾在空中,复了龙身,返回了黑龙江。

传说:人们在雨天里,会看见一条秃尾巴的龙在空中盘旋,又发现李老好妻子的坟头没淋雨,周围也是干干的,知道是李家生的那小黑龙来上坟了。后来人们说起他,都叫他"秃尾巴老李"。据传说清康熙年间,一场大雨过后,有人在李老好妻子坟前还拾到过金酒杯银酒壶呢!

从此以后,在黑龙江行船,开船之前,船家总是先问:"有没有山东人?"有山东人才开船。有山东人就会风平浪静,没山东人那就很难说了。船到了江心,江里就扑棱棱跳上一条大鲤鱼。这时,船家就会双手捧起,高喊:"秃尾巴老李给山东老乡送礼了!"当然,那鱼谁也不要,船家把它放回江里。这种传说至今在东三省流传。

人们为了纪念小黑龙,在小坞沟建了龙母庙、龙母坟。1958年龙母坟被平掉种了庄稼,龙母庙尚在,只是院落不复存在,而具有古典建筑特色的庙堂至今保存完好。数百年来,龙母庙内香烟缭绕,每逢干旱季节老百姓都会来到庙里,携带祭品,焚香烧纸,祈求秃尾巴老李能施法降甘霖于人间。久而久之,人们就把秃尾巴老李看成了行云布雨、恩护百姓的龙王神。

关于秃尾巴老李的传说,省内各地都有不同的版本,起源地域不同,故事也有差异。山东滕州地区流传的秃尾巴老李的传说具有典型的地域文化和民族文化特色。秃尾巴老李的形象是老百姓理想的化身,具有重要的思想价值和文学价值,秃尾巴老李善良、正直、忠厚、贤孝的美好品格,正是我们山东精神的体现。

日照莒县

(一)

秃尾巴老李是山东地区的民间英雄传说故事,讲述了黑龙出世并与白龙搏斗的故事,初见于袁枚《子不语》,该传说记载了龙山、龙节、龙尾村由来,在山东日照地区广为流传。

相传,莒县寨里河北李家村有一对夫妇在田里耕作,突遇电闪雷鸣,倾盆大雨。二人躲避不及,被淋得全身透湿。没几日,妇人觉出自己怀孕了。生产之时(多说是在五月十三日），农夫寻稳婆回到家里，见妇人已死，床前一摊血，在房梁上盘着一条青蛇。农夫大骇，挥锄一劈，断蛇尾。那蛇腾空而起，直上云天。农夫将妻子埋葬，一连三天大雾不止，人闻坟地不时有呜咽之声。于是有老人说："农妇生下的不是蛇，是一条青龙。它感生育之恩，为娘守坟三天。"后有人梦见此青龙被众仙称之为"秃尾巴老李"。

后来秃尾巴老李被玉帝派到黑龙江（此江由其得名）。当时镇守黑龙江的是一条白龙，在江内同秃尾巴老李大战。当地百姓已知秃尾巴老李的品德，并憎恨白龙的不务正业。所以在大战时，有白浪滚来，大家纷纷往江里扔石灰，当黑浪滚来时，纷纷往江里扔馒头。黑龙最终战胜了白龙，并在黑龙江一直待了下去。秃尾巴老李特别想念山东人，只要得知哪条船上有山东人，它便会一路护航，使其平稳渡过。直到现在，有船要渡黑龙江，必先问一声："有山东人吗？"如果回答说有，艄公便起锚开船，即便有风浪船也会稳稳地渡过；如果没人应答，艄公就要等一会儿，直到有山东人。

后来秃尾巴老李解甲归田，告老还乡，变成了一座山，蜿蜒起伏，很像一条长龙。后人都叫这座山为龙山。

为了纪念秃尾巴老李，这里的人们将农历正月二十五、四月二十五、七月二十五、十月二十五定为龙节。每到这些天，人们都会去敬龙山。

李家村即为山东日照市莒县寨里河镇龙尾村。其村1000多人，无一杂姓，全部姓李。每年二月二，在其村相传秃尾巴老李母亲埋葬处，大雾缭绕。村里还有"海眼""龙头"等景观。该村东面及北面还有"雌山"和"雄山"。村里外姓人到此，均不能长久居住下去。

（二）

相传，莒县寨里河北李家村有一对夫妇在田里耕作，突遇电闪雷鸣，倾盆大雨。没几日，妇人觉出自己怀孕了。生产之时（多说是在五月十三日）妇人已死，在房梁上盘着一条青蛇。农夫大骇，挥锄一劈，断蛇尾。农夫将妻子埋葬，一连三天大雾不止，人闻坟地不时有呜咽之声。于是有老人说："农妇生下的不是蛇，是一条青龙。它感生育之恩，为娘守坟三天。"后有人梦见此青龙被众仙称之为"秃尾巴老李"。

后来秃尾巴老李被玉帝派到黑龙江（此江由其得名）。当时镇守黑龙江的是一条白龙，在江内同秃尾巴老李大战。秃尾巴老李特别想念山东人，只要得知哪条船上有山东人，它便会一路护航，使其平稳渡过。直到现在，有船要渡黑龙江，必先问一声："有山东人吗？"如果回答说有，艄公便起锚开船，即便有风浪船也会稳稳地渡过；如果没人应答，艄公就要等一会儿，直到有山东人。

后来秃尾巴老李解甲归田，告老还乡，变成了一座山，蜿蜒起伏，很像一条长龙。后人都叫这座山为龙山。

为了纪念秃尾巴老李，这里的人们将农历正月二十五、四月二十五、七月二十五、十月二十五定为龙节。每到这些天，人们都会去敬龙山。

李家村即为山东日照市莒县寨里河镇龙尾村。其村1000

多人，无一杂姓，全部姓李。每年二月二，在其村相传秃尾巴老李母亲埋葬处，大雾缭绕。村里还有"海眼""龙头"等景观。该村东面及北面还有"雌山"和"雄山"。

（三）

山东省日照市莒县寨里河乡龙尾村，流传着秃尾巴老李的传说：一农妇生下青蛇，此蛇见风就长，丈夫大骇，挥锄把蛇的尾巴劈下。那蛇腾空而起，直上云天，后被称之为神龙"秃尾巴老李"。此龙以勤劳、善良、忠厚、贤孝著称，每年都来龙尾村祭母，保佑这个地方风调雨顺。这一传说，以其神奇的情节，传遍了整个莒州。清顺治四年秋，莒地多难，逃难者大都去了东北三省，他们把秃尾巴老李的传说带到那里，随后该传说又得到了进一步的发展，如"黑龙大战白龙"，并随之又衍生出白龙为虐莒县龙尾村，秃尾巴老李暗助乡亲，造福地方百姓的传说。龙尾村现存着许多与秃尾巴老李的传说故事相关的风物，如龙头、海眼、龙母坟等等。

秃尾巴老李的传说思想内涵丰富，且内容涉及天文、地理、农事、民俗等各方面的知识，也是山东百姓移民东北这一真实历史事件的折射。同时这一传说融合了当地美好的伦理道德，引导着人们的文化归属和认同，倡导勤劳、善良、忠厚、贤孝的美好品德，能够较好地起到密切乡里关系的作用，有着很好的教育意义。保护和传承这一历史传说，对于今天和谐社会的构建也不无裨益。

莒地有关部门及民间文学爱好者，为抢救这一非物质文化遗产，陆续出版了《龙的传说》《莒县民间文学三套集成（故事卷）》和《日照民间故事选编》等文学作品集。

东营利津

（一）

在利津流传着这样一句话："雹子不砸三岔。"三岔是利津城西南一个小村子。

三岔村有个张员外，张员外家有个闺女。这闺女18岁时，嫁给了河东李家桥的李玉为妻，人称李张氏。李玉和李张氏夫妻二人男耕女织，日出而作日落而息，和和睦睦地过日子，生活也算可以。

李张氏过门多年不曾生育。就在李张氏41岁那年忽然怀孕了。怀了13个月。在一个狂风暴雨并夹带着冰雹的夜晚，李张氏分娩了，生下一个男婴。这男婴重十多斤，遍体黢黑，皮肤竟同鱼鳞一般，屁股后头还长着一条小尾巴。两口子盼星星盼月亮，却盼来这么一个怪物，心里像吞了苍蝇似的不是滋味。李玉要抱出去扔掉。李张氏则想．孩子再丑也是娘身上掉下来的肉啊！

这孩子长到6岁时，忽然变成了一条黑蛇。李玉抡起铁锨朝蛇尾铲去。原来，这黑孩子是天上一条黑龙托生的。

李张氏思儿心切，寝食不安，终于积郁成疾而死。就在李张氏出殡那天，黑蛇围着墓穴转了几圈，立时就堆起了一座高丈余的大坟头。

后来，这条黑蛇修炼成功，又幻化成了龙。它打败了在黑龙江为害百姓的白龙，就留在了黑龙江，并担负起玉皇大帝分派给他的，为普天下"行风雨、落冰雹"的使命。有人说下冰雹时，经常可以隐隐约约地看到黑云中一条半截尾巴的黑龙在飞舞。后来，人们都叫他"秃尾巴老李"。

秃尾巴老李是条知恩必报的龙。他忘不了小时候姥爷、姥娘对他的疼爱，所以每逢行雨下冰雹来到三岔村上空时，他都要忍着浑身的剧痛，不往三岔村落一粒冰雹。

（二）

在利津流传着这样一句话："雹子不砸三岔。"三岔是利津城西南一个小村子。由于黄河的变迁，在清代时三岔村的村民有一部分被隔在了黄河对岸的博兴，故而在博兴县也有一个三岔村。村里的老人们说，这两个三岔村从来就没落过雹子。邻村地里的庄稼就是被雹子砸成了光秆，三岔村地里的庄稼也安然无恙。这是为什么呢？

传说古时候三岔村有个张员外，张员外家有个闺女。这闺女18岁时，嫁给了河东李家桥的李玉为妻，人称李张氏。李玉和李张氏夫妻二人男耕女织，日出而作日落而息，和和睦睦地过日子，生活也算可以。

可李张氏过门20多年，都40岁了还不曾生育。两口子为这事急得求神告庙，也不见效。李玉几乎绝望了。没想到，就在李张氏41岁那年，她忽然怀孕了。然而与别的女人不同的是，她竟怀了13个月。这过月的胎儿在娘肚子里整天又蹬又踹，一点儿也不老实，可把李张氏折腾了个够呛。

在一个狂风暴雨并夹带着冰雹的夜晚，李张氏分娩了，生下一个男婴。这男婴重十多斤，遍体黢黑，皮肤竟同鱼鳞一般，屁股后头还长着一条小尾巴。两口子盼星星盼月亮，却盼来这么一个怪物，心里像吞了苍蝇似的不是滋味。李玉要抱出去扔掉。李张氏则想．孩子再丑也是娘身上掉下来的肉啊！就劝丈夫说："丑孩子不一定不孝顺，咱们就好好地把他拉扯成人吧，也不枉他来人世间走这一遭。"从此，两口子便把这孩子精心抚养起来。

这孩子和别的孩子不一样，吃奶的劲儿特别大，吸得李张氏心口直疼；哭声特别大，震得屋顶上直掉灰尘；力气也特别大，刚刚会走，就能搬动麦场上和他差不多高的碌碡。俗话说，水灵灵的孩子人人爱。可这孩子又黑又丑又不会说话，走在大街上人见人躲，谁也不愿和他亲近。三岔村的张员外和张夫人，隔三岔五地来看看闺女逗逗外甥，有时还把这丑外甥接回三岔村住上十天半月。三岔村里的人们和张员外相处得很好，当然就不怠慢他这个小外甥，都和这小孩挺亲热的。

这孩子长到六岁时，还不会说话，不会笑，只会哭，好像天底下的人都对不住他似的。人都这么大了还吃娘奶，一提起断奶他就哭号不止。

有一天，丑孩子又趴在娘怀里吃奶。李张氏一只手搂着他，一只手在他后背上抚摸，但感觉像鱼鳞似的扎手。抚摸了一会儿，这孩子似乎觉得很舒服。便抬头冲李张氏龇牙一笑，身子一挺，忽然变成了一条黑蛇，冲着李张氏摇头摆尾地撒欢儿。李张氏一见，立时吓得昏了过去。

李玉下地后回家，见李张氏昏倒在地上，一条黑蛇正缠在她身上吧唧吧唧地吃奶，蛇尾巴还在门槛上摆来摆去。李玉立时就气不打一处来，抡起铁锨朝蛇尾铲去。只听"咔嚓"一声，鲜血四溅，随后一股黑烟腾空而起，连翻带滚地往东北方向疾驰而去，同时便有一阵噼里啪啦的冰雹落了下来。凡黑烟经过的地方，地面上的庄稼都被砸了个稀烂。原来，这黑孩子是天上一条黑龙托生的。每当他上天或下界时，必定是携风带雨夹冰雹，否则他就会遍体疼痛难忍。

黑蛇走后，再无音讯。李张氏思儿心切，寝食不安，终于积郁成疾而死。就在李张氏出殡那天，从东北方忽然卷来一阵黑风，并顿时暴雨倾盆。雨中一个黑脸的年轻人，跪在地上高声哭喊着"亲娘"。人们明白是那黑蛇回来了，忙上前劝他止住哭，问他这几年到哪里去了？那黑脸青年告诉人们，当年他失态现了原形，吓昏了亲娘，被爹爹铲了尾巴，一气之下他就离家去了长白山。他本想修炼成功之后，再回家来接娘出去享清福，不想娘已弃他而死。说完，他又大放悲声，声如雷震，直哭得死去活来。哭着哭着，他又变成了一条拖着半截尾巴的黑蛇，趴在李张氏的灵前蠕动不止。

李张氏下葬后，只见那条黑蛇围着墓穴转了几圈，立时就堆起了一座高丈余的大坟头。

后来，这条黑蛇修炼成功，又幻化成了龙。它打败了在黑龙江为害百姓的白龙，就留在了黑龙江，并担负起玉皇大帝分派给他的，为普天下"行风雨、落冰雹"的使命。有人说下冰雹时，经常可以隐隐约约地看到黑云中一条半截尾巴的黑龙在飞舞。后来，人们都叫他"秃尾巴老李"。

秃尾巴老李是条知恩必报的龙。他忘不了小时候姥爷、姥娘对他的疼爱，所以每逢行雨下冰雹来到三岔村上空时，他都要忍着浑身的剧痛，不往三岔村落一粒冰雹。

临沂蒙阴

秃尾巴老李的中国民间传统故事在山东广为流传，与现在流传故事相似的文字记载，见于清朝袁枚的《子不语》："山东文登县毕氏妇，三月间浣衣池上，见树上有李，大如鸡卵。心异之，以为暮春时不应有李，采而食焉，甘美异常。自此腹中拳然，遂有孕。十四月产一小龙，长二尺许，坠地即飞去。到清晨必来饮其母之乳。父恶而持刀逐之，断其尾，小龙从此不来。"

他虽为龙，却是普通村民所生。因其出身姓李，而尾巴又被其父砍断一截而得名"秃尾巴老李"。在山东，传说"二月二，龙抬头"即与秃尾巴老李有关；在黑龙江，传说船过江时必须有山东人才能开船，也是因秃尾巴老李爱护其老乡。

卢崮后，有条河，叫卢川河。河北有个村，叫贾庄村。贾庄村东首有座坟，坟前有块碑，上刻三个大字：龙母坟。

龙母坟究竟修于何朝何代，没有人说得清。但其来历，却世代相传。

传说贾庄河南有处大淹子,水绿得发黑,深不见底,里头鱼鳖虾蟹,啥玩意儿都有。卢崮后坡有户人家,媳妇张氏,丈夫李七。两口子男耕女织,日子倒过得去。美中不足的是,张氏三十多了未开怀,不知毛病出在谁身上。两口子没少找郎中,可谁也没瞧出毛病来。为这事,夫妻俩老是不开心。

这天,张氏例假期过去了,就抱着自己的脏衣服到淹子边去洗。张氏的裤子被例假弄得净血嘎巴,搁在水里一泡,就泡出红水来,一股子血腥味。那些鱼鳖虾蟹就都来喝腥水。过会儿,淹子里还钻过来一条奇怪的蛇,头上长着角,嘴边有两根白胡子,也凑过来尝腥味。张氏哪见过这玩意儿,心里寒飕飕一阵,浑身发毛,衣服没洗完,就麻利拾掇拾掇回了家。

打这天起,张氏觉着有了身孕,又恶心,又呕吐,想喝酸,想吃辣,肚子一天天涨起来。李七呢,心里乐悠悠的,可着张氏胃口调剂。后来事就怪了,九个月上,张氏没生;十个月上,张氏也没生。两口子纳闷,就找到接生婆;接生婆说是怪胎,要张氏去找郎中堕胎。张氏不同意,她觉得胎动怪好,心想生么算么吧。十三个月的最后一天夜晚,突然乌云满天,电闪雷鸣,狂风大作,下起了暴雨。张氏就觉着肚子疼,一阵紧一阵,越痛越厉害。估摸着要生,李七冒雨去找接生婆。李七出门不多会儿,一道立闪,一声霹雳,张氏痛得"哎药"一声晕了过去。风停了,雨止了,李七将接生婆请来了;张氏也醒了,一摸肚子扁了,知道生了。

可孩子呢?李七和接生婆翻了铺上找床底,找了屋内找屋外,就是没找着影儿。接生婆就数落李七两口子:"我早就说是怪胎,叫你们堕,你们不堕;这不,生下孩子不见啦,那还不是妖精!"李七两口子都后悔,送走接生婆,都觉得又困又乏,也就睡下了。正睡间,张氏觉着有张大嘴,贴在自己的乳房上,"呱唧,呱唧"咽奶,就伸手一摸,那头就"噌"的一下缩回去了。张氏摸着那头牛头不是牛头,马首不是马首,软乎乎、滑溜溜的,不知是个啥东西,就想喊;可转念一想,到底是自己身上掉下来的肉呀,想喝就让它喝吧,就再没吱声。这怪物喝足了奶,就"刺啦"一声走了。打那以后,张氏门不插闩,一到深更半夜,那门就轻轻开了,那怪物就到床前来喝奶,一连喝了两个月。

到底生了个啥怪物,张氏闷得慌,就咋来咋去和丈夫说了。两口子费尽脑筋才想出了个辙。这天半夜,张氏点上盏豆油灯,放到床头箱子上,扣上了一个葫芦瓢;李七呢,就在门后边躲着。不一会儿,门开了,那怪物又来喝奶。张氏把瓢头一掀,不得了啦,一条黑龙,头搁在床沿上,嘴伸到自己怀里,身子盘在梁上,尾巴拖在门外里,就"啊"的一声吓昏了。黑龙怕吓着娘,才不显身露形,哪想到娘来这一招,就"嗖"的一声从梁上滑下来,蹿出门去。李七呢,也吓坏了,把门一关,谁知把龙尾巴挤下来一截。李七赶忙去叫张氏,可怎么叫也叫不醒,原来张氏早已被吓死了。

李七很难过,但人死不能复活,只好买了棺材,置了寿衣,把张氏装殓了,并且刻了块石碑,准备出殡。乡邻们正忙活着呢,突然一片乌云压过来,狂风呼啸,雨点子夹着冰雹直泻下来,把人们打散了影。不多会儿,风住了,雨停了,天晴了，大家跑出来一看，张氏的棺材、碑碣都不见了，就十分纳闷。有知情的送信，说小黑龙把母亲葬了，葬在了贾庄北山坡，把龙母碑也立上了，坟前边还有纸灰。小黑龙因为是李家媳妇生的，又挤掉了半截尾巴，人们就喊它"秃尾巴老李"。

秃尾巴老李把娘葬了，很悲伤地走了。它驾着云头，向北方遨游，想找个地方栖身。来到黄河，它嫌河水太浑；来到了松花江，它嫌江水太浅；来到了黑龙江，它停了下来。这黑龙江是江又宽，水又深，弯弯曲曲，直伸向大海。这江原本是一条黑龙的家，不知哪儿来了条小白龙，硬是把黑龙江霸去了。秃尾巴老李想把黑龙江抢回来，就一头扎到江里，恣意玩耍起来，直搅得激流滚滚，大浪滔天。小白龙本是不吃屈的主，哪容得别人在自己地盘上胡闹，就和秃尾巴老李拼了起来。两条巨龙，你吟我啸，你腾我纵，足足斗了两个时辰，弄得当地暴雨倾盆，江水横流。到后来，秃尾巴老李饿了，有些撑不住了，就和小白龙约定改日再战。

秃尾巴老李寻思：小白龙霸占黑龙江多年，道行又很深，要战胜它并非易事，得动点脑子。黑龙江边，住着很多闯穷的山东人，到了晚上，秃尾巴老李就托梦给这些老乡："我是山东的秃尾巴老李，想把霸占黑龙江的小白龙撵走，你们得帮帮忙。你们准备好饭菜和石灰，江中冒黑浪时，你们就往江里倒猪肉、馒头；江中翻白花时，你们就往江里填石灰。"还是老乡向着老乡，这些山东人便约会到一块儿，抬了猪肉、馒头、石灰在江边等着。

第二天，秃尾巴老李又和小白龙展开激战。江里翻黑浪时，山东老乡忙向江里扔猪肉、馒头；江中冒白花时，人们就一起往江里倒石灰。秃尾巴老李吃饱了，越战越有劲；小白龙喝了石灰水，肚子里发烧，越战越吃力。三天三夜后，小白龙战败，另找窝去了，秃尾巴老李占据了黑龙江。他忘不了老乡助战之恩，对山东老乡格外照应。在江里行船，遇到大风大浪，船主问：有山东人吗？若答应有，这船立时就稳了；如答应没有，就立时翻船。

秃尾巴老李，虽然远在黑龙江，但每年麦季后，都回到贾庄给母亲上坟。每当它回来上坟的时候，必然会黑云翻滚，雷鸣电闪，狂风暴雨，夹杂着阵阵冰雹。每当这种暴雨过后，龙母坟前必燃香不尽，纸灰不灭。

今天，贾庄村东的龙母坟还在，龙母碑还立在那儿。麦季一过，秃尾巴老李又会准时来上坟。它和人一样，忘不了母亲养育之恩呀！

德州[1]

很早以前，黄河上游某地有一李姓人家。某年，他们家乡闹灾荒，实在活不下去了，决计外出逃荒，夫妻俩带着三个儿子沿黄河而下，想找个水土相宜的地方谋生。

某日，他们来到了现在的德州境内，见此处一马平川，草

---

[1] 尾巴：在此文中念（yǐ ba）。
老小：德州土语，德州一带称最小的子孙为老，老在此处为之最小的意思。
九龙庙村：系德州黄河涯乡减河北岸的一个村。

茂土肥，是个地肥水美的风水宝地。于是选了块高地，搭起草棚居住下来。他们开荒种地、捕鱼围猎，夫妻俩相依为命，生活逐步走向了富裕。

光阴似箭，眨眼十几年过去了。他们勤奋劳作、春播秋收、夏捕鱼、冬围猎。家里已是房屋数间，户前果园、后院鸡舍羊圈的小康人家了。更可喜的是他们又添了八个儿子，一家十口过得非常舒坦。

某天，丈夫带着八个儿子外出围猎，妻子闲暇无事到室外闲转。当她走到果园边时，见桃树上，有个白里透红的桃子那么诱人，就无意识地顺手摘下。她拿到桃子后，垂涎欲滴三口两口就下了肚。

事后无话，过了十几天，突然感到有妊娠感，丈夫便开玩笑地说："你都四十多了还会有喜，想给我生个老九吗？"经郎中确认她确实怀孕了。可是过了十个月却没有分娩的意思，过了两年仍无动静，第三年的二月二，怀孕千日的婴儿坠地。

哪知她生下的，却是遍身黑鳞、四条腿、蛇头蛇尾的一只怪物。丈夫见状抄起一把菜刀就要将其杀死，哪知这只怪物跑得快，一刀下去只剁掉它的一截尾巴。怪物夺门而出升上了天空，家人才知它是一条黑龙。

这条黑龙围着他家的院子转了仨圈、点了三次头，就向东北方向飞去了。妻子哪经得起这样的惊吓，当即就被吓死了。

因为它姓李排行老小，人们就叫他"秃尾巴老李"了。

这条黑龙一直飞到东北的白龙江边，它见江宽浪急，就想在这里修行。哪知白龙江里住着一条白龙，该龙无恶不作，时常欺负百姓,稍不如意它就发水淹百姓的土地,江上的渡船十次有八次被它弄翻,百姓们敢怒却不敢言,还经常为它上供焚香。

"秃尾巴老李"刚进入江里,就被白龙发现,它见是条没尾巴的黑龙就说:"好你个黑小子,竟敢侵我辖地,快快给我滚开!"说完就要动武。秃尾巴老李说:"你不邀我同住也就罢了,还口吐狂言,谁怕谁呀。"说着两条龙就打了起来。

"秃尾巴老李"年幼力小、道行又太浅。根本不是白龙的对手,几个回合就败下阵来,抽身跃出水面落荒而逃。它逃进深山老林想休息一下时,脚下却被绊了一下。低头一看原来是一老汉躺在地下,就赶紧将老人抱到背风处。弄了点泉水给老人喝,然后慢慢地给老人按摩。不一会儿老人醒过来,见一黑衣小伙站在面前,赶紧起身要给其叩头致谢。秃尾巴老李忙拉住他说:"老人家,救人解难是做人的本分。您老为何躺在这里呀?"

原来这老人是闯关东的山东人,在深山老林里以采药挖参度日。因挖了一株较大的人参,想进城多卖几个钱,哪知路上被强人打昏并抢走了人参。

"秃尾巴老李"听后就说:"老伯,我也是山东人,家住在黄河边。"老乡见老乡谈的格外投机,老汉就将"秃尾巴老李"让到自己的家里。进了老汉的茅草房,"秃尾巴老李"触景生情,想起母亲为他而死,就掉下了泪。老人问道:"恩人有何心事?不妨说给小老儿,或许能帮上点忙。"秃尾巴老李就将实情全部给老人讲了。

老人听后纳头便拜:"小老儿肉眼凡胎,望大仙不要见怪。"秃尾巴老李扶起老人说:"老伯!我虽是龙,可我有姓、有爹、有娘,也住在茅草房里,咱俩不是一样吗?只是我现在落了难,不知老伯能否帮我?"老人说:"我一凡人能帮你什么?"

秃尾巴老李说:"白龙江里的白龙不容我,只要老伯能助我一臂之力,我定能战胜这条恶龙。到时候,我不仅有了容身之所,两岸百姓也不再受它的欺负了。"老人说:"我没有武功,如何给你帮忙哪?"

秃尾巴老李说:"老人家,您只需这般、这般……就行!"老人说:"这好办!"

他俩就开始了准备工作,并又找了几个山东老乡帮忙。三天后,秃尾巴老李再次进入白龙江。白龙见状笑着说:"手下败将,莫非来送死了?"

秃尾巴老李说:"我是来和你决斗的,我要是败了任你处置。"白龙听后笑着说:"好!君无戏言。我也立个誓:你要是赢了,我就远走他乡,此处永远让给你。"

说完他俩就打斗了起来。二龙相斗,好一场恶战,他们各自使尽浑身解数,跳上翻下,搅得江水混浊、闹得满江沸腾。

江边上的几个山东老乡们,两眼紧盯着江面,见白浪翻滚,就急忙将石灰撒下江。见黑浪掀起,就赶忙将馍馍扔过去。就这样,他们不时地向江里撒石灰、丢馍馍,丢馍馍、撒石灰。两条龙在江里拼命厮杀,白龙只要浮上水面,就会被石灰眯眼睛,呛得睁不开眼。黑龙往上一蹿,张口就能吃馍馍,顿时增加了力气。

它们激战了三天三夜，黑龙不时地有馍馍吃，越战越勇；白龙不时地被石灰眯眼，体力渐渐不支，最后蹿出江面奔他乡逃命去了。

这样白龙江就归了秃尾巴老李，从此，白龙江就改称为黑龙江了。

秃尾巴老李住守黑龙江后，尽心尽力，兢兢业业，把整条江治理得有条不紊。它按季节兴风布雨，帮助百姓的农事耕作，深受百姓敬仰。他的所作所为感动了东海和南海的龙王，齐奏玉皇大帝为他表功，故玉帝正式封他为"黑龙王"镇守黑龙江。

秃尾巴老李是个孝子，每到他母亲的忌日。就会驾着乌云伴随着疾风暴雨从东北而来，给他母亲上坟，然后再转回东北。每年的二三月间，每当遇到乌云阵雨，德州人就会说："秃尾巴老李又回来给他母亲上坟了！"

秃尾巴老李不仅是个孝子，而且很重情义。为了报答山东老乡对他的帮助，就托梦给帮助过他的老汉，说过江时，只要说船上有山东人就会保他们平安。久而久之，黑龙江上的渡船开船前，船主必先问："船上有山东人吗？"客人们总是高声回答："有、有！"时至今日，黑龙江上一直流传着这种特殊的民俗。

人们为了感谢秃尾巴老李，就在他家附近修了座庙，因他排行老九该庙就叫"九龙庙"，他家的村子也就改成"九龙庙"村了。

这正是：古今故事孝为先，黑龙老李美名传。为民服务受尊敬，祸害百姓必遭谴。

文登

关于"秃尾巴老李"的家乡，各地传说不一，遍布山东数十处地方，入选国家级非物质文化遗产的地方就有即墨、莒县、文登、诸城四处，这正好说明山东人下关东十分普遍。

秃尾巴老李的故事多流传于山东和东北三省，其中有一种说法里涵盖了山东人和东北人的渊源，情节虽是虚构，但还是特别地感人肺腑。

秃尾李龙王的故事，见之于地方志记载最早的，是康熙《文登县志》：

> 县南柘阳山有龙母庙。相传山下郭姓妻汲水河崖，感而有娠，三年不产。忽一夜雷雨大作，电光绕室，孕虽娩，无儿胞之形。后，每夜有物就乳，状如巨蛇攀梁上，有鳞角，怪之，以告郭。郭候其复来，飞刃击之，腾跃而去，似中其尾。后，其妻死，葬山下。一日，云雾四塞。乡人遥望，一龙旋绕山顶。及晴，见冢移山上，墓土高数尺，人以为神龙迁葬云。后，秃尾龙见，年即丰。每见云雾毕集，土人习而知之。因构祠祀之。后，柘阳寺僧取龙母墓石，风雨大作，雹随之，其大如斗，寺中尽黑气，咫尺不见。周围里许，二麦尽伤，独龙母庙内，花木皆无殃焉。

光绪《文登县志》载:"康熙五十三年（1714年），龙现于宋村之北山，一时合邑闹阗，立庙山巅，改名曰'回龙山'。"

清朝袁枚所著的《子不语》：山东文登县毕氏妇，三月间沤衣池上，见树上有李，大如鸡卵，心异之，以为暮春时不应有李，采而食焉，甘美异常。自此腹中拳然，遂有孕。十四月，产一小龙，长二尺许，坠地即飞去。到清晨，必来饮其母之乳。父恶而持刀逐之，断其尾，小龙从此不来。

后数年，其母死，殡于村中。一夕，雷电风雨，晦冥中若有物蟠旋者。次日视之，棺已葬矣，隆起成一大坟。又数年，其父死，邻人为合葬焉。其夕雷电又作。次日，见其父棺从穴中掀出，若不容其合葬者。嗣后村人呼为"秃尾龙母坟"，祈晴祷雨无不应。

此事陶悔轩方伯为余言之，且云："偶阅《群芳谱》云：'天罚乖龙，必割其耳，耳坠于地，辄化为李。'毕妇所食之李，乃龙耳也，故感气化而生小龙。"

自康熙五十三年，回龙山上建起李龙庙和龙母坟以后，特别是道光帝加封李龙王后，回龙山香火特旺。但再旺，也只能是从柘阳山"回"来的"龙"。有力的证据是道光二十五年三月二十二日《知县欧文详请神龙封号文》。现摘要如下：

"……据卑县在籍前任铜陵县知县林汝谟、现任龙安府知府王者政、现任南河即补同知于昌进、现任馀杭县知县毕承昭、前任平度州学政丛葆光、前任临朐县教谕李淳琳，廪生陶荫栋、王所拭，增生陈道原，俯生毕廷昭，耆老宫凤翔等，窃查县城迤南柘阳山，旧有龙神庙一座，山下有龙母祠一座。

相传祠、庙均建自前明年间,历今数百余载。每逢旱暵,乡民辄先山下龙母祠祈祷,复上山赴龙神庙祈祷,无不立沛甘霖。县境各海口商渔船只,每遇风涛,虔求神佑,辄获平安。灵应昭著,地方依赖。职等生逢其地,身受其庇,崇奉之馀,实深钦感。窃思江海河湖等神,凡有功于民者,均蒙圣恩,锡有封号……查《祭法》:能御大灾则祀之,能捍大患则祀之。故天后崇庙貌于瀛壖,金龙昭威灵于江澨,殊恩宠锡,报祀特虔。兹卑县柘阳山龙母祠、龙神庙,虽系一邑之土神,而功德及于万室,居民崇奉,届今数百余年,旱虐风涛,有祷必应。功既在于民生,名宜正于国典。遐乡尸祝,亿万箕毕同情;崇号恩宣,千百禩平康永赖。兹据该绅士耆老等合词具呈前来,拟合据情详请宪台查核,转详请奏,赏加龙母封号,并神龙封号,以答神庥而慰民望,实为公便。为此备由具申,伏乞照详施行。"

道光二十八年(1848年),山东巡抚徐泽醇奏请敕加神龙封号。"奉旨封'溥惠佑民'四字,神龙遂列祀典。"这种亲笔御题、皇家敕封现象在全国的李龙文化中是独一无二的。

古历六月初八,是李龙爷的生日。相传,每年是日李龙爷必回乡拜母。虔诚的乡亲们便纷纷蒸上特大饽饽为李龙爷庆寿,上山烧香上供,祈求李龙爷保佑风调雨顺。渔民、船工则要求神龙保佑平安。从明、清到20世纪30年代,回龙山长年香火不断,游人不止,兴盛了几百年。

1939年古历三月初二是回龙山最后一次山会。1940年日本鬼子侵占了文登城,1941年日本鬼子又继而在回龙山上建起了据点,修起了碉堡,山上所有古建筑荡然无存。文登柘阳山上本有千年银杏一株,龙母祠一座,后因为战争缘故,毁于建国前夕。

当地传说主要如下:相传明朝弘治五年夏,文登柘阳山下山前村男士李田斗娶得邻村柘阳山山后郭家村女子郭三佳为妻。婚后,新娘于昌阳河中浆洗衣物时饮用河中之水而有孕。怀胎三载后的古历六月初八日夜晚,风雨交加,电闪雷鸣,郭女产下一子,视之却为一肉状物。李家疑为妖孽,遂弃之昌阳河内。该物遇水迅即膨胀,竟为一黑龙儿。龙儿每每夜半回家哺乳,其时狂风大作,其母随之昏厥。此情不久便被其父李田斗察觉。一日晚,田斗瓢扣灯烛,持镰以待。风声过后,田斗猛掀瓢亮灯,但见一黑龙尾绕屋梁,头入妻怀哺乳。田斗惊怒,挥镰急砍,龙尾随即断裂。黑龙疼痛难忍,腾飞出屋,一路到了黑龙江。(后面的一样)

莱芜

秃尾巴老李,祖居山东省莱芜市牛泉八里沟村。其父是八里沟李氏四世祖李富。母亲王氏,娘家是八里沟以东羊庄村。老李出生在明朝正统元年(1436年)农历六月二十四。

传说中,他既有人的忠、孝、仁、义,刚正、善良的性格,又有中华民族传统文化中龙的形象。秃尾巴老李满月后,飞赴黑龙潭,在太白金星指点教诲下,不但能人龙互变,武艺高强,而且成长为一心为民的人们心中理想的龙,他既是龙又是人。其在东山口魏财主家扛活时,人缘极好。与魏小姐相爱后,被伙计逼迫现身龙形浇地,后为爱人变龙,被惊慌的爱人用洗衣棒槌砸成秃尾。

因为黑龙一心为民,被玉帝封为汶河龙王。后因原老龙王制造事端并告了黑状,玉帝命他水淹莱芜一千庄、大小庄一个不留,他只淹了大庄、小庄和拾百,玉帝把他"流放"到黑龙江做了龙王。但他为民之心不变,让两岸人民很快富足起来。他凭借自己的智慧,在和白龙的斗争中,屡屡制胜,并回到了莱芜。

在莱芜,他恪尽职守,既赢得了玉帝的垂青,又获得了人民的爱戴。成为人们敬仰的忠孝朴实、勇敢大度、机智正直的龙。老李虽然是龙,但却极尽孝道。父母在时,他常回家探视;父母亡故时,他回家"守灵";父母忌日,他回家祭奠,还给乡亲带来一场好雨做礼物。

秃尾巴老李的故事传播地域广,故事繁多。但随着老一辈传承人的去世和承载此传说的历史遗迹被毁,传说故事已面临濒危的局面,亟待拯救和保护。

清朝袁枚的《子不语》:

> 山东文登县毕氏妇,三月间浣衣池上,见树上有李,大如鸡卵。心异之,以为暮春时不应有李,采而食焉,甘美异常。自此腹中拳然,遂有孕。十四月产一小龙,长二尺许,坠地即飞去。到清晨必来饮其母之乳。父恶而持刀逐之,断其尾,小龙从此不来。

他虽为龙,却是普通村民所生。因其出身姓李,而尾巴又被其父砍断一截而得名"秃尾巴老李"。在山东,传说"二月二,龙抬头"即与秃尾巴老李有关;在黑龙江,传说船过江时必须有山东人才能开船,也是因秃尾巴老李爱护其老乡。

秃尾巴老李的故事,在莱芜广为流传,尽管版本不尽相同。都说是实有其人,这就更激起了好事者的好奇心。有人曾跋山涉水,不辞辛劳地多方调查,终出成果——秃尾巴老李是汶河南岸的八里沟人,由光绪六年重修的李氏族谱为证:"始祖李成明洪武初年迁莱芜汶南八里沟。李富(四世)配王氏生龙王,逾月升天,即肖像龙神祀之。县遇大旱,县令齐戒亲旨本庄设坛迤东,礼请祖母王氏登坛。县令率众虔视,遂大降甘霖,四野沾足。县令即匾额致谢,屡祈有验,时称祖母曰龙母云。龙王为五世,上两兄是李甫至、李甫通……"族谱前还附有一诗,曰:"生肖像似龙,逾月腾云上九天;非神亦非仙,王氏登坛降甘霖。"

这事不管准不准,反正龙王升天后又变成人,去北六十多里处的东山口村给魏财主当长工了。

这个姓李的小长工长得眉清目秀,别看年龄小,手脚却勤快,魏财主特别喜欢他,小李长小李短的,叫得亲热。他家有个十七八岁的闺女,生得俊俊俏俏,谁见了谁夸。魏家姑娘不仅模样俊,心眼也好,两只巧手做啥啥样精。时间一长,她就和小李拉到一家去了。

魏家每年都种不少大麻,大麻怕旱,几天不下雨就得拧辘轳提水浇灌。拧辘轳用仨人,两个人拧,一个人看沟子。要是用倒灌杆子有俩人就行,一个人提水,一个看沟子,来回倒替着歇歇。

这年天旱，魏财主叫小李和两个壮小伙子浇麻。一人一个巧心眼，两个壮劳力见小李身单力薄，都不愿意和他搭伙，就提出分开干。于是，仨人把麻地平均三份分开。两个壮劳力搭伙，不到晌午就浇完回家吃饭。不大霎，小李也回到家了。俩人装作关心地问："小李啊！天才傍晌不多浇一霎，过午的天又短，黑灯瞎火的可不好干啊！"

小李说："俺也浇完啦！"

俩人听了摇着头说："打肿脸装胖子可白搭，等霎咱到地里看看就知道啦。"冷粥冷饭好吃，冷言冷语可伤人哩。小李只是苦笑一声，啥也没说。吃了饭，两个人要看小李的哈哈笑，约他到地里去。小李说："晌午累坏了，懒得动弹，谁乐意去就去吧！俺还要睡午觉哩。"俩人没说啥，约伙着到了麻地里一看，小李浇的麻地水还没全渗下去呢。两人愣住了，这么旱的天水头在地里都看不出淌来，他这是咋浇的哩？

过了几天，魏财主说："大麻该浇二遍水了。上回你俩浇的地不到头，下水头的麻都旱坏了，只有小李浇的地，晌午头麻叶也不打蔫。这回说啥也得浇透地，要不晌午饭咱可得掐粮。"仨人听了，啥也没说，运辘轳到井上安好。还是上一回那个办法，他俩早早浇完，说是回家其实藏在一边，看小李怎么提水浇地。小李躺在树荫下，跷着二郎腿乘凉。见二人走的没影了才站起身走到井边，四下看看无人，把头上的发辫绾了绾，一头插在井里，一条碗口粗的黑尾巴露在井口外面，一拧一拧井水哗哗冒出来，又大又急，不大霎把个麻沟子灌得满满当当。两个伙计吓得腿肚子转筋，觉得脑袋一个劲地发涨，冷汗出了一身。不知过了多长时间，小李从地里出来，若无其事地往家走。俩人见小李去远了，才深一脚浅一脚地往家赶。自此，两人再也不小看小李了。

纸里包不住火。小李浇麻的事，传了出去，你传我，我传他。沸沸扬扬，添油加醋，说得神乎其神，传得玄之又玄。魏财主听说觉得稀奇，叫来两个伙计一问，果真有这件事。自此，他对小李又怕又敬，连活也不敢安排他干了。还嘱咐别人千万莫惹小李，生出是非吃不了兜着走。

魏家姑娘听父亲一说，似信非信。一天，她在后园井口池子里洗衣裳。小李到后园提水浇菜。见魏姑娘在井池上洗衣，便站住脚不再往前走。这些天，自己身上像有瘆人毛，谁见了谁躲着走。小李怕过去吓着魏家姑娘。正在拿不定主意，魏家姑娘喊他："小李，过来嘛，人家又不是老虎，你怕啥！"小李挪到魏姑娘跟前。俩人是一根枝子上的花，心连着心哩。要是爹痛痛快快地答应，说不定他俩早就自个儿撑门头过日子啦。

姑娘见四下无人压低嗓音问："小李，人家说你变成长虫浇地，是真的吗？"

"别听他们胡咧咧，阴天竖杆子没影的事。"小李蹲下身来，把桶里的水倒进池子里说。

"小李！"魏姑娘揉着衣服看了小李几眼，"你说话可不能吞着吐着的，你知道俺心里想啥，我也知道你心里寻思啥！咱俩再当面一套，背后一套，日子长着呢，你……"

小李多聪明啊，魏姑娘说啥自己心里明白着哩。可不能伤了心上人的心啊！小李四下看看没人，一把抓住魏姑娘的手说:"别说啦,有这么回事,我和你不能说瞎话。不过,还是不变的好,怪吓人的。"

魏姑娘听了,好奇地盯着小李的脸,推开他的手说:"小李,你变吧!我知道是你,不害怕的。"

小李站起身四周看看,院里只有他俩,便把头上的小辫一缠,晃晃脑袋变成一条屋檩条粗的乌龙。斗大的头往井里一扎,尾巴露在井口外,比棒梗还粗,一拧一拧的,水柱子有罐子粗从井里喷出来。魏姑娘吓得六神无主,伸手抓过棒槌,照龙尾用力砸去。只听"咔嚓"一声,龙尾巴被砸下来半截。一声震天动地的霹雳,乌龙腾空而去。魏姑娘躲闪不及被震死在井池边。前院的魏财主听到霹雳声,和家里人跑到后院,见女儿躺在井台边,水池里有一截一尺多长的黑粗尾巴。魏财主的老伴来到女儿的身边哭天呼地。魏财主见女儿满脸笑容,一点儿痛苦样子也没有,身上有块二尺多长的白布,上面金光闪闪写着四句话:"我本一乌龙,寻配到人间。有缘遇佳偶,双双去龙潭。"

且说,秃尾巴老李带着魏姑娘来到黑龙潭,两人你敬我爱,朝夕厮守。过了几天,魏娘娘想家便和秃尾龙一道去东山口村魏财主家走亲戚。此时,天上祥云飞聚,彩鸟啼鸣。自此,这里一年四季风调雨顺,庄稼年年丰收。魏姑娘成了黑龙潭里的魏娘娘。好几十年过去了,这天魏娘娘想家了,便领着孙子辞别秃尾巴老李去山口走娘家。过了红岭子就是山口河,河水又大又急,只好雇船过河,船家是个见钱眼开的人,他见一老妇和一幼童过河,就抹下皮脸,加倍要过河钱。魏娘娘说:"我们祖孙俩,老的老,小的小,出门没带多少银子,请你行个方便吧。"船主死活不肯。孙子见船主无礼,小眉毛一拧说:"奶奶,别求他啦!我们走过去吧。"船主听了幸灾乐祸地坐在船头,看着祖孙二人如何过河。正自得意,只见小孩子从身后抽出一把短剑,往河上一伸,河多宽剑多长,随手往下一按,将河水劈成两半,那水一半在上,一半在下,中间闪出干干的河床。小孩把剑收插在背后,扶着奶奶慢悠悠过河而去。

一个月过去了,魏娘娘没回来,秃尾巴就把小儿子叫来说:"你娘至今不回,你去看看叫他们回来。"

小儿子到了山口河边,见一船工骨瘦如柴,正自扶船发呆,再看河水分成两半,走到跟前问船工是怎么回事,船工如实地说了一遍。龙太子说:"以后可别再欺负老弱贫苦啦!"龙太子抽出腰刀,跟在磨石上磨刀一样来回一抹,两半水结在了一起。攒了一个多月的水,如同山洪暴发,汹涌澎湃,翻着大浪往下游淌去。龙太子踏波踩浪,自顾过河去山口姥娘家。

睁眼闭眼的日子过得快,说话的工夫又是一个月,魏娘娘和孙子没回来,小儿子也没回来。秃尾巴生气地说:"这么大个年纪了也没个数,一去就是两个月,有啥说不完的话?看来非我老李亲自走一趟。"老李信步来到山口河边,见河水很大,船工正坐在船头等客,见走来个白发老头看着河水有过河的样子,就笑呵呵地搭讪说:"看样子,老哥您要过河是吧?"

秃尾巴老李说:"正是,不知要多少船钱!"

船工眼珠一转,张口要了个很高的价钱。

老李摇摇头:"哎呀,这么贵,雇不起啊!"

"雇不起就别想过河!"船工是四月十八的生菜挺起梗来了。

"船家,先欠你的。我到河那边亲戚家,再打发人给你送过来吧!"老李恳求说。

"对不起啊!船家不搭过河钱。"

老李听了很生气:"你这人怎么不通情理啊!你渡还是不渡?"

船工也硬起来了:"谁有闲工夫和你磨牙!"

老李说:"你别仗着这点水讹人,气急了,我就把它喝了。"

船工说:"你这人,白胡子一大把了还说诳话,我就不信你有这个肚量。"

老李说:"不信,咱就试试,没有金刚钻,不揽瓷器活。"说着,把头上的白辫子一盘,用手平了平前面的沙石,趴下身来把头伸进河里,张开大嘴喝了起来。才喝一口,河水就急剧下降,把船工的船旱在河滩上。连喝几口,果真把河水喝了个一滴不留,然后拍拍肚子说:"怎么样?实话告诉你吧,劈水的是我孙子,合水的是我小儿子,只有我李老头好喝水。"

东山口村老魏家至今还保留着那口井。

招远

相传,招远有个李员外,年逾花甲,膝下无子。夫人张氏,每日念经拜佛,祈求送子娘娘送子。

五月十三日这天,夫人烧香念经,似睡非睡。这时,天突然阴得很,大风骤起,一会儿,大雨夹着雹子,铺天盖地下起来。这时,见一条黑龙,霹雳火闪朝她怀中扑来,吓得她一身冷汗,醒来是个梦。自觉腹中闷胀,从此身怀有孕。十月期满,生下麟儿。张氏一看,是一条小龙,吓得昏过去了。

李员外得知夫人添喜,万分高兴,躲在门外,听得婴儿啼哭。推门进来一看,满屋红光,夫人怀中卧着一条黑龙,正在吃奶。他认定是妖怪,便举起菜刀,朝着黑龙砍去。"咔嚓"一下,竟将那黑龙的尾巴,砍去有三尺,黑龙疼痛难忍,腾空而去。后来,人们叫他"秃尾巴老李"。

几年后,秃尾巴老李已修炼成精,能呼风唤雨,搅得众水神不得安宁。玉皇大帝派天兵把他捉上天庭,让他变犬看守南天门。

再说,莱阳城南张家灌村有个张天师,已修炼成仙。有一天,奉谕旨上天就职,来到南天门,见一条狗躺在道中心,顺口说道:"好狗不挡道,挡道不好狗。"李太白忙对张天师说:"天师,你可得罪你的乡邻了。"张天师忙问:"如何得罪乡邻?望太白指明。"

太白解释说:"此犬乃是秃尾巴老李,因犯天条才被贬到此处看门。"张天师一听,忙说:"这如何是好?"李太白想了想说:"这样吧,老李家有八旬老母在堂,不能膝下行孝,你何不做个人情,今日在玉帝面前代其求情,让它回家探母。"张天师经太白开导,转身对老李赔礼说:"不知乡邻在此,望祈见谅,见了玉帝,定然奉本,让你回家探母。"

张天师拜见了玉帝,便为老李求情,让其回家探母。玉帝恩准。老李领旨后即刻动身，边走边想，这次能回家探母，多亏张天师鼎力成全。俗话说：有恩不报非君子。张天师祖居张家灌，一定设法报答。想着想着，已来到莱阳城南的富水河，他施展法力，风雨大作，河水暴涨，他在富水河下游，将尾巴稍加摆动，将邻村的河崖地，扫到了张家灌村北头，并许诺：冰雹不打张家灌。

聊城东昌府

在东昌府区道口铺以及阳谷张秋镇等地，每逢七月，当从东北来的狂风骤起，黑云压顶，倾盆大雨即将来临时，当地人喊着：秃尾巴老李祭母来了！

据说很久以前，有位姑娘身怀有孕，由于长途跋涉，累倒在路边，被村里好心人收留。介绍了一户李姓人家。小伙子不嫌弃她有身孕，便结成了一家人。因姑娘说在家中排行老三，故此，丈夫就称她为三娘。三娘就到了生产的时候，这夜天上无月，黑云压顶。丈夫焦急地等待小生命的降临，一看这孩子不仅皮肤挺黑，屁股后面居然还长着条尾巴！丈夫把孩子放到床上，到院中取了把镰刀来，一下把孩子的尾巴给砍了下来。

三娘是东海龙王的三公主。流落凡间的三公主生下的孩子其实是条龙。

黑龙在江里和白龙争斗，希望到时他们能带上石头、馒头和肉帮忙。因为白龙平时无恶不作，于是，就连当地人也决定前去帮助黑龙。人们为了纪念黑龙，把这条江取名黑龙江。从此，凡是江上往来行船，有山东人在船上，风平浪静；如果没有，就会浪涌船翻。渐渐地，开船的船工就知道这其中的缘由，若坐船的没有山东人，坚决不开船。只要有一个山东人在船上，开船时再喊一句"秃尾巴老李……"船就会平稳地驶过去。至今，船过黑龙江时，很多人仍默念着秃尾巴老李的名字。

悠悠华夏，有许多说不完的传奇故事；放眼中原，又有数不尽的离奇传说。在山东、河北和东北等地的很多地方都流传着秃尾巴老李的故事，其中在东昌府区道口铺以及阳谷张秋镇等地，秃尾巴老李的传说可谓是家喻户晓，每逢七月，当从东北来的狂风骤起，黑云压顶，倾盆大雨即将来临时，当地人纷纷跑回家避雨，嘴里还会不住地喊着：秃尾巴老李祭母来了！据说很久以前，有位姑娘途经北海子村。她身怀有孕，由于长途跋涉，累倒在路边，被村里好心人收留。这姑娘看到村里民风淳朴，人勤心善，就心存留意。好心人给她介绍了一户李姓人家。小伙子见姑娘长得十分俊秀，心生爱慕，也就不嫌弃她有身孕，便结成了一家人。因姑娘说在家中排行老三，故此，丈夫就称她为三娘。转眼间，三娘就到了生产的时候，这夜天上无月，黑云压顶。丈夫焦急地等待小生命的降临，忽听哭声，十分高兴。不多时，接生婆急匆匆抱着孩子走出来，刚刚还是万分高兴的丈夫，这时有种不祥的预感，赶忙接过孩子，一看这孩子不仅皮肤挺黑，屁股后面居然还长着条尾巴！丈夫惊叹心想：生了个怪胎，传出去如何见人？思虑万千后，他把孩子放到床上，到院中取了把镰刀来，一下把孩子的尾巴给砍了下来。瞬间，一道闪电擦开后窗直冲东北而去。丈夫再回头时，发现孩子已不见了，外面大雨倾盆，雷声轰鸣。

原来三娘是东海龙王的三公主。东海龙王欲将三公主嫁给西海龙王的大公子。可这个大公子整日游手好闲，不务正业，三公主很讨厌他。而且，三公主早与知书达理、仪表堂堂的南海龙王的二公子私订终身。于是，三公主、二公子偷偷私奔。东海龙王大怒，派出所有兵将，将三公主抓回来。东海龙王因三公主性格耿烈，怒其忤逆，将其逐出龙宫。流落凡间的三公主当时已怀有身孕，所以，在北海子村生下的孩子其实是条龙。

黑龙被凡间的父亲砍掉了尾巴，带着伤痛游游荡荡，很想找一处栖身之所。后来发现一条大江，可江中又有一条白龙当道，这条白龙十分霸道，兴风作浪，危害百姓.但黑龙与它争斗了几次，总败下阵来。当时在东北居住的人，有很大部分是山东迁移过来的。这一晚，所有在此居住的山东人都做了同样一个梦。梦中一条黑龙对他们说，三天后要在江里和白龙争斗，希望到时他们能带上石头、馒头和肉帮忙。因为白龙平时无恶不作，于是，就连当地人也决定前去帮助黑龙。三天后，天空中没有一丝云彩，日影也正南正北了。就见江面从西向东来了一股黑水，又从东向西起了一股白水，两股水遇在一起就打起漩涡来。猛听"轰隆"一声，江面突起一条水柱，不消说有多大多高了，把崖上的石头都震得滚到了水里。接着江水翻滚起来，恶浪拍打着两岸，水珠都能飞溅到高崖顶上。两岸山东人擂鼓助阵，江面黑水涌起，人们急忙把馒头和肉扔下去，一会儿又见白水翻上，人们便把石头投下去。如此反复多次，黑龙愈战愈勇，白龙败下阵来。忽然，水上腾起一股白色云烟，散着一些雾气，向南方飘去。再望望江面，恶浪不兴，江水平平静静地向东流着。人们为了纪念黑龙，把这条江取名黑龙江。从此，凡是江上往来行船，有山东人在船上，风平浪静；如果没有，就会浪涌船翻。渐渐地，开船的船工就知道这其中的缘由，若坐船的没有山东人，坚决不开船。只要有一个山东人在船上，开船时再喊一句"秃尾巴老李……"船就会平稳地驶过去。至今，船过黑龙江时，很多人仍默念着秃尾巴老李的名字。

这个传说的背景是，数百年间，有成千上万的山东人闯关东到东北，他们克服遇到的各种困难，一代代地耕耘、扎根在东北的黑土地上，但他们的思乡之情，寻根之心难以割舍，于是便幻想有秃尾巴老李这个呼风唤雨的乡亲，能够自由自在的来往于东北和山东之间。

临沂

（一）

临沭的秃尾巴老李。

说是县城东北4千米外的苍马山之间曾经有个庙，庙前有个庄。秃尾巴老李母亲就在这个庄。

怀孕三年生出一娃，出生时就会走，屁股后还长了一条尾巴，父亲以为是妖怪，手拿铁锨要拍死他。母亲求情时，父亲手里的铁锨已出手，幸亏这娃娃跑得快，还是把尾巴拍掉了。这个娃后来就是闻名天下的秃尾巴老李。

（二）

兰陵（苍山）的秃尾巴老李。

说是兰陵县下庄镇龙沂庄村，原名龙裔庄，又叫龙污庄，因为一个未出阁的姑娘在外纳凉被龙所污，生下一个龙种，他就是后来的秃尾巴老李。

（三）

莒南的秃尾巴老李。

说是在莒南县城十字路的西边，一溜9个村庄都叫白龙汪。据传，秃尾巴老李就出生在其中的李家白龙汪，当年曾经有座秃尾巴老李的庙，不知道现在还有没有。

（四）

沂南的秃尾巴老李。

说是沂南马牧池乡横河村李家，是秃尾巴老李投胎之地。三年才降生，在他妈的肚子里就咬牙，生下来就会说话，迎风长。他妈生下他，身子虚弱加上见到他以后受到惊吓，眼前一黑就昏过去了。他爸一看是个怪物，摸起菜刀就剁。他"忽"的一声，蹿上梁头，头翘着，身子一下子盘在梁上，尾巴一翘一摆的，阴森可怕。他爹一看，顾不上害怕，顺手拉过一个凳子，一只脚踏上去，举刀就砍。只听"唰"的一声，他爸从凳子上下来。来不及定睛细看，只见龙头龙身已蹿到门外。他急忙关屋门，只听"咔嚓"一声，龙尾巴挤掉了一半截。他跟出院子，只见一个黑影从房院上方往东南方向飞去，一眨眼不见了踪影。

（五）

沂南还有个苗家曲版本。

说是很早以前，苗家曲村南有个李姓木匠，手艺在十里八乡很有名气。苗家曲村前有棵老柳树，相传是大禹治水路过时所栽，树身七八人难以合抱。一年闹饥荒，老柳树上的叶芽被村民吃光，树差点枯死。木匠老李和村民千方百计救活了老柳树，但树身却烂了一个大洞。冬天，一伙孩童在洞内烤火取暖，把老柳树引着了。幸好此时大老李路过，经奋力扑救，保住了老柳树性命。老柳树为了报恩，便多次找到送生娘娘，求她给大老李送个儿子。后大老李的媳妇十月怀胎，竟生下来一条长蛇。大老李一看，挥锛就砍，将蛇尾斩去了半截，一道火光飞向东海。这就是民间传说的"秃尾巴老李"。

龙王指派秃尾巴老李镇守黄海，但他却一直惦记父母，便与老柳树商定，村民有难的时候，由老柳树变化成道，救助大家。

苗家曲村前有条大河，为官道必经之地。因无桥不能渡河，每年汛期，乡亲们诸多不便。一天，琅琊太守要经过苗家曲大河赴京进贡。秃尾巴老李得知此事，便计上心来。当进贡车队行至大河，深陷乱石淤沙中时，恰遇电闪雷鸣，风雨大作，袭来滚滚洪水，把贡品冲个净光。朝廷得知此事后，诏令限一年即把苗家曲大桥修好。村民们从老道处知道秃尾巴老李设计让太守修桥之事后，感动万分。遂将桥命名为"龙桥"，并在桥上雕刻了秃尾巴老李像。

（六）

费县的秃尾巴老李。

费县的故事比较有味道。

说是蒙山前有个朱家庄，村里有个老实巴交的农民叫朱老大，种着河边几亩地，日子过得不愁吃、不愁穿，可就是妻子李氏40岁开外了没见儿女的面，天天烧香拜佛，祈求生个一男半女。这年春天，李氏在河边洗衣裳，回家后，觉着肚子有些异样，后来知道是怀孕了，夫妻俩非常高兴，掐着指头盼着孩子出生，一直等了一年多，仍不见动静。第二年夏天，天气比往年热得厉害，旱得也很，庄稼旱得耷拉了头。这天是五月十三，骄阳似火，晒得地里冒烟。到了晚上半夜时分，李氏梦见有一条金光闪闪的巨龙从天空中下来，直钻入她的怀中，吓得大叫一声醒来，此时，外面大雨倾盆，电闪雷鸣。一会儿，一个男孩呱呱坠地。这孩子黑乎乎，胖墩墩的，出生时又天降大雨，人们都说这孩子是龙王转世下凡，便起名叫"朱龙"，又叫"黑龙"。

朱龙12岁上，父亲朱大去世了，母子俩相依为命，好在朱龙人小力气大，人又勤快，把家中的几亩地种得整整齐齐，粮食打得不少。他家的地从来不旱不涝，而且附近庄邻的地也是不旱不涝。一见旱情，天就下起毛毛细雨，刚好够用，雨就停了。人们感到奇怪，只说老天有眼，偏心这方百姓。

有天晚上，有人在河里洗澡，看见朱龙家的地里趴着一条黑龙，伸出十只爪子在"哧哧"地抓草松土。人们一传十，十传百,都说朱龙是黑龙变的。

又一年冬天,大雪盖地,人们没有柴火做饭取暖,朱龙就约了几个棒小伙子上蒙山山里砍柴。因大雪封山,进不去人,朱龙就叫他们在外面等候,自己进山砍柴,不长时间,他就挑着两座小山似的干柴出来,分给众人。这天,他又只身一人进山打柴,有个机灵的小伙子偷偷地跟在后面察看,老远看到有条大黑龙在半山腰中,用十只爪子上下左右"咔嚓、咔嚓"折树枝,一会儿,就堆起两大垛柴火,这时,人们才相信朱龙确实是条黑龙托生的。

朱龙王住在东北黑龙江中,并没有忘记家乡的父老乡亲,每年的五月十三都要回费县老家"探亲",每次回家都要带来一场及时雨。有时错过了日子,六月初六这天也一定会有一场大雨的,这可能是朱龙为了报答费县人的养育之恩。

因此,每遇大旱之年,在六月初六这天,四里八乡的百姓都抬着整猪整羊等各种供品,敲锣打鼓,到龙王堂迎接朱龙王,非常灵验。至今新桥、探沂一带仍流传着一首顺口溜:

  朱龙河七十二道弯,
  黑龙想娘泪不干。
  天不下雨不用愁,
  五月十三把家还。

18岁上,李氏给朱龙娶了一个贤惠貌美的妻子,一家三口,和和睦睦,日子过得很美满。

这一年春天，天气特别干旱，从去冬到今春，没下过一场透地的雨雪，小麦长得又矮又瘦，人们从很远的河里挑水浇麦，非常辛苦。一天，朱龙在麦地里耪草，妻子和妻妹在河边洗衣裳，快近晌午，朱龙也来到河边树荫歇息，他妻妹半开玩笑说："姐夫，人家都说你是天上的龙下凡，你就变条真龙下场大雨吧，一来我们也看看你的真身，二来也为老百姓造福。"朱龙知道，没有玉帝的旨意，私自降雨是违背天规的，自己就是因为私自降雨，违犯天条，才被罚人间的，再说，自己平日偷偷地下点毛毛雨，倒也罢了，要是在大庭广众之下，现出原形，下起大雨，可是罪责不轻。

　　但是妻妹不明真相，出于天真，再三纠缠，加上妻子和众人纷纷劝说，要他现身下雨救救庄稼，朱龙望了望苦旱的庄稼，又看了看众人们期盼的眼神，便横下决心，一头扎进河里。他先变成一条蜥蜴样的东西，在水里游来游去，他妻妹取笑说原来姐夫不是什么真龙，是一条蛇虫粒子（蜥蜴）！"话音刚落，只听"咔嚓"一声，一条巨大的黑龙从河里飞向空中，身子有柳斗粗，眼睛像两只大红灯笼，摇头摆尾，顿时空中乌云密布，电闪雷鸣，"哗哗"下起了瓢泼大雨。一会儿沟满河平，云散雨止，黑龙又从空中落到河里，因为黑龙只顾降雨，错过了时辰，就再也变不回去了。只得沿河逆流向南进入大河，又向西游去，看看游得远了，众人急了，大声呼喊："朱龙！你回来！朱龙，快回来！"

　　人们每喊一声，朱龙就回头张望一次，每回头一次，大河就拐一道弯，共回了七十二回头，大河就拐了七十二道弯。人们看着朱龙越游越远,就又敲起铜锣,沿着河边,边追边敲,引他回来,但是朱龙仍继续向上游去。他妻子连吓带急,昏了过去,他妻妹吓得哇哇大哭,抱着她姐姐哭着说:"姐姐,都怨我,看样子俺姐夫是难引回来了!"此时,朱龙又回过头来,痛苦地说:"妹妹!别难过!这回你们就是北(百)引我也回不去了!"最后,终于看不见了,人们急得把铜锣扔上天空,"咣当"一声,铜锣掉下来摔碎了。至今,河岸边有"南尹""北尹""铜锣(同乐)庄"等村,新桥境内的那条小河仍叫朱龙河。

后来的都大同小异:秃尾巴老李又远飞黑龙江(据传,原名为"白龙江")战胜行灾作恶的大白龙,为民除害兴利,人们亲切地把这条黑龙称为"秃尾巴老李",为了纪念他,人们就把这条江的名字改成了"黑龙江"。

老李因镇守黑龙江公事在身,平常无暇回家探望,却定会在每年六月十三回家给母亲上坟。由于时间紧迫,来回都是电闪雷鸣、急风暴雨……直到今天,每逢这一天下大雨刮大风,人们还会说:"秃尾巴老李回家给老娘上坟来了!"

临沂河东太平街道有一座白塔雹神庙,雹神叫李左车。有人说,这李左车就是秃尾巴老李。小编打算抽空实地看看。

各位朋友的家乡是否也有类似的传说?敬请补充。

文登

回龙山原名昌山,位于文登西南三十里宋村境内,民间广为流传李龙王传说即源于此。

据康熙本《文登县志》记载:"县南沱阳山有龙母庙。"相传,山下李姓妻(李龙母),"汲水河崖,感而有孕,三年不产。忽一夜雷雨大作,电光绕室,孕虽娩无儿胞之形。后每夜有物就乳,状如巨蛇,攀梁上,有鳞角"。李妻怪之,以告夫。其夫"候其到来,飞刃击之。腾跃而去,似中其尾"。李龙王失却尾巴后,即成秃尾巴龙,世人遂称其为秃尾巴老李。其母死后,葬于山下。李龙王恋母情深,"一日,云雾四塞,乡人遥望,一龙旋绕山顶。及晴,见冢移山上,土高数尺,人以为神龙迁葬云"。后李龙王被皇封为治河管水的总龙王,来到东北的黑龙江,赶走了在此兴风作浪的白蛟龙,从此使东北乃至京、冀、鲁、豫一带风调雨顺五谷丰登。

文登龙文化兴起及早,据光绪本《文登县志》记载,境内昌山有"巨神龙祠","自汉已著灵异"。明朝时期,"昌山之名亡",县人遂移祀神龙于县南四十里之柘阳山。康熙五十三年,李龙王又在文登昌山显灵,因神龙重回昌山,人们遂将昌山改名为"回龙山"。自此,回龙山香火之盛,甲于东方。该传说对当地的风俗产生了很大的影响。相传,每年三月初二为龙母诞辰,届时,远近百姓齐聚山下"妆演杂剧为龙母上寿"。李龙王为人至孝,每年六月初八其生日这天,都要回乡祭母,方圆百里的人们纷纷蒸上大饽饽,前来上供祝寿,祈求李龙王保佑风调雨顺。从明清至今,回龙山山会兴盛了数百年。